地势坤，君子以厚德载物。

唐

Emperor

玄

Tang Xuanzong

宗

蒙曼 著

浙江教育出版社·杭州

图书在版编目（CIP）数据

唐玄宗 / 蒙曼著 . -- 杭州：浙江教育出版社，

2022.4

ISBN 978-7-5722-3147-6

Ⅰ . ①唐… Ⅱ . ①蒙… Ⅲ . ①唐玄宗（685-762）—传

记 Ⅳ . ① K827=423

中国版本图书馆 CIP 数据核字（2022）第 025052 号

责任编辑	赵露丹	**美术编辑**	韩　波
责任校对	马立改	**责任印务**	时小娟
产品经理	康爱爽	**特约编辑**	袁嘉俊

唐玄宗
TANG XUANZONG

| 著者 | 蒙曼 |

出版发行　浙江教育出版社

（杭州市天目山路 40 号　电话：0571-85170300-80928）

印　　刷　河北鹏润印刷有限公司

开　　本　880mm×1230mm　1/32

成品尺寸　145mm×210mm

印　　张　16

字　　数　400 千字

版　　次　2022 年 4 月第 1 版

印　　次　2022 年 4 月第 1 次印刷

标准书号　ISBN 978-7-5722-3147-6

定　　价　78.00 元

如发现印装质量问题，影响阅读，请与本社市场营销部联系调换。

电话：0571-88909719

前 言
不考虑死亡的时代

　　1995年暑假，我还是一个刚满20岁的大孩子。虽然已经在历史系上了三年学，但是，对历史是什么并不甚了了，对自己的未来也充满迷惘。正是在这样的心境之下，我漫游到了西安，又搭顺风车到了埋葬唐玄宗的泰陵。在看到泰陵之前，我已经瞻仰过西安的许多胜迹了，秦始皇陵的兵马俑、昭陵的石刻都给我留下了深刻的印象。带着这样的印象再来看泰陵，我真的震惊于它的卑小。难道，这不足一人高的石狮子守卫的就是大名鼎鼎的盛世天子唐明皇吗？搜寻一下自己的历史知识，依稀记得，玄宗逝于"安史之乱"中。也许，天下大乱，陵寝就只好因陋就简了？可是，清末更是乱世，慈禧太后的定东陵不也照样奢华无比吗？

　　带着这样的疑问回到学校，向来不求甚解的我竟然也翻了几本书。这才知道，慈禧所葬的定东陵之所以华丽，是因为它前前后后修了35年之久；泰陵之所以简陋，不仅仅因为成于乱世，更因为它是在唐玄宗逝世之后才开始修建，从动工到完成不足一年，岂有不仓促之理！得知这个缘由的一刹那，我心头的震撼真是无以复加：唐玄宗当政44年，竟然不修陵寝！难道，这是一个不知道自己会死的皇帝吗？

差不多也就是在那一年，我决定要学唐史，我要了解这个不考虑死亡的时代！

如今，我真的在研究唐史、研究唐玄宗了。他究竟是怎样的一个皇帝呢？十多年前形成的印象并没有改变——玄宗真是一个极富生命力的皇帝！早年，他旺盛的精力施之于政治，于是，就有了中国古代历史的巅峰——开元盛世；中年以后，当他的政治热情如潮水一般退却时，旺盛的精力则施之于情爱，于是，又有了感金石、回天地、昭白日、垂青史的爱情传奇。他追求完美，无论是道、是情，总要轰轰烈烈，总要发挥到极致，这才不负其才，不虚此生！在这样的追求中，只有不能自已的生命热情，哪里还有死亡的位置呢！这不正是我们孜孜以求的慷慨挥洒、盛唐气象吗！

然而，既然是一个无比鲜活的生命，那就会体现生命的自然规律。唐玄宗会变老，会倦怠，会改变追求的目标，也会转移生活的重心。早年，他意气风发，渴望建功立业，于是观沧海，歌大风，能文能武；中年以后，他功成名就，渴望享受生活，于是赏名花，对妃子，亦醉亦仙。这样阶段性的生活安排本没有错——如果他是你我一样的普通人。但是，他是皇帝，是专制时代的专制皇帝。这个角色需要他用权力意志控制一切，甚至控制自身。也许，清代的康熙皇帝做到了这一点。但是，唐玄宗做不到。当他对情的追求胜过对道的追求时，他就由明变昏了。随之而来的是"安史之乱"，马嵬泣血。一个曾经让生命的力量臻于极致的皇帝，也最终耗尽生命，埋进泰陵的黄土。

和埋葬武则天的乾陵不同，泰陵没有什么传说。但是，盛衰交迭的国运，大起大落的人生，让唐玄宗的形象无比丰满。"倚天把剑观沧海，斜插芙蓉醉瑶台。"这样的生命比传说更美丽。

蒙　曼

目 录

第一部分
玄宗出世

他天资英武，雄才大略。他风流多情，多才多艺。他是中国历史上最知名的皇帝之一，大唐盛世的形象代言人。

他一手开创了大唐王朝的黄金时代——开元盛世。然而，这个声名显赫的伟大帝国，又在他的统治下遭遇了唐朝历史上最大的一次劫难——"安史之乱"。

他亲身演绎了与大美女杨贵妃的千古爱情神话，但也眼睁睁地看着心爱的女人香消玉殒。

他，就是唐玄宗。

说到他，人们就会想到锦天绣地，盛世华章；说到他的时代，人们就会心驰神往，追慕不已。

这个带领着古代中国冲上历史巅峰的皇帝，究竟有着怎样的雄才伟略？他的一生，又为中国历史书写着怎样的传奇？

第一章　天子风流

公元685年8月，一个男婴降生在了武则天的四儿子李旦的家中。没有人会想到，这个男婴就是后来中国历史上大名鼎鼎的一代天子——唐玄宗。

他统治中国近半个世纪，亲手缔造了中国古代历史上的黄金时代——开元盛世。然而，同样是在他的统治下，唐朝也经历了有史以来最大的一次劫难——"安史之乱"。从此以后，大唐王朝江河日下，一蹶不振。

历史的反差如此巨大，让后世的人们在慨叹之余也会深深地思索：唐玄宗究竟是一个什么样的皇帝？他有着怎样的业绩，又有着怎样的失误？历史的教训在哪里？历史的经验又在哪里？

说起唐玄宗李隆基，在中国古代历史上恐怕是无人不知，无人不晓。伴随他一生的，有三个标志性的符号深入人心。

第一，大唐王朝。这是中国古代历史上最强盛的王朝，声威赫赫，远播海外，所以现在海外华人的聚居地还叫唐人街。第二，开元盛世。这是大唐黄金时代的黄金时段，也是中国历史上盛世的典范。第三，杨贵妃。她是中国古代四大美女之一，一生经历极具传奇色彩，既是无数文人墨客抒情的对象，也是历代市井小民八卦的话题，在民间的知名度不亚于玄宗本人。

这三个标志性符号都和唐玄宗息息相关。他是让大唐王朝走向巅峰的皇帝，是开元盛世的缔造者，也是大美女杨贵妃的丈夫。李、杨二人郎才女貌的爱情佳话，正是那个梦幻时代的梦幻传奇。可以说，唐玄宗就是大唐的形象代言人，他的形象，本身就意味着锦天绣地、盛世华章。

唐玄宗到底是何种形象呢？用四个字概括，就是"风流天子"。注意，这个"风流"，可不能简简单单理解为私生活浪漫、风流成性，而应该理解成毛泽东主席在《沁园春·雪》里所谓"数风流人物，还看今朝"的"风流"。

那么，唐玄宗到底有哪些风流之处呢？我给他三个概括：事业风流，情趣风流，爱情风流。

一、事业风流

唐玄宗前后当了44年皇帝，此后又当了6年太上皇，当时号称50年太平天子，是中国历史上统治时间最长的皇帝之一。在他的治理之下，当时的中国在各个领域都臻于极盛。

先看政治领域，有几个标志性的成就引人注目。第一个标志性成就就是君明臣贤的政治空气。怎样才叫君明臣贤呢？唐代笔记小说《次柳氏旧闻》里记载了这样一则佳话：

开元初年，唐玄宗刚刚任命姚崇当宰相。有一天，姚崇拿着一批郎官的名单来找唐玄宗，意思是问问皇帝任用这批人合不合适。结果，他把名单念了一遍，玄宗只是看着房梁，不说话。姚崇不明就里，又问了一遍。玄宗还是看着房梁不说话。这样一来，姚崇真是"丈二和尚摸不着头脑"，只得惶恐地退了出去。

他一走，玄宗身边的大宦官高力士就劝谏唐玄宗了。他说：您刚当皇帝没多久，宰相奏事，您应该当面回答人家行还是不行，怎么能够不理人家呢？唐玄宗回答：我让姚崇当宰相，他有大事自然要和我商量，但小事自己决定就可以了。任命五品郎官这样的小事，我有什么必要去插手呢？高力士听皇帝这么一说，明白了，赶紧跑到姚崇那里，告诉他，皇帝不是轻视你，而是信任你。那么，姚崇听了之后是什么心情呢？根据记载，他是"且解且喜"，理解了皇帝的心思，也很高兴，从此办事就更有主心骨了。

这件事能反映什么问题呢？就是君明臣贤。唐玄宗虽然年轻，刚刚30岁，但是识大体，知道自己什么该管，什么不该管，能够信任宰相，是个明君。而宰相姚崇虽然久负盛名，年纪也60多岁了，但是知道尊重皇帝，不敢专权。还有，我们看中国历史，常常觉得宦官都不是好东西，总在皇帝和大臣之间挑拨离间、招惹是非。但是高力士不仅不挑事，反而主动帮助皇帝和大臣沟通想法和感情，这也是难能可贵的。所以，高力士和姚崇一样，也是贤臣。有了这样的明君贤臣，朝廷、内宫还有皇帝这三种自古以来就难于摆平的势力不就和谐了吗？

这则小故事之所以千古流传，就因为它反映了玄宗时代这么一个让人缅怀的政治特色。正因为有这样的政治空气，所以当时不仅有一代英主唐玄宗，还有千古流芳的贤相姚崇、宋璟，甚至还有号称千秋忠义的宦官高力士，整个政坛可谓群星闪耀。这是第一个标志性成就。

第二个标志性成就是彪炳史册的典章制度。我们现在既讲究以德治国，也讲究依法办事。如果把社会进步仅仅寄托在几个明君贤臣身上，就很有可能人在政在、人亡政息。只有把彰显人类智慧的政令制度化，才能保证它长期稳定地惠及人民。唐玄宗时代文治昌明，同时进行了大规模的典章制度建设，像中国最古老的行政法典《唐六典》、最完备的礼仪规章《大唐开元礼》，都是在玄宗时代修成的，这就保证了社会长期、稳定、有序地向前发展。

第三个标志性成就是崇高的国际地位。衡量一个国家的发展水平，不仅应该从纵向的角度跟历史比，更应该从横向的角度跟周边国家比。当时的唐朝在全世界范围内都是当之无愧的超级大国，首都长安也因此成为全世界的心脏。大量的商人、使者、留学生、学问僧经由陆路和海路会集到唐朝，云集于长安、洛阳等大城市。

李白有一首诗叫《哭晁卿衡》："日本晁卿辞帝都，征帆一片绕蓬壶。明月不归沉碧海，白云愁色满苍梧。"这个牵动李白情思的晁衡就是日本留学生，原名阿倍仲麻吕。

开元五年（717），19 岁的阿倍仲麻吕随日本遣唐使来中国留学，后来考中进士，受皇帝赐名晁衡，在唐朝做官，一直当到了从三品的秘书监兼卫尉卿。晁衡前前后后在中国生活了 54 年，经历了整个开元、天宝盛世，直到 73 岁时在长安去世。

晁衡素负诗名，和当时的大诗人李白、王维等都有诗文唱和。其中，晁衡《衔命使本国》诗云："衔命将辞国，非才忝侍臣。天中恋明主，海外忆慈亲。伏奏违金阙，骖骖去玉津。蓬莱乡路远，若木故园邻。西望怀恩日，东归感义辰。平生一宝剑，留赠结交人。"这首诗家喻户晓，是对王维的回赠。

当时长安城里像晁衡这样的国际友人太多了，号称"九天阊阖开宫阙，万国衣冠拜冕旒"，"万国衣冠"当然是诗人夸张的写法，那么，实际上到底有多少国呢？根据《唐六典》的统计，在开元年间，与中国有朝贡关系的国家有 70 多个。

数量众多的国家和唐朝有朝贡关系，那么，长安的外国人口有多少呢？根据现在学者的估算，当时长安城的外国人口占到了长安城总人口的百分之二，一点也不亚于现在的北京、上海等大城市。大家都知道唐僧西天取经的故事，其实当时有更多的人是到东方的中国来取经，中国的制度不仅仅影响到同处东亚的日本和朝鲜半岛，甚至远在西亚的伊斯兰教创始人穆罕默德也说："知识即使远在中国，亦当往求之。"可见，中国国际地位的崇高。

唐玄宗即位后，广施德政，重视民生，百姓安居乐业，国威远播海外，政治的高度成熟造就了大唐开放包容的名声。那么，在经济领域，大唐是否也取得了令人惊叹的成就呢？

来看经济领域。衡量古代经济发展状况，有两个核心指标，一个是人口，另一个是年人均粮食占有量。唐玄宗一朝的人口，当时官方统计是5000多万，但是因为有大量人口瞒报漏报现象，所以现代学者估计，当时实际人口应该为7000万~9000万。这个数字意味着什么呢？作一个简单的比较就知道了：直到14世纪，整个欧洲的人口总和才达到8100万。我们现在讲科技是生产力，而在古代自然经济条件下，人口就是生产力。因此，这个比整个欧洲还要多的人口本身就表明了国力的强盛。

另外，中国有所谓"民以食为天"的说法，粮食占有量的多少，本身就是一个重要的幸福指数。那么玄宗时代的人均粮食占有量是多少呢？根据现代学者胡戟先生的测算，大约是700斤。这个数字多不多？我再举一个数字来比较：一千多年以后，也就是直到1982年，我国的年人均粮食占有量才重新达到700斤。

今天，即使经过了改革开放40多年的飞速发展，我国的年人均粮食占有量也只有800斤。从人口和粮食这两个数字我们也能看出来，所谓"开元盛世"，绝对不是浪得虚名。实际情况就像杜甫在《忆昔》诗里说到的："忆昔开元全盛日，小邑犹藏万家室。稻米流脂粟米白，公私仓廪俱丰实。九州道路无豺虎，远行不劳吉日出。齐纨鲁缟车班班，男耕女桑不相失。"正因为生产发展了，经济繁荣了，老百姓都安居乐业，所以社会治安也好了，社会风气也好了，盛世到来了。

再看文化领域。讲到中国传统文化，你可能不会背《三字经》《论语》，但是哪个中国人不会背诵这首诗呢："床前明月光，疑是地上霜。举头望明月，低头思故乡。"这首诗的作者是李白，中国历史上响当当的诗仙！连诗圣杜甫都是他的粉丝。事实上，不光是诗仙李白、诗圣杜甫，我们从小熟知的诗人王维、孟浩然、王之涣、岑参等全都生活在唐玄宗时代，整个诗坛群星璀璨。诗人成了时代的宠儿，写诗也就变成了全社会的风尚：娶媳妇要写诗，交朋友要写诗，找工作还要写诗。文人写诗也就罢了，连将军不打仗的时候也在琢磨怎么写诗。

唐朝有一个著名的将军叫郭元振，在西北地区屡立战功，威名赫赫。可是，上马杀贼的郭将军下马还能吟诗！吟什么诗呢？《春江曲》。诗是这样写的："江水春沉沉，上有双竹林。竹叶坏水色，郎亦坏人心。"清新犹如乐府民歌的诗句里，怀春少女的娇憨跃然纸上。谁能想到，"十步杀一人，千里不留行"的将军，竟然有这样旖旎的情思呢！所以有人说，唐朝是一个诗的国度。这些诗人中哪个最牛？历史上一直是见仁见智，我个人觉得李白最好。为什么？听听他的诗就知道了："天生我材必有用，千金散尽还复来！""仰天大笑出门去，我辈岂是蓬蒿人！"这是什么？这是一种对人的认可，是一种个性的张扬，表现了蓬勃向上的时代精神！

所以，当代中国台湾著名诗人余光中先生讲："李白绣口一吐，就是半个盛唐！"这样的风流文采，其实已经超越了大唐，成为我们整个中华民族历史上最美好的记忆了。而这一切，无论是政治领域的风流宏伟、经济领域的风流富贵，还是文化领域的风流儒雅，全部都打上了唐玄宗的烙印，这就叫作事业风流。

开元盛世，文治武功，成为唐玄宗身上一个标志性的符号。可是，唐玄宗给后世留下的标志性符号还不只这些，他还是出名的玩家，不但会玩，还玩出了名堂，以至于后人把他奉为梨园鼻祖。

二、情趣风流

事业风流还不是全部，玄宗可没那么刻板，他还是一个富有生活情趣的人。唐玄宗有什么值得夸耀的业余爱好吗？太多了，可以说是文武全才。

先看文艺方面的才能。首先，唐玄宗能写诗。有人说这不稀奇，唐朝文风那么盛，是个人就能写两笔！没错，关键是唐玄宗不光能写，而且写得不错。他的诗是唯一入选《唐诗三百首》的皇帝诗歌，诗名叫作《经邹鲁祭孔子而叹之》，云："夫子何为者，栖栖一代中。地犹鄹氏邑，宅即鲁王宫。叹凤嗟身否，伤麟怨道穷。今看两楹奠，当与梦时同。"一唱三叹中，皇帝对儒学的礼敬、对先贤的尊崇抒发得淋漓尽致。

《唐诗三百首》是清朝人编的，入选诗人77位。清朝人已经不用拍唐朝皇帝的马屁了，唐玄宗还能当选百强，靠的就不是名气了，而是实力！

除了写诗，唐玄宗还能作曲。在历史上，他作曲的名气又比写诗大多了，是当时世界级的大作曲家。唐朝很多著名的曲子都经过了玄宗的创作或者整理。当然，最著名的还是《霓裳羽衣曲》。这首曲子经由唐玄宗创作、杨贵妃编舞，天宝年间风靡一时，成为李杨爱情的美好象征。

我们学英语知道形容词有原级、比较级、最高级，比方说"好"这个词，原级就是"好"，比较级是"更好"，最高级是"最好"。那么，要拿这三级来界定唐玄宗的业余爱好，写诗是好，作曲是更好，那最好是什么？是打羯鼓。

羯鼓是西北少数民族乐器，声音激越响亮，在整个乐队里能起到指挥的作用，很符合唐玄宗的强者性格。唐玄宗打羯鼓好到什么程度呢？著名宰相宋璟也是音乐爱好者，他对玄宗曾经有一个评价，充满赞叹之情。他说，玄宗打羯鼓的时候，"头如青山峰，手如白雨点"。说他打鼓的时候头像青山一样纹丝不动，而手却像暴雨敲击，快速有力。让宰相引为知音已经很棒了，更绝的是，唐玄宗打羯鼓的水平连专业的艺术家都望尘莫及。

当时有一个著名的艺人叫李龟年，号称羯鼓打得最好。唐玄宗把他召来，问他：你羯鼓打得好，肯定常练习吧？李龟年骄傲地说：是啊，我已经打坏五十根鼓槌了。唐玄宗一听笑了，说：你才打坏五十根呀！我已经打坏四柜子鼓槌了！

正因为有音乐方面的爱好，所以唐玄宗特别注意对这方面人才的培养和选拔。他设立了一个专门机构，叫作梨园，从男女乐工以及民间艺人里挑优秀的人才专门培养。有皇帝当老师，这批音乐歌舞人才特别骄傲，号称皇帝梨园弟子。后来，"梨园"就成了戏曲界的代称，唐玄宗李隆基也被誉为梨园鼻祖，至今享受着供奉呢！

再看武艺方面的才能。唐玄宗能骑马打猎，更擅长打马球。关于他的这项技艺，还有一则故事。

在唐中宗晚期，吐蕃使者到长安商量和亲的事情。当时双方都有亲善的想法，打马球又是一种国际流行的体育项目，为了加强友谊，吐蕃使者就提出打一场马球比赛。唐朝这边当然是欣然接受，派十个国家队队员上场了。没想到，这十个运动员都是绣花枕头，中看不中用，很快，连输三场。唐中宗觉得没面子，要求换人，说：我们国家队不行，英雄都在民间呢，我们换票友队。这票友队一共就四个人，其中之一就是后来的唐玄宗。唐玄宗在球场上表现如何呢？根据唐代笔记小说《封氏见闻录》的记载，"玄宗东西驱突，风回电激，所向无前，吐蕃功不获施"，很快把十个吐蕃队员打得落花流水，替唐朝挽回了面子。唐玄宗打马球不仅青年时代打，直到老年还是酷爱此道，真可谓超级票友。

从以上例子我们可以看出，唐玄宗不仅是个优秀的政治家，而且业余爱好丰富多样，算是一个职业玩家。这就是情趣风流。

然而他最为人所知的，当然还是他和杨贵妃的爱情了。李杨爱情佳话经过千余年的渲染，早已家喻户晓。那么，在唐玄宗身上，爱情风流到底意味着什么呢？

三、爱情风流

根据《旧唐书》的记载，唐玄宗"仪范伟丽，有非常之表"。长相英俊潇洒，又多才多艺，还是皇帝，诸多优点集于一身，感情生活丰富多彩也就不足为奇了。事实上，唐玄宗的确以多情著称，史书上有名的妃子就有24个，没名的就更多了。

妃嫔多了，难免挑花了眼，怎么办呢？唐玄宗想出了一个解决办法。根据《开元天宝遗事》的记载，开元末年，每当春天鲜花盛开的时候，玄宗就让妃嫔头上插满鲜花在宫里欢宴，唐玄宗则放飞一只粉蝶，粉蝶上下翻飞，停到哪个妃子头上，玄宗就临幸哪个妃子。

妃嫔已经够多的了，更多的是宫女。唐玄宗时代，各个离宫别馆的宫女加起来，总数达到四万人。四万个年轻姑娘呀！一旦入宫，就再也没有出头之日，在深宫之中，一天天从红粉佳人熬成白发老妪。这样的命运太悲惨了，有些宫女实在不甘心，就动了和外面沟通的心思。

怎么沟通呢？

开元年间，玄宗曾经让宫女给戍边的士兵做战袍，有一个宫女就偷偷在袍子里面缝了一首诗："沙场征戍客，寒苦若为眠。战袍经手做，知落阿谁边？蓄意多添线，含情更著绵。今生已过也，结取后生缘。"戍边的战士是个老实人，穿衣服时发现了这首诗，不敢隐瞒，马上上报给了主帅，主帅上朝汇报工作的时候又报告给了玄宗。玄宗拿着这首诗"遍示六宫"，每个人都问到了，这时候那个宫女出来说："这是奴婢写的，奴婢罪该万死！"说完便等候玄宗发落。没想到玄宗说了："你写诗说'今生已过也，结取后生缘'，如今我为你们结个今生缘吧。"玄宗干脆就把这宫女嫁给士兵了。这故事听起来挺浪漫的，不过要记得，若不是唐玄宗霸占这么多宫女、妃嫔，也就不会有什么战袍传诗了。

但是，如果一味地讲玄宗多情花心也不公道，唐玄宗也有他专情的一面，他专情的对象就是杨贵妃。自从有了杨贵妃，玄宗就再也不做什么粉蝶扑花的游戏了，而是把感情全部投注在杨贵妃这枝"解语花"上，李杨爱情虽然以悲剧告终，但是，"在天愿为比翼鸟，在地愿为连理枝"的诗句还是传唱了1000多年，打动了无数的痴男怨女。这就是所谓的爱情风流。

四、盛极而衰

正是这个集事业风流、情趣风流和爱情风流于一身的风流天子，让大唐王朝焕发出璀璨夺目的光辉，这是时代的主旋律。但是，仅仅用"风流"二字并不足以评价唐玄宗。

有一个说法叫作"月圆则缺，水满则溢"，公元755年，唐玄宗天宝十四载，正当玄宗和杨贵妃在华清宫一起享受浪漫温泉浴的时候，唐朝历史上最大的一场内乱爆发了。这场内乱就是著名的"安史之乱"。发动叛乱的安禄山和史思明从今天的北京一带一路南下，横扫大半个北方，大唐盛世就此戛然而止。

白居易有诗说，"渔阳鼙鼓动地来，惊破霓裳羽衣曲"，事实上，"安史之乱"惊破的不仅仅是李隆基和杨贵妃的爱情神话，更是千千万万老百姓的安居乐业之梦。这场战争持续了将近八年，它不仅给唐玄宗的皇帝生涯画上了句号，也成为大唐盛衰的分界点，乃至整个中国帝制时代历史的分水岭。

为什么说是中国历史的分水岭呢？首先，在文化方面，中国不再像原来那样自信地吸收外来文明了，伴随着世界主义的减弱，民族主义开始抬头，中国文化的保守主义倾向日趋鲜明；其次，在政治方面，因为敌对力量的变化，中国的政治重心逐渐从西北转移到华北，最明显的体现，就是把首都从长安逐渐转移到了北京；最后，在经济方面，因为"安史之乱"对北方的摧残，中国的经济重心也最终从北方转移到了江南，从此，南北关系取代东西关系成为中国的主要话题。更令人遗憾的是，"安史之乱"后，中国又经历了若干朝代，在这些朝代里，中国也曾经济强盛，也曾疆域辽阔，也曾文化昌明，但是，若说全盛，却再没有哪个朝代能再现盛唐风范。

国家如此，玄宗本人也是如此。"安史之乱"结束后，唐玄宗从四川回到了长安。但是，此时的他已经不再是叱咤风云的皇帝，而成了寄人篱下的太上皇。没过多久，他就被当了皇帝的儿子软禁起来，身边旧人风流云散，只剩下几个年老体弱的宫女伺候。面对瑟瑟秋风、满阶落叶，暮年的唐玄宗经常吟诵一首诗："刻木牵丝作老翁，鸡皮鹤发与真同。须臾弄罢寂无事，还似人生一梦中。"（唐梁锽《咏木老人》，一说唐玄宗《傀儡吟》）意思是说，自己就像提线木偶一样，戏已演完，该收场了。

确实，这时候的玄宗连人身自由都没有了，事业更无从谈起，不就像一个谢了幕的偶人吗？与此同时，他也失去了伴侣杨贵妃。堂堂皇帝，最后连自己的宠妃都不能保护，人生还有什么能比这更失意呢？史书记载，玄宗在"安史之乱"后又去过一次华清池，在"安史之乱"前，他每次都是骑马去的，这次却是乘辇去的。在路上，有父老问他：皇帝为何不骑马了？玄宗伤感地回答：我老了，骑不动了！当年的情趣和豪气都已经荡然无存。

毫无疑问，玄宗的人生充满了矛盾。他把大唐推上了盛世的巅峰，又亲手把大唐拉入了战乱的谷底。正是这样的壮丽事业和这样的悲凉结局构成的强烈反差，让人们对唐玄宗充满了感情。这种感情既不是对太宗那样的崇拜，也不是对中宗那样的鄙视，而是一种爱恨交加的感情。我们很容易就把他当作一个和自己一样有血有肉、有抱负也有缺点的人去看待，至少我个人是如此。为什么我们会有这样的感情呢？明代著名文人张岱说得好："人无癖不可与交，以其无深情也；人无疵不可与交，以其无真气也。"唐玄宗就是这样一个既有癖好又有瑕疵的人，我们每个人都可以理解，可以笑骂，可以神交。

在本书中，我就带着这样的理解和同情与大家一起审视这个帝王，也审视这个时代。唐玄宗究竟是一个什么样的皇帝，他有着怎样的功业和失误，历史的教训在哪里，历史的精神又在哪里呢？

第二章　忧患王子

唐玄宗李隆基生于帝王之家，按照常理推测，他应该是一个锦衣玉食、无忧无虑的贵族公子哥，过着神仙一般快活的日子。他可能知识渊博，才华横溢。但是，他必定不知道"忧患"二字的真实含义。然而，历史并不总是遵循常理。真实的李隆基恰恰是生于忧患，从小饱尝人间的磨难。忧患的童年，会让李隆基得到怎样的锻炼呢？

孟子说过："天将降大任于斯人也，必先苦其心志，劳其筋骨，饿其体肤，空乏其身，行拂乱其所为，所以动心忍性，增益其所不能。"

这段话分析起来有两层意思。一层意思是说，复杂的环境和艰苦的生活，可以促进一个人的成长；另外一层意思，则是暗示伟大的人物必然有不一般的早年经历。按照任何时代的标准，唐玄宗李隆基都是个接受了天降大任的人。那么，他有着怎样的早年经历，这些经历又会对他日后的政治生涯产生怎样的影响呢？

为了说清楚这个问题，我们先来了解一下唐玄宗李隆基的家系。

唐朝自高祖李渊开创帝业，如果不算武则天，到李隆基这里是第七任皇帝，如果算武则天，则是第八任皇帝了。李隆基可谓天生贵胄，他的高祖父是唐高祖李渊，曾祖父是唐太宗李世民，祖父是唐高宗李治，祖母是大周皇帝武则天，伯父是唐中宗李显，父亲是唐睿宗李旦。这是父系。

再看母系。李隆基的母亲窦氏生前被封为德妃，虽然不是父亲的正妻，但是出身于著名的关陇大族，地位也非常显赫。

李隆基一共兄弟六人，活到成年的有五个，他排行老三。这样的出身虽然高贵无比，但因为是庶出而且并非长子，所以他不必承担什么政治责任。按照常理，李隆基应该是个花天酒地了此一生的贵族公子哥，恐怕和"磨难"一词无缘。但是，历史的发展往往不遵循常理，童年时代的李隆基确实经历了三大磨难，饱尝了人生的艰辛。

一、父系凋零

童年李隆基遭遇的第一个磨难就是父系凋零。大家知道，中国传统社会是父系社会，父亲和父亲的宗族都是孩子最重要的依靠。李隆基的父系如何呢？有人可能会说，李隆基的父系很强啊！从高祖父直到父亲都是皇帝。没错，李隆基是生在一个皇帝家族。但是，因为一代女皇武则天，这个家族在他小时候却恰逢倒霉时节。

李隆基出生在垂拱元年（685）。当时，他的祖父唐高宗已死，祖母武则天图谋称帝的步伐正在加速进行。为了实现自己的皇帝梦，她杀掉了自己的二儿子废太子李贤，废掉了自己的三儿子中宗李显，改立四儿子李旦当皇帝。本来，李旦作为最小的儿子，没有任何继帝位的希望，偏偏发生了这一连串的变故，皇冠一下子就落在了他的头上。李旦成为皇帝，李隆基也就因缘际会，成了当朝皇帝的儿子。

不过，李旦虽有皇帝的名分，却无皇帝的权力。不仅如此，从当上皇帝的第一天起，他就被母亲软禁起来，闭门谢客了！那么谁来行使权力呢？当然是武则天。武则天成了真正意义上的无冕之王，离君临天下只有一步之遥。不过，从无冕到有冕可不是戴一顶帽子那么简单，中国古代王朝都是一家一姓，要想改朝换代，武则天不仅要换皇帝，还要剪除整个李唐宗室。

所以，就在李隆基4岁那一年，武则天利用宗室李贞父子叛乱一事对李唐皇族大开杀戒，两年之间，唐高祖、唐太宗、唐高宗三代皇帝的儿子基本被杀光，只留下了她亲生的儿子中宗李显和睿宗李旦。不过，李显虽然没有死，却被远贬至房州，严密看管起来了。李隆基自降生之日起，就没见过这个伯伯。本来偌大一个李唐皇族，这时候只剩下了李旦一家，真是茕茕孑立，形影相吊。

更要命的是，就在690年，李隆基5岁的时候，武则天终于改唐为周，当上了大周王朝的开国皇帝。李隆基的父亲李旦也随之降为皇嗣，整天被武家的侄子们算计，活得战战兢兢。最严重的一次，李旦落到了酷吏手里，要不是乐工安金藏剖腹鸣冤，舍命相救，恐怕李旦一家都得死于非命。这样看来，李隆基小时候，什么父亲的保护、叔伯的爱护都谈不上，真是势单力孤。

当然，要说童年的李隆基身边一个父系亲戚都没有，也不尽然。他的叔叔伯伯固然是死的死、贬的贬，但是，不要忘记，他还有一个姑姑，那就是大名鼎鼎的太平公主。太平公主与李隆基一家关系如何呢？我想，应该说是若即若离吧。为什么"若离"呢？我们讲过，太平公主在武周一朝颇为得宠，处境比李旦好多了。而且，太平公主那么乖觉，单为避嫌起见，也未必愿意跟哥哥李旦多来往。那为什么又"若即"呢？太平公主和李旦毕竟是一母同胞，何况，作为李家女儿，太平公主的内心未必没有兴复李唐的梦想。因此，和哥哥李旦又颇有利益一致之处，所以也并不特别疏远。而无论大人之间有多少明争暗斗、钩心斗角，对于小小的李隆基而言，太平公主毕竟是他唯一能看到的本家亲戚了，所以，可以想象，对这个姑姑，李隆基还是会有依恋之心吧。

在武则天执政时期，为了保障政权的稳定，武则天不惜一切手段遏制李唐皇室的发展，在这种情况下，李旦一家活得战战兢兢、如履薄冰。看来，在父亲这边，少年李隆基是得不到什么庇护了。但是，李隆基的母亲出身名门望族，在父亲靠不上的情况下，母亲会不会对他呵护有加呢？

二、母党死丧

父系方面凋零殆尽，母系那方怎么样呢？更惨，母亲干脆被杀了。

怎么回事呢？我们刚刚说过，李隆基的母亲窦氏出身大族。她的曾祖父叫窦抗，是唐高祖李渊的大舅子，李唐王朝的国舅爷。这样算起来，李隆基的父亲李旦和母亲窦氏本来就是亲戚。唐朝贵族流行亲上加亲，窦氏容貌秀丽端庄，性格温良恭俭让，所以长大之后也就顺理成章地嫁给了李旦，被封为德妃；婚后窦氏给李旦生下了一个儿子，就是李隆基，另外还有两个女儿。武则天对这个儿媳是否满意史书没有记载，但是，长寿二年（693）正月初二，武则天终于用行动表态了。

这一天，窦妃和李旦的正妃刘氏按照规矩，一起去给武则天拜年，无数人看着她俩进了大殿，但是，没有一个人看见她俩出来。两个年轻貌美的妃子就这么人间蒸发、尸骨无存了。这一年，李隆基才8岁。听起来像是鬼故事，但是大家都知道，世间本无鬼，鬼故事背后必定有人操纵。这个人是谁呢？当然就是武则天。

武则天为什么要杀儿媳妇呢？根据史书记载，直接原因是当时有一个叫韦团儿的宫女告密了。据说，韦团儿很有野心，看上了李旦这只潜力股，想要勾引他，高攀皇族。没想到李旦不领情，拒绝诱惑。韦团儿一气之下，就把怨气撒到了李旦的两个妃子身上，诬告她们行厌胜之法，在院子里埋小桐人，诅咒武则天。诅咒皇帝自然是罪该万死，所以武则天就把她们给杀了。但是，事情果真那么简单吗？不可能呀！韦团儿不过是一个宫女，借给她十个胆子，也不敢随便诬陷皇嗣的妃子啊。所以，这件事表面上看着像桃色事件，其实背后恐怕是政治黑幕。

哪只黑手在指使韦团儿呢？按照侦探小说谁受益谁就有嫌疑的原则，最有嫌疑的当然就是武家人了。当时武则天的侄子正在和皇嗣李旦争夺继承权，按照他们的想法，让韦团儿诬告李旦的妃子，自然就会牵连到李旦，只要把李旦从皇嗣的位置上拉下来，武则天的接班人不就是武家人了吗？这是个连环套、大阴谋。武家人打的这些算盘，武则天是否明白呢？以她的睿智，自然是心知肚明的。那她是什么态度呢？别忘了，她的皇位毕竟是从儿子手里夺来的呀！所以她也愿意敲山震虎，给李旦点颜色看看，于是，顺水推舟，把李旦的两个妃子杀了。

那么，李旦是什么反应呢？没反应。不仅自己请安问好一切照常，还严厉地叮咛几个孩子，也要装得跟没事人一样。让一个七八岁的孩子对母亲的死表现得无动于衷，多么残酷啊！但是，没办法，环境催人，谁敢不少年老成呢？

按说儿子李旦这么窝囊，武则天心里该放松下来了吧？没有。儿媳妇固然死了，可是儿媳妇还有娘家呀！

李隆基的外祖父窦家是大族，还有可能给李旦提供支援！所以，就在窦妃死后不久，另一起厌胜案子又出来了，这次的被告是窦妃的妈妈，说她半夜在家诅咒皇帝早死，好给她女儿报仇！这个案子审来审去，最终结果是窦氏全家都被贬到岭南去了。

这样一来，李隆基不仅失去了母爱，也失去了来自外祖父家的支持，真是屋漏偏逢连夜雨，船迟又遇打头风。不过，就像父系那边还有一个姑姑太平公主一样，母亲一方，也有一个亲戚幸存下来了。谁呢？窦妃的妹妹，李隆基的姨妈。

现在我们论起母亲一边的亲戚，有一个说法叫作"娘亲舅大"，不太重视姨妈，但是唐朝不一样，当时姨妈号称从母，算是半个母亲，地位很高。李隆基这么小就失去了母亲，这位窦姨就经常关照他，把他带在身边，成为他童年难得的依靠。

父系凋零，母党死丧，少年的李隆基，果真就应了那句"生于忧患"。在缺少父母呵护的情况下，李隆基自身的命运又会怎样呢？

三、自身沉浮

因为武则天的关系，李隆基的父系和母系都七零八落了，那么，他自身的命运又如何呢？关于李隆基的童年时代，有三个小故事颇为有趣。

第一个，摔不死的故事。根据《册府元龟·帝王部·神助》的记载，李隆基虚岁3岁，实际刚刚2岁的时候，有一天武则天含饴弄孙，抱着他在高楼上凭栏远眺。老太太一生忧劳国事，脑子里千头万绪，一时不知道忽然想起什么来，一分神，孩子从手里掉了下去。左右侍从大惊失色，赶紧去救孩子。没想到，小小的李隆基落在地上不仅没被摔死，反倒怡然自得，笑了。武则天因此啧啧称奇，感觉这个孩子不一般。

第二个，摸大奖的故事。根据唐人郑处诲《明皇杂录》记载："唐天后尝朝诸皇孙，坐于殿上，观其嬉戏。命取西国所贡玉环、钏、杯、盘列于前后，纵令争取，以观其志。莫不奔竞，厚有所获。独玄宗端坐，略不为动。后大奇之，抚其背曰：'此儿当为太平天子。'遂命取玉龙子以赐。"什么意思呢？武则天在殿上逗一群小孙子玩，为了考验他们的志向，特地用一个大盘子，摆满西域各国进贡的各种珍稀玉器，让小孙子们随便挑。这有点类似于民间的抓周。别的小孩都争着去盘子里淘宝贝了，唯有李隆基端坐不动。武则天一看又是啧啧称奇，说：这孩子以后一定是太平天子！还给了他一个玉龙子作为奖赏。

第三个，闹朝堂的故事。据《资治通鉴》记载，李隆基7岁那年，武则天可能是当上皇帝了心情极好的缘故，焕发了人生第二春，发白再黑，齿落更生，这让她非常高兴。她这一高兴，也就对皇嗣李旦放松了防范，允许他的几个儿子，也就是李隆基兄弟们出阁了。这里所说的出阁，可不是女孩子出嫁的意思，而是指小王子们离开宫廷，离开父母身边，到宫外居住。按照规矩，这些出了阁的孙子在每月的初一和十五都要到宫里来拜见奶奶。有一次，李隆基来朝拜，正好赶上武则天的堂侄武懿宗值班。武懿宗这个人长相、性格都很猥琐，但他仗着自己是当朝皇帝的侄子，眼高于顶，目中无人。武懿宗一看李家小孩来了，而且还仪卫严整，落落大方，就有些气不顺，于是找碴挑刺，辱骂李隆基的卫队。别看李隆基只有7岁，但他可不是吃素的，马上就发作了，说："吾家朝堂，干汝何事！敢迫吾骑从！"这是我们家朝堂，关你什么事！武则天一看小孙子这么厉害，更是啧啧称奇，从此就很宠这个孙子。

少年李隆基虽然生长在一个特殊的环境下，但是按照上述材料记载，不良的环境似乎并没有影响他的成长。相反，刚刚讲过的三个故事，给幼年的李隆基平添了不少神秘色彩，足以证明小小的李隆基虽然身处逆境，没什么靠山，却是英明天纵。那么，这是后人的杜撰还是历史的真实呢？咱们一个个分析。

第一个摔不死的故事是不是真的呢？显然不是。一个小孩掉在地上没摔死是有可能的，但是他绝不可能被摔笑了。这个故事违反常识，一看就是瞎编的。

那第二个故事呢？也是假的。李隆基是李旦的第三个儿子，而且不是李旦的嫡妻所生，所以按照常理，无论如何也轮不到他当"太平天子"，武则天作为一个在政治旋涡中摸爬滚打一生的政治家，怎么能说出"此儿当为太平天子"这样不负责任的话来呢？这不是故意要引发政变吗？还有，中国古代都喜欢小孩少年老成，所以，从小就教孩子端架子，迈方步，学小老头；说哪个孩子有出息，也一定强调他从小不说不笑不爱玩儿。但在事实上，唐朝的宫廷教育远没有那么严肃，唐玄宗一生活泼好动，打猎、打球样样来得，怎么会看到新鲜东西反倒像呆子一样一动不动呢？很显然，这个故事编得不符合他的性格特征。

再看第三个故事。这个故事流传得非常广，《旧唐书》也有记载，可靠程度当然远远超过了前两个。而且，这个故事里李隆基的言行比较符合他骄傲强悍的性格特征，所以，我认为它主体是真的。但是，尽管如此，我还是比较怀疑这个故事的结局。按照记载，李隆基大闹朝堂，英雄气十足，让武则天非常赏识，从此对他的印象超好。但是事实上，就在这件事之后不久，就发生了李隆基的母亲窦妃被杀的事。所以我怀疑，正是李隆基这一句无心之言激起了武则天的疑虑。连一个小毛孩子都知道说这是我家的朝堂，那他的父母还不知是怎么想的呢！这不是复辟的贼心不死吗？可能就是在这种疑虑心情的影响下，武则天才对儿媳妇痛下杀手的。如果这个猜测不错，那么，李隆基这句豪言壮语不仅没能让奶奶产生后继有人的骄傲感，从而疼爱这个年少志大的孙子，反而恰恰成为唐玄宗家庭悲剧的导火索之一！这样看来，所谓李隆基童年不同寻常，而且极受奶奶武则天宠爱的故事都不怎么靠谱，基本上属于拉大旗作虎皮，是利用武则天这么一个政治奇人给李隆基吹喇叭、抬轿子的帝王神话。

既然神话不可信，那么，李隆基童年乃至少年时代的真实情况是怎样的呢？我想，有两点猜测可能是准确的。

　　第一，地位一降再降，忧患远多于安乐。为什么说是地位一降再降呢？我们看看他的履历就知道了。李隆基少年时代的身份一共变了三次。第一个身份是楚王，这是在他3岁时候封的。当时他爸爸李旦还在当皇帝，所以儿子当然要封王了。但是，到李隆基8岁的时候，他的身份变了，从楚王变成了临淄王。楚王和临淄王，有什么差别吗？差别可大了。楚王是国王，临淄王是郡王，差一级呢。为什么降级了呢？因为当时武则天已经改朝换代，李隆基的爸爸也就不是皇帝，而是皇嗣了。自己降级，儿子当然也跟着降级。这临淄王就是他的第二个身份。到他不满9周岁的时候，因为窦妃被杀事件的影响，李隆基虽然临淄王的头衔没变，但是人被关起来了，幽禁在后宫里，一关就是5年。这个临淄王的身份一直持续到圣历元年（698），李隆基13岁的时候。

　　这一年，年迈的武则天在李、武两家之间摇摆了多年之后，终于选定三儿子李显当太子，把他从房陵给召了回来。换言之，老太太决定在死后还政于李唐王朝。这对于李唐皇室的每一个人来说当然都是件大喜事，但是，唯独对李隆基的父亲李旦来说，幸福感没那么强烈。任命李显当太子就意味着李旦落选了，十多年的皇嗣白当了，以后不可能再晋升为皇帝了。

　　不当皇嗣当什么呢？武则天给了他一个封号，叫作相王。这样一来，李隆基的身份也就有了第三次改变。变成什么了呢？还是临淄王。但是，此临淄王非彼临淄王。当年，他第一次当临淄王的时候，还是皇嗣的儿子，皇嗣多少有点皇太子的影子；而现在这个临淄王，仅仅是一个亲王的儿子。从这个角度来说，李隆基的身份实际上是降了。当然，任何事情总是祸福相依的，李隆基虽然暂时失去了成为皇帝儿子的可能性，但是，他也得到了久违的自由。就在这一年，武则天重新让他们兄弟出阁了。这次出阁，他已经13岁了，童年时代基本过去了。可以说，自打记事起，李隆基的地位一降再降，忧患多于欢乐，甚至是幽禁多于自由。

第二，强颜欢笑，朝不保夕。开元年间，章怀太子李贤的儿子李守礼，也就是李隆基的堂兄，能预知天气变化，比现在的天气预报还灵。这让已经当了皇帝的李隆基很好奇，也有点紧张。这个堂哥很神啊！别是有什么特别的道术吧。追问之下，李守礼说：我哪有什么道术啊，只是则天皇后当政的时候，我不是被软禁在宫里吗？每年没事也要被责打几顿，每次都打得背上伤痕累累，直到今天，疤痕也没有下去。此后每逢天气变化的时候，我的背就又酸又疼，所以我才能预报天气啊。说完之后，泪下沾襟。

讲李守礼的故事是要说明什么呢？要知道，李守礼和李隆基的身份是一样的。李守礼的爸爸是武则天的二儿子，李隆基的爸爸是武则天的四儿子，两个人真是难兄难弟，李守礼整天挨打，想来李隆基那时也不会生活得太幸福吧。李隆基7岁那年，有一次武则天举行宫廷宴会，李隆基兄妹都奉命表演节目。其中，李隆基跳了一支舞蹈，叫《长命女》，他的弟弟，5岁的李隆范则表演了一段歌舞戏，叫《兰陵王》。李隆范入场的时候，大声说："祝愿神圣神皇万岁，子孙成行！"要知道，武则天为了能当皇帝，早已自剪羽翼，把子孙杀了个七零八落。因此，小小的李隆范喊出"神皇万岁，子孙成行"这样的祝词，简直像是讽刺。但是，当时，无论是李隆基还是李隆范，谁敢讽刺圣母神皇武则天啊，他们这样讨好，只不过是为了保全自己的性命罢了！

那么，这样的童年和少年时代对李隆基的成长到底意味着什么呢？我总结了四点影响。

第一，早岁已知世事艰。李隆基确实出身高贵，但是因为时局的影响，他从小就饱尝忧患，绝不是只知道享乐的二世祖。他从小就熟悉宫廷斗争，也深知政治的残酷。这对一个注定要与政治结缘的孩子来说，当然是难得的历练。

第二，心机深沉。每个人都曾经有过天真的童年，但是，如果一个7岁的小孩子意识到自己的一句话就有可能导致母亲的死亡，那么我想，不管他是谁都能学会喜怒不形于色。这是险恶的斗争环境决定的。

第三，多才多艺。刚刚说过，李隆基和他的兄弟们都经历了漫长的幽禁岁月，在幽禁生活里，没人敢来看望他们，他们日常能够接触的，只有父亲和一群乐工。睿宗李旦本来就是个才子，擅长书法，也会写诗，既然在政治上无从施展，就只能尽心尽力地教儿子读书了，所以李隆基也能诗善书。另外，因为整天和乐工泡在一起，李隆基的音乐天分也充分地发展起来。这些才艺，在当时或许是由于无奈而习得的，但是在日后就显出他情趣风流了。

第四，情深义重。人在冷漠中更知道感情的可贵。李隆基并不是蜜罐里泡大的孩子，自从母亲死后，他能够享受到的温情并不多。正因为如此，他对身边的亲人都有很深的感情。就拿窦姨来说，这个抚养过玄宗的老太太后来被封为邓国夫人，她的几个儿子也都当了大官。另外，在漫长的皇帝生涯中，李隆基对待和自己一起吃过苦的兄弟一直手下留情。他的这份手足情深对他日后的政治生涯会产生什么影响呢？我们以后还会讲到。

虽然有了这些素质，但是，这时候的李隆基还没有什么真正值得称道的地方，他一直在政治旋涡中摸爬滚打，但本身并不是政治人物。不过，值得一提的是李隆基的名字。我们都知道他叫李隆基，因为排行老三，号称"三郎"，庙号"玄宗"，谥号为"至道大圣大明孝皇帝"，所以又称唐明皇。

　　但是，大多数人不知道，李隆基还有一个外号叫"阿瞒"。他小时候，宫里的人都这么叫他。众所周知，阿瞒是曹操的小名。曹操的形象，在后世已经成为一张大白脸，意味着奸诈和权谋。但唐朝时对曹操的评价并非如此固化。当时，这个名字固然意味着工于心计，亦正亦邪，但同时意味着卓越的领导才干。被称作"阿瞒"，代表着当时人对李隆基素质的认定。这是一种政治家的素质，只是还没有发展的机会。

第三章　因祸得福

少年时代的李隆基虽然贵为皇族公子，但是从小就饱尝了生活的艰辛，地位也是一降再降，小小年纪就尝尽了愁滋味。

公元705年，一次还政于李唐的政变，让久经磨难的李隆基重新找回了皇族公子的自尊，可是再一次争权夺利的斗争又让本来没有干系的李隆基跌入人生的低谷。那么，这究竟是怎么回事呢？这两次政变又带给李隆基怎样的人生契机呢？

咱们中国人吃饭都用筷子。要是有一天您往桌子上放一根筷子，这筷子突然立起来了，而且按都按不倒，您会怎么想？害怕吧？是不是闹鬼了？当然，一般人也根本碰不上这样的荒唐事。可是，李隆基就碰上了。但是，他看到这根筷子不屈不挠地挺立之后并没有害怕，反而露出踌躇满志的神情。这是怎么回事呢？

我们上一章讲过，公元698年，武则天最终决定立自己的三儿子李显当太子，表明了还政李唐的意图。与此同时，她也让小儿子李旦当了相王，并且让李旦的儿子们都到宫外居住。面对久违的自由，少年李隆基欣喜若狂，整天斗鸡走狗，尽情享受生活的欢乐。

就这样，一晃几年过去了。到了神龙元年（705），"神龙政变"爆发了。太子李显、相王李旦、太平公主以及张柬之等五个大臣联合发动政变，武则天被迫下台，李显当了皇帝，即唐中宗。

神龙政变对李唐王朝的发展意义重大，但是，年仅20岁的青年王子李隆基，似乎并没有真正参与此事。这也不难理解，当时，政坛上的主力还都是他的父辈，根本轮不到他出场。神龙政变后，唐中宗李显从太子变成了皇帝，按照常理，相王李旦一系理应淡出政治舞台，李隆基作为相王的儿子，离政治核心似乎更远了。

武周统治结束后，新皇帝李显决定恢复李氏皇族的地位，好多流落民间的皇族远亲都被召了回来，封官拜爵。李隆基作为唐中宗的亲侄子，更是近水楼台先得月，官拜卫尉少卿。卫尉少卿是四品官，品级不低，但其实是个闲职，所以，李隆基每天的生活照样是骑马打猎、斗鸡走狗。看起来，他今后的生活轨迹似乎已经确定下来了。但是，唐中宗神龙三年（707），李唐王朝又出事了，而这件事在很大程度上改变了李隆基的命运。

一、放虎归山

唐中宗李显自身实力不强，是靠着张柬之等功臣、相王李旦以及太平公主的帮忙才取得了"神龙政变"的成功，当上了皇帝。

李显当了皇帝之后，张柬之等人都被封了王，相王李旦则被加封为安国相王，太平公主被加封为镇国太平公主，一时间功臣气焰熏天，这让中宗李显感觉压力很大。为了削弱这些功臣的势力，李显被迫和韦皇后以及武则天的侄子武三思结盟，还把爱女安乐公主嫁给了武三思的儿子。这样一来，朝廷就成了李、武、韦三位一体的政治联盟。

本来，唐中宗这样做，也不过是为了稳住自己的地位，可是，他没想到，这样的举动刺激了一个人的野心，也打击了一个人的信心。刺激了谁的野心呢？安乐公主。她是唐中宗和韦皇后最疼爱的亲生女儿，又是武三思的儿媳，李、武、韦三大势力在她这儿集合了，所以她特别张狂。张狂到什么程度呢？她提出要当"皇太女"，以后接父亲的班当皇帝！

她这野心一膨胀，有一个人就对自己没信心了。谁呢？她的同父异母哥哥、唐中宗的太子李重俊。李重俊虽然是太子，但并不是韦皇后的亲生儿子，跟武家更是没有关系，李、武、韦三方势力他只占了一方，而且爸爸李显对他也并不亲热。现在妹妹安乐公主提出要当皇太女，这不明摆着要夺他这个太子的权吗？是可忍，孰不可忍！就在这种激愤情绪的支配下，李重俊发动政变，想要捍卫自己的地位。没想到政变由于组织草率又临阵慌张，失败了。李重俊做了刀下之鬼。

本来，这场政变随着李重俊被杀也就该宣告结束了，可是，当时唐中宗重点防范的对象是相王李旦和太平公主，所以在政变结束后，中宗扩大了株连范围，想把相王和太平公主也牵连进来，借这个案子把他俩也解决掉。可是，相王兄妹真的没有参与政变，让他们抵罪，人心不服啊。再说了，相王和太平公主也都是有势力的人，所以马上就有官员来给他们喊冤，劝中宗说："陛下富有四海，不能容一弟一妹，而使人罗织害之乎！相王昔为皇嗣，固请于则天，以天下让陛下，累日不食，此海内所知。奈何以祖雍一言而疑之！"舆论压力很强大。唐中宗李显也不愿意犯众怒，只好表态不追究了。不追究归不追究，但是，中宗心里对弟弟李旦始终还是不放心，所以，没过多久，李旦的儿子们倒霉了，纷纷被发配到地方。其中，临淄王李隆基被任命为潞州别驾。

潞州是今天山西省的长治市，位于太行山区，战略地位很重要。不过潞州别驾却没什么重要性，因为"别驾"一职虽然名义上是潞州的副长官，但实际是个闲职，不具体管事。那么，李隆基这次被任命，到底是好事还是坏事呢？乍一看肯定是坏事。

首先，这次调动是降职了。李隆基原来的职位是四品的卫尉少卿，而潞州别驾是五品。从四品变或五品，当然是降职了。其次，潞州比长安差远了。长安是首都，可以说是花柳繁华地、温柔富贵乡，而潞州仅是太行山区的一个小城而已。就好比现在从北京调到山西长治，平级调动尚且没人愿意去，何况还降级使用了呢。

所以这次发配，对李隆基可是一个不小的打击。离开长安的时候，李隆基也是垂头丧气。不光他垂头丧气，他在长安结交的朋友也挺郁闷的。有一个叫崔涤的，跟李隆基住得相近，关系特别好，想想李隆基这一去不知什么时候才能回来，就一直把他送到了潞州，颇有点《水浒传》里鲁智深送林冲去沧州的味道，怎么看都透着辛酸。

公元708年初夏，李隆基接到潞州别驾的任命书后，就告别了父亲，也告别了首都长安的温柔富贵乡，开始了自己的独立生活。我们经常说"祸兮福所倚，福兮祸所伏"，李隆基去潞州，固然不是高升，但是也有好的一面。

第一，他可以真正了解民间。李隆基从小就知道宫廷斗争的险恶，但是，他毕竟从来没有离开过首都，没有离开过贵族圈子。他知道，在宫廷里，为了一个皇位，需要白骨铺路、鲜血晕染。但是，他不知道，在民间，哪怕为一个馒头，也可能要付出同样多的血泪。换句话说，他可能知道政坛的艰辛，但是并不了解民间的疾苦。所以，这次到潞州，对他而言是一次难得的历练。这种历练对于一个政治家而言当然不无益处。

第二，他的实际政治地位也有所提升。长安是首都，真所谓冠盖满京华，一板砖下去，可以拍倒三个王子外加两个三品大员。李隆基在长安算什么呢？论出身，他仅仅是一个普通王子；论官品，他不过是个四品闲职。比他强的人比比皆是，他并不出众。但是，到了偏远的潞州可就不一样了。在这里，他就是李唐皇室的代表，同时又是州里的副长官，两项优势加起来，就是潞州刺史也要敬他三分。在长安他不过是颗星星，在这里可就是众星捧出来的那轮明月，所以说，他的实际地位提升了。

第三，他的自由度增加了。在长安，因为是相王的儿子，他颇受伯父李显的猜忌，就像这次李重俊政变，明明跟他没有关系，他也照样要背黑锅。但是到潞州就不一样了，山高皇帝远，他干什么谁会知道呢？广阔天地，正可以大有作为。

第四，这次潞州之行，对于他投身政治也是一个有力的推动。李隆基本来就是一个有英雄气的人，但是在长安，临淄王的悠闲生活只能消磨这种英雄气。现在，仅仅因为是相王的儿子就被中宗猜忌，这对他是一个强烈的刺激。他身上阿瞒的素质觉醒了。从此，李隆基意识到，以他的身份，今生注定要与政治结缘了，在残酷的政治斗争中，不进则退。要想自保，只能是不断扩充自己的实力。换言之，从此，李隆基要主动投身政治舞台了。

发配潞州，是李隆基人生路途上的一座里程碑，对于他来讲是利大于弊，可是对于唐中宗李显来讲，那就是放虎归山。没有了羁绊的李隆基在潞州终于可以大有作为了，那么，他在潞州究竟做了什么呢？他的所作所为又究竟显示了他怎样的性格呢？

二、结交英雄

既然决定主动投身政治，就不能再虚度光阴，必须拿出点行动来。李隆基在潞州干的最重要的一件事，就是结交英雄。他结交的第一个英雄叫张暐，这个家伙是潞州当地的一个县令（铜鞮令），家里非常有钱，喜欢打猎，好交朋友，跟李隆基性格很相投。

李隆基在潞州不就是李唐皇室的代表吗？自武则天执政以来，皇室不宁，谁也不知道哪块云彩有雨，谁敢说这个王子以后一定没出息呢？所以，张暐除了跟李隆基意气相投之外，也有心巴结他，因此跟他倾心交往。从李隆基这边看，他既然已经打算投身政治了，那就要想办法扩充自己的实力，张暐不是好交际吗？他本身就朋友多、路子广，李隆基要想在潞州打开局面，结交张暐当然是最佳切入点。这样一来，两个人彼此看好，一拍即合，很快就成了形影不离的朋友。通过张暐，李隆基又认识了不少当地人物。

李隆基结交的第二个英雄叫李宜德。要论出身，这个人比张暐可差远了。李宜德原本是一个有钱人家的奴隶，虽然出身低微，但他身手矫健，马骑得好，射箭也是百发百中，相当于《水浒传》里浪子燕青的角色。

李隆基也是英雄，英雄之间惺惺相惜，李隆基就想把他买下来，给自己当保镖。李宜德原来的主人是一个普通人，本来就没觉得李宜德有什么了不起，整天耍枪弄棒，闹不好还要给自己惹事呢。既然有人出价，出价的又是地方长官，不好得罪，那就卖吧。与李隆基一商量，五万文，成交！那五万文是多还是少呢？不多不少，正好是当时一个奴隶的标准价格（当时一般奴隶价值250匹绢，而一匹绢大约200文）。

这个价钱说明什么问题呢？从李隆基的角度来讲，这叫按市场价交易，不仗势欺人；从李宜德前主人的角度来讲呢，也并没有奇货可居，趁机提价。看来，李宜德在前主人那里也就是一个普通奴隶，前主人并没有拿他当回事。但是，本来默默无闻的李宜德一到李隆基手下可就不一样了，马上脱颖而出，荣升为李隆基的贴身保镖。

李宜德前后为什么判若两人呢？古人说得好："人以众人遇我，我以众人报之；人以国士遇我，我以国士报之。"李隆基把李宜德当成人才使用，李宜德当然也会倾全力扶助李隆基了。

随着李宜德的出场，潞州城的大街上也就出现了一道风景：李隆基不管什么时候出门，身边总有两个保镖，一左一右，形影不离。这两个保镖一个是李宜德，另一个叫王毛仲。王毛仲是高丽人，出身官奴，也因擅长骑射被李隆基挑中，从长安带到了潞州。有这两个人助威，李隆基真像得了左膀右臂一般。有人可能会说，跟张暐交往还说得过去，李宜德不就是一个保镖吗？他算什么英雄呢？其实，这和当年孟尝君结交鸡鸣狗盗之徒是一个道理，小人物照样能办大事情！至于他们都办了什么事，我们以后还会提到。

经过这么一番活动，李隆基身边出现了一批追随者，他平生第一次有了自己的亲信势力。

李隆基到潞州的时候，刚刚23岁，正是风流俊俏的青年公子。李隆基一生多情，所以，除了结交英雄之外，第二个重要成就就是结交美人了。他在潞州结交的美人姓赵，是山东人，出身乐工家庭，能歌善舞，风情万种。大概在山东老家不好混吧，所以赵姑娘就跟着父亲到潞州来了，父女二人靠卖艺为生。李隆基从小就喜欢音乐歌舞，既会填词谱曲，又会玩乐器。潞州是军事重镇，民风彪悍，艺术方面却并不见长。跟张暐那些朋友在一起，骑马打猎可以，但是谈到艺术就是对牛弹琴了。所以，李隆基也比较郁闷。现在看到赵姑娘的演出，简直如闻天籁，寂寞的李隆基一下子就爱上了她，一心要把她收在身边。但是，李隆基当时已经有两个妃子了，正妃王氏出身军人家庭，脾气暴躁，把赵姑娘带回家去，万一激起王氏的嫉妒之心，反而不美。怎么办呢？这时候好朋友张暐就派上用场了。他不是有钱吗？家里房子多，奴婢多，招待一个客人不算什么，所以，李隆基干脆就让赵姑娘住到了张暐家里。这样一来，李隆基跑张暐家就更勤，又见朋友，又会情人，生活真是幸福甜蜜。

从李隆基这段浪漫史中，我们可以看出什么问题呢？我想，有两个方面很值得重视。第一，在性格上，李隆基确实风流豪爽，不拘小节，对情人的出身不是很在乎，这也符合唐朝相对开明的大风尚。第二，在审美上，李隆基欣赏动态美，喜欢美丽活泼而又能歌善舞的姑娘，日后杨贵妃的影子已经初露端倪。

就这样，在其乐融融的气氛里，一年之后，赵姑娘在张暐家给李隆基生了一个儿子，李隆基当然更是喜上眉梢。此子就是后来的废太子李瑛。潞州既有朋友，又有情人，简直让李隆基乐不思蜀，不想回长安那个尔虞我诈的权力场了。

潞州生活使李隆基熟悉了国情民风，发展起来一股新兴的政治势力。可是，就在公元709年年底，李隆基突然接到一纸召他回长安的敕书，这让他忧心忡忡。那么，这纸敕书对李隆基来讲究竟是凶还是吉呢？李隆基又是如何应对的呢？

三、占卜入都

原来，唐中宗李显在韦皇后的撺掇之下，要举行祭天大典。这可是重大的礼仪活动，因此，要求各州的长官都入朝陪祭。李隆基作为潞州的副长官，当然也在召唤之列。那么，李隆基对此次返回长安是什么反应呢？我想，他恐怕是忐忑不安的。因为此刻韦皇后的势力正在节节攀升，她不仅跟唐中宗一起临朝听政，而且要在这次祭天活动中充当亚献！

在祭天活动中，皇帝是首献，第一个向天神奉上祭品；其次就是亚献，第二个向上天献上祭品。这是相当重要的政治身份。当年，武则天为了提升自己的政治地位，和唐高宗一起封禅泰山，也曾充当亚献，现在韦皇后也这么干，李隆基不由得感觉寒意凛凛。她是不是也想当武则天第二？另外，召集大家到长安观礼也未必是好事，当年武则天因为洛水里打捞出一块所谓的宝石，就召集所有的宗室到洛阳集合，结果引起了越王李贞父子的反叛，武则天借题发挥，最终几乎把李唐宗室一网打尽。

这是李隆基小时候发生的事，他常听父亲提起，早已耳熟能详。现在中宗和韦皇后召他回去，会不会也有什么阴谋呢？李隆基越想越不放心。怎么办呢？古代人迷信，找人算一卦吧！

根据《隋唐嘉话》的记载，潞州有一个术士叫韩凝礼，也有史书写成"韩拟礼"或者"韩礼"，他受命来给李隆基算卦了。中国古代算命的工具有很多，这个人算卦用筷子。没想到，韩凝礼刚把筷子摆开，一根筷子突然立起来了。他把筷子按倒，没想到手一松，筷子又立起来了，这样反复了三次。韩凝礼赶紧给李隆基跪下了，说："这是个无卦之卦，贵不可言啊！"这是一个版本。

另一个版本是《旧唐书·玄宗本纪》的记载，说算卦用的不是筷子，而是蓍草。这根草也是昂首挺立，把它按倒的难度比按倒筷子还大。总之，最后得出的结论都是：贵不可言。那么，大家是否相信这个故事呢？估计相信的人不多，但是，我相信。

我想，这个卦本身就是政治野心的反映。谁的政治野心呢？当然首先是李隆基的。他想算一算此去长安是凶是吉。换句话说，他不会甘心接受命运的摆布，无论结果如何，他恐怕都会有所作为。但是，还要看到，这次算卦并不完全反映李隆基的政治野心，其中也包括潞州豪杰的政治野心。为什么呢？很简单，因为牛顿的万有引力定律告诉我们，受地心引力的影响，无论是筷子还是蓍草，在自然状态下，都不可能真的立起来，如果它立起来了，那就是人工操纵的结果，有人在那儿变魔术呢！是谁在变魔术呢？我觉得，很有可能就是李隆基结交的那些潞州豪杰。这些人出身不高，但是有着强烈的政治野心。

从武则天执政以来，政治变故不断，社会各阶层人员的流动也空前频繁，底层人上升的例子数不胜数，这给了他们强烈的刺激。而这个时候，中宗的统治依然不稳定，因此，在他们眼里，李隆基这个临淄王也是奇货可居，他们愿意刺激李隆基一下。如果李隆基能够有所作为，那么，他们就能鸡犬升天。

所以，我觉得，或者是豪杰们买通了术士，或者术士本身就是豪杰。李隆基本来就有凌云之志，现在得到这个吉兆，自然更是信心百倍地准备上路了。

从景龙二年初夏到景龙四年（708—710），李隆基在潞州待了整整两年。那么，潞州之行对他意味着什么呢？我想，抛开爱情故事不谈，李隆基在潞州有三个收获：

第一，他结交了一群朋友，这也是他第一次拥有自己的势力。当年从长安到潞州的时候，他只有一个朋友相送，但是，从潞州回长安，他已经有了自己的一班人马。这些人具有强烈的草根性，当然，还有更强烈的欲望和野心。这是一群可以一起打天下的朋友。当年，他的祖母武则天能够当皇帝，很重要的一个因素就是借助了中下层想改变命运的强烈欲望。现在，李隆基也想走这条道路。事实上，这条道路不仅仅是李隆基的道路，也是中国古代创业英雄们最主流的道路。从这个角度来讲，李隆基不仅复制了祖母的经验，也复制了中国历史上英雄创业的基本过程。

第二，他获得了许多跟社会中下层打交道的经验，也初步理解了他们的喜怒哀乐。这是每个成功的政治家都必须具备的经验，这些经验在他以后的人生中还要继续发挥作用。

第三，他开始真正有了自己的政治企图，此次回到长安，他想干一番事业了。此刻的李隆基，既有宫廷斗争的经验，又有广阔的社会历练，在这种情况下回到长安，他会有怎样的作为呢？

第四章 异军突起

唐朝历史上，除了武则天之外，还有一个想当皇帝而且有实力当皇帝的女人，那就是唐中宗的皇后韦后。可就在韦后紧锣密鼓地为自己铺就皇帝之路的过程中，李隆基竟然神不知鬼不觉地成了她最大的竞争对手。那么，名不见经传的李隆基究竟是如何在韦后的眼皮子底下发展起自己的势力的呢？

中国古代人很聪明，既推崇四世同堂的大家庭，又很现实地赞同树大分权、人大分家。分家有什么好处呢？从积极的角度来说，它可以让儿子们更充分地锻炼、成长，独当一面；从消极的角度来说，当这个家庭遇到风险时，也可以各自逃生，减少损失，有本事的儿子甚至还可以运用自己的力量，拯救整个家庭。李隆基就是一个例子。怎么回事呢？

上一章我们讲到，景龙三年（709）年底，因为唐中宗要举行祭天大典，李隆基奉命从潞州回到长安。半年之后，景龙四年六月二日，一件谁也想不到的事情发生了。

一、韦后出击

唐中宗死了，而且是暴崩。

唐中宗到底是怎么死的，这是历史上的一个大谜案。有人说是被妻子韦后和女儿安乐公主毒死的，也有人认为是自然死亡。我觉得，考虑到韦皇后母女当时还需仰赖中宗的庇护，不可能自毁长城，也考虑到唐中宗有心脑血管疾病的家族病史等情况，他应该是死于突发性的心脑血管疾病。但是，唐中宗死因如何，其实并不重要，重要的是，在他死后，李唐王朝将何去何从。

当时政坛上真正有影响的是两大势力——一支是以韦皇后为首的后党，核心成员包括安乐公主和上官婉儿；另一支则是以李隆基的父亲，相王李旦为首的李唐宗室，核心成员还有太平公主。这两大集团势均力敌，谁也不能把对方压倒。这种情况下政局会怎样发展呢？按照现在的政治常规，最合理的办法就是推举一个双方都可以接受的新元首，然后两派共同组成联合政府。唐朝的情况也差不多。只不过现在新元首也好，联合政府也好，一般都是通过选举的方式产生，而在唐朝，则要通过老皇帝遗诏的方式来实现。可是，唐中宗是暴崩，并无遗诏可言，怎么办呢？只好替他起草一份了。

既然有两派力量，遗诏的起草班子也就由双方代表共同组成。韦皇后的代表是著名才女上官婉儿，李旦的代表则是太平公主。这两个代表选得非常得体，她俩都不是集团老大，但又都是各自集团的核心成员，能够代表老大拍板，而且两个人都经验丰富，有足够的智慧摆平局面。这两个人工作配合得相当好，中宗去世的当天晚上，所谓的先帝遗诏就起草出来了。这份遗诏由三部分组成：第一，新任皇帝由唐中宗最小的儿子李重茂担任；第二，皇帝年幼，韦皇后以太后身份临朝听政；第三，鉴于孤儿寡母的政治局面，新皇帝由叔叔相王李旦辅政。

这份遗诏起草得应该说是相当有水平。首先，李重茂这个皇帝选得好。他是唐中宗的儿子，符合父死子继的继承原则。另外，他只有16岁，算是未成年人，因此需要大人帮忙辅政，这符合韦皇后和相王的政治利益，所以双方都能接受。其次，遗诏的第二和第三部分兼顾了韦后势力和相王李旦势力，让他们两个人都有参政空间。可以看出，这是一个煞费苦心的遗诏。当然，这也是一个存在不安定因素的遗诏。因为韦皇后集团和相王集团势同水火，按照一山难容二虎的原则，日后双方还得一决高下。但是，至少从眼前来看，这个遗诏兼顾了方方面面的利益，应该可以维持一段时间。

但没想到，这个遗诏一出世就遭到了朝中大臣的激烈反对，竟然没有得到执行，这究竟是怎么回事呢？

就在遗诏起草后的第二天，韦皇后便把这份遗诏提交给当时的宰相集团审查。韦皇后集团的重要成员之一、当朝宰相宗楚客说话了。他说："相王辅政，于理非宜；且于皇后，嫂叔不通问，听朝之际，何以为礼？"韦皇后和相王是嫂子和小叔子的关系，按照古礼，叔嫂不说话，怎么能既让韦皇后临朝，又让相王辅政呢？这让他俩在听朝的时候怎么相处呢？宗楚客提议，既然叔嫂不通问，索性把相王辅政一条拿掉，直接让韦皇后临朝称制吧！那么，宗楚客这个显然损害相王利益的提议能否得到认可呢？要知道，韦皇后也跟中宗一起执政好几年了，没少提拔自己人，所以当时的宰相班子里，支持韦皇后的居多，宗楚客这个提议一出来，大多数宰相也就随声附和。这样一来，遗诏的结构可就大大地改变了，就剩小皇帝李重茂接班、韦皇后临朝称制两条，没相王的位置了！换言之，韦皇后单方面撕毁遗诏，打算自己组阁了！既然原来的势力均衡原则一笔勾销，韦皇后方面也知道，相王一党不可能善罢甘休，怎么办呢？

修改了遗诏之后，韦皇后紧急调遣五万府兵进入长安，和禁军一起，对长安实行军管。府兵和禁军一共六个最高军事将领，任命的全都是韦家子弟或女婿，最高指挥则由韦皇后的堂兄、宰相韦温兼任。韦皇后把枪杆子牢牢抓到自己手里了。有了枪杆子做保障，不怕你相王造反！韦皇后这样做，很明显，想当皇帝嘛！她当皇帝，谁最害怕？当然是李唐宗室了！当年武则天称帝，李唐宗室被杀得落花流水，现在如果韦皇后再来一次，李唐恐怕就更无遗类了！再说，武则天称帝，毕竟最后还是把皇位传给了自己的儿子，传回了李唐王朝；可是韦皇后没有儿子，如果她真的称帝，皇位最终会落到谁的手里就更不好说了！

二、异军突起

按照当时的形势，宗室如果不想束手就擒，就得组织自救了。怎么自救呢？当时宗室的领军人物是相王李旦，而且这次修改后的遗诏直接损害了他的利益，由他牵头似乎无可争议。可是，韦皇后也是聪明人，早就防到了这一招，已经派兵把相王府邸严严实实地"保护"起来了。想和外界联系，没门儿！这样一来，宗室这边就群龙无首了。怎么办呢？有一句话叫"智者千虑，必有一失"。韦皇后和她的同党们千算万算，唯独忘了算计相王的儿子们。可能有人说，防范了相王不就等于防范了他的儿子吗？当然不是。

我们讲过，相王一共生了6个儿子，活到成年的有5个。从公元698年武则天决定还政李唐开始，这5个王子就出阁，到宫外单独居住了。他们的住宅都建在了长安城的隆庆坊（后改名兴庆坊），相互之间比邻而居，但是和他们的爸爸相王的府邸亲仁坊，中间隔着好几个坊，按照我们现在的说法，就是隔着好几个街区。所以，看住了相王并不等于看住了相王的儿子们。

要不要防范相王的儿子们呢？对这个问题，韦皇后集团并不是没有人想到过。当时，有一个宰相叫李峤，就曾经提醒过韦皇后。李峤是个武则天时期就活跃在政坛上的老宰相了，诗写得相当风雅。虽说是个文人型宰相，并没什么值得称道的政治权谋，可是俗话说，"人老成精"，他看着相王的几个儿子虎虎生威，总觉得是个隐患，于是就劝韦皇后：现在形势紧张，赶紧把相王的几个儿子打发到地方去吧。但是，韦皇后没听他的。韦皇后想，再怎么也轮不到他们当皇帝呀，他们吃什么隔壁醋！另外，相王的几个儿子此前都没有什么政治表现，所以，在韦皇后看来，那不过是几个毛孩子，能有什么本事！她根本没把他们放在眼里。

韦后没想到，这几个毛孩子里还有一个外号叫阿瞒的李隆基。李隆基本来就工于心计，再经过潞州的一番历练，早就不是当年那个只对打猎、打球感兴趣的纨绔子弟。自从回到长安，李隆基就开始暗暗地发展势力。经过这半年的时间，他又结交了一批英雄人物。这些英雄都是何许人呢？

第一部分是中下级官员。《册府元龟》卷二十《帝王部·功业》讲了一件事。当时，长安城有个尚衣奉御，就是给皇帝管衣服的官，叫王崇晔。这家伙倜傥任侠，轻财纵酒，人缘非常好，是个人物头儿，长安城里不甘寂寞的青年都跟他交往。正在发展势力的李隆基知道有这么一个人，赶紧屈尊就教，三番五次亲自登门拜访，演出了一场唐朝版的三顾茅庐。跟王崇晔搭上关系后，李隆基在长安的局面马上就打开了。就在王崇晔的沙龙之中，李隆基又遇到了几个重量级人物，包括押万骑果毅葛福顺、陈玄礼，禁苑总监钟绍京，等等。李隆基整天跟他们混在一起，无话不谈。说到皇室不振、韦后专权，这些人都很愤慨。有了共同的政治态度，这个本来没什么目标的青年沙龙慢慢就成了政治小团体，临淄王李隆基也就顺理成章地成了他们的老大。在长安城的社交圈子里混出了名气，有一个人就主动来找他了。谁呢？刘幽求。这个人当时50多岁，足智多谋，但是眼高于顶。因为恃才傲物，所以虽然才智颇高，但在官场上一直蹉跎，眼看着年过半百，还是一个县尉。他不甘心就这么了此一生，现在看到李隆基他们这个圈子特别活跃，也就向李隆基靠拢了。这个人一加盟，马上就成了小集团的军师，相当于《水浒传》里吴用的角色。

综合分析一下这几名骨干，李隆基这个小圈子的特点也就清楚了。从官职上来讲，这帮人有文有武，但都在中下级岗位上徘徊；从性格上来讲，他们都是当时人眼中的浮浪子弟，不安分，有野心。这两个特点加在一起太重要了，既有野心，又没顾虑，不正是办大事的好帮手吗？

第二部分是万骑将士。俗话说"秀才造反，三年不成"，要想办大事，必须得有军队支持。当时哪支军队最厉害呢？当然是万骑了。万骑是皇帝的贴身卫队，都是骑兵，战斗力很强。自从武则天晚年起，每次政变都少不了他们，所以李隆基对万骑也没少用心思。一般来说，军人性格豪爽，大多喜欢喝酒赌钱。李隆基有钱，又通过王崇晔认识了万骑的小军官葛福顺和陈玄礼，于是就整天请万骑将士喝酒，酒足饭饱再赌钱，故意让他们赢。一来二去，这些军人对临淄王印象超好。李隆基不是有个保镖叫王毛仲吗？此时，心思灵动的王毛仲看到自己的主人有心跟万骑交往，马上就知道该怎么办了，他整天没事也跟万骑的军官们混在一起，陪他们开心。看到王毛仲这么会办事，李隆基心花怒放。经过主仆二人的努力，在禁军之中，李隆基很快就有了一帮追随者。

第三部分是方外之士。李隆基离开潞州的时候不就让术士占卜过吗？回到长安后，他继续跟和尚、道士交往，像什么东明观道士冯处澄、宝昌寺僧普润，都成了他的好朋友。李隆基这么做，是不是因为他特别迷信呢？其实也不尽然。在中国古代，和尚、道士不仅能引导舆论，而且恐怕是交游最广的人了，谁家门都能进，因此传递情报、打探信息非常方便；关键时刻，不光能起到心理安慰的作用，还能当谍报员使。

可以看出，李隆基在长安和这三部分人的交往其实就是他在潞州活动的翻版。虽然交往的时候也不知道这些人到底能派上什么用场，但是，中国不是有一句古话叫"宜未雨而绸缪，勿临渴而掘井"吗？毕竟，机会总是光顾有准备的人。

现在，韦皇后篡改遗诏，想自己当皇帝，李隆基觉得机会来了。此事事关每一个李唐宗室的利益，决不能束手就擒！可是，怎么办呢？李隆基从小就在大大小小的政变环境中长大，耳濡目染，他想都不用想就知道发动政变已经迫在眉睫了。事已至此，只能搞一场政变，把韦皇后做掉。可是，具体怎么操作这场政变呢？韦皇后那边有整个国家机器，想和她对抗，李隆基这点资本显然不够用。

李隆基把在潞州组织集团的经验成功地搬到了首都长安，利用各路豪杰怀才不遇、渴望在乱世出头的心理，将一些有识之士吸收为骨干，使自己的集团在智力、人力、武力方面都得到了充分进步。然而即便如此，李隆基仍不敢轻举妄动，他还需要一个关键人物的支持。那么，这个人是谁呢？

三、姑侄联盟

想来想去，李隆基决定找太平公主。为什么找太平公主？因为太平公主的优势太多了。

太平公主有实力，而且目标小。我们说过，当时最有实力和韦皇后对抗的，其实就是相王和太平公主两大力量。两者之中，相王有皇叔之尊，还当过皇帝，身份敏感，是韦皇后重点防范的对象，接触利用起来都不安全。相对而言，太平公主虽然也有实力，但她毕竟是个女人，按照传统，并没有当皇帝的资格，跟她接触，目标小一点，不容易引起怀疑。

太平公主也是李隆基当时唯一可以依靠的人。我们在第二章讲过，李隆基童年时代唯一来往的父系亲戚就是姑姑太平公主，在感情上，他依恋太平公主。另外，太平公主参加过神龙政变，政治经验丰富，在智慧上，他也要借助太平公主。

和太平公主合作，有利于今后的发展。应该说，李隆基这个时候挑战韦皇后，主要是为了自保，为了保护整个李唐宗族和李唐王朝。但是，不可否认，他也会想到自己的前途问题。他是相王的儿子，本来，如果没有政治变故，连相王都当不上皇帝，更轮不到他这个庶出的三郎了。但是，现在不同了。如果政变成功，那他就有了当皇帝的资本。可是，想要立这个大功，就不能让爸爸或者哥哥知道这件事，否则，事成之后，功劳到底算谁的呢？千万不能自己忙了半天，再成了他们的打工仔！甘当人梯这种精神，可不是他李隆基所具备的。跟爸爸合作，容易利益分割不清，不过，跟姑姑合作倒是没关系，反正姑姑不能当皇帝。所以说，跟太平公主合作，有利于以后的发展。

就这样，李隆基来找太平公主了，跟她提出来，姑侄两个人联合发动政变！对于这个结盟的提议，太平公主是什么态度呢？根据《资治通鉴》的记载，"公主喜而从"。这件事也关系到她的利益，她当然是欣然接受，而且让儿子和手下都加盟进去，大力相助！李隆基和太平公主姑侄这么一联手，未来政变的领导核心也就形成了。

那么，我们应该怎么评价李隆基这次结盟行动呢？应该说，李隆基的表现一流。毛主席说过，谁是我们的敌人、谁是我们的朋友，这是革命要解决的首要问题。跟谁结盟，能够反映一个人的政治眼光。当时，李隆基已经有了自己的势力；同时，他又是相王李旦的儿子，虽然在政变问题上他瞒着爸爸，但是，他仍然可以利用相王的影响力；在这种情况下再和太平公主结盟，就等于把自身势力、相王势力和太平公主势力整合在一起了，而这三方势力，就是当时除了韦皇后之外最强大的政治力量。这项工作的完成，本身就证明了李隆基在政治上的精明与成熟。当年皇宫里聪明伶俐、心机深沉的小阿瞒，已经长大成人了！

　　韦后在明处，一步步迈向皇帝宝座；李隆基在暗处，紧锣密鼓地为政变做准备工作。两个集团都在与时间赛跑。谁掌握主动，谁就会走向成功，荣耀和耻辱只有一步之遥。然而就在这关键时刻，一件可怕的事情发生了！李隆基集团的政变举动被人察觉了，而且这个人是韦后集团的骨干。那么，这个泄密事件对于李隆基正在筹划的政变究竟产生了怎样的影响呢？

　　在李隆基紧锣密鼓地准备政变的时候，对于他来说，什么最重要呢？机密。做这种以弱抗强、犯上作乱的勾当，机密就是生命。可是，他没有想到，尽管自己千小心万小心，还是有一个人察觉到了他们的动向，从而也在一定程度上加快了政变的进程。谁呢？当时的兵部侍郎崔日用。此人跟韦皇后的高参宗楚客是铁哥们儿，因此也算是韦皇后的党羽。这个人眼光精准，一生最擅长的就是看风使舵。所以，经历了武则天和唐中宗时期那么多次政治风浪，他总能在关键时刻找到一条最牢靠的船。现在，他是在韦皇后这条船上，但是眼看着韦皇后要当皇帝，他心里觉得没把握了。女流之辈当皇帝毕竟不符合政治传统，如果有武则天那样的才干和机遇也罢了，可是韦皇后，他怎么看都觉得没把握。

当时政坛不就两大势力吗？韦皇后这边不行，那李唐宗室怎么样呢？他也不大摸底。我们不是讲过李隆基结交了好多和尚道士吗？这些和尚道士号称跳出三界外，其实都是六根不净，整天在各个权贵人家游走。其中宝昌寺的和尚普润跟崔日用关系不错。从普润的言谈话语之间，崔日用感觉到，李隆基是个人物，这个王爷恐怕已经准备和韦皇后斗一斗了！这可是件大事啊，怎么办呢？崔日用算是韦皇后集团中的人，按照食人之禄，忠人之事的原则，他应该像李峤那样去向韦皇后汇报。如果那样，李隆基可就要再面临一次风险了。可是，人都是有私心的，事情往往就坏在人的私心上。崔日用可没有李峤那么老实，他并没有向韦皇后汇报，而是开始动脑筋了。

他知道，在政治的大是大非面前，屁股可是决定脑袋的，崔日用把韦皇后和李隆基放在天平的两边掂量来掂量去，最后决定赌一把，支持李隆基！可是，自己政治不清白，怎样才能向李隆基这边表明自己的态度呢？

有一天，崔日用找到普润，跟他说：我知道你和临淄王那边有联系，请你转告他们，韦皇后已经准备动手了，如果临淄王有什么打算的话，让他们也快点准备，有什么需要我帮忙的说一声，我可以当内应。一句话：崔日用干脆反水了！

普润当然马上就把这个意思转达给了李隆基。古语说："知己知彼，百战不殆。"李隆基此刻正想知道点韦皇后那边的底细，一听说崔日用打算反水，马上就让普润把他给请来了。见到李隆基，崔日用说："临淄王，您的事情既然我都知道了，别人那儿也未必瞒得了多久，夜长梦多，赶快动手吧！否则，让韦皇后那边发现，可就功亏一篑了！"那么，听了他的建议，李隆基到底会怎样做呢？

第五章 诛杀韦后

唐中宗李显死后，韦皇后临朝摄政，准备效法武则天自己当皇帝，李唐王朝再次陷入吉凶难测的历史节点。就在此时，原本默默无闻的李隆基秘密策划了一场宫廷政变，决定彻底粉碎韦皇后的称帝阴谋。要与势力强大的韦皇后展开生死较量，李隆基将要面对的，是怎样的风险和考验？在政变实施的过程中，发生了哪些惊心动魄的故事呢？

一、背水一战

唐隆元年（710）六月二十一日，唐中宗刚去世20天。因为还在国丧期间，满城缟素。突然，从宫里冲出来一队人马，马上的人身着大红大紫的崭新官服，手里拿的武器上还沾着斑斑血迹。这些人在长安城的大街上大说大笑地骑行，整个城市立马笼罩上一种既紧张又兴奋的空气。这些人是谁呢，他们怎么敢在国丧期间如此高调？

唐中宗死后，韦皇后准备效法武则天再当女皇，李唐宗室又一次面临灭顶之灾。为了挽救李唐王朝，原本身份不高、默默无闻的李隆基挺身而出，调动自身势力，联合相王势力和太平公主势力，准备和韦皇后拼一场。就在李隆基悄悄谋划着政变的时候，本来属于韦皇后派系的大臣崔日用反水，提醒李隆基，形势紧张，行动随时都有暴露的危险，如果再拖下去，很可能功亏一篑。

李隆基听了崔日用的话，吓出了一身冷汗。幸亏崔日用两面三刀，如果他立场坚定，把掌握的情况报告给韦皇后，自己的脑袋早就跟脖子说再见了。有道是"当局者迷，旁观者清"，李隆基也知道，崔日用说得对，发动政变已经是刻不容缓了。可是，要发动政变，总要先评估一下风险指数。

这场政变有没有风险呢？风险太大了。把双方力量放在一起对比一下就能看出来，韦皇后优势非常明显。

首先，她有舆论优势。她已经立了中宗的小儿子李重茂当皇帝，自己以皇太后的身份主政。她的一切政令，都是以小皇帝的名义颁布的，谁反对她，就是反对皇帝，就是十恶不赦，罪不容诛。这就叫"挟天子以令诸侯"，占尽了舆论优势。

其次，她有军事优势。中宗刚死，韦皇后就立刻调集五万府兵，让他们和禁军一起，对长安城实行军事管制。为了确保军队的忠诚，她还任命了自己的侄子、女婿等亲信担任将领。这样的军队不仅军事过硬，而且政治合格，当然也力量强大。

最后，她有政治优势。我们说过，韦皇后在中宗一朝已经安插了很多亲信担任宰相，因此，当时的宰相班子基本都是她的支持者。宰相是百官之首，一呼百应，韦皇后有了他们的支持，在政治上也是颇为稳妥。韦皇后占尽舆论、军事和政治这三大优势，想要挑战她，无疑相当困难。

反观李隆基这边的情况，可以说和韦皇后那边恰恰相反。韦皇后的优势，正是李隆基的劣势。舆论上，当时天子已立，而且是中宗的儿子，符合继承原则。李隆基要兴兵，那是师出无名。所谓"名不正则言不顺，言不顺则事不成"，舆论上首先就处于劣势。

军事上，李隆基虽然没少在禁军中下功夫，在万骑里也有一些朋友，但这些朋友是否能够在关键时刻为李隆基卖命并不确定；另外，他们都是中下级军官，即使自己没有问题，是否有足够的号召力来发动下属也值得怀疑；更重要的是，当时的防卫力量由万骑、飞骑和府兵共同组成，就算是搞定万骑，其他军事力量也还是巨大的威胁。

政治上，李隆基这边的谋臣都是中下级官僚，人微言轻，和韦皇后那边的宰相们根本不在一个重量级上。这样看来，李隆基能够动员起来的力量和韦皇后代表的国家机器相比，显得相当弱势。在这种情况下发动政变，确实是胜算不大、风险不小。但是尽管如此，事情也很难再拖下去了。因为时间拖得越长，韦皇后的势力越稳固，越难以动摇；同时，准备时间越长，李隆基暴露的可能性也越大。与其如此，还不如背水一战。

就在李隆基为此忐忑不安的时候，禁军里发生了一件事，不仅坚定了李隆基发动政变的决心，也成为他举事的重要契机。那么，军队里到底发生了什么事情？这件事与李隆基发动政变又会有怎样的关联呢？

前面讲过韦皇后派了六个侄子、女婿去控制军队，这几个小伙子都没在军队干过，是空降兵，完全是因为和韦皇后的亲戚关系才被骤然提拔到领导岗位上的。这样的任命既让他们高兴，也让他们担忧，他们唯恐手下将士不服。怎么才能树立威信呢？几个小伙子一合计，觉得要想立威，就得来点硬的，先让军队怕了自己再说！于是他们想了一个损招，有事没事就找碴儿，动不动就把手下叫来揍上一顿。特别是掌管万骑的韦播和高嵩，因为万骑地位特殊、责任重大，他们觉得管理要格外严厉，所以打起手下来也特别狠。可是，真正的威信一定要建立在别人发自内心的爱戴、敬畏的基础之上，而发自内心的爱戴、敬畏又怎么可能是打出来的呢？何况，万骑本来是皇帝的贴身护卫，心里还是颇有些骄傲感的，对待这样的军队，打人的效果只能是适得其反。

果然，韦播和高嵩这么一打，整个军营都炸锅了，一时间群情激愤。万骑的中级将领葛福顺、陈玄礼等人已经跟李隆基来往半年多了，平时都拿李隆基当贴心人看待。看到这种情形，这两个人就找李隆基诉苦了。李隆基当时正跟刘幽求等一帮谋臣在商量政变的事，听完葛福顺和陈玄礼的诉说，李隆基他们不由得彼此会心一笑，这真是及时雨。政变的关键就在军队，现在军队对韦家不满，简直是天助我也，不利用都对不起上天啊。所以，好言好语打发走葛福顺他们，李隆基马上跟军师刘幽求说："事情紧急，还请先生出马，帮我把万骑搞定！"

大家可能有疑问，既然想要利用万骑，李隆基为什么不当面直说，还要再派刘幽求啊？其实，这就是李隆基的心机所在了。首先，万骑虽然对韦氏势力不满，但是否不满到愿意支持政变的程度还不清楚，这时李隆基作为主帅贸然动员有风险。其次，尺有所短，寸有所长，领导最重要的工作就是发挥手下的长处，而不是事必躬亲。刘幽求作为谋臣策士，舞动三寸不烂之舌正是他的优势所在，这和《水浒传》里，智取生辰纲之前，晁盖先让吴用去试探阮氏三雄是一个道理。果然，刘幽求找到葛福顺等人，把政治大义和个人功名富贵结合起来一番动员，葛福顺等人慨然允诺：没问题，我们早就觉得韦皇后不是东西，现在韦家子弟如此作践我们，我们更是忍无可忍，愿意跟着临淄王谋取功名，军队的事交给我们了！

搞定了万骑将领，政变也就进入倒计时了。究竟哪一天发难呢？李隆基定在了六月二十日，也就是唐中宗李显死后第十九天。那么，到这个时候，李隆基对这场政变有没有把握呢？还是没有。尽管葛福顺、陈玄礼已经允诺带万骑参战，但是，韦皇后的相对优势并没有改变，还是敌强我弱。可以想象，这场政变不会那么轻松。

果然，政变时间刚刚确定，第一个麻烦就出现了。什么麻烦呢？

李隆基的一个手下不干了。谁呢？就是李隆基的贴身保镖王毛仲。我们说过，王毛仲是个聪明人，主人想干什么，他打眼一看就知道。可是这次，眼看着政变时间迫近，王毛仲却害怕了，他分析一番形势，怎么都觉得对李隆基不利。生命诚可贵，尽管王爷对自己不薄，可也不能陪着送死啊！所以，六月二十日这天一大早，王毛仲就开溜了，哪里都找不到他。王毛仲可是李隆基的贴身保镖，连他都临阵脱逃，可见这场政变对于李隆基方面而言，就是铤而走险！

韦皇后操控小皇帝，掌握朝政之后改元"唐隆"，寓意是使唐朝兴隆起来，以此掩饰她想要称帝的野心，谁知"唐隆"与"隆基"有一字巧合，竟成为李隆基举兵的心理支撑，这也是韦后所始料不及的。然而，就在李隆基准备发动政变的关键时刻，他的贴身侍卫却逃跑了，这也预示了政变的成败难测。那么，政变过程中还会发生哪些意想不到的险情呢？

二、钟绍京事件

李隆基他们在政变中到底冒险没有呢？冒险了。整个政变一共经历了三次冒险，对李隆基而言，也就是三大考验。

第一大考验是，能否让钟绍京开门。就在发动政变的六月二十日这天的傍晚，趁着天色昏暗，李隆基带领军师刘幽求、和尚普润以及保镖李宜德等人偷偷溜到了宫城北面的禁苑之中。他们干什么去了？找钟绍京去了。钟绍京是李隆基从潞州回长安之后认识的朋友，当时正担任禁苑总监。禁苑位置相当重要，在唐朝，禁苑就在整个宫城的正北面，而禁苑的最南端就是宫城的北门，进了北门，就是皇帝的后宫所在了。李隆基他们想借此宝地，把钟绍京家建设成一个前敌指挥部，在这里就近指挥政变。到了钟家门口，李隆基举手敲门。就在这个当口，对李隆基的第一个考验来了。什么考验呢？按照《资治通鉴》的记载，钟绍京突然害怕了，不开门。任凭李隆基在外面怎么敲，他就是不开。正在着急的时候，屋里的钟绍京的夫人许氏说话了。她说："忘身徇国，神必助之。且同谋素定，今虽不行，庸得免乎？"什么意思呢？替国家出力，天神都会保佑你的！再说了，你素日和他们同谋，就算现在反悔，你以为别人会饶了你吗？几句话说得钟绍京茅塞顿开，连忙把门打开，毕恭毕敬地把李隆基迎了进来。

可能有人会想，好险啊，钟绍京心理的一点小小变化，居然差点影响整个政变的成败！是不是呢？钟绍京这个人的向背确实意义重大，但是，钟绍京不开门的原因恐怕没有《资治通鉴》记载的这么简单，而是另有缘由。我推测，钟绍京不是李隆基政变小组的核心成员。他知道李隆基要政变，但并不知道政变的指挥部就设在他家里。为什么这样推测呢？

《新唐书》讲到李隆基政变成功要素的时候说，成功的关键在于"刘幽求之谋，崔日用之智，钟绍京之果"。刘幽求是李隆基的军师，说"刘幽求之谋"当然是言之有理。崔日用临时反水，投靠李隆基，能够看清形势，这是一种政治智慧，说崔日用之智也足以让人信服。但是钟绍京就不一样了。如果依据《资治通鉴》的记载，他临阵退缩，这叫什么果敢啊，这不是果敢的反义词懦弱吗？《新唐书》既然表彰"钟绍京之果"，可见钟绍京的现场表现，绝不像《资治通鉴》记载的那么懦弱。可是，如果钟绍京不懦弱，他为什么一开始表现得犹犹豫豫，直到妻子点拨之后才开门呢？这两种看似矛盾的记载怎么解释呢？最合理的解释就是，钟绍京虽然平时跟李隆基有来往，但他并不是政变的核心成员，因此，事先并不知道李隆基的计划，所以看到李隆基一伙人突然出现，他没有丝毫的精神准备，这才不开门的。后来，经过妻子的劝说和自己的思考，他决定支持李隆基，并且果断地打开门，把他们请了进去，这才叫作"钟绍京之果"。

可是，仅仅一句"钟绍京之果"显然还不足以服人，还有没有别的证据呢？《旧唐书·玄宗本纪》开列了一个策划政变的成员名单。名单包括我们提到过的刘幽求、普润、葛福顺等六个人，但是，唯独没有提到钟绍京。《旧唐书》是依据当时的实录修成的史书，也是我们研究这段历史最可靠的史料。《旧唐书》不提钟绍京参与策划政变，恰恰证实了我们的猜测。在不知情的情况下，钟绍京不开门是常理，开门倒成了特别的果敢，换言之，李隆基此刻贸然拜访钟绍京，本身就是一种冒险！可能有人会有疑问，既然禁苑如此重要，李隆基为什么不提前跟钟绍京打好招呼呢？我觉得，李隆基这样做是经过考虑的。

钟绍京是李隆基的朋友，但他也是五品官，官职不低，生活不错，因为书法艺术水平高超，还经常给人写两笔字，能拿点润笔费，小日子过得挺滋润。这样一来，他的顾虑也就比较多。如果提前告诉他，万一他不同意，或者走漏消息，李隆基这边的风险就大了。反过来，如果事先不告诉他，突然从天而降，钟绍京在仓促之际倒有可能念及旧情，同意开门。再退一步讲，就算他不答应，凭李隆基身边带的几十个人，特别是有李宜德这样的高手强攻，还怕拿不下钟绍京夫妇吗？所以不如索性来个突然袭击。结果一试验，钟绍京果然开门了。这样一来，这次冒险就算有惊无险，一举成功。李隆基顺利地进入禁苑，也就成功地通过了政变的第一个考验。

从韦后临朝称制到李隆基举兵仅仅只有19天，而这19天的周密策划，也充分显示出了李隆基的胆识和谋略。在李隆基等人成功进入禁苑后，政变也就进入了实质性阶段。前面说过，禁苑位于宫殿的北门外，而宫殿的北门之内就是皇帝所在的后宫。要想一举拿下韦皇后，关键就在于控制守卫北门的禁军。那么接下来，李隆基又将遭遇怎样的考验呢？

三、诛杀韦后

　　第二个考验是，能否取得禁军的支持。有人可能想，葛福顺他们不是已经决定支持李隆基了吗？没错，但这只是葛福顺他们几个军官的个人决定，能否得到士兵的响应还有待检验。李隆基到钟绍京家里没多久，葛福顺他们也来了。几个人等到二更，夜深人静，出门一看，只见天上正降流星雨，一颗颗硕大的流星闪着白光划过夜空，就像雪花飘落。眼看发生了这样的天象，和尚普润和军师刘幽求赶紧说：这就是改换天命的象征啊，我们动手吧。紧张时刻，再坚强的人都需要安慰，这一句话，其实也就是一种战争动员，一时间群情振奋。这时候，李隆基趁热打铁，对葛福顺他们说：诸位报效国家、博取功名的时刻到了！你们打算怎么办啊？葛福顺马上说：您就看我们的吧。说完直奔万骑和飞骑的营房。韦皇后在万骑和飞骑系统一共派了四个将军，除了女婿武延秀住在宫里，其他三个人都在军营之中，天色已晚，他们早就睡着了。葛福顺仗着自己是万骑的军官，大摇大摆地走进营房，手起刀落，顷刻之间，三个人的脑袋已经落地了。把几个将军解决完，葛福顺这才大叫起来：韦皇后毒死先帝，想要篡权！今夜我们就要给先帝报仇，立相王当皇帝！谁要是三心二意，帮助逆党，我会株连三族，决不轻饶！葛福顺也是万骑的老长官了，平时威望很高，再加上韦皇后派来的几个将军滥用刑罚，早就失了人心，现在眼看着几个将军的首级都在葛福顺手里，万骑和飞骑的士兵纷纷表态，坚决跟着葛将军！这样，两支禁军就算争取过来了。

　　那么，这一步是不是冒险呢？相当冒险。试想，如果韦皇后派去的几个将军防范严密一点，葛福顺没有顺利得手；或者虽然杀死了几个将军，但是士兵们并不拥护葛福顺，那形势不就危险了吗？可是，历史事实就是，这两种危险都没有发生，葛福顺非常轻松地就拿下了军队。这样一来，政变的第二个考验又顺利通过。

安抚好士兵之后，葛福顺把三颗人头拿给李隆基，李隆基悬着的心放下了一半，他马上做出下一步部署：自己坐镇玄武门指挥，葛福顺和陈玄礼兵分两路，杀进宫去。

为什么李隆基不跟他们一起往里杀呢？因为，到这个时候，他们又面临政变的第三个考验了，就是能否打得过府兵。我们说过，当时韦皇后安排在长安的军事力量一共有三支：一支万骑、一支飞骑，还有一支是府兵。从素质上来讲，也许万骑和飞骑战斗力更强；但从人数上来讲，府兵更占优势。现在，万骑和飞骑算是搞定了，但他们能否打败人数众多的府兵呢？李隆基仍然没有把握，所以，他安排葛福顺和陈玄礼先带兵杀进去。如果顺利，他再跟进；如果不顺，他可能就另做打算了。

那么，这两支军队进展到底顺不顺利呢？史书没有详细的记载。但是，从进军速度推算，两军的进展还是相当顺利的。李隆基不是从二更才开始行动的吗？到三更的时候，葛福顺和陈玄礼的两支军队就已经在宫里胜利会师了，换言之，他们一路根本没遇到特别有效的抵抗。韦皇后安排的那么多府兵都哪儿去了？倒戈了。

按照《资治通鉴》的记载，这些府兵"闻噪声，皆被甲应之"，直接在阵前起义了。为什么府兵会阵前倒戈呀？这就叫天意民心。李唐王朝自从高宗后期就陷入动荡，现在，人心思定，对韦皇后那一套不感兴趣了！这样一来，政变的第三个考验也顺利通过。接下来的事情就好办了，听到两军胜利会师的欢呼声，李隆基也带人杀进宫来。三路人马会合之后，更是势如破竹，顷刻之间，无论是仓皇逃跑的韦皇后、对镜画眉的安乐公主，还是故作镇定、首鼠两端的上官婉儿，都灰飞烟灭。

眼看着宫里的厮杀告一段落，李隆基又派崔日用带领一队人马，出宫清理韦皇后的宗族和党羽。崔日用本来是韦皇后这边的人，平时也没少跟这些人一块喝酒吃饭，可是政治上的敌人和朋友转化得就这么迅速，昔日崔家的座上客，转眼之间都成了崔日用的刀下鬼。

到六月二十一日清晨，韦皇后的党羽也被一网打尽，政变胜利结束。这个胜利经过了那么多波折，真是来之不易。论功行赏，一夜之间，刘幽求写了一百多道诏书，写得手都软了。于是，就出现了我们开头说的那一幕，一百多新官穿着大红大紫的官服，走上街头，弹冠相庆！

对于这次政变，学者认为：它虽然本质上是统治阶级内部的斗争，但跟以往的一些内争不同，它在唐朝历史上具有重要的政治意义。这是李隆基"拨乱反正"的第一步，没有这次政变，也就没有后来的"开元盛世"。

那么，李隆基为什么能在那么不利的条件下取得成功呢？一个很重要的原因就是史书中提到的用人方略。具体来说，就是《新唐书》总结的"刘幽求之谋，崔日用之智，钟绍京之果"。李隆基虽然年轻，但是在用人方面已经颇有心得。钟绍京用他的地理位置，刘幽求用他的发达头脑，崔日用用他的随机应变，甚至还有葛福顺用他的武力，普润和尚用他的宗教号召力，王毛仲用他的沟通能力。这些人都是人才，能够让各种人才为我所用的，就是帅才，是王者之才。但是，只讲用人还不足以解释他胜利的原因。我觉得，李隆基取胜，至少还有三方面的因素：勇气、运气和人气。

什么是勇气？对于李隆基而言，勇气首先意味着敢于背水一战。李隆基是贵公子出身，在此之前从没有打过仗。但是，在李唐王朝大厦将倾的时刻，他敢于挺身而出，以弱斗强，本身就是一种难得的政治勇气，正是这种勇气成为整个政变成功的基础。

中国古代讲天命。天命在一定程度上就是好运气。李隆基的运气好不好呢？太好了。政变中他经历了三次大考验，每次考验都意味着一次巨大的风险。试想，如果钟绍京坚决不开门会怎么样呢？如果葛福顺没能把韦皇后派去的主帅杀死会怎么样呢？如果万骑杀进宫后，遇到府兵的誓死抵抗又会怎么样呢？可以说，任何一步出差错，都可能功亏一篑。可是，事实就是在任何可能出差错的地方都没出差错，这就是运气。

再看人气。中国传统儒家经典《尚书》中有这样一句话："天视自我民视，天听自我民听。"李隆基为什么有这么好的运气呢？看起来是老天帮忙，其实真正的原因还在于，李隆基以及李唐宗室此前积累的人气。试想，如果李隆基不是在半年前和钟绍京交上了朋友，钟绍京怎么会临时决定支持他呢？如果李隆基平日没有和禁军交往，将士们又怎么会为他卖命呢？更重要的是，如果不是韦皇后倒行逆施引起天下人不满，大家普遍同情李唐宗室，又怎么会有府兵的临阵倒戈呢？

这样看来，李隆基之所以能够取胜，关键在于他的软实力。在历史的选择面前，软实力并不软。相反，依靠软实力取胜的李隆基刚一出手，就是一记重拳。这只重拳打垮了韦皇后，也打掉了悬在李唐宗室头上的利剑。

诛杀韦皇后是唐代历史上的一件大事。就是在这场关乎唐朝前途命运的斗争中，李隆基"识度弘远，英武果断"的政治家素质得到了充分的展现。那么，政治成熟而又新立大功的李隆基会有怎样的未来呢？

第六章　太子监国

唐隆政变的胜利，为李隆基登上皇位创造了条件。然而，从被立为太子到掌握政权，李隆基还是经历了长期的艰苦斗争。而给他带来严重威胁的不是别人，恰恰是他的姑姑太平公主。

那么，究竟为什么昔日的政治盟友会成为势不两立的对手？这场宫廷斗争将面临怎样的暗潮汹涌？其中的是非曲直又该如何评判呢？

我们看吉尼斯世界纪录，经常会发现一些奇奇怪怪的创意，比如说够几百个人吃的香肠、几千个人吃的蛋糕，等等。其实，在唐朝，也有类似的创意。李隆基就创造了一个能让五个成年人同枕的大枕头，又缝了一张五个人合盖的大被子。可能有人好奇了，李隆基不是政治家吗，怎么研究起这些东西来了？还有，这枕头和被子都给谁用啊？

唐隆元年六月二十日，李隆基发动诛杀韦后的政变，一举成功。这场政变的直接目的是解除韦皇后对李唐皇统的威胁，对李唐王朝的发展至关重要。不过，政变虽然激动人心，却并不能解决所有的问题。军事行动刚一结束，两个重大的政治问题就摆在所有人面前了。什么问题呢？第一，谁来当皇帝？第二，李隆基以后的政治地位应该如何确定？

一、太子风波

推翻韦氏政权之后，谁来当皇帝呢？当时，李唐皇室的核心人物是李隆基的爸爸相王李旦。因此，无论是按照孝道，按照政变集团的事先约定，还是按照人心所向、大势所趋的原则，李旦当皇帝都是毋庸置疑的，欠缺的只是一个程序而已。政变结束后的第五天，这个程序问题也解决了。

这一天，小皇帝李重茂在太极殿大会群臣。君臣各就各位之后，太平公主发话了：皇帝想把自己的位置让给叔叔相王，大家觉得怎么样啊？太平公主话音一落，马上，大功臣刘幽求接话了。他说：国家多难，皇帝能够大公无私，这是尧舜一样的行为啊！相王能在这样的多事之秋替侄子承担大业，更是慈爱之举。皇家如此，天下万幸！太平公主是李唐宗室中地位仅次于李旦的二号人物，自然可以做宗室的代表；而刘幽求是政变头号功臣，官居宰相，无疑可以做大臣的代表。这样，两个人，一个是宗室代表，一个是大臣代表，这么一唱一和，就把问题解决了。紧接着，太平公主三步并作两步走到御座跟前，对小皇帝李重茂说：天下已经归心相王，孩子，这个位子不是你的了！随即一把将他拉了下来，扶李旦坐了上去。这时候，下面的群臣山呼万岁，一代新皇帝唐睿宗就此登基了！

谁来当皇帝的问题解决了，那李隆基今后的政治地位如何确定呢？按照一般想法，天下都是李隆基打下来的，就算暂时当不上皇帝，当个太子总没有问题吧！那么，李隆基能否顺理成章地被立为太子呢？没那么简单。唐睿宗李旦刚一即位，马上给所有人出了一道选择题。他说：我的大儿子宋王李成器是嫡长子，三儿子平王李隆基立了大功，两个人各有所长，我不知道立谁当太子好。唐睿宗为什么出这道选择题呢？因为他有私心。李旦自己实力不强，他不愿意立一个羽翼丰满的人当太子。但是，私心归私心，李旦这个说法合不合理呢？当然合理。嫡长子继承制是中国自西周以来皇位继承的基本原则，绝对值得尊重。睿宗提出两个候选人，至少在表面上并无不妥。这道选择题一提出来，李隆基可郁闷了。冒那么大风险搞政变，可别到最后给他人做嫁衣！怎么办呢？就在这个时候，两个人出来表态了。

第一个是他的大哥宋王李成器，也就是太子之位的另一个候选人。李成器说："国家安则先嫡长，国家危则先有功；苟违其宜，四海失望。臣死不敢居平王之上。"嫡长子继承制是个有弹性的制度，只适用于和平年代。如果遇到政治变故，就要先考虑功臣。现在正是这种情况，所以，我绝不能当这个太子。整个意思其实就两个字：我让！为了表明态度，李成器在接下来的几天里"涕泣固请"，态度非常坚决。他这么一让，本来的差额选举变成了等额选举，情况对李隆基就比较有利了。

在这种情况下，政变功臣刘幽求也出来表态了。刘幽求是李隆基的军师，刚刚通过政变当上宰相，两个人是利益共同体，他自然要替李隆基说话。刘幽求上表说："臣闻除天下之祸者，当享天下之福。平王拯社稷之危，救君亲之难，论功莫大，语德最贤，无可疑者。"他的意思很明白，天下都是李隆基打下来的，你这个皇帝也是拜李隆基所赐才当上的，你怎么能不让他当太子呢？我们知道，刘幽求不仅在政变中立了大功，而且在李旦当皇帝的过程中和太平公主一唱一和，扮演了重要角色，说话很有分量。他这么一说，好多大臣也随声附和。

有了这两个人的表态，唐睿宗李旦也就没话可说了，他随即下诏，立李隆基为太子。就这样，经过一番波折，李隆基终于如愿以偿，当上了皇太子。

李隆基虽然不是嫡长子，但由于他在唐隆政变中的出色表现，以及在政变之后自身势力的成长壮大，登上太子之位似乎无可厚非。

然而，就在李隆基当太子不到四个月的时候，一种"太子非长，不当立"的流言蜚语就传播开来。而制造这种舆论的恰恰就是他的姑姑太平公主。那么，太平公主为什么要这样做呢？她和李隆基之间的关系究竟发生了哪些微妙的变化呢？

二、迎战太平

太平公主不是李隆基的政治盟友吗，怎么又拿李隆基开刀了呢？英国政治家丘吉尔有一句话说得好：世界上没有永恒的朋友，也没有永恒的敌人，只有永恒的利益。韦皇后倒台前，整个李唐宗室都受到威胁，太平公主和李隆基一起救亡图存，有共同的利益，所以能成为盟友；但是，一旦政变成功，共同的威胁解除，两个人的关系马上微妙起来了。

我们刚才不是讲太子风波吗？不知大家注意到没有，一言九鼎的太平公主在这个问题上并没有发表意见。为什么？表面上她和睿宗一样，觉得两个都是自己的侄子，各有优势，手心手背都是肉，无法选择，不好表态，但其实，她对英武的李隆基已经起了防范之心。不过，防范归防范，侄子当时毕竟没有对她构成任何威胁，可以留用察看，以观后效。而且，这个侄子不是嫡长子，先天不足，他为了稳固自己的位置，恐怕也只有投靠她这个有权势的姑姑了。基于这样的想法，当然，也基于共同对敌时残存的情分，太平公主在立太子问题上并没有作梗。

但是，一旦李隆基真的被立为太子，双方的矛盾马上就凸现出来了。睿宗李旦并没有参加政变，是政变后被推举到皇帝位置上的，故而实力不强。皇帝弱势，那谁强势呢？太子和太平公主都强势。《资治通鉴》有一条记载特别经典："每宰相奏事，上辄问：'尝与太平议否？'又问，'与三郎议否？'"政变之后，三郎李隆基和太平公主的势力都有了长足的增长，也都参与朝政。李旦贵为天子，也只能是每事咨询，少问了谁都不行。这可就麻烦了。太平公主本来就是个权力欲旺盛的女人，立此大功之后，更不甘心和人分享权力。可是，李隆基也不是吃素的呀！他既是功臣，又是太子，总体实力不在太平公主之下，也不可能每次都附和她的意见。这样一来，一个太平，一个太子，原本亲密的盟友渐行渐远，彼此明争暗斗起来。

怎么解决这个姑侄争权的问题呢？在太平公主看来，对她最有利的做法就是谋划换一个太子了。换一个没有立过功的太子，不就没有资格和她叫板了吗？那么当时哪个人没有立过功，但是又有当太子的资格呢？当然是睿宗的嫡长子李成器。这样一来，太平公主一下子大义凛然起来，摆出一副维护嫡长子继承制的姿态，而非嫡长子出身这个缺陷也就变成太平公主拿来攻击李隆基的一个利器了。太平公主是怎么进攻的呢？

第一个角度的进攻就是，拿李隆基的身份说事，制造舆论，攻击李隆基不是嫡长子，不符合继承原则。在这个问题上，史书记载了三件事。

第一件是制造流言。据《资治通鉴》记载，景云元年（710）十月，也就是政变四个月之后，太平公主就开始派亲信煽风点火，传播流言了。他们到处说：现任的太子不是嫡长子，根本不该被立为太子。流言的特点就是来无影，去无踪，散布面广，影响力大。太平公主这么干，看起来并没有针对任何具体的人进行宣传，但是，大家都议论纷纷，也就可以达到扰乱视听的效果了。

第二件是策动大臣。同样还是根据《资治通鉴》记载，景云二年（711）一月，太平公主估摸准了宰相下班的时间，直接坐车等在他们的必经之路光范门那儿，见到宰相们走过来，太平公主款款地迎了上去，说：当今太子不是嫡长子，立得不合规矩，还请宰相们在陛下面前说一下，换个人吧！

第三件是收买李成器。根据《册府元龟》记载，太平公主曾经私下找到李成器，对他说："废太子，以尔代之。"这个做法直接针对具有竞争力的嫡长子，挑动他的私心杂念，应该说，更有杀伤力。经过太平公主这么几番各有针对性的舆论轰炸，一时间，长安城上上下下议论纷纷，都在议论太子的身份问题。唐睿宗没办法，只好下制书平息流言。

第二个角度的进攻是，针对李隆基的心术，说他有野心，想要提前夺位。《资治通鉴》也记载了两件事。

第一件，太平公主在睿宗面前说："朝廷皆倾心东宫。"朝廷里大臣都比较倾向于太子。言下之意就是说太子收买人心。她这么一说，唐睿宗当然不高兴了。中国古代讲究天无二日、国无二主，大臣只能对皇帝一个人忠诚。现在，太子居然在大臣之中收买人心，让大臣倾向于自己，这不就是想夺权吗？

第二件，太平公主请术士报告唐睿宗，说五天之内会有大兵进宫。意思是说有人要搞政变。谁搞政变呢？术士没说，但是谁都知道，当然是太子了。太子有搞政变的传统，现在耐不住寂寞，想要提前抢班夺权！如果说前一个角度是挑动舆论的话，那么第二个角度就是撩拨唐睿宗敏感的神经了，你这个儿子功高难治，还是换一个吧！要知道，唐睿宗当皇帝本来就底气不足，这样一撩拨，当然神经紧张了，赶紧找大臣商议对策，所以这一招效果很明显。两个角度的进攻交替进行，太子的位置变得不安稳起来。

在当时的唐代政坛上，太平公主不仅有特殊的功勋和地位，而且以"沉断有谋"、善弄权术著称。在改立太子的问题上，她表现出不达目的决不罢休的决心。那么，面对太平公主咄咄逼人的态势，李隆基会如何出手应对呢？

李隆基是个有雄才大略的人，太平公主主动出击了，他决不会坐以待毙。敌人既然从两个方面进攻，他的反击措施也就从两个方面入手。

首先，放低姿态，讨好兄弟，争取兄弟的支持。当时，真正能对他的太子身份构成威胁的，其实就是大哥李成器了。太平公主不是说他不是嫡长子，不应该当太子吗？其实就是拿李成器说事呢。对李隆基而言，只要大哥安于现状，他的威胁就能减小。为了争取大哥的支持，李隆基大张旗鼓地做了两件事。

第一件，屡次上表，提出让位给大哥。这当然是在政治上做姿态，并不是出于李隆基的本心，但是承认大哥的优势地位，这对李成器也是一个安慰。俗话说，"人争一口气，佛争一炉香"，世上人争来争去，有时候不就是争个说法吗？主动给大哥一个说法，大哥心里也就平衡多了。

第二件，研制长枕大被，敦睦兄弟感情。当时，太平公主整天挑拨李隆基和其兄弟之间的关系。李隆基就让人缝了一个长长的枕头、一床大大的被子，都是五人份的。他的态度很清楚，我们兄弟关系好，亲密无间，形影不离，白天待在一起还不够，晚上我们也要彻夜长谈！这就叫以情动人。本来，相王的几个儿子从小就一起关禁闭、吃苦头，算是患难兄弟，特别是李成器和李隆基，虽然不是一母同胞，但是，他们的母亲在同一天被杀，彼此同病相怜，更有一份真感情在。这时候，李隆基再强化这种感情，让兄弟们都觉得，我们才是一家人，我们要肝胆相照，别让外人牵着鼻子走！这不就减少内部矛盾了吗？这样看来，李隆基采用的是道家的柔术，以柔克刚。这一招在唐朝历史上谁用得最好？公认就是李隆基的父亲——唐睿宗李旦。所以，别看李隆基父子之间也有矛盾，但在这个问题上，他可是深得父亲真传。那么，他这个以柔克刚之术有没有收到效果呢？当然收到了，刚才我们不是说太平公主曾经去挑唆李成器，许诺把李隆基废掉，让他当太子吗？可是这个天知地知你知我知的秘密，外人是怎么知道的呢？那就是李成器主动报告给李隆基的，好让他有所防范。这不就是李隆基攻心术成功的最好证明吗？表面上看，李隆基的这些措施只关乎亲情，没有明确的政治指向性，但是，有了大哥的支持，太平公主拿李隆基庶出三郎这个身份说事的力度就小多了。

李隆基自幼经历了宫廷内部的激烈斗争，长期身处险恶多变的境地，正是这种生活状况造就了他深谋远虑、果敢灵活的性格。那么，面对老谋深算的姑姑太平公主，李隆基除了以柔克刚之外，还会采取怎样的回击手段呢？

李隆基的第二个措施是依靠大臣，对太平公主做正面回击。当时，有四位大臣为李隆基出力颇多。

第一个是老臣宋璟。前面我们不是说太平公主在光范门拦住宰相，跟他们说太子应该换一换吗？宋璟可是个正直的大臣，一听此言，马上就发作了。他说："东宫有大功于天下，真宗庙社稷之主，公主奈何忽有此议？"太子合法性不容置疑，指望我们宰相配合你的行动改换太子，没门儿！表态非常坚决。

第二个是老臣韦安石。太平公主不是跟唐睿宗说，大臣们都倾向于太子吗？李旦很紧张，赶紧找来宰相韦安石。问他，是不是有这么回事啊？韦安石一听马上说："陛下安得亡国之言！此必太平之谋耳。太子有功于社稷，仁明孝友，天下所知，愿陛下无惑谗言。"当时太平公主就在帘子后面偷听呢，听韦安石这么一说，真是差点没被气死。

第三个是老臣张说。太平公主不是派术士跟睿宗说，五天之内必有大兵人宫吗？这对睿宗而言更是心腹大患，他又把几个宰相找来了，跟他们商量怎么防备。这时候，张说发话了，说防备什么呀，没有的事！"此必谗人欲离间东宫。愿陛下使太子监国，则流言自息矣。"不仅揭穿了太平公主的阴谋，甚至易守为攻，直接给太子争权力了。

第四个是老臣姚崇。看到太子立足不稳，有一天，姚崇就和宋璟一起找唐睿宗了，劝他说："宋王陛下之元子；豳王高宗之长孙。太平公主交构其间，将使东宫不安。请出宋王及豳王皆为刺史，罢岐、薛二王左、右羽林，使为左、右率以事太子。太平公主请与武攸暨皆于东都安置。"这段话不长，可是内容丰富，至少包含了三层意思。

第一层意思是针对身份比李隆基高的两个哥哥。当时李隆基的兄弟辈中，除了睿宗的嫡长子李成器身份比较高之外，还有一个人身份也比较高，那就是被武则天废掉的二儿子章怀太子李贤的儿子，唐高宗的长孙李守礼，当时被封为豳王。因为武则天的缘故，李唐王朝的继承顺序在唐高宗以后就乱了。如果正本清源，从唐高宗那儿往下追的话，这个豳王李守礼的身份也不一般。这时候，姚崇提出来，让这两个身份敏感的哥哥到地方去吧，在长安容易被人利用。

第二层意思是针对李隆基的两个弟弟岐王和薛王的。这两个弟弟虽然没有继承权，但是，他们现在是禁军羽林军的长官，手握重兵，也容易被人利用。所以，不如免去他们的禁军指挥官职务，让他们当太子的左右卫率，就是太子卫队的统帅。这样，不仅不会威胁太子，反而能加强太子的力量。

第三层意思是针对太平公主的。姚崇的话说得很明白，现在之所以出了这么多事，关键就在于太平公主整天调唆，干脆让太平公主到外地去吧，别在首都搅事了。整个来说，这番建议考虑到了威胁太子地位的全部因素，是个通观全局的一揽子解决方案。

分析一下这几个大臣的地位，有两个问题值得注意。

第一，这几个大臣都是老臣、重臣。说他们是老臣，是因为这几个人都在武则天时期就活跃在政治舞台上，资历很深，经验丰富；说他们是重臣，是因为他们当时都是宰相级别，位高权重。这使得他们的话都特别有分量。

第二，这几个大臣之中，除了张说曾经当过李隆基的老师之外，其余的人跟李隆基都没有私交，而且他们都不是政变功臣，在李隆基当太子的问题上也没发挥过作用。既然并非太子一党，那他们为什么如此维护李隆基的利益呢？这是因为，在中国古代，太子被称为国本，一旦国本动摇，就会对政治产生全面的影响。因此，改易太子，绝不是当朝皇帝喜欢谁的问题，而是属于国事的范畴，大臣有权参与。

所以，这几位老大臣维护太子，绝不是出于个人交情，而是出于维护国家政治稳定、维护朝廷秩序的一片公心。清代著名政治家林则徐说过："海纳百川，有容乃大；壁立千仞，无欲则刚。"一句"无欲则刚"，真是道破了世情真谛。正因为这些大臣没有私心，所以他们的态度才格外刚强。

太平公主为了满足自己对权力和地位的渴望，兴风作浪，对此，李隆基施展柔术，攻心为上；老臣们则是立场鲜明，态度强硬。那么，李隆基和老臣们刚柔相济的斗争到底有没有结果呢？

三、太子监国

景云二年（711）的二月，也就是唐隆政变八个月以后，唐睿宗李旦连颁两个诏令：第一，太平公主出居蒲州，也就是今天的山西永济；

李隆基的两个哥哥宋王李成器和豳王李守礼到外地担任刺史；李隆基的两个弟弟岐王和薛王被免去羽林将军之职，担任太子左右卫率。很明显，这是贯彻了姚崇和宋璟的建议。第二，李隆基以太子的身份监国，全面行使政治权力。毫无疑问，这是在贯彻张说的意见。这两个诏令一颁布，对李隆基而言当然是重大胜利。

那么，李隆基为什么会取得这样的胜利呢？我想，至少有三个直接原因。其一，大哥李成器出于兄弟情分的无私推让；其二，宰相出于维护政治稳定的大力帮助；其三，父亲李旦的最终支持。这三方面势力能够支持他，根源又在哪里呢？简而言之，在于他们都有一颗公心。我们知道，在权力问题上，李旦跟儿子有矛盾；李成器更是李隆基的有力竞争者；而大臣们跟李隆基也并没有什么私交。这时候，他们能够摒弃私利支持他，说到底，无非是为了维护政治稳定，为了李唐王朝能够更好地发展。那么，我为什么要强调这一点呢？我是想告诉大家，别以为政治就是一连串的阴谋；真正的政治必定是要讲正义的，真正的政治家也必定是要有公心的，大唐盛世能够诞生的基础不就在这里吗？

到此为止，太平公主已经被赶出了京城，李隆基的政治地位更稳固了。那么，他今后是否就会凯歌行进呢？

第七章　荣登大宝

李隆基成为太子之后，与太平公主展开了一场惊心动魄的权力斗争。而唐睿宗李旦出于维护国家稳定的考虑，决定让李隆基监国，而将太平公主和李隆基的两个哥哥赶出京城。

那么，面对这样截然相反的安排，李隆基和太平公主会有怎样的表现？太平公主是否会甘心被冷落？李隆基的登基之路是否会因此而豁然畅通呢？

一、痛定思痛

太平公主得知自己被哥哥睿宗李旦发配到地方以后，深感意外。仔细一打听，原来这不是睿宗原创性的想法，而是姚崇和宋璟出的主意！这下子可捅了马蜂窝，太平公主没去找姚崇、宋璟，而是跑到太子李隆基那里，对着他大吵大闹，质问他为什么派自己的心腹去调唆皇帝，为什么就容不下自己的姑姑和哥哥。

那么，姚崇和宋璟到底是不是受了李隆基的教唆呢？其实不是。他俩只不过是出于稳定政局的考虑才提出这个建议的。但是，这个建议毕竟对李隆基有利，所以说他教唆，他也是百口莫辩。而且，太平公主的指控太有杀伤力了，不要说姑姑得罪不起，哥哥他也不能得罪呀。要知道，当时李隆基正忙于敦睦兄弟感情，以争取大哥的支持，现在太平公主却说他容不下哥哥，万一哥哥也这样想怎么办？那自己之前的工作岂不是白做了吗？怎么办呢？这时候，李隆基身上"阿瞒"的性格特征就表现出来了，宁我负人，勿让人负我！事到如今，只能丢卒保帅了。李隆基赶紧上奏，说姚崇和宋璟两个人离间姑兄，请求判处他们死刑！

其实，睿宗对这件事的来龙去脉本来就心知肚明，而且从理智上判断，他也知道姚崇、宋璟他们的主意不错，这才听从了他们的建议。但是，妹妹为自己当皇帝立了大功，自己对妹妹也多有仰仗，不好得罪。到底怎么处理呢？两边平衡一下吧。一方面，把姚崇和宋璟贬到地方当刺史，宋王和豳王也留在了长安；但另一方面，对太平公主维持原判，必须到蒲州去！

这个决定已经让太平公主够不痛快了，没想到，更大的打击还在后面呢。两个月之后，睿宗忽然召集三品以上的大臣，说："朕素怀澹泊，不以万乘为贵，曩为皇嗣，又为皇太弟，皆辞不处。今欲传位太子，何如？"他说，我一向恬淡，不喜欢当皇帝。过去母亲则天皇帝让我当皇嗣，哥哥中宗也想让我当皇太弟，我都没有接受。现在我当了皇帝了，也不觉得怎么样，所以想传位给太子，你们意下如何？眼看着政治斗争纷纭复杂，而自己又实力不强，没办法摆平局面，睿宗一心烦，撂挑子不干了。趁着妹妹不在长安，干脆想传位给儿子算了！省得整天看着妹妹和儿子斗来斗去！

睿宗这个意思一出来，太平公主和李隆基可都慌了。太平公主是不愿意失去依靠，当然百般阻挠；而太子李隆基则是摸不透父皇的真实想法，也百般推辞。这样一来，这次传位动议只好不了了之。但是，人有了心思就很难再放弃，没过多久，睿宗还是下令："凡政事皆取太子处分。其军旅死刑及五品以上除授，皆先与太子议之，然后以闻。"把李隆基的权力大大地提高了。听到这个消息，太平公主简直是欲哭无泪。她跟李隆基斗法，一直都咄咄逼人，处于上风，怎么一下子会输得这么惨呢？要是照这个样子下去，太子当皇帝指日可待。到那时，以李隆基的性格，必定大权独揽，那自己参加政变的意义又在哪里呢？

太平公主也是一个有本事的人，痛定思痛，她开始分析自己惨败的原因。反思此前的一系列活动，太平公主觉得，自己有两大失误。第一，她虽然声势逼人，但是一直孤军奋战；而李隆基虽然看起来较为弱势，背后却有一个强大的宰相后援团。以一个人的力量对付一个团体，她自然不占上风。第二，她对李隆基的进攻虽然火力凶猛，但其实都是一些人身攻击，没有任何实质性的内容。所以，虽然经过这么长时间，太平公主自身的实力却并没有任何增长。而政治斗争，是要靠实力说话的。

二、太平反击

在哪里跌倒，就在哪里爬起来。认识到自己的失误，太平公主马上着手改变战略。就在此时，李隆基为了缓和关系，也主动请求召太平公主回长安。太平公主自然当仁不让。这次回到长安后，太平公主的战略就变了。首先，她绝口不提更换太子的事。以前自己闹得太凶，结果引起了睿宗的反感，得不偿失。这一回，她不再纠缠更换太子的事了，而把主要精力放在了网罗人才、培植亲信上。她都网罗了哪些人呢？

第一个是窦怀贞。就是娶了韦皇后的老奶妈，还自称"皇后阿爹"的那个人。这个家伙其实是高干子弟，是个公子哥，但是小时候从不以公子哥自居。别的高干子弟都是轻裘肥马，只有他艰苦朴素，所以名重一时。我们常说三岁看大、七岁看老，但是也并不尽然。窦怀贞长大之后名声就不太好了。他太爱权力，为了权力不惜牺牲一切。唐中宗的时候宦官势力比较大，因此，窦怀贞只要看见宦官就巴结。可是，宦官又不是举着牌子走路，也没有其他明显的标志，他就怕哪天没看出来人家是宦官，失了礼数。怎么办呢？为了避免犯错，窦怀贞只要看见没胡子的就点头哈腰，这样一来，好多毛发不发达的人都跟着沾光了。这在当时简直被传为笑谈。

这样的人我们觉得不怎么地道，可是太平公主却认为他是个人才。人就怕没有爱好，只要有爱好，就能投其所好了。他为了权力可以放弃尊严，正好用权力吸引他！本来，窦怀贞是韦皇后的党羽，韦皇后被杀，他也受牵连，被贬为濠州（今安徽凤阳）司马。可是现在，在太平公主的亲切关怀下，窦怀贞又从地方回到了中央，没过多久，居然当了宰相。既然太平公主能既往不咎，让他当官，他也就投桃报李，每天一退朝就到太平公主那里报到。这样一来，太平公主在朝廷里有了耳报神，朝廷里的大事小情都了如指掌。

第二个是陆象先。说起陆象先的名字，可能很多人并不熟悉，但是，如果我们说"天下本无事，庸人自扰之"这句话，大家就都耳熟能详了。这句话就是陆象先说的。陆象先担任河东按察使的时候，有一次，一个小吏犯了错误，陆象先批评了他一顿，就让他走了。结果，一个比这个小吏职位稍高一点的"大吏"有意见了。他对陆象先说：按照规定，这个小吏的错误应该打板子呀，您怎么就这么轻饶了他呢？陆象先最看不起这类唯恐天下不乱的人了，就回答他说：人和人都是一样的，难道你以为他听不懂我的话，非要挨板子才行吗？如果你说不打就不行，那下次我先打你。本来天下没有什么大不了的事，都是你们这种庸人自己找事！这件事就记载在《新唐书·陆象先传》里，从此，"庸人自扰"就成了一个成语。从此事我们可以看出，陆象先是一个非常洒脱、眼界非常高远的人。按照当时的说法，就是"恬静寡欲，议论高简"，人望非常高。

陆象先这么清高，当然不会主动巴结太平公主，那太平公主又是怎么发现他的呢？说起来还和太平公主的男宠有关。太平公主有个男宠叫崔湜，是个才子型的官员。太平公主正在用人之际，就想把他提拔成宰相。崔湜说：我没别的要求，就是希望能和陆象先成为同事。这个人名气大，能和他成为同事，我自己脸面有光。太平公主应允，就把两个人一起推荐了。不过，太平公主虽然推荐了陆象先，但陆象先可不像窦怀贞那样对她百依百顺。相反，还经常指出她的一些问题。别看太平公主是个"铁娘子"，但是对陆象先的批评她却并不介意。人要想成事，就不能只听好话，再说了，陆象先号召力大，把他纳入自己的人才队伍，这不就等于竖起了一块活招牌吗？一下子，太平公主这边人才的整体水平就提高了。

综观以上两个例子，我们可以发现，太平公主网罗的其实是两类人。第一类就像窦怀贞这样，是非不分，人品不好，但是能够死心塌地替她办事；第二类就像陆象先这样，超凡脱俗，清心寡欲，虽然不能指望他无原则地听命于自己，但是可以给自己改善形象，带来声望。

李隆基与太平公主斗智斗勇，都有不凡表现。特别是太平公主，在延揽人才方面更是灵活主动。但是，大唐王朝的最高权力掌握在唐睿宗李旦手中，睿宗将会如何安排太平公主延揽的这些人呢？李隆基在这场人才大战中又将何去何从呢？

俗话说，"好钢要用在刀刃上"，太平公主网罗的这两类人才都很难得，当然是让他们当宰相最能发挥作用了。可能有人怀疑，难道太平公主想让谁当宰相就能让谁当宰相吗？还真差不多。因为当时李隆基虽然已经是太子监国，但是，三品以上的人事任命权还在睿宗手里。对付睿宗，太平公主最有办法了，实在不行还可以打感情牌嘛！任命崔湜当宰相的时候，睿宗开始并不同意，但是，太平公主"涕泣以请"，没办法，睿宗最后还是满足了她的要求。很快，经过一番软磨硬泡，太平公主把窦怀贞、崔湜、陆象先等四五个得意的人才都安插到了宰相的岗位上。有了宰相做后盾，太平公主在朝廷里的局面也就打开了。

太平公主安插了一批亲信当宰相，那李隆基那边怎么样呢？他那边恰恰相反，他的支持者都从宰相岗位上调离了。姚崇、宋璟两个人因为建议让太平公主离开首都，结果太平公主一发威，李隆基被迫丢卒保帅，主动请求把这两个人贬到地方当刺史去了。老臣韦安石因为几次出手保护太子，被太平公主明升暗降，表面上荣升为二品的左仆射，实际上被剥夺了实权，发配到东都洛阳了。另一个宰相张说，被任命为尚书左丞，也发配到了洛阳。就这样，太平公主回到长安不久，整个宰相集团中原来属于李隆基派系的就只剩下了刘幽求一个人。可是，刘幽求本来不过是个县尉，因为政变有功，才火箭式蹿升到宰相的位子，他的资历以及影响力不要说不及姚崇、宋璟一个零头，就是跟太平公主手下那些老官僚也没法比。这样一来，别看李隆基还任太子监国，但其实整个被架空了。

经过太平公主的一番努力，她和李隆基的力量对比发生了明显的变化，政治敏感度高的人马上就看出来了。当时，有一个书生名叫王琚，曾经因为反对武三思而流亡江湖，韦皇后倒台后又回到长安，被任命为县主簿，是个九品小官。当时李隆基不是以太子的身份监国吗？凡是六品以下的官都是由他来任命的，因此，王琚此次拜官，也是出于太子殿下的恩命，他特地前来拜谢。可是，虽然打的是谢恩的旗号，王琚的表现可不像一个谢恩的人。到了殿廷之中，王琚故意高视阔步，摆出一副目中无人的样子。这不合礼数，因此，宦官提醒他：太子殿下就在帘子后头呢，你放规矩点儿。没想到，王琚冷冷一笑，说：谁是太子殿下啊，当今天下只有一个太平公主罢了！很明显，王琚用的是一种战国时期纵横家的口吻。纵横家固然是牙尖嘴利，说话难免夸张，但是，他们也是目光如炬，一下子就能看透问题的实质。在太平公主和李隆基的力量对比上，王琚一点儿都没有看错：此刻的李隆基，虽然看起来是太子监国，大权在握，但是综合实力和监国之前相比，反倒更加弱了。

经过几个回合的较量，太平公主实力大增，似乎已经胜券在握。可是，就在她准备反戈一击，彻底击垮李隆基的时候，一个特殊天象的出现却改变了这一切。

那么，究竟是什么奇怪的天象，竟然能够击破太平公主的黄粱美梦？事情的变数又到底出在什么人的身上呢？

三、荣登大宝

连王琚都能看出来的事情，太平公主作为当事人就更清楚了。眼看太子的羽翼被剪除得差不多了，太平公主又跃跃欲试，想报当初被发配到蒲州的一箭之仇。找什么机会再冲击一下太子呢？此时，一个特殊的天象成了导火索。

延和元年（712）七月，一颗彗星出现在西边的天空。在中国古代，彗星意味着除旧布新。太平公主一看大喜过望，这颗星星也太善解人意了吧！第二天，在太平公主的授意下，一个术士就去见唐睿宗了。术士跟他说："彗所以除旧布新，又帝座及心前星皆有变，皇太子当为天子。"什么意思呢？所谓"帝座"，就是天文学上的武仙座星，是所谓天皇大帝的外座，象征皇帝。而"前星"是指天文学上所谓心宿的前星，象征太子。象征皇帝的星星和象征太子的星星都有变化，这意味着太子应当做天子，不能再待在东宫里了！

这个说法可是太恶毒了。按照太平公主的想法，谁不爱权力呀，此时睿宗当皇帝才两年，他是无论如何不会让李隆基当皇帝的。但是，根据星象，李隆基这个太子显然有了当皇帝的动向，已经不安其位了。那么，如果睿宗不想让他当皇帝，恐怕就只有废掉他了。因此，术士这番话的真正含义在于：废黜李隆基！这可是非常厉害的一招。因为睿宗一直觉得李隆基功高震主，对他颇为猜忌。而此时的李隆基又没有了宰相的保护，只要睿宗一动摇，李隆基就会马上面临灭顶之灾！

那么，事情是否真的会像太平公主想象的那样发展呢？没有。变数出在唐睿宗李旦这儿。李旦听术士这么一说，马上说："传德避灾，吾志决矣！"明确表态，我要顺应天象，传位太子！这可是太平公主无论如何也没想到的局面，这不是搬起石头砸自己的脚吗？她赶紧跑过来拼命劝说。可是，这次睿宗铁了心了。他说："中宗之时，群奸用事，天变屡臻。朕时请中宗择贤子立之，以应灾异，中宗不悦，朕忧恐，数日不食。岂可在彼则能劝之，在己则不能邪？"当年哥哥中宗在位的时候，小人当道，上天屡屡预警。当时我就劝他赶快顺应天意，立一个好儿子当太子。没想到哥哥认为我动机不纯，还很不高兴。现在同样的事情轮到我身上，难道当年我劝别人时就明白，一到自己的身上就糊涂了吗？我坚决不重蹈哥哥的覆辙！我决定传位太子！

唐睿宗李旦决定传位，绝对称得上是大唐历史上石破天惊的一笔。那么，唐睿宗这个让太平公主大跌眼镜的决定，又会让李隆基做出怎样的举动呢？李隆基会顺利地登上皇帝宝座吗？

其实，睿宗的决定不仅让太平公主大跌眼镜，对李隆基来说也是非常突然的。李隆基听说了父亲的决定，一头雾水，马上骑马跑到宫里。到了睿宗面前，他以头抢地，说："臣以微功，不次为嗣，惧不克堪，未审陛下遽以大位传之，何也？"我不过就是立了那么一点功劳，连当太子都害怕不堪重任，您怎么会突然要把皇位传给我？我无论如何不敢接受。听完儿子一番话，睿宗说："社稷所以再安，吾之所以得天下，皆汝力也。今帝座有灾，故以授汝，转祸为福，汝何疑邪！汝为孝子，何必待柩前然后即位邪！"国家之所以能有今天，我之所以能当皇帝，不都有赖于你吗？如今帝座有灾，天象告警，我才把皇位传给你，希望能够转祸为福。你有什么可怀疑的呢？话说到这份儿上，李隆基也没什么可推辞的了，百感交集，流涕而出。

就这样，因为唐睿宗这么一个出人意料的传位决定，整个局势都扭转过来了。本来，太平公主羽翼丰满，胜算很大；而太子李隆基则是损兵折将，自身难保。但是，忽然之间，一切又都颠倒过来了。太平公主再次白忙了一场，而李隆基则稳稳地接住了天上掉下来的馅饼，从太子晋升为皇帝了！

延和元年（712）八月庚子，李隆基接受了父亲唐睿宗的禅让，正式登基称帝，改元先天。这一年，他刚刚27岁。

李隆基为什么能在非常不利的情况下荣登大宝呢？毫无疑问，这是唐睿宗传位这个戏剧性决定的结果。那么，唐睿宗为什么会做出这样的决定呢？我觉得，有两个原因值得注意。

第一，睿宗是一个相对比较恬淡的人。这种恬淡来源于他的生活经历，来源于他实力不足的现实，也来源于他的道家思想。唐睿宗崇道在历史上非常著名。《资治通鉴》记载了这样一件事：景云二年（711）十二月，也就是唐睿宗决定传位之前，他曾经召见著名的天台山道士司马承祯，向他讨教道术。司马承祯说：所谓道，就是损之又损，以至于无为啊。唐睿宗说：一个人自然可以这样修炼，那要是治理一个国家呢？司马承祯说：国家和个人没有区别，只要摒除私心杂念，顺其自然，国家也就治理好了！睿宗听了频频点头。自景云二年以来，睿宗屡次提出传位，当然每次都有现实政治斗争的背景，但不可否认的是，道家损之又损、清静无为的思想对他深有影响。

第二，唐睿宗对大唐王朝有责任心。皇权至上，从私利的角度来讲，任何皇帝都希望自己的统治能够永远维持下去，唐睿宗也不例外。在权力问题上，睿宗和李隆基也有矛盾，甚至太平公主架空太子，在一定程度上也是睿宗纵容的结果。但是，睿宗私心的底线是太子的位置不能动摇。一旦太子位置不稳，大唐王朝就会重新陷于动荡之中。自从武则天以来，唐朝已经动荡了几十年，作为一个皇帝，睿宗不希望大唐继续动荡下去，这是一种政治家的责任感。在当时太平公主势盛的情况下，怎样才能确保太子的位置不动摇呢？要想从根本上解决问题，只有给他一个不容挑战的名分，这个名分就是皇帝。正是出于保护太子，也保护大唐的心理，唐睿宗痛下决心，做出了传位的决定。如果这个分析成立，那么，素以谋略著称的太平公主也可以觉得安慰了。因为她并不是输在计谋和运作上，而是输在她低估了睿宗为大唐王朝做出牺牲的决心和勇气上。

就这样，因为睿宗的自我牺牲，李隆基荣登大宝。那么，这个27岁的新皇帝还会遇到哪些挑战呢？

第八章 巅峰对决

公元712年，唐睿宗李旦下诏，正式传位给27岁的太子李隆基。但是唐睿宗的退位退得并不彻底，在最重要的军国大事上，还是由睿宗说了算。这样，在李隆基当皇帝之初，出现了太上皇与新皇帝共同主持朝政的局面，而太平公主也借此机会重整旗鼓，在朝廷里安插了大量的亲信，形成了一股强大的政治力量。

那么，此时的李隆基将如何处理与太上皇、太平公主之间的关系呢？他真正成为最高统治者的日子，究竟何时会到来呢？

一、初谋政变

在李隆基和太平公主斗法的过程中，唐睿宗李旦为了维护政治的稳定，做出自我牺牲，主动传位，让李隆基当了皇帝。为此，我们还特别表彰了一下唐睿宗的一颗公心。但是，我们也要知道，人性是非常复杂的。做出传位的决定之后，睿宗又觉得失落了。毕竟他这个皇帝才刚刚当了两年，就这样把权力交出去，无论如何有些不甘心。怎么办呢？李旦私心一动，干脆退位不退休，保留一部分权力吧。保留什么权力呢？李旦提出来了，太上皇和皇帝得分分工，三品以上官员的任免和重大的政治军事问题都归太上皇管，其余的事情才由皇帝决定！

　　李旦不仅自己收回了不少权力，还替妹妹觉得委屈了。本来是儿子和妹妹斗，他把帝位传给儿子，对不起妹妹啊。另外，如果妹妹有势力，儿子李隆基也会受到制约，自己仍然可以居中找平衡，退休生活也就更加精彩。就在这种微妙的心理支配之下，李旦开始加大了对妹妹的扶持力度。他不是掌握着三品以上大员的任免权吗？以后妹妹有什么人事要求，就尽量满足吧。李旦有这种想法，太平公主自然是当仁不让，加紧往重要岗位上安插人手。没过多久，朝廷里宰相的位置就大部分被太平公主的党羽占据了。李隆基虽然贵为皇帝，其实权力有限，谁也指挥不动。

　　出现了这种情况，李隆基是什么感想呢？本来，李隆基受夹板气也不是一天两天了，整个太子阶段就是这样度过的。那时候，他的策略一向都是隐忍。但是，这时候，他觉得受不了了，因为他当皇帝了。有了名，人就会追求名背后的实；而且，名头大了，人的胆子也会变大。所以，李隆基的忍耐度一下子就达到极限了。

　　不光李隆基的忍耐度达到了极限，他手下人的忍耐度也达到极限了。当初提着脑袋参加政变，为的就是功名富贵，本来以为李隆基当了皇帝，他们也能跟着鸡犬升天，没想到皇帝自己都受制于人，他们这些跟班的就更得不到什么实惠。没有达到预期的目标，这让功臣们很失落。

　　尤其是最具政治头脑的军师刘幽求，他不仅是李隆基的高参，在唐睿宗当皇帝的过程中也立了大功，对两代皇帝都有功，所以，自视甚高，每每以首席功臣自居。现在李隆基当了皇帝，他这个首席功臣理应直接晋升为首席宰相吧？可是没想到人事安排一出来，他是当了宰相，可是位置并不靠前。前面的位置全让太平公主的人占了。这让刘幽求非常失望。怎么办呢？刘幽求不是政变起家吗？在他看来，政变是最简单可行的办法了。不如再搞一场政变，把太平公主搞掉算了，否则，皇帝的人马永无出头之日！

有了想法，就要考虑具体的谋划了。怎么政变呢？刘幽求对此轻车熟路。政变需要军队的支持，而此时北衙禁军羽林军的将军就是玄宗李隆基在潞州结交的豪杰张暐。张暐当羽林将军，这是李隆基当了皇帝之后的人事任命。让自己的故人控制禁军，也可以看出李隆基维护统治的一番苦心。现在既然要谋划政变，刘幽求便找到张暐，跟他如此这般说了一通。张暐新近受到皇帝的提拔，立功心切，当即慨然允诺。

两个人商量好之后，张暐就来找李隆基，跟他说："窦怀贞、崔湜、岑羲皆因公主得进，日夜为谋不轨。若不早图，一旦事起，太上皇何以得安！请速诛之。臣已与幽求定计，惟俟陛下之命。"那么，李隆基听了他的政变主张，会怎么反应呢？我们刚说过，李隆基此刻毕竟已经是皇帝了，身份一变，底气也足了不少，不由得就有点冒进了。他想也没想，就立刻认可了他们的想法。但是，让他们回去从长计议，好好商量方案。

作为一代有为君主，李隆基的政治谋略是出类拔萃的。在成为皇帝之前，李隆基韬光养晦，取得了一个又一个胜利，直至接受睿宗的禅让，当了皇帝。但是，荣登大宝后，面对太上皇的掣肘、太平公主的作对，他终于忍无可忍，准备出手了。那么，他的这次出手会改变大唐王朝的政治面貌吗？

李隆基君臣谋划的这场政变成功了吗？没有。不仅没成功，而且没等发动，就流产了。因为张暐泄密了。张暐此前没有政变的经验，对于保密工作的重要性认识不够。没过两天，他就把这件事泄露给了侍御史邓光宾。眼看事情败露，李隆基大惊失色，因为他的准备工作还没有做好呢！无奈之下，他赶紧先发制人，上奏说刘幽求和张暐离间骨肉，把这两个人都流放到岭南了。刘幽求和张暐的位子一空出来，太平公主马上派人来"填空"了。就在刘幽求走后，太平公主在朝廷里的势力达到了"七位宰相，五出其门"的程度。在军队这边，张暐一走，两个羽林将军也都投靠了太平公主。军政大权在握，太平公主的势力简直如日中天。

那么，我们怎么评价这次流产的政变呢？表面看来，这场政变还是此前李隆基和太平公主矛盾的延续，演对手戏的也还是这两个人。但事实上，矛盾的性质已经变了，变成太上皇李旦与皇帝李隆基之间的矛盾了。因为李隆基想要通过政变对付的固然是太平公主的党羽，但他们同时都是太上皇李旦任命的宰相。换言之，李隆基真正想要推翻的，不是具体的哪个宰相，而是太上皇李旦把持的最高权力！这样一来，这场未遂政变的意义可就重大了。

首先，它揭示了当时最深刻的矛盾，那就是皇帝和太上皇对最高权力的争夺。在中国古代，皇权具有独尊性，也只有皇权独尊，才能有稳定的政治秩序。而当时，皇权被太上皇和皇帝两支力量分割，由此造成了一种二元权力结构。这种二元结构实际上是一种不稳定的政治结构，它具有先天的缺陷，必然不能长久。所以，李隆基的政变，其实就是一场争夺最高权力的斗争。

其次，它意味着大唐王朝政治矛盾的双方已经置换了。本来，李隆基当太子的时候，矛盾的双方是李隆基和太平公主，睿宗李旦起到仲裁调节的作用。但是，一旦李隆基当了皇帝，矛盾的双方就变成了皇帝李隆基和太上皇李旦，而太平公主只是太上皇与皇帝博弈的一个筹码而已！

最后，这次政变真正考验着太上皇李旦和皇帝李隆基的关系。本来，在此前很长一段时间里，李旦和儿子虽然有矛盾，但还是儿子的保护者。可是，李隆基这场流产的政变让他明白了，他和李隆基之间，只能有一个至高无上的真皇帝！现在，为了当这个真皇帝，李隆基已经出手了，那么，他作为太上皇应该怎么应对呢？

先天元年（712）十一月，李旦抛出一纸诰命：命皇帝离开京城，出巡边疆！这道诰命的意义太重大了。它说明李旦真的动怒了，一旦离开京城，李隆基就有可能被废黜，这可是他人生中最大的一次危机！那么，李隆基是否会陷入一场灭顶之灾呢？没有。

两个月之后，也就是先天二年（713）一月，李旦又宣布皇帝巡边改在八月进行。为什么改期？因为李旦犹豫了。废黜皇帝，那将是多大的一场政治波澜呀！李旦是一个对唐朝有责任感的政治家，他不想让唐朝再次陷入动荡。正因为如此，他才提前退位，让儿子李隆基接班。可是如果废黜皇帝，自己原来的苦心不就白费了吗？再说了，李旦是一个重感情的人，在此前长达几十年的政治斗争中，他已经失去了太多亲人，现在，他不想置儿子于死地。想到这些问题，李旦又犹豫了。他没有取消巡边的安排，但是，把巡边的日期推迟了，算是以观后效。这个决定既不是进，也不是退，而是一个优柔寡断的决定。可是，优柔寡断是政治家的大敌。那么，李旦优柔寡断，会引起什么样的后果呢？后果非常残酷，由于李旦的这次犹豫，李隆基准备进行第二次政变！

二、再谋政变

大约在先天二年（713）六月左右，有三个谋士先后给李隆基出谋划策。第一个是王琚，就是那个具有战国策士风范、在李隆基面前说当今天下只有太平公主的人。自从那次事情之后，他反倒成了李隆基的密友。王琚对李隆基说："事迫矣，不可不速发！"没多久，因为倾向李隆基而被贬到东都洛阳的尚书左丞张说也表态了。他派人从东都千里迢迢给李隆基送来一把佩刀，意思很明白，赶快武力了断！第三个劝李隆基的是诛杀韦皇后时立功的大臣崔日用。他从荆州到长安汇报工作，趁这个机会也劝说李隆基赶快发动政变。

大家可能会想，太上皇不是已经把巡边的日子推迟了吗？这算是太上皇退了一步，按照情理，皇帝也该退一步才是，怎么不退反进，还要政变呢？其实，这些谋臣劝李隆基准备政变是对的。首先，人心易变。太上皇此时推迟巡边日期，看起来对李隆基有利，但是，人心难测，他也完全可能再做相反的安排。其次，即使太上皇的舐犊之情可以倚恃，但是，太上皇与皇帝之间二元权力核心的格局仍然没有打破，双方的矛盾依然存在。只要这个矛盾没解决，双方迟早得有一拼！迟拼不如早拼。

怎么拼呢？崔日用马上勾勒了一个政变方案。他说："太平谋逆有日，陛下往在东宫，犹为臣子，若欲讨之，须用谋力。今既光临大宝，但下一制书，谁敢不从？万一奸宄得志，悔之何及！请先定北军，后收逆党，则不惊动上皇矣。"大体的意思是说：第一，政变必须针对太平公主及其党羽，这才师出有名；第二，太平公主是臣，李隆基是君，皇帝具有身份上的优势，这个优势要用好；第三，先解决军队问题，再解决政治问题，这是行动顺序。这三个元素，基本算是把政变的轮廓勾画出来了，不愧是政变老手！这让李隆基觉得非常信服。李隆基是个英武果断的人，眼看八月一天天临近，他最终决定，听从谋臣的意见，拼一场！铲除太平公主的势力，同时逼太上皇彻底放权！

谋臣们帮李隆基下了政变的决心，可是，政变总得需要一个由头，这样才能师出有名。这时，有个人出来给李隆基帮忙了。谁呢？魏知古。

我们在提到太平公主势力的时候，说当时是"七位宰相，五出其门"。那也就意味着，还有两个人不是她的势力。这两个人一个叫魏知古，另一个叫郭元振。魏知古是何许人呢？他本来是唐睿宗李旦当相王时候的故吏，李旦当了皇帝，才把他提拔为宰相，因此算是太上皇的人，无论对太平公主还是对李隆基，他都处于中立地位。他的中立地位使其对两方面的情况都知道一点。这时候，魏知古探听到，太平公主那边似乎也在搞阴谋！根据《旧唐书》等史书的记载，魏知古探听到一个惊天秘密，太平公主打算在先天二年（713）七月四日政变！魏知古貌似中立，其实政治态度更倾向于李隆基，和李隆基早有私下交往了。这时候，紧要关头，他把这件事汇报给了李隆基。听完魏知古的汇报，李隆基当机立断，就把这件事当作政变的导火索！

　　政变的决心已下，导火索也准备好了，下一步就是具体执行。谁来和李隆基一起政变呢？这一次，李隆基可是吸取上次泄密的教训了，和他一起谋划政变的，全是最亲密的人。《旧唐书·玄宗本纪》开列了一个参与者的名单。我们可以把他们划分为三类。

　　第一类，亲戚。包括李隆基的两个弟弟岐王范和薛王业，还有李隆基的大舅子王守一。很显然，李隆基敦睦兄弟的举动结出了丰硕的成果，现在关键时刻，两个弟弟都成了他的政治盟友。俗话说，"打仗亲兄弟，上阵父子兵"，两个弟弟加盟，对李隆基自然是莫大的支持。

　　第二类，奴仆。包括我们早就提到过的王毛仲、李宜德，还有宦官高力士。高力士可是唐朝历史上最著名的宦官了，一生经历非常传奇。他原本姓冯，出身于岭南的世袭酋长之家，岭南历史上著名的女政治家冼夫人就是他的六代祖母。冯家在岭南赫赫扬扬已近百年，但是，到武则天时期却遭了大难。武则天为了称帝，大肆诛杀政治对手，雄踞岭南的冯家也被卷入谋反案中，成年男子全都被杀了。只有

10 岁的高力士（当时还叫冯元一）因为年幼被从轻发落，但惨遭阉割，改名力士，进宫当了宦官。

唐朝的宦官流行认干儿子，有一个姓高的宦官看中了小力士，收养了他，从此，岭南冯酋长家飞扬跋扈的小公子也就成了长安宫廷里屈身侍人的高力士。虽然遭遇了这么大的变故和挫折，虽然身居贱位，可是，也许冯家家族的遗传基因太优秀了吧，高力士在政治方面还是非常敏锐的。中宗一朝，他冷眼旁观，看出临淄王李隆基非同凡俗，于是主动和他倾心相交，也算是慧眼识英雄了。李隆基当了皇帝后，他也就被提拔为内给事，成了一个五品的中级宦官。现在，在历史的转折时刻，他再一次决定追随唐玄宗。

第三类，亲信。包括刚刚提到过的王琚，还有姜皎、李令问等，这都是玄宗的好哥们儿，政治上也非常可靠。

此时的李隆基虽然贵为天子，但是最重要的权力仍然掌握在太上皇李旦的手中，而太平公主也有一大批强有力的支持者。面对这样的政治敌手，李隆基能够夺取权力吗？太上皇李旦和太平公主，会让李隆基彻底翻身吗？

先天二年（713）七月三日，也就是所谓的太平公主预谋政变的前一天，李隆基和王毛仲、王琚等人率领着三百骑兵大大方方地走出了平时办公的武德殿，进入禁军驻地虔化门，以皇帝名义召见追随太平公主的两个羽林将军。两人不知有变，马上觐见。可是，刚刚来到李隆基面前，只见寒光一闪，两位将军的脑袋就滚落在地了。解决了两个禁军将领，整个禁军也就被李隆基控制了。解决了禁军问题，李隆基马上率领人马来到朝堂。剑锋所指，萧至忠等几个宰相也当场毙命。这样一来，政府也被控制了。整个政变出其不意，攻其不备，完成得干净利落，体现了李隆基的果决风格。到此为止，太平公主安插在军政系统的党羽就算是被铲除了。

我们曾说过，当时政坛的主要矛盾已经从李隆基和太平公主的矛盾变为李隆基和太上皇李旦的矛盾了，因此，铲除了太平公主的党羽还不够，关键还要解决太上皇的问题。李隆基从北到南一路厮杀过来，当然早有人给太上皇李旦报信去了。大敌当前，容不得多想，既然皇帝从北边打来，那太上皇只能向南逃，逃到了承天门城楼上。这承天门是唐朝宫城的正南门，也算易守难攻。所以李旦选择在那里避难。

　　那么，太上皇是不是就一个人逃跑呢？当然不是。谁跟着他呢？郭元振。他是宰相集团中第二个不依附太平公主的宰相。

　　说起郭元振，可是唐朝历史上的一个奇人。他是武则天时期踏上仕途的，先是一个小小的县尉，属于父母官。但是，这个父母官不仅不爱护百姓，反倒四处掠夺自己的子民，甚至把他们绑起来送给自己的朋友当奴隶。这可太离奇了。有人告到武则天那里，武则天也很好奇，便召见郭元振，想问个究竟。和郭元振谈了一阵子，武则天发现郭元振是个落拓不羁的奇男子，讲义气，有胆量，让他当县尉，既糟蹋了县尉这个职务，又糟蹋了郭元振这个人才。他真正的岗位应该在战场上。干脆让他当将军，带兵打仗吧。

　　于是，就因为武则天知人善任，郭元振成了赫赫有名的大将军，在西北和北方边陲屡立战功。唐睿宗李旦当了皇帝之后，把郭元振也提拔为宰相，同时兼任兵部尚书。所以说，郭元振和魏知古一样，也是太上皇的人。但是，在政治大节上郭元振可并不糊涂。在朝廷待了一阵子之后，他早就看清形势了，在太上皇和皇帝之间，还是皇帝代表着政治的希望。因此，他也倾向于李隆基。

　　那么，郭元振这时候追随太上皇左右到底是什么意思呢？我想，首先得承认，他是在保护太上皇。太上皇对郭元振不薄，在混乱中保护李旦，也算是知恩图报。但是，另外，我们也说过，从政治立场上来讲，郭元振认可李隆基。所以，在这种情况下，保护其实就带有胁迫的色彩。眼看着李隆基的部队已经把承天门楼包围起来了，郭元振对太上皇李旦说：皇帝是奉您的命令诛杀逆臣窦怀贞等人，您不用害怕！一句话，既给了李隆基一个台阶，也点醒了太上皇李旦，事情已经到了这个地步，只能承认既成事实了！听了郭元振的话，李旦长叹一声，不再抵抗。

第二天，太上皇李旦下诰："自今军国政刑，一皆取皇帝处分。朕方无为养志，以遂素心。"宣布彻底退休放权。到此为止，太上皇与皇帝之间的巅峰对决，以李隆基的胜利而告终。

三天之后，逃亡的太平公主也自缢而死，整个政变大功告成。

随着这场惊心动魄的先天政变的结束，唐朝的二元权力结构的政治局面终于结束了。李隆基终于摆脱了有名无实的尴尬地位，成为名副其实的真皇帝，这就是日后大名鼎鼎的唐玄宗。

这一年，距离武则天退位已经过去了八年，距离李隆基诛杀韦后已经整整过去了三年，距离他当皇帝也有一年半之久了。

那么，我们回首自武则天以来的动荡历程，回首李隆基曲折的权力之路，会得出什么结论呢？

我想，应该说，李隆基的皇帝之路，和三位女性的政治成败紧密相连。李隆基能够当上皇帝，是三个政治女性的功劳。

第一个是武则天。没有武则天的横空出世，唐高宗的皇位无论如何也不会轮到最小的儿子李旦继承。因为武则天的女皇梦，李旦意外地当了三年皇帝，又当了十几年的皇嗣，这种经历成为他日后的政治资本，而这种资本也正是李隆基成功的基础。

第二个是韦皇后。本来，武则天退位后，皇统已经转入唐中宗李显一系。李显死后，如果韦皇后没有政治野心，一心扶持李显的儿子，也就不会有唐隆政变，不会有皇统从中宗一系向睿宗一系的嬗替。

第三个是太平公主。没有太平公主，李隆基单凭自己的力量不可能取得诛杀韦皇后政变的胜利，也就不可能当上太子。

所以说，是三个政治女性和她们的政治企图成就了唐玄宗。

但是，李隆基当皇帝又是以这三个女人的失败为代价的。只有武则天失败，皇统才能从武周重新回到李唐的轨道上；只有韦皇后失败，大唐皇统才能从中宗一系转到睿宗一系；也只有太平公主失败，李隆基才能最终摆脱父亲的控制，成为货真价实的天子。

那么，这些政坛女性，以及这个纷纭复杂的时代，又给了李隆基什么样的影响呢？

第一，它让李隆基产生了强烈的拨乱反正的冲动。李隆基是在血雨腥风中长大的。从小母亲被杀；长大后，自己又杀死了伯母、堂妹，逼死了姑姑、表兄弟。这些人伦惨剧触目惊心。自武则天时代以来，持续的政治斗争不仅制造了无数的人伦惨剧，也让整个国家陷于动荡之中。这是唐玄宗从小亲身经历的事情。他深知，国家不能再折腾了，必须让政治走上正轨。

第二，它促使李隆基深入思考政坛变乱的原因。为什么武则天后期以来国家如此动荡呢？表面看起来是因为女人，但其实关键在于皇权不振。有道是，"山有猛虎，兽不敢窥"。正因为皇权软弱，所以女后、宗室、外戚乃至功臣才能够骄横跋扈。而女后、宗室、外戚、功臣们的参与又使得皇权更加软弱，这是一个恶性循环。现在他当了皇帝，到底要怎么处理这些关系呢？这是李隆基必须深入思考和解决的问题。

第三，这些政坛女性塑造了李隆基对女性的态度。李隆基究竟喜欢什么样的女性呢？他喜欢两类女性。

第一类是富有政治智慧的女性。这不难理解。李隆基从小和政治女性打交道，他深深佩服女性的政治智慧，也乐于欣赏有政治智慧的女性。后来，一个继承了前辈政治智慧的女强人会走进唐玄宗的生活，她就是武惠妃。

第二类是有才华，但是没有政治野心的女性。残酷的政治斗争让李隆基在赞叹女性政治才华的同时，也深知女性政治才华所能带来的问题，这使得他在和这类女性打交道时难免有防范之心。如果能够保留才华，剔除政治野心，将是多么完美的事情啊！日后，也确实会有这样的女性迷住唐玄宗，那就是杨贵妃。

不管以后如何，这时候的李隆基，年纪刚刚29岁，正是精力充沛、壮志凌云之时；同时，长期的政治磨砺又使得他心思缜密、头脑冷静。

李隆基就是带着这些经验、思考和雄心开始了他的统治时代。他想要拨乱反正，想要重振皇权，想要开创太平盛世。那么，他的第一步该怎么走呢？

第九章　姚崇拜相

在中国古代，当宰相可是一个臣子职业生涯的最高境界。要是哪个人被任命为宰相居然还要拿一把，非要让皇帝满足他的若干条件才同意拜相，大家肯定觉得这个人比诸葛亮还牛。

在唐玄宗统治时期，确实就出了这么个牛人，他就是唐朝大名鼎鼎的宰相姚崇。那么，姚崇到底有什么能耐呢？唐玄宗又为什么会觉得宰相之位非他莫属呢？

先天二年（713）七月三日，年仅29岁的李隆基发动政变，逼迫太上皇李旦退位，同时一举铲除了太平公主的势力，结束了长达一年多的二元权力的政治局面，成了唯我独尊的真皇帝。

大权在握的李隆基踌躇满志，打算开创一个太平盛世，恢复唐太宗"贞观之治"的光辉。可是，中国自古讲君为元首、臣作股肱，治理天下绝不是一个人能完成的事情。唐玄宗一旦亲政，选择辅弼之臣的问题就被提上了议程。

那么，唐玄宗到底打算和谁一起来成就大业呢？

一、功臣高踞政坛

在先天政变之前，太平公主控制了政府，号称"七位宰相，五出其门"。政变结束后，这五个宰相当然是死的死、贬的贬。剩下的魏知古和郭元振虽然立了功，但毕竟原本属于太上皇势力，玄宗对他们难免猜忌，所以，魏知古很快被派到东都洛阳主持选官工作，离开了长安；而郭元振本来就是武将，这时候玄宗任命他兼任朔方军节度使，防御突厥，虽然人还没有离开朝廷，但是也基本不履行宰相职责了。这样看来，原来的宰相，玄宗一个也不准备留用。一朝天子一朝臣，他要起用自己的人马。

先天政变之后，唐玄宗迅速提拔了刘幽求和张说当宰相，这两个人都是唐玄宗的铁杆粉丝。刘幽求是玄宗诛杀韦皇后时的主要谋士，曾帮唐玄宗策划过那次流产的政变，差一点为玄宗的事业牺牲了自己的生命。现在玄宗终于掌权了，他马上把刘幽求从流放地召了回来，封为徐国公，同时任命他为尚书左仆射，同中书门下三品。而张说是唐玄宗当太子时的旧臣，为了给李隆基争监国的权力还得罪了太平公主，被发配至东都洛阳。但即便身在东都，张说也不忘旧主，千里迢迢给李隆基送来佩刀，为推动李隆基发动先天政变做出了贡献。政变之后，玄宗封他为燕国公，官拜中书令。除了这两个人被拜相封侯之外，先天政变的另外一些重要谋士，像王琚、姜皎等，这时候也都非常活跃，虽然没有宰相的头衔，但也经常参与大政。

总结一下这些人的出身、经历我们会发现，他们都是功臣，和玄宗共患难，感情深厚；他们对玄宗都忠心耿耿，在政治上久经考验。可是，让他们来辅佐玄宗开创太平盛世合适吗？两三个月之后，玄宗发现，他们不合适。这些人有三大弱点。

第一，功臣的团结面太小了。这些政变功臣是靠杀人才登上宰相宝座的，他们身上的血腥气太重，容易让人产生畏惧之感，不利于团结更多的官员。而要想让政治走上正轨，必须做到上下同心，团结一致向前看。

第二，功臣容易结党。政变是要掉脑袋的事情，在政变之中最容易培养兄弟情谊了。这些功臣同生死，共患难，彼此之间关系过于亲密，难免结党营私。而臣子结党，对君主集权可是十分不利。

第三，功臣们的政治经验不足。除了张说入仕较早、行政经验比较丰富以外，大多数功臣都是靠奇谋密计，骤然在政治舞台上崛起的。他们随机应变的能力强，但是治国理政的能力弱。他们是功臣，但不是能臣。在历史上，功臣和能臣的作用是有差异的，打江山固然要依靠功臣的奇谋密计，但是坐江山就要依靠那些遵守政治道德和政治规范的能臣了。换言之，历史已经掀开了新的一页，新任务产生了新的人才需求，让功臣当宰相不符合时代需求。玄宗作为一代明君，看到了这一点。问题是，如果不用功臣，应该用谁呢？

长期的政治磨砺练就了李隆基缜密的思维和冷静的头脑，在功臣身上，李隆基看到了他们存在的问题，这些问题对于这个刚刚从风雨中走出来的大唐王朝来说，是很不利的；而宰相作为百僚之首，在朝廷中占有举足轻重的地位，因此绝不能等闲处之。那么，在李隆基的心目中，到底谁是最合适的宰相人选呢？

这时候，有一个人的形象浮现在玄宗的脑海中——老臣姚崇。如果说功臣当宰相有三大弱点，那么，姚崇和他们相比，则有四大优点。

第一个优点是，政治经验丰富。姚崇从武则天时期就担任宰相，到玄宗时代已经历事四朝。他在中央当过宰相，在地方当过刺史，而且还长期担任兵部尚书一职，非常了解边疆情况。可以说，从中央到地方，从民政到军事，姚崇都了然于胸，是个老政治家，政治经验比功臣可丰富多了。

第二个优点是，富有政治智慧。当年武则天统治时期，酷吏当道，姚崇审时度势，以全家百口作保，解开了武则天的心结，从此结束了酷吏政治。单凭这一功劳，姚崇就足以让世人刮目相看。另外，李隆基当太子时，和太平公主斗法，姚崇提出让太平公主离开长安，李隆基的两个哥哥到外地安置，两个弟弟解除禁军兵权，去担任太子卫队长的一揽子解决方案，更是给玄宗留下了深刻印象。如果说功臣们的智慧是随机应变型的，适合做乱世英雄；那么姚崇的智慧就是把握全局型的，适合做治世能臣。

第三个优点是，具有政治节操。当年，张柬之等五个大臣发动政变，迫使武则天退位，姚崇也是参与者之一。大功告成后，其他功臣都弹冠相庆，只有姚崇潸然泪下。别人警告他说，现在辞旧迎新，你这一哭可太不识时务了。姚崇慨然答道：我参与政变，那是出于政治大义；洒泪辞别旧主，则是出于君臣之情。如果因此获罪，我心甘情愿！一席话说得正气凛然，很有政治节操。唐玄宗想要稳定皇权，当然需要忠臣，所以，姚崇这样的政治节操难能可贵，可比那些翻云覆雨的功臣令人放心多了。

第四个优点是，可靠的政治立场。姚崇在李隆基当太子的时候就维护他的利益，而他也正是因为维护李隆基，才被贬到地方当刺史的。这样看来，他虽然没有参与政变，却也可以算是政治可靠。而且，恰恰因为他没有参与政变，所以他的身上没有那么重的血腥气，容易被更多的人所接受。

有这么多优点，不正是宰相的最佳人选吗？经过一番考虑，李隆基心里的宰相人选就锁定为姚崇了。

在李隆基看来，姚崇具备了不凡的素质，是宰相的最佳人选。按说，有唐玄宗李隆基的信任，再加上姚崇崇高的威望，让他当宰相应该是铁板钉钉的事情了，但是事情没有那么简单。

人有想法，难免就会流露出来，形于颜色。李隆基想让姚崇当宰相的想法还没提出来，就被人察觉到了。

谁呢？功臣宰相张说。张说可是个聪明人，玄宗想到的，他也能想到。眼看着唐玄宗倾心于姚崇，张说可着急了。他明白，真要比综合政治素质，他拼不过姚崇啊！怎么办呢？直截了当劝皇帝说，千万别让姚崇当宰相？这恐怕不好。张说不是聪明吗，眼珠一转就是一个主意。什么主意呢？他找政变功臣姜皎去了。姜皎不仅是先天政变的功臣，也是玄宗的好朋友。

两人关系好到什么程度呢？咱们都知道中国古代讲究严男女之大防，男女之间壁垒森严，如果不是特别亲密的关系，肯定见不到人家的女眷。可姜皎整天和李隆基混在宫里，甚至都能跟玄宗的妃子们同榻而坐、同桌而食，可见两个人关系有多铁。张说找到姜皎，游说他：江山是我们拼了命打下来的，还得我们坐才是正理。现在陛下心向姚崇，此人跟我们这些功臣不是一条心，我们不能坐视不管！你和皇帝关系好，不如你去劝劝皇帝。我教你一个主意，保证既不让陛下起疑，又能让姚崇当不成宰相！跟他如此这般地说了一通。

第二天，姜皎就依计来找玄宗了，假装掏心挖肺地说：陛下，您不是一直想找一个能干的人当河东总管吗？我也一直帮您琢磨呢。昨天晚上，我的灵感冒了出来，一下子想起一个人来。唐玄宗赶紧问：谁呀？姜皎说：老臣姚崇啊！臣觉得他是个文武全才，担任河东总管最合适了。李隆基多聪明啊，一听就火了，厉声说：姜皎啊姜皎，你怎么敢在我面前耍小聪明！是不是张说指使你这么说的？姜皎一看皇帝厉害，赶紧跪下了，说：还是陛下英明，确实是张说指使的，我以后再也不敢欺骗陛下了！

那么，这件事说明什么问题呢？说明让姚崇当宰相，在功臣集团这边是有阻力的。而且，功臣们彼此联络，亲党交结，势力还不小。

二、骊山立威

先天二年（713）十月，唐玄宗宣布，要在骊山脚下阅兵，展示军威。阅兵的具体时间就定在了十月十三日。

这一天，20万士兵齐集骊山之下，旌旗猎猎，队伍绵延了50多里地，场面非常壮观。军队沿着渭水一字排开，击鼓前进，鸣金收兵，真是气壮山河。要知道，自武则天当政以来，朝廷变乱频繁，已经很久没举行过这样的演习了。

这一次，为了展示新皇帝、新朝廷、新气象，玄宗一身戎装，手持一杆大枪，立在阵前，亲自击鼓，号令士兵。可是，也不知道是看到皇帝太激动了，还是好久没有操练生疏了，反正20万军队看起来并没有那么整齐，和玄宗预期的效果相差很远。连皇帝亲自指挥都这样，可见平时军纪多涣散，这样的军队怎么能打仗呢？唐玄宗勃然大怒，说：把阅兵总指挥给我带来！总指挥就是大功臣、兵部尚书郭元振。郭元振本来要到朔方去防备突厥，还没走呢。郭元振被带过来，跪倒在大旗下面。玄宗质问道：这就是你带出来的兵吗？你这是渎职！给我斩了！一听皇帝说出"斩"字，周围的人可都吓坏了。这大功臣怎么能说斩就斩呢！刘幽求和张说是宰相，百官之首呀，最有面子了。二人赶紧跪倒在玄宗的马前，说：郭元振为国家立了大功，杀不得啊！请陛下手下留情！玄宗一看宰相都求情了，也不好不给面子。斩首是免了，但是免去职务，流放至新州（今广东新兴县），这已经是够重的处罚了吧，可是还不算完呢。郭元振虽被免去死刑了，可治军不严总得有人抵罪吧。谁来抵罪呢？有一个叫唐绍的人倒霉了。他负责这次阅兵的礼仪安排，现在军容不整，就拿他是问吧。唐绍不是功臣，没人帮他求情，他的脑袋就和脖子分家了。眼看着两个大臣就因为这么一点小事一个被杀，一个被流放，所有人都吓坏了。除了少数训练有素的部队之外，大多数受阅军队都乱成一团，整体效果还不如开始的时候。

那么，玄宗看到这种局面是什么反应呢？他是不是更生气了？完全不是。相反，他太满意了。这正是他要达到的效果啊。通过骊山讲武，三个问题都解决了。

第一，新皇帝树立起了自己对军队的绝对权威，这对巩固皇权自然非常重要。第二，郭元振的潜在威胁解除了。要知道，郭元振毕竟是太上皇的人，不是玄宗的嫡系，解除他的军职，让玄宗觉得更有安全感。第三，也是最重要的，玄宗这招叫作杀鸡骇猴。他是想让所有的功臣看看，过去的功劳没什么了不起的，一旦得罪皇帝，照样格杀勿论！

任用姚崇的阻力不就来自功臣吗？现在，眼看皇帝翻脸比翻书还快，功臣也不敢再说什么了。

三、十事要说

骊山讲武的第二天，也就是先天二年（713）十月十四日，唐玄宗又到骊山下的渭川去打猎了。可能有人会想，唐玄宗精力真充沛啊，工作、娱乐两不误。玄宗精力充沛不假，但是，这次打猎倒不仅仅是专为娱乐，他还想办一件大事。他想见姚崇。

想见姚崇和打猎有什么关系呢？按照唐朝的惯例，如果天子出巡，方圆三百里以内的地方官都要前来拜见。当时姚崇担任同州刺史，正在这个范围之内。要不要任用姚崇还没有最终确定，玄宗觉得，这样见面比较自然，不引人注意。

唐玄宗李隆基杀人立威，狠狠地打击了功臣集团的气焰，树立了皇帝的绝对权威，但是拜姚崇为相的目的还是没有达到，姚崇如何才能顺利地当上宰相呢？这一次君臣之间会有什么事情发生呢？

君臣两人一见面，玄宗就问姚崇：姚爱卿，你会打猎吗？姚崇说：不是会，是精通啊。陛下以为臣是什么人？臣少年时代也是个浮浪子弟。20岁左右的时候，我家就住在广成泽（今河南汝州），那时候不学好，整天就知道带着猎鹰打猎。后来碰到一个老者，跟我说：你以后是个出将入相的人物，千万不要浪掷自己的才华啊。臣幡然醒悟，这才折节读书。后来，臣果然出将入相了。但是，要说打猎，别看如今臣老了，打猎绝对不成问题！玄宗一听非常高兴，说：那咱们一起试试？君臣两人跨上高头大马，呼鹰放犬，直奔猎物就去了。要知道，打猎可不是一味地穷追猛打，那是要讲究节奏的。玄宗也是打猎高手啊，和姚崇两个人该缓则缓，该急则急，配合得非常默契。打猎回来，玄宗也就下定决心了。姚崇不仅才智过人，而且老当益壮，精力不减当年。这正是我要找的宰相！

既然已经决定让姚崇当宰相了，玄宗可是一刻也不想耽搁。他马上对姚崇说：姚爱卿，好久不见了，我有一大堆事情想咨询你，你就跟着宰相一起走吧。离我近一点，咱们说话方便。姚崇嗯嗯啊啊，不置可否。走了一会儿，玄宗回头一看，宰相倒是跟着自己，可是，没有姚崇的影子啊。再一看，姚崇远远落在后面了。玄宗赶紧停下马，等着姚崇。姚崇走近了，玄宗问他：你怎么落在后面了？姚崇回答：臣官职小，哪敢和宰相一起走啊！玄宗一听笑了，心想，原来是要官啊，没问题！当即任命姚崇为兵部尚书，同中书门下三品。很显然，这是补了郭元振的缺。可是，没想到，姚崇还是嗯嗯啊啊的，不表态，也不谢恩。玄宗这下奇怪了，问道：你不会是嫌官小吧？听到这句话，姚崇一脸严肃地跪下了，说：臣不谢恩，不是因为官小，而是因为有十个要求。陛下如果答应臣这些要求，臣才可以当宰相，否则，臣不敢从命！

说实在的，玄宗这些年看到巴结营求当官的人太多了，还是头一次看到这么有性格的大臣，好奇心一下子就被激发起来了，赶紧说，哪十个要求，你说说看。

姚崇说：第一，自则天太后当政以来，朝廷一直是严刑峻法，臣请求以后施政先行仁义。可以吗？玄宗一听赶紧说：这正是我期望你做的事啊！

姚崇又说：第二，现在国力有限，折腾不起，臣请求几十年以内不追求开疆拓土。可以吗？玄宗说：我也知道现在国库不丰，不能打仗啊。

姚崇说：第三，以前女主临朝，宦官上传下达，势力不小，这是个隐患。臣请求以后不让宦官参与政事。可以吗？玄宗回答：宦官参政祸国殃民，我早就想这么做了！

姚崇又说：第四，自则天太后当政以来，武氏一族就开始参与政事，后来韦皇后、安乐公主、太平公主相继揽权，官员选用就更混乱了。臣请求自今以后，皇亲国戚不要担任重要官职，斜封官、员外官这些来路不明的杂牌官员一律罢免。可以吗？玄宗赶紧说：我早知道这些杂牌官员成事不足，败事有余，罢免他们，也是我长久以来的志向啊！

姚崇说：第五，最近好多亲信之臣，即便犯了法，也都因为得宠免罪了，臣请求以后大臣在法律面前一律平等。可以吗？玄宗说：这种事情我也早就看不下去了！

看着玄宗的眼睛闪闪发亮，姚崇又说：第六，以前，宗室和外戚都竞相给皇帝进贡各种珍宝，这种风气蔓延开来，连中央和地方的各级官员也都争着给皇帝送礼。他们手中的珍宝从哪里来？还不是搜刮老百姓的吗？臣请求以后除了正常赋税之外，再也不要收任何额外的献贡。可以吗？玄宗回答：没有百姓富庶，何谈天下太平！我愿意。

姚崇说：第七，则天太后造了福先寺，中宗皇帝造了圣善寺，太上皇又造了金仙观和玉真观，都是劳民伤财的大工程。臣请求以后不要造这些没用的宫殿和寺观。可以吗？玄宗说：我每次看见你说的这几大标志性建筑，都觉得触目惊心，怎么敢自己再去造呢？你放心！

姚崇又说：第八，以前几朝对大臣都不尊重，臣请求以后陛下以礼对待大臣。可以吗？玄宗说：本来就应该如此，有什么不可以的！

姚崇又说：第九，以前有好几个大臣都因为进谏获罪，这样的话谁还敢再进谏？臣请求以后所有的大臣都可以劝谏皇帝，批评时政。可以吗？玄宗说：我保证自己有这个容人之量。只要说得对，我一定照办！就算说得不对，我也决不追究！

姚崇说：第十，陛下知道外戚专权差一点就搞垮了西汉和东汉政权吗？我们李唐王朝的情况比两汉时代还要糟糕啊！臣请求陛下把女主掌权的事情记在史书上，让后代永远记住，再也不要发生这样的事情了！可以吗？玄宗一听他说这句话，眼泪都流下来了，说：这正是我觉得刻骨铭心的教训啊，我怎么会忘记呢？

姚崇一看玄宗每一件事都认可了，这才说：陛下果然能够答应臣这十个要求，则天下幸甚！臣一定竭尽全力辅佐陛下开创太平盛世，鞠躬尽瘁，死而后已！

他终于接受了宰相的任命。

这就是唐玄宗历史上大名鼎鼎的"十事要说"，最初记在唐朝史官吴兢所写的《升平源》之中，后来又被《新唐书》引用，成为一段佳话。那么，所谓"十事要说"，到底都包含哪些主要内容呢？我认为，主要是三方面的内容。

第一，是加强皇权，稳定政局。具体来说，就是不允许皇亲、国戚、幸臣、宦官这些非正统的政治势力参与朝政，以保证皇帝的权力不受干扰。另外，还包括结束酷吏政治，施行仁政。这既是为了稳定统治秩序，也是要建立一种宽厚和谐的政治风气。

第二，是整顿吏治。具体来说，就是不允许任何人通过非正常途径担任官职。此外，还要尊重大臣，赏罚分明。

第三，是关注民生，改善国家财政状况。具体包括：不求边功，减少军费开支；禁止滥建寺观，避免劳民伤财；禁止正常赋税以外的献贡，减轻百姓负担；等等。

这三方面的内容，其实就是姚崇的施政纲领。这些纲领，是从武则天晚年以来的弊政中总结出来的经验教训，所以条条切中要害。

唐玄宗和姚崇这么一问一答，彼此都有热血沸腾之感——玄宗从姚崇一连串的请求之中，看到了老臣对时局的把握；而姚崇从皇帝的频频点头和连声允诺之中，也看到了青年皇帝渴望天下大治的迫切心情。

君臣之间，真是千载一遇。这一年，唐玄宗29岁，正是一个皇帝最富有激情的年华；而姚崇63岁，正是一个政治家最成熟的时刻。那么，接受了宰相重任的姚崇，会从哪里入手，辅佐玄宗开创大业呢？大唐王朝，在这对君臣手里，又会揭开怎样的壮丽篇章呢？

第十章　稳定皇位

从一个普通的王子到君临天下的帝王，李隆基走向皇位的过程，充满了坎坷和曲折。在谋取皇位的过程中，李隆基身边聚集了不少人才，这些人才也正是他政变过程中不可或缺的功臣。

现在李隆基当上了皇帝，他会怎样对待这些功臣呢？这些随自己出生入死的功臣，会很识趣地功成身退吗？

上一章讲到，先天二年（713）七月，李隆基政变成功，当了真皇帝。十月，他又借着打猎的契机，得到了一个好宰相姚崇。

现在政事渐入正轨，李隆基真是踌躇满志。为此，他特意改年号为开元。从这个年号我们也可以看出来，玄宗下定决心，要掀开历史的新篇章了。

可是，当时的政治千头万绪，要想开创一个崭新的政治局面，到底应该先走哪一步呢？李隆基和姚崇君臣两个，把第一步棋下在了功臣这里。要想让政治走上正轨，必须先拿功臣开刀！

一、贬逐功臣

为什么拿功臣开刀呢？李隆基靠两次政变夺取天下，功臣们为他立下了汗马功劳。但是，一旦政权建立，功臣就成为维护稳定的障碍了。原因很简单，因为功臣太有才了。但这种才不是治理国家的才华，而是所谓"临大难""建奇功"的才华。这样的才华能够在政治变更的时候发挥巨大的作用，但是，一旦政权稳定下来，不再需要奇谋密计的时候，他们的才华就没有了用武之地。本来，功臣没有用武之地也没关系，如果能够安分守己，躺在功劳簿上吃老本也并无不可。但要命的是，有才华的人往往不安分，一旦才华无从施展，他们就会在心理上产生空虚感，就会没事找事。

找什么事啊？最适合他们干的事就是政变了。只有政变才能把他们的才华发挥得淋漓尽致，也只有他们才能让政变尽善尽美。功臣和政变，简直就是相互依存的关系。正因为如此，功臣往往政治节操不好，今天可以为你服务，明天也可以为他服务。其实，说白了，他们就是在为自己的才智服务。唐玄宗的功臣之一崔日用说过，"吾一生行事，皆临时制变，不必专守始谋"，这话很能说明功臣的一般状况。

功臣善变，那么，当时玄宗最需要的是什么呢？是稳定。从武则天末年到开元元年，八年的时间爆发了大大小小五次政变，换了五个皇帝。玄宗本人也是通过政变才当上皇帝的，在这种情况下，他面对的第一个问题，就是怎样避免别人再搞政变推翻自己。换句话说，在当时，稳定是压倒一切的大事。他想要稳定，而功臣最大的特点就是善变，这不是矛盾吗？功臣不适应新形势的需要了，怎么处置他们呢？我举三个例子。

第一个例子是王琚。此人我们讲过，是个纵横家，也是李隆基当太子的时候结交的亲密朋友，在铲除太平公主的政变中立过大功。王琚为人诙谐幽默，李隆基特别喜欢。唐朝人朋友之间都以排行相称，王琚排行第十一，所以李隆基就管他叫王十一，即使李隆基当了皇帝之后也是如此。王琚是唐玄宗搞政变最重要的谋士之一，只是因为资历太浅，所以玄宗没让他当宰相，而是当了中书侍郎。尽管如此，玄宗还是每天都把他叫进宫里，参与政事，同时陪吃、陪玩、陪讲笑话。王琚每天一上班就到宫里报到，直到日落西山才出来。如果赶上休息日，玄宗还专门让宦官到他家里去请他，简直是一刻都离不开王琚。王琚和皇帝待在一起的时间比宰相都长，影响力也大，所以当时号称"内宰相"。有道是一人得道，鸡犬升天，王琚得宠，全家都跟着沾光了。玄宗的王皇后专门派宫里的女官去慰问王琚的母亲，赏赐的东西更是不计其数，按照当时的说法就是"赐赉接足"。皇帝这么宠幸，搞得王琚的老母亲心里都不安了，她对王琚讲：孩子啊，咱家祖祖辈辈都没当过大官，现在你这么招摇，是不是太过了？可以看出来，王琚是一个朋友型的功臣。可是，开元元年（713）十一月，有人到玄宗面前打了王琚的小报告，说："王琚权谲纵横之才，可与之定祸乱，难与之守承平。"这个打小报告的人是谁呀？不清楚。但是，当时功臣气焰熏天，敢在皇帝面前说他们坏话的人没有几个，所以我怀疑，这件事恐怕和姚崇不无关系。那么，玄宗听到这个意见是什么反应呢？他马上就和王琚疏远了。没过几天，就让王琚兼任御史大夫，出巡边疆，以后更是把他贬出了朝廷。

如果说这个例子还只是怀疑和姚崇有关，那么，第二个例子就确凿无疑跟姚崇有关系了。谁的例子呢？张说。

张说在武则天时期就当过宰相，声望很高，李隆基当太子时，张说是他的老师，关系非同寻常。所以，玄宗一亲政，就任命张说当了宰相，而且是首席宰相——紫薇令（也就是中书令），地位比姚崇还高。我们上一章讲过，姚崇是带着施政纲领来的，有张说在这里，他施展不开啊！怎么办呢？

开元元年（713）十二月的一天，也就是姚崇刚当上宰相两个月，唐玄宗跟大臣一起处理完政事，宣布退朝。大臣们鱼贯而出，只有姚崇一瘸一拐，远远落在了后面。唐玄宗一看非常奇怪，问：姚爱卿，你的脚怎么啦？扭伤了？姚崇摇摇头说：我的脚没事，我的毛病在心里。玄宗一听这话说得蹊跷，赶紧屏退身边的人问：你有什么心病啊？姚崇说：陛下，我前两天看见张说偷偷坐着车，到岐王家里去了！到岐王家干什么去了？没人知道。但是，就这一句话可把玄宗吓出了一身冷汗。岐王是谁呀？那是唐玄宗的弟弟，李隆范，先天二年（713）政变中跟唐玄宗一起并肩作战立了大功。既是功臣也是宗室，身份太敏感了！张说一个宰相，没事找岐王干什么呀？要知道，唐玄宗是以藩王的身份被立为太子，又当了皇帝的，有自身的成功经验在先，他对大臣和藩王之间的结交特别敏感。现在宰相张说私自会见岐王，他当然要怀疑了。

那么，我们分析一下，张说去见岐王，是不是真的想搞阴谋呢？不一定。因为根据史书记载，岐王好学工书，尤其喜欢文人，所以跟文人关系非常好。张说是当时的文坛领袖，也许两个人就是谈谈文学。当然，还有可能是张说看到姚崇在皇帝心目中的地位日益提高，而功臣的处境日益艰难，想找岐王发发牢骚。不管怎么说，两个人搞阴谋的可能性很小。但是，有一首古诗说得好："君子防未然，不处嫌疑间。瓜田不纳履，李下不正冠。"张说可能心里没什么，但是，他这样做就有嫌疑了。有了嫌疑，也就不能在朝廷里待下去了。马上，玄宗就把张说贬官了，贬为相州刺史。张说贬官之后紫薇令由谁担任呢？当然是姚崇了。这样一来，姚崇成了首席宰相。

看了这个故事我们可能觉得姚崇有点不地道，他通过告密，把别人挤下去，自己取而代之，这不是小人行为吗？

再看第三个例子，会发现姚崇身上的权诈色彩更重了。

魏知古为先天政变提供了导火索，所以也是政变功臣。魏知古开元初年官至黄门监（也就是门下侍中），基本上算是和姚崇地位相当的宰相。但是，姚崇非常看不起他。因为魏知古是小吏出身，这在唐朝可是一个大缺陷。所以魏知古虽然工作做得不错，但是每上升一步都充满了艰辛。在魏知古往上爬的过程中，姚崇曾经帮过他的忙。咱们中国是礼仪之邦，有一句古语说得好："人之有德于我也，不可忘也；吾之有德于人也，不可不忘也。"教导人施恩要忘掉，受恩要记好。可是非常遗憾，姚、魏二人都没达到这个道德境界。姚崇始终对自己给魏知古帮过忙的事念念不忘，跟魏知古说话趾高气扬。久而久之，魏知古难受啊，所以巴不得自己没搭过姚崇这个交情，好跟姚崇平起平坐。两个人，该忘掉的记住了，该记住的又想忘掉，这就产生矛盾了。

开元二年（714）五月，因为选官的问题，两人的矛盾激化了。唐朝选官每年五月举行一次，在首都长安和东都洛阳分别进行。当然，长安的更重要一些。魏知古是黄门监，所以本来应该主持长安的选举工作。但是姚崇看不起魏知古，觉得他水平不够，于是请求玄宗让魏知古到东都去主持选举，长安的选举另外找人负责。这让魏知古非常不痛快。但是，没办法，也只能去了。恰好，姚崇的两个儿子当时也在东都，两个小伙子整天听父亲说对魏知古有高天厚地之恩，所以一看魏知古来主持选官，很是高兴，把自己的亲朋好友一大堆都托付给了魏知古，让他罩着点。眼看着两个小伙子如此不检点，魏知古也是计上心来。等选举工作完成之后，他回到长安，把姚崇儿子的情况原原本本地告诉了玄宗。玄宗一听也很生气，心想，你姚崇不是天天说要整顿吏治吗，自己的儿子就这副德行？！我倒要看看，你对儿子袒护不袒护！

怎么跟姚崇谈这件事呢？我们前面说过，玄宗号称"阿瞒"，是个心思深沉的人，喜怒不形于色。他并没有立刻找姚崇质问，而是找了一个没事的时候，非常悠闲地问姚崇：姚爱卿，你有几个儿子啊？人品都怎么样啊？现在在哪个部门工作？姚崇是多聪明的人啊！一听皇帝这么问，马上就明白了：魏知古刚从东都回来不久，肯定跟皇帝说什么了！怎么答复皇帝呢？姚崇略一思索，决定实话实说。他说：我有三个儿子，其中两个在洛阳当官。这两个孩子都没有教育好，贪财好利，也不谨慎。您既然问起他们的情况，我猜他们一定是求魏知古办事了，我还没来得及问呢。玄宗本来以为姚崇一定会替儿子掩饰，一听姚崇说得这么坦白，而且把自己的意图都猜出来了，不由得转怒为喜，问姚崇：你怎么知道的？姚崇说：魏知古当年潦倒的时候，我曾经帮助过他。我的儿子傻，以为魏知古一定会为了报答我而替他们办事，所以我猜他们肯定去找过魏知古。玄宗听姚崇这么一说，真被忽悠住了，觉得姚崇忠诚坦白，而魏知古倒是个忘恩负义的小人了。所以，他的态度马上来了个一百八十度的大转弯，对姚崇说：没想到魏知古是这样的人，他根本就不配当宰相！姚崇的目的达到了，他是不是就高兴了？如果这时候表现出高兴的样子，那就不是姚崇的为人了。听玄宗这么说，姚崇赶紧请求：陛下，您千万别这么做。臣的儿子不遵守法度，坏了选举的规矩，您不问他们的罪已经是开恩了，要是再因为这件事贬了魏知古，天下人肯定说您偏向我，那会影响您的盛德啊！玄宗一听，感动得无以复加，虽然当时没说什么，但是，没过几天，还是把魏知古贬官了。

通过上面的讲述，我们看到在玄宗处理功臣的过程中，幕后始终活动着姚崇的身影。姚崇为什么要对功臣穷追猛打呢？

我举这三个例子，大家会有什么感觉呢？我想，第一个印象肯定是：原来贬逐功臣都是姚崇的主意啊！姚崇为了自己独揽大权就去整人，太不地道了！是不是呢？确实，姚崇对功臣们印象不佳。作为一步一个脚印当上宰相的正统派官僚，姚崇比较讨厌靠奇谋密计突然崛起的功臣。而且，作为一个鹰派的宰相，姚崇也不愿意和别人分享政治权力。因此，凡是对他专权构成威胁的大臣，姚崇都有除掉的心思。不仅我们举的这三个贬斥功臣的例子和姚崇有关，其他著名的功臣，如刘幽求、钟绍京等人在开元初年贬官，也都与姚崇有关。为了打击这些功臣，姚崇确实没少耍手腕，阴谋阳谋都有。说姚崇是一个有权谋的人，并不算是冤枉他。但是，贬逐功臣是不是仅仅是姚崇出于揽权需要的个人行为呢？那倒不然。事实上，姚崇的这些行为都得到了玄宗的首肯。如果没有玄宗的认可，单凭姚崇个人的力量，无论如何也不可能让这么多宰相级别的大臣纷纷让路啊。玄宗不是昏君，他这么做，绝不是受了姚崇的蒙蔽，而是表明，他清楚地知道功臣对稳定政局的不利影响。

开元五年（717），姚崇已经不再担任宰相的时候，玄宗又解除了他的另一个宠臣姜皎的官职。为什么非要这么做呢？玄宗说："西汉诸将，以权贵不全；南阳故人，以悠闲自保。"意思是说，历史上功臣就两种命运：一种像西汉的功臣那样，因为手握大权而被杀了头，如韩信；另一种情况则是南阳故人，即东汉的功臣们，因担任闲职而保全了自身。确实，在历史上，功臣不是被杀，就是被解除权力。贬官总比杀头好，这也算是玄宗的夫子之道。

通过玄宗和姚崇的努力，几年之间，一些主要的功臣都赋闲回家或者被贬至地方了，功臣对政治造成的威胁基本解除。可是，唐玄宗要想坐稳皇位，仅仅解决功臣集团还是不够的，还有一支力量也必须加强防范，那就是宗室。一心想稳定皇位的唐玄宗早就想到了这一点，那么，他会怎么做呢？

二、诸王外放

如果说功臣造成政局不稳是因为性格的话，那么，宗室之所以能造成政局不稳，则主要是因为他们的身份。什么身份呢？皇位候选人的身份。咱们说过，李隆基排行老三，还有两个哥哥和两个弟弟。这两个哥哥中，老大宋王成器是唐睿宗的嫡长子，身份高贵，当年李隆基当太子时，大哥成器就是一个有力的竞争对手。两个弟弟也不一般，岐王和薛王都曾追随李隆基一起搞先天政变，立了大功，既是功臣，又是宗室，身份也非同寻常。此外，李隆基的堂兄，章怀太子的儿子李守礼，因为是唐高宗的长孙，也是时人瞩目的对象。李隆基是以庶出第三子的身份当的皇帝，这始终是他的一个隐痛。在一个政变频繁的时代，这些兄弟即使自己没什么想法，也容易成为野心家的工具。所以，要想稳定政权，这些潜在的皇位候选人就要安置好。

如果说安置功臣，李隆基主要借助了姚崇的力量，那对付兄弟，玄宗就是经验丰富、自有心得了。他一共采用了四个办法。

第一个办法是，加强感情笼络。说白了就是一个原则：办公时间是君臣，下班时间是家人。每天上朝的时候，在朝廷上固然要行君臣之礼，但是一回到宫里，李隆基就把规矩给免了，和普通百姓一样，行家人礼。见了大哥、二哥，玄宗都要规规矩矩地下拜，从来不摆皇帝的架子。玄宗兄弟都爱玩儿，也会玩儿，所以，李隆基每天退朝之后，都要安排时间和兄弟们一起喝酒、打球、斗鸡，或者到郊区打猎，这是武的方面。文的方面呢，玄宗兄弟又都有才，整天在一起谈诗论赋不算，还组织了一个皇家小乐队，李隆基当然是打羯鼓，大哥成器吹笛子，四弟岐王隆范弹琵琶，业余生活安排得丰富多彩。

是人就难免生病，而人在病中，也最容易感念别人的好处。每次兄弟们生病，玄宗都要亲自照料，有一次，五弟隆业生病，当时玄宗正在上朝，不能亲自去照看，他就不断地派使者去看望，一会儿的工夫，使者就打了十个来回。退朝之后，玄宗赶紧赶到隆业的身边，亲自给他熬药。当时熬药是用明火，一阵风吹过来，把玄宗的胡子烧着了。这还了得！左右的侍从大惊失色，赶紧扑过来灭火。玄宗长叹一声，说：只要五弟吃了这药能好，我的胡子都烧光了又有什么关系呢！人都是有感情的，皇帝能这么做，兄弟也都很知足。因此，虽然偶尔也会有岐王隆范接待张说这样不太检点的事发生，但是总的说来，玄宗的兄弟都还算安分守己。不过我们也说过，人的感情是不稳定的，难以依恃，所以，除了感情笼络之外，还必须找到更稳妥的办法。

所以玄宗的第二个办法就是，生活监视。咱们不是讲过玄宗在当太子之前和兄弟们一起住在长安城兴庆坊（原名隆庆坊）的五王宅里吗？现在玄宗是皇帝了，按照传统，这个坊就属于龙兴之地，不能再住人了。几个兄弟也很知趣，赶紧上表，请求把兴庆坊建成兴庆宫，他们搬家。玄宗一听非常高兴，说搬家可以，但是你们千万别搬远了。玄宗就在兴庆宫周围给他们建了房子，每座宅子都在兴庆宫的视线之内。在兴庆宫里，玄宗还建起一座高楼，唤作花萼相辉之楼，意思是我们兄弟像同一朵花的花瓣一样彼此辉映。玄宗每天都要登上楼去眺望兄弟。这眺望是亲情，但也是监视。

有一次，玄宗眺望的时候，发现大哥在读一本书。当时正值夏天，李成器读得挥汗如雨、津津有味。玄宗看着看着，忽然很紧张，他读什么书这么有兴趣啊？赶紧派人去探问。一调查才知道，大哥研究的不是兵书，也不是占卜书，而是一本龟兹乐谱。玄宗这才放下心来，连声说：天子的兄弟就应该如此！有了花萼相辉楼这个瞭望哨，兄弟们的生活状况尽收眼底，玄宗的心更踏实了。

但是，这样的监视只能起震慑的作用，还不够严密，如果人家躲在屋子里搞阴谋，你在楼上不可能发现啊！怎么才能在制度上解决这个问题呢？玄宗的第三个办法就是派诸王出镇地方。这是唐玄宗还在当太子的时候姚崇就出过的主意，后来因为太平公主的阻挠没能实行。现在，姚崇当了宰相，旧事重提，说：现在您的统治刚刚确立，还不稳定，为了避免节外生枝，还是让几位王爷离开朝廷吧，这也是对王爷们最大的爱护。玄宗一听有道理，马上批准。

开元二年（714）六七月，几个王爷都到地方去了。其中，宋王成器兼岐州刺史，申王成义兼豳州刺史，豳王守礼兼虢州刺史，岐王范（原名隆范）兼绛州刺史，薛王业（原名隆业）兼同州刺史。玄宗规定，几位刺史到任之后不负责具体州务，一切政务都交给僚佐处理。离开了朝廷，也就不存在和中央官僚结党的可能；担任刺史而不负责处理具体事务，也就避免了王爷形成地方势力。这样两个措施一结合，宗室对玄宗皇位的威胁也就解除了。

第四个办法是制定制度，限制诸王和外人结交。我们不是讲过岐王隆范和张说私自会面的事吗？张说还因此被贬了官。开元八年（720），岐王隆范又犯同样的错误了。这一次，他和自己的妹夫、驸马裴虚己等人一起游宴，席间，裴虚己居然拿出一本谶纬书，让大家传观！所谓"谶纬"就是政治预言，这哪是一个王爷应该看的！这件事反映到唐玄宗那里，玄宗把裴虚己和其他几个参加宴会的人都贬了官，但是，并没有追究岐王隆范的责任，相反，还安慰他说："我兄弟友爱天至，必无异意。只是趋竞之辈，强相托附耳。我终不以纤芥之故责及兄弟也。"话虽这么说，但是，在此之后，唐玄宗还是发布敕令："自今以后，诸王、公主、驸马、外戚家，除非至亲以外，不得出入门庭，妄说言语。"有了这样的制度，诸王都老老实实地待在家里，对皇权的威胁自然就解除了。

唐玄宗为了稳定自己的位置，不但疏远了功臣集团，还控制了兄弟们的活动，基本做到了防患于未然，滴水不漏。在此过程中，姚崇和玄宗配合默契，也是出力多多。那么，我们该怎么评价这对君臣的行为呢？

首先，不可否认，无论是玄宗还是姚崇，都有其权诈的一面，这是专制皇权之下，政治家性格的必然组成部分。但是，另一方面，我们还要看到，在处理功臣和宗室的问题上，他们也都维持了基本的人情。

举两个例子：刘幽求和钟绍京贬官之后，颇为不满，说了好多对皇帝不敬的话。中国古代讲究"君叫臣死，臣不得不死"，大臣怎么能抱怨皇帝呢？马上，这两个大臣就被抓起来了，放在中书省（紫薇省）审判。紫薇省的长官就是姚崇，把这两个人贬官也是姚崇的主意，现在姚崇掌握着他们的生杀大权，是不是就要置之于死地呢？没有。姚崇对玄宗说："幽求等皆功臣，乍就闲职，微有沮丧，人情或然。功业既大，荣宠亦深，一朝下狱，虑惊远听。"意思是说，刘幽求他们都是功臣，一下子让他们担任闲职，思想上转不过弯来，有点失望，这是人之常情。他们都是国家重臣，如果因为这点事就被下狱的话，恐怕大家都会寒心的，也容易引起政治混乱，所以还是要三思而行。玄宗一听有道理，就没有法办这两个人，而是把他们贬到地方去了。这是姚崇讲人情的地方。

再看玄宗，他固然防范兄弟，但是，终其一生，玄宗并没有为难兄弟。所以，他的几个兄弟都是花天酒地，寿终正寝。更有趣的是，玄宗为了表达对兄弟的深情，在几个兄弟死后，都追赠他们为太子。其中，二哥申王成义（后改名撝）赠惠庄太子，岐王范赠惠文太子，薛王业赠惠宣太子，大哥宁王成器（后改名宪）更是追赠为"让皇帝"。这在中国历史上也是独此一家。试想唐太宗玄武门之变，兄弟都死于利箭；唐中宗的四个儿子，也无一善终。唯有唐玄宗兄弟相保，共享富贵，这不就是唐玄宗深情的地方吗？

玄宗和姚崇这样做是不是假慈悲呢？我觉得不是。事实上，政治终究是人的政治，完全不讲人情的政治一定是难以长久的，好的政策必须建立在了解人性、尊重人情的基础之上。事实上，恰恰就是玄宗君臣在处理问题时表现出来的这种宽仁之气和有理有利有节的作风，才让人们看到了雍容和谐的盛世曙光。

现在，通过玄宗君臣的努力，皇权的威胁解除了，武则天晚年以来长期动荡的政治局面也终于扭转过来，社会发展有了一个扎实的基础。那么，玄宗君臣下一步又将怎么走呢？

第二部分

开元盛世

　　从提出施政纲领，到协助唐玄宗加强皇权、稳定政局，姚崇一步步取得了唐玄宗的信任。

　　然而要想开创一个盛世，摆在君臣面前的还有重重困难。

　　那么困难究竟来自何方？

　　唐玄宗和姚崇君臣又是如何共渡难关的呢？

第十一章　姚崇新政

这是一段中国历史上最令人神往的岁月。经历了武则天晚年以来血与火的洗礼，大唐终于迎来了锦天绣地、满目俊才的辉煌时代。

只有在这个时代，才有唐玄宗为了聆听老臣意见，让人冒着大雨把姚崇抬进宫的传奇；也只有这个时代，才有卢怀慎高居相位，而家无余蓄，死后竟要靠老仆卖身安葬的佳话。

这个时代，代表着君明臣贤、国泰民安；这个时代，有一个辉映千古的名字——开元盛世。

上一章讲到，在玄宗和姚崇君臣的共同努力下，功臣和宗室对皇权的威胁解除了。另外，通过打击功臣，姚崇也当上了大权独揽的首席宰相。现在，他要怎么推行自己的政治纲领呢？

一、拨乱反正

姚崇要推行自己的政治纲领，首先需要在政治上进行拨乱反正。当时都有哪些乱象需要纠正呢？我举四个例子。

第一个例子是有关斜封官的。斜封官就是不经过吏部，直接由皇帝批条子任命的官员。开元二年（714），唐玄宗的二哥申王李成义（李㧑）拜托了玄宗一件事。李成义王府里的录事已经干了很长时间，忠心耿耿，成义想把他从九品录事提拔为八品的参军。我们说过，玄宗有两个哥哥、两个弟弟。其中，大哥李成器、四弟李隆范、五弟李隆业都已多次提到，但是老二李成义我们从来没具体讲过。因为他太平凡了。老大李成器是嫡长子，身份高贵，而老四和老五都是先天政变的功臣；只有老二，既没有功劳，身份也一般。事实上，说他身份一般都是抬举他了。他的出身在几个兄弟里是最低的。他的母亲根本不是妃子，而是一个宫廷女奴，偶然被李旦临幸，生下了他。因为母亲出身过于卑微，刚出生时，奶奶武则天都不想要他。但是，毕竟是自己的孙子，扔了又有点不忍心，所以就抱给一个名叫万回的高僧看相。这个高僧也有一片慈悲之心，不想害这个小生命，于是说：这是西域大柳树精，养着他对其他兄弟有好处。武则天这才把他留了下来。

因为出身不高，所以成义从小没人待见，也没什么追求，整天就知道花天酒地，从来没帮过李隆基什么忙，但是，也没给他找过麻烦。现在二哥难得开口，玄宗觉得也不是什么大问题，就答应了。既然皇帝答应了，那就等着宰相签署命令吧。可是我们前面讲过，姚崇当宰相之前，给玄宗提的要求之一就是杜绝斜封官。没想到，当时玄宗答应得挺好，现在又变卦了。姚崇岂能接受皇帝这么言行不一，就问玄宗：您还记得答应过我整顿吏治，不再搞什么斜封官吗？臣觉得录用官僚的事情，就应该归吏部掌管，皇帝不要随便插手。如果皇帝不爱惜官职，整天拿来安排这些亲朋故旧，那朝廷也就没有什么纲纪可言了。这不又走回到前几年吏治败坏的老路上了吗？一席话说得玄宗很惭愧，只好回绝了二哥。连亲生的二哥都没讨下这个面子，从这以后，皇亲国戚、亲朋故旧也就都死了心，谁也不敢再到玄宗这儿走后门了。

第二个例子是关于整顿外戚的。外戚是皇权的伴生物，仗着宫里头的裙带关系在外为非作歹，历朝历代都不少见。特别是玄宗之前，政坛女强人层出不穷，外戚也就更加嚣张。习惯成自然，到玄宗当政，外戚还是不知收敛。开元四年（716）年初，玄宗的连襟，即玄宗王皇后的妹夫尚衣奉御长孙昕因为一点点小事，跟御史大夫李杰闹别扭了。本来，同事之间意见不一致是常有的事，各退一步也就算了。可是，平时骄横惯了的长孙昕不愿意吃亏，下决心定要教训李杰。他约了自己的妹夫杨仙玉，躲在李杰下班必经的一条小巷子里，等李杰过来，两人劈头盖脸一顿打，把李杰打得鼻青脸肿，衣服更是撕得乱七八糟。别看李杰是个手无缚鸡之力的书生，但是性格刚强，不信邪。于是第二天一大早，李杰便带着累累的伤痕，穿着破破烂烂的朝服给玄宗上表了，说：昨天，陛下的连襟以及连襟的妹夫，把我打了。人之发肤，受之父母，我吃点皮肉之苦，这是侮辱我个人，侮辱我们家，这我还能忍。但是，长孙昕他们把我的官服都扯坏了，这就不是侮辱我个人，而是侮辱国家了，陛下看着办吧。玄宗整天讲要抑制外戚，一看亲戚这么不给他作脸，勃然大怒，当即命令在朝堂之上杖杀长孙昕和杨仙玉，给百官谢罪！杖杀外戚还不算，唐玄宗还亲自给李杰赔礼道歉，说：我的亲戚，我没管束好，让你受委屈了，就算在朝堂之上把他们打死，其实也不足以安慰你。请你以后继续保持这种嫉恶如仇的优良作风，和黑恶势力斗争到底。一看玄宗态度这么严厉，亲戚们一时间噤若寒蝉，再也不敢为非作歹了。

第三个例子是关于中央官和地方官互相流动的。唐朝长久以来一直存在重视中央官、轻视地方官的现象，特别是中宗和睿宗时期，因为中央政治斗争频繁，所以这个问题就更严重了。任职地方的要么是政治斗争的失败者，要么就是无能鼠辈，所以，地方官普遍素质不高。玄宗即位以前，曾经在潞州待过，他知道地方官对于一方百姓来说，不仅意味着民之父母，也代表着中央的形象。那么，怎么才能改变地方官素质低下的状况呢？

开元二年（714），玄宗颁下制书："选京官有才识者除都督、刺史，都督、刺史有政返者除京官，使出入常均，永为恒式。"也就是说，在京官内选择博学通识、实际工作能力强的人任职地方，授予都督、刺史之职。同样，在地方官中选择眼界开阔、政绩突出的，升任京官。建立地方官和京官互相调动的固定制度。这个制书一颁行，好多能力不错的京官就任职地方了。

当时，有一个尚书右丞叫作倪若水，进士出身，为政有德，就因为这道制书被外派到了汴州（今开封）担任刺史。本来，尚书右丞是四品官，而汴州刺史是三品官，算是升职了。但是，人们重京官、轻外官的观念很难改变，所以倪若水还是闷闷不乐。正好，就在他当汴州刺史的时候，有一个叫班景倩的地方官也因为这道诏令，从扬州调到中央担任大理少卿。路过汴州，倪若水给他饯行，羡慕得眼睛都红了。喝完送别酒后，眼看着班景倩的马绝尘而去，倪若水站在灰尘之中，一动不动，眼睛都直了。他对手下人说："班生此去，何异登仙！"手下人劝他说：人走远了，这里灰尘大，咱们回吧。倪若水还是舍不得走，说：这哪里是灰尘，分明是仙尘嘛！让我再沾沾仙气吧。有人可能会说，倪若水既然这么不愿意当地方官，勉强去了，能当好吗？现在有一句话说得有道理，优秀是有习惯性的，别看倪若水不愿意当地方官，但是他的才能还是有的，而且，为了早一点回到中央，他工作格外卖力，任职期间政绩突出，后来果然又回到中央任职了。就是这种中央和地方之间的官员流动制度，不仅提高了地方官员的素质，也增加了中央官员的阅历和经验，这不是双赢吗？

第四个例子是关于谏诤制度的。人非圣贤，孰能无过，凡是好皇帝，都知道"兼听则明，偏听则暗"的道理。唐太宗以人为镜，善于纳谏，不是被传为千古佳话了吗？但是，从高宗时代开始，出于政局动荡等原因，谏诤制度就逐渐被破坏了。特别是中宗、睿宗两朝，更是听不进不同意见。所以，姚崇在他的"十事要说"里才特别问了一句："臣请凡在臣子，皆得触龙鳞、犯忌讳，可乎?"玄宗当时也满口答应。那么，唐玄宗的承诺到底能不能兑现呢?

事实证明，他还真是履行了自己的承诺。我们说过，玄宗的母亲窦德妃是被武则天杀害的。现在儿子当了皇帝，母亲却尸骨无存，这是多么令人心酸的一件事。怎么表达孝心呢? 玄宗没别的办法，就想在埋葬母亲的洛阳靖陵前立一块碑。本来，这也不是什么大事，对国家影响也不大。可是，当时的汝州刺史韦凑上表进谏说："自古园陵无建碑之礼，又时正旱俭，不可兴功。"竖碑既不符合礼法，又给财政增加负担。唐玄宗一听，有道理，马上就下令停建了。其实，我们也知道，韦凑这次进谏，不是什么关乎国计民生的大事，就算玄宗以孝道的名义加以拒绝，也不为过。但是，玄宗为什么还立刻接受呢? 这和古人千金买马骨是一个道理，玄宗真正想表达的是一个态度：连这样的意见我都能接受，那还有什么意见是我不能接受的呢?

那么，我们应该怎样评价玄宗君臣这些拨乱反正的政治举措呢? 很明显，这些措施直接针对的是中宗、睿宗时期的一些弊政。通过破除政治陋习，建立良好的政治制度，一些不利于发展的政治问题基本解决了，政治也逐渐走上正轨。

然而一波刚平，一波又起，政治问题刚刚解决，经济问题又出现了。一场可怕的蝗虫灾害严重威胁着刚刚稳固的玄宗政权。由于科技不发达，朝野上下竟然围绕着灭不灭蝗展开了一场大争论! 那么，力主灭蝗的姚崇是如何冲破重重阻碍展开灭蝗工作的呢?

二、捕杀蝗虫

不知道是不是老天要考验一下唐玄宗的能力，自从他亲政以来，天灾不断。

开元元年和二年都是大旱，这已经够糟糕了，可是，更糟糕的事情还在后头呢。有农业经验的人都知道，大旱之后，常有大蝗。果然，在开元三年和四年，蝗灾就开始在山东爆发了。无数蝗虫像乌云一样铺天盖地，滚滚而来。所过之处，别说是庄稼，就是树皮，也被吃得干干净净。眼看着蝗虫一过，寸草不留，老百姓都吓傻了，纷纷跑到田间地头顶礼膜拜。可是蝗虫哪管你拜不拜呢？不仅照吃不误，而且越来越多，渐渐地就从山东往河北、河南扩散了。

山东、河北、河南地区都是唐朝最重要的产粮区，如果这些地方闹灾，全国的粮食储备就成问题了。俗话说，"民以食为天"，如果没有粮食，老百姓就要人心不稳，国家还怎么可能稳定呢？面对如此严重的灾难，姚崇马上提出，各个州县立刻组织人力物力，捕杀蝗虫！捕到之后集中在田边烧掉深埋，斩草除根！姚崇这个做法对不对呢？现代人肯定都没有意见，但是，切莫把我们的想法套在古人头上，我们今天看是理所当然的事情，古人还真未必这么想。姚崇这个想法一提出来，马上引来一片反对之声。谁反对呢？

第一个就是唐玄宗。玄宗是怎么反对的呢？他倒是没有直接反对，只是问姚崇：这蝗虫铺天盖地，怎么杀得过来呢？姚崇回答说：就算杀不完，总比坐视不管强吧。过去因为蝗虫成灾，亡国的事情都有啊。如今国家的粮食储备本来就不多，如果再出现歉收、绝收的事，老百姓就会乱啊。玄宗听了，并没有反驳姚崇，但是，还是一副期期艾艾、迟疑不决的样子。姚崇就问：陛下，您还有什么顾虑就直说吧。玄宗说：蝗虫是天灾，是不是上天派来警示我的呀？我是天子，灭蝗不会得罪上天吧？姚崇一听笑了，说：这样吧，以后凡是关于灭蝗的事情，就请您不要以皇帝的名义出敕令，而是让我以大臣的名义出牒书吧。就算上天怪罪下来，也是怪我，跟您没关系不就行了吗？！要知道，玄宗是一个非常务实的政治家，清楚蝗灾可能带来的灾难，所以，现在既然顾虑解除，他也就同意了。

可是，只解决皇帝的思想问题还不行，很快，姚崇的同事——门下侍中卢怀慎也出来反对了。卢怀慎在唐朝历史上也是大名鼎鼎的贤相，人望特别好。他出身于山东高门范阳卢氏，是地地道道的贵族之后，但是，他当官特别清廉，生活也十分朴素。朴素到什么程度呢？

举两个例子。第一个是关于住的。卢怀慎家房子特别破旧，连最基本的遮风挡雨都做不到，每遇下雨的时候，就得在门口挂一张破布帘挡雨。真是比蜗居还蜗居，哪像堂堂的宰相府啊。再举一个吃的例子。有一次卢怀慎生病，两个同僚去看他。他留人家吃饭，一会儿，饭菜端上来了，就是两盆煮豆子，一点荤腥都没有。这还是卢怀慎费尽心思准备的招待客人的东西，可想而知，他平时就更节俭了。那有人就要怀疑了，唐朝的工资那么低吗？一个宰相连自己都养不活？倒不是因为工资低，而是卢怀慎把工资的大部分都接济亲戚朋友了。这样的人能不让人佩服吗？所以，他在当时的道德影响力特别大。

卢怀慎虽然人望高，但是，平时从来不反对姚崇。因为他属于尚德不尚才一类的，办事能力不强。卢怀慎自知才能不及姚崇，所以轻易不敢拿主意。有一次，姚崇的儿子死了，他回家处理丧事，请了十多天假，这样一来所有的公文就都堆到卢怀慎面前了。卢怀慎看来看去，哪个也不敢批，没办法，只好去找皇帝。

卢怀慎跟玄宗说：陛下，我办不成事，您把我撤职吧。玄宗一听就笑了，说：我任用姚崇是办事的，任用你是因为你清廉端正，可以给天下官员树立榜样，本来就没指望你办事。你放心回去吧，等姚崇回来处理。姚崇回来以后，不到一个时辰，公文全部批完了，卢怀慎佩服得五体投地。正因为如此，一般姚崇说什么，卢怀慎就随声附和，结果在当时得了个称号，叫"伴食宰相"，意思就是陪着姚崇吃饭的。但是现在，听说姚崇要捕杀蝗虫，卢怀慎左思右想，还是觉得不妥。于是，他斗胆提出了反对意见。

卢怀慎为什么要反对呢？他反对的理由和皇帝不一样，他是从慈悲的角度立论的。他说，蝗虫也是生灵，杀生就要伤和气，可是要招祸的！很明显，这是受佛教影响的说法。因为佛教流行，所以这个说法在当时非常有代表性。那么，面对卢怀慎的质疑，姚崇怎么回答呢？他说：蝗虫是生灵，难道人不是生灵吗？你不忍心看着蝗虫死，难道就忍心看着人饿死吗？你要是怕杀蝗虫招来灾祸，那我姚崇一人做事一人当，绝不连累你！姚崇这么说，其实是激将法。他这么一说，卢怀慎倒不好再反对了，要是再反对，岂不成了满脑子私心杂念，不敢担当了吗？卢怀慎虽然能力差点，但是在道德上一贯自律甚严，他可不愿意被人小看。所以，他也只好依从了。

好不容易上面的意见统一了，命令捕杀蝗虫的牒书也发出去了，谁知地方官又出来反对了。反对呼声最大的就是刚才提到的汴州刺史倪若水。他可是个不错的地方官，在当时以敢于进谏著称。

举个例子，唐玄宗不是答应过姚崇要勤俭节约，不接受正常赋税以外的献贡吗？可是，人的本性都喜欢享受，开元三年（715），玄宗又禁不住诱惑了，派宦官到江南征集珍贵鸟类，想要放在禁苑里赏玩。宦官下江南，必然经过汴州，到了之后也是要酒、要肉，要人当大爷一般地伺候。倪若水是汴州刺史，看宦官这么放肆，马上就上谏了，说：如今正是农忙的时候，陛下却让各地捕鸟来充实后花园。这些鸟从江南、岭南运往长安，不知浪费了多少人力和物力！每到一个地方，使者也要吃肉，鸟也要吃肉，让老百姓看了多不好啊！大家会说陛下您贱人贵鸟啊！您什么时候能把凤凰当成凡鸟，把麒麟当成凡兽，天下才真是有福气了！咱们刚才不是说，唐玄宗一上台就刻意求谏吗？所以倪若水上谏，马上就成了为民请命的典型，受到了玄宗的大力表彰。

现在，这个家伙因为姚崇下令要捕杀蝗虫，又摆出一副为民请命的姿态，公开拒绝执行姚崇的命令。倪若水为什么反对呢？他说：蝗虫是天灾，不是人力所能解决的。所谓"天灾"就是上天的警告，应该让皇帝修德才是。如果皇帝不从自己的角度解决问题，而是一味捕杀蝗虫，那就是缘木求鱼。当年十六国时期，后汉皇帝刘聪也捕过蝗虫，最后越捕越多，连国家都亡了，这是前车之鉴啊！所以我决不执行这样的牒书！倪若水的话有没有道理呢？我们今天肯定觉得没理，但是，放在唐朝那个语境里，它就合理了。这是中国古代知识分子劝谏皇帝的一种经典方式，运用的是所谓"天人感应"理论。中国古代认为，所有天灾都是对人的警告，所以一旦有天灾，最好的方法就是让皇帝反躬自省。所以倪若水这么说，在当时也算是有理有据。

那姚崇怎么驳斥倪若水呢？他下了一道牒书给倪若水，说：你怎么敢拿刘聪来跟陛下比呢？刘聪是伪主，所以德不胜妖，自然制服不了蝗虫；可如今是圣朝，妖不胜德。凭皇帝的圣明，一定能消灭蝗虫！你难道对皇帝的正统性有怀疑吗？再说了，你不是说蝗虫和道德有关系吗？那如果刺史道德高尚，蝗虫也就不会进入你这个州了。现在汴州也有蝗虫，是不是意味着你这个刺史品德不好呢？倪若水一听姚崇拿皇权和道德两顶大帽子压他，便再也不敢乱说了，赶紧积极组织灭蝗。仅汴州一个州，此次捕杀的蝗虫就有14万石。唐代的1石约等于现在的100斤，14万石大约就是1400万斤，也算是相当尽力了。为了动员刺史，姚崇还把各州捕杀蝗虫的情况作为对刺史赏罚的标准，谁勤谁懒，随时通报。这样一来，各州刺史就都不敢偷懒了。所以，虽然开元三年到四年连续两年闹蝗灾，但是粮食产量并没有显著下降，老百姓也没有流离失所，经济形势算是稳定下来了。

在姚崇灭蝗的重重阻碍中，既有掌握着一票否决权的唐玄宗，又有姚崇的搭档卢怀慎，还有抬出儒家"天人感应论"的地方要员倪若水，可以说从上到下，阻力重重。那么姚崇为什么能冲破重重阻碍呢？这究竟展现了他怎样的做事风格呢？

我觉得，姚崇灭蝗是政治大智慧和小权谋的有机结合。什么是大智慧呢？在反对意见占绝对多数的情况下坚持自己的正确见解就是一种大智慧。真理并不永远掌握在多数人手里。事实上，当时大多数人受佛教和传统迷信思想的影响，对于人的能力相当不自信，面对天灾，他们根本不敢作为。但是姚崇不一样，他有一种务实的精神，更有一种人定胜天的豪气。这种务实的态度和奋斗进取的精神正是盛世到来的基本前提，也是一种大的政治智慧。

什么是小权谋呢？姚崇的小权谋体现在灵活的工作方式上，考虑到每个人的处境，有针对性地采取措施。对玄宗、对卢怀慎、对倪若水，他各有说辞，也各有侧重。对玄宗，是体贴；对卢怀慎，是激将；对倪若水，则是威胁了。见什么人说什么话，这不就是权谋吗？可是，这些小权谋是建立在大智慧的基础上的，是原则性和灵活性的有机结合，这就是典型的姚崇风格。

一个政治家不管有多大的才干，如果没有机遇，就无从施展。姚崇虽然号称三朝元老，但他人生最大的机遇还是遇到了唐玄宗。在唐玄宗的信任和支持下，姚崇充分施展自己的政治才华，为即将到来的大唐盛世奠定了坚实的基础，姚崇也因此获得了一个臣子所能享有的最高礼遇。那么，唐玄宗究竟给了姚崇哪些超常的礼遇呢？唐玄宗和姚崇之间究竟是怎样的一种君臣关系呢？

到开元四年（716），随着灭蝗斗争的胜利，唐朝的政治经济都步入了正轨，整个社会呈现出欣欣向荣的态势，而这样的局面和姚崇的辅弼之功是分不开的。此时，玄宗对姚崇言听计从，而姚崇对玄宗也是竭尽全力，君臣之间亲密无间，配合默契。

长安不是首都吗，房子也很贵，姚崇虽然当了这么多年的宰相，但是还没有买房子，就住在罔极寺里。可能是寺院里花木葱茏，蚊子比较多，有一次，姚崇得了疟疾，只好请假休息。玄宗见不到姚崇，急得不得了，不停地派使者去探视，一天就派了几十个。当时，"伴食宰相"卢怀慎已经去世，姚崇的搭档已经换成源乾曜了。姚崇既然休息，就只能是源乾曜主政了。源乾曜每次到玄宗那里去奏事，只要说得合了玄宗的心思，玄宗就说：这一定是姚崇的主意吧？而一旦不合玄宗心意，玄宗便说：怎么不先和姚崇商量商量再来？可能有人会觉得，玄宗也太武断了吧？还真不是武断。因为玄宗猜的基本都对。这说明什么？说明他们君臣之间有默契了！

后来，源乾曜觉得总跑到寺里向姚崇问计也太不方便了，于是干脆上奏皇帝，让姚崇搬到四方馆，一边养病一边办公算了，同时让他的家人也到这里来伺候他。四方馆是什么地方呢？是唐朝接待少数民族使者的地方，所以可以住宿。玄宗一听，马上答应了，催着姚崇搬家。姚崇说：不好吧，四方馆里头有那么多档案，住进去不方便啊。玄宗说："设四方馆，为官吏也；使卿居之，为社稷也。恨不可使卿居禁中耳，此何足辞！"什么意思呢？玄宗是说，设四方馆，本来就是为官员办公用的；让你在那儿住，也是为了国家公务啊，有什么不行的呢？如果没有制度限制，我恨不得让你住到宫里来，四方馆算得了什么？皇帝这样信任、倚重他，这是对大臣最大的认可了。姚崇也感激涕零，恨不得为玄宗"鞠躬尽瘁，死而后已"。那么，姚崇的愿望会实现吗？他和玄宗君臣这种蜜月关系会一直这样继续下去吗？

第十二章　姚崇罢相

陶醉在巨大荣誉中的姚崇正准备继续为大唐帝国鞠躬尽瘁的时候，唐玄宗却突然向他发难，这使得站在成就顶峰的姚崇瞬间坠入灾难的深渊，失去了往日潇洒果断的常态。

从君臣鱼水到君臣交恶，这里面究竟发生了怎样的故事呢？

中国民间有一个说法，叫作打狗看主人，文雅一点的说法是投鼠忌器。这是说一个人如果有了权力或者声望，那么看在他的面子上，别人对他的亲朋好友、下属乃至宠物都得客气一点。就像《红楼梦》里说的，老太太屋里出来的，不要说是丫头，就是小猫小狗也轻易伤害不得。这也是人之常情。要是哪一天，别人对你的亲眷下属不再客气了，你就得考虑一下，自己是不是已经不再被人当回事了。

为什么要说这个道理呢？是因为这种下属被人看轻的事就被姚崇赶上了，而且严重影响了他的宰相前途。

一、自毁长城

因为灭蝗斗争的胜利以及政治上一系列拨乱反正的成果，姚崇和玄宗君臣之间已经达到了空前和谐的境地。玄宗一刻都离不开姚崇，连姚崇生病都不让他待在家里，还要让他搬到四方馆办公兼休养。

皇帝这样信任他，姚崇也是感激涕零，打算鞠躬尽瘁、死而后已了。可是，没过多久，发生了一件事，一下子让姚崇觉得不对劲了。什么事呢？姚崇手下的一个小吏犯事了。姚崇不是中书令吗，当时中书省有一个主书叫赵诲，很得姚崇信任。在中国古代官场上，别看官和吏级别相差悬殊，但是，官对吏的依赖很强。因为官是做行政决策的，吏则是做具体文案工作的，官府里缺了这样的专业技术人才，还真是没法运转。

赵诲不仅文案工作熟练，而且擅长揣摩领导意图，办事百伶百俐，姚崇用起来非常顺手。但是人无完人，小吏赵诲也有一个毛病，就是贪财。唐王朝是世界性帝国，西域来的胡商人多势众。胡商看到赵诲能跟姚崇说得上话，就送给他一些珠宝，想让他替他们谋点好处。可没想到，事情做得不够机密，被唐玄宗知道了。

本来，小吏贪财是古代官场上的通病，不是什么大不了的事，可是这一次，玄宗居然亲自审问，还把这个小吏送进监狱，判处死刑！依据我们刚才说的打狗看主人的原则，这个处置显得很不同寻常。那么，玄宗贵为皇帝，日理万机，为什么会注意到姚崇身边的这个小吏呢？还有，他在处理这个小吏的时候为什么如此不给姚崇面子呢？很明显，玄宗已经对姚崇不满，在抓姚崇的小辫子了。那么，玄宗为什么对姚崇不满呢？因为姚崇身边犯经济错误的可不只这一个赵诲，姚崇的两个宝贝儿子也不清白。

姚崇的两个儿子我们前面讲过，当年魏知古到东都洛阳主持选官，这两个家伙就招权纳贿，谁给他们贿赂，他们就把谁塞给魏知古，让魏知古提拔。魏知古因此还跟唐玄宗打过小报告。没想到姚崇凭借自己的政治智慧，不仅保住了两个儿子，还把魏知古整下了台。有了这么能干的老爸庇护，这两个坏小子交结宾客、招权纳贿的事情也越做越大，而姚崇对他们这些越轨的行为不闻不问，甚至是暗中纵容。宰相的儿子肆无忌惮地搞腐败，当然会引起人们的不满。但姚崇是铁腕宰相，谁也不敢得罪他，所以，他这两个儿子不仅没有受到惩罚，反倒步步高升，都成了四品大员。可是，有权力的人做坏事就是这样，你可以让人不敢管你，但是你没法让别人不议论你。一来二去，这两个儿子的名声坏透了。玄宗可是个励精图治的皇帝，这些事情传到他的耳朵里，他当然对姚崇有意见，只是碍于面子，不好跟姚崇讲。现在，姚崇手下的小吏又犯经济错误，不免让玄宗产生疑虑，怎么姚崇身边的人都这样呢？于是他决定从严从重，敲山震虎，敲打一下姚崇。

玄宗这么做，姚崇有没有明白他的意思呢？我们多次说过，姚崇可是个水晶心肝玻璃人，以他的政治智慧，不会看不清楚。那他怎么应对皇帝呢？按照一般的想法，最合适的做法就是及时收敛。小吏，让他去死吧，丢卒保帅；儿子，则要加强教育，先避过风头。这样才能保住自己。然而姚崇不仅没有这样做，他还替自己手下的小吏申诉了，说他罪不至死，情有可原。姚崇想要救他。

姚崇为什么要这么做呢？我想，不外乎两个原因。

第一，姚崇有小集团意识，要保护自己人。通过这几章的讲述我们已经看出来了，姚崇不是一个嫉恶如仇的道德君子，而是一个喜欢搞一言堂的铁腕人物。要铁腕就得自己说了算；要想说了算，除了皇帝认可外，还要有人死心塌地追随你；而要想让人死心塌地，就一定要给人好处、给人庇护，让人觉得跟着你没错。所以，古往今来好多以能干著称的铁腕政治家都不免党同伐异，姚崇也不例外。因此，明知道赵诲犯了错误，姚崇还是要保他。从私人角度来讲，他不肯丢卒保帅，这是讲义气；但是，从公家角度来讲，他这就叫因私害公了。

第二，也是很重要的一个原因，是姚崇对自己和皇帝的关系估计过高。他不是帮玄宗解决了那么多政治难题吗？皇帝不是一刻都离不开他吗？在姚崇看来，贪污受贿也不是什么大不了的事，这点面子应该给他吧。有了这样的想法，虽然姚崇明白皇帝的意图，但还是想跟玄宗叫上一板。姚崇叫板，玄宗怎么接招呢？

开元四年（716）十一月，玄宗大赦京城罪犯，只要不是十恶不赦，一律免罪。按道理讲，赵诲的罪也可以免了。如果真是这个结局的话，也就意味着玄宗妥协了，这也是姚崇期望看到的局面。那么，玄宗会不会这么做呢？要知道，玄宗可不是被别人牵着鼻子走的人。如果宽恕赵诲，岂不是说皇帝的权威不是权威，姚崇的权威才是权威？这不是自毁长城吗？所以，大赦是大赦，但是，玄宗在赦书里特意标明，中书主书赵诲不在此列。此人虽然依据宽恕的精神免除死刑，但是，杖责一百，流放岭南。一句话，玄宗向姚崇表态了，你这个面子，我坚决不给！

事情发展到这一步，姚崇总算明白了，皇帝并不是离不开他。相反，皇帝是怕他不离开了。如果他再不知进退，恐怕皇帝就要不客气了！怎么办呢？主动辞职吧。就在这次大赦令之后，姚崇屡次提出避位的请求。

开元四年（716）闰十二月，玄宗批准了他的请求，免去他中书令的职务。这个时间，距离姚崇拜相，刚刚三年零三个月。

二、罢相原因

大家可能会有点吃惊，姚崇号称一代贤相，原来才当了三年多宰相啊！他做了那么多工作，为什么这么轻易就被罢免了呢？

姚崇在拜相的三年多时间里，出色地履行了宰相的职责，开元盛世的初步形成，姚崇功不可没；而唐玄宗作为伯乐，也让姚崇享受到了作为人臣旷古少有的荣耀。然而，这种君礼臣忠的局面为什么不能持久呢？

表面看来，是因为姚崇纵容儿子和下属腐败，而且涉嫌树私恩，搞小集团。但是，这个事情没那么简单，所谓"反腐败"恐怕只是个借口罢了。事实上，姚崇罢相，还有更深层次的原因。

第一，宰相如果专任就不能久任，这是玄宗的一个行政原则。所谓"专任"，其实就是大权独揽。姚崇在玄宗一朝担任中书令，虽然名义上还有门下侍中与他制衡，但是，在姚崇主政时期，担任门下侍中的，无论卢怀慎还是源乾曜，基本都是伴食宰相，完全起不到制衡姚崇的作用。同僚唯唯诺诺，不能制约姚崇，那皇帝会不会制约姚崇呢？也不会。我们在第一章讲过，姚崇刚当上宰相的时候，因为郎官的任命去请求玄宗批示。念了一遍郎官的名字，玄宗没反应；再念一遍，玄宗还是没反应。姚崇不明就里，非常紧张地退出去了。结果没过一会儿，宦官高力士传话来了，说皇帝不是轻慢你，而是要让你明白，一般的事情你完全可以做主，不必事事请示皇帝。皇帝有这样的气度，当然姚崇就可以放手开展工作了。

玄宗为什么自己不制约姚崇，也不让同级的宰相制约姚崇呢？因为玄宗信任姚崇的政治才干，愿意创造条件让姚崇不受掣肘，充分地施展才华。可是，如果一个权相统治时间过于长久的话，就会形成过分的权威，就会威胁到皇权。而自从武则天晚年以来，政坛之所以动荡，关键就在于皇权不振。这是唐玄宗从血淋淋的政治斗争中得到的经验教训。要想避免这个问题，只能采取专任而不久任的原则。宰相专任，就能放手开展工作；任期短，权力就不会失控。这就既发挥了宰相的才干，又不会威胁皇权。这时，姚崇已经干了三年多了，羽翼丰满了，也就该让他下台了。

第二，他的历史使命完成了。姚崇的历史使命是什么？用一个词概括，就是"拨乱反正"。要知道，唐玄宗是在一连串的政变之后开始统治的。面对开元初年百废待兴的局面，姚崇提出"十事要说"作为政治纲领，同时善于应变，出现一个问题解决一个问题，阳谋阴谋并用，没有一定之规。按照《新唐书》的说法，这叫作"善应变以成天下之务"，善于变通，摸着石头过河，在历史转折时期固然可以迅速打开局面，但是，一旦局势稳定下来，国家需要建立稳定的制度时，善变就不再是个优点了，反而成了依法行政的障碍。这样一来，以善于权变著称的姚崇的历史使命也就完成了。

第三，玄宗想要树立新的道德形象。如果不是有高瞻远瞩的"十事要说"在上面罩着，姚崇的所作所为怎么看都像个小人。他打击政敌、党同伐异、招权纳贿，无论依据哪个时代的标准，都算不上是道德高尚。正因如此，玄宗才让卢怀慎做他的搭档，起到道德表率的作用。可是，开元四年（716），卢怀慎去世了，这就使得高层道德问题显得更加突出。而一个国家要想兴旺发达，不仅要有完备而有活力的制度，还要有健康向上的道德风尚。官僚，特别是宰相，不仅是行政首脑，也应该是道德表率。可是，以姚崇的性格与为人，显然无法成为这样的表率。这样一来，换宰相也就是自然而然的选择了。

姚崇是唐玄宗真正起用的第一个宰相，在中国历史上也是大名鼎鼎。但有这样三个深层原因，所以，姚崇罢相也就成为必然。

看来，唐玄宗准备换相绝不是心血来潮，而是深思熟虑的结果。当政府运转走入正轨的时候，姚崇的历史使命也就已经完成。那么，当我们望着姚崇黯然离去的背影时，又该如何给他一个历史的评价呢？

三、救时宰相

有一个典故非常传神。当时有一个中书舍人叫作齐澣，对于跟职业有关的各种掌故无所不知，号称"解事舍人"，相当于我们今天所说的活字典。姚崇对他非常欣赏，两人私交不错。我们不是讲过姚崇曾经因为丧子请了几天的假吗？卢怀慎独立处理不了政事，所以等他销假回来上班之后，公文已经堆积如山。姚崇有本事，没多一会儿就处理完毕了。

姚崇是个很自负的人，从办公室出来，他很得意，就问齐澣说：你博古通今，说说看，我当宰相可以和哪位古人相提并论啊？意思很明显，让齐澣夸他。问题提得突然，齐澣还没想好怎么回答呢，姚崇按捺不住地说：我是不是和管仲、晏子差不多呀？管仲和晏子大家知道，都是春秋时期齐国著名的宰相。管仲辅佐齐桓公开创霸业，晏婴在齐国后期出使四方，不辱使命。这都是中国古代贤相的典范，所以，司马迁在《史记》中还给这两人合立了一个传，叫《管晏列传》。姚崇自比这两位，显然自视甚高。没想到齐澣说：您恐怕比不上他们吧。姚崇问：我怎么就比不上呢？齐澣说：管子和晏子的政治措施，虽然不能施行到后世，但还可以保持到他们死的时候；如今您的政令，随时更改，似乎比不上他们。姚崇不甘心，又追问：如此说来，我究竟是个怎样的宰相呢？齐澣想了想说：您大概可以算得上是个"救时宰相"吧。听到这种评价，姚崇并不觉得是贬低了他，反而高兴地把手中的笔都扔在地上了，说：救时之相，也难得啊！

从这个典故，我们能看出什么问题呢？

第一，姚崇是个务实的能臣。齐澣说姚崇是"救时宰相"，救时的基础就是务实。只有务实，才能发现现实存在的问题，也才能解决现实的问题。姚崇上任后，无论是罢免冗官、贬逐功臣还是安抚宗室、捕杀蝗虫,都表现出不唯上、不唯天,只唯实的态度。正是因为有了姚崇的努力,玄宗朝的政治才会很快重新走上正轨,这就叫救时。要知道,救时可不是一件容易做的事情。从武则天末年算起,唐朝有将近十年的时间都在动荡中度过。要是往上推到武则天掌权时期,唐朝已经有半个世纪都处于动荡之中了。在这种情况下救时,可是需要大眼光、大气魄,还有大手段的。正因如此,姚崇听到齐澣说他是救时宰相时才会喜形于色。确实,救时宰相,岂易得哉!

第二,我们也看出来了,姚崇不是传统儒家意义上的贤臣。中国儒家讲究中庸平和,一个儒家君子,绝不好意思去追问别人,我能跟古代哪个贤相相提并论,这太不谦虚了。这还是言语方面。再看看姚崇对皇帝、对同僚和对家人的态度,就更不像儒家贤臣了。正统的儒臣应该具备怎样的道德呢?比较经典的说法就是文死谏、武死战。这死谏和死战才是忠诚的标志。姚崇会不会上谏呢?不是不会,但很少直谏。相反,只要无伤大雅,姚崇一定会顺着皇帝说话的。开元二年(714)二月初一,太史上奏说要发生日食,结果并没有发生。这其实就是科学不发达所致,没算准。但是姚崇不这么说,他带着文武百官上表祝贺,说:太阳应该亏而没有亏,这完全是陛下您的圣德所致啊!是您的光辉补足了太阳的光辉啊!请赶紧把这件事记在史册之中吧。还是开元二年,有一个大臣翻出一个《豫州鼎铭》,献给了玄宗。这份铭文有什么特别之处呢?它是武则天写的,结尾一句是"上玄降鉴,方建隆基"。隆基不是唐玄宗的名字吗?这个大臣说了,这就是玄宗受命于天的征兆。这种事情,我们一看就明白,就是文字巧合。姚崇也明白。可是,他还是装出一副郑重其事的样子,说:这是大事,赶紧交给史馆,写进史书里!表现出一副十足的谄媚相。姚崇这个样子,北宋的大政治家、大史学家、大儒家司马光十分看不惯,说姚崇是"上诬于天,下侮其君"。很明显,姚崇对待皇帝的态度不像个儒家贤臣。

对皇帝如此，那对待同僚呢？根据传统儒家经典《论语》的标准，应该是"君子周而不比"。同僚之间应该互相信任，但是不能拉帮结派。可是姚崇呢？只要是可能对他专权构成威胁的同僚，他是必欲除之而后快，看看张说和魏知古就知道了；而对待他的死党，则是包庇纵容，是非不分，小吏赵诲就是例子。这哪里还是孔子赞赏的"君子周而不比"呀，分明是孔子反对的"小人比而不周"嘛！这也不符合儒家的标准。

对皇帝、对同僚，这都属于公共领域，那在家庭领域，姚崇的做派是不是符合儒家准则呢？中国古代讲究家国一体，移孝作忠。一个符合儒家理想的好父亲，应该是严格要求子女，教育他们为国效力，可是姚崇却纵容自己的儿子交结宾客、招权纳贿，这不还是和儒家的理想背道而驰吗？所以，姚崇是个能臣，但是，不是符合儒家理想的贤臣。

那我们应该怎么解决这贤臣和能臣之间的矛盾呢？古语云："大行不顾细谨，大礼不辞小让。"人无完人，只要能够做到大节无亏，就算好了。

《新唐书》在讲到姚崇的政绩时候说："崇尤长吏道，处决无淹思。三为宰相，常兼兵部，故屯戍斥候、士马储械，无不谙记……崇常先有司罢冗职，修制度，择百官各当其材，请无广释道，无数移吏。繇是天子责成于下，而权归于上矣。"正因为姚崇文武兼备，明娴吏道，长于决断，唐玄宗才能在很短的时间内摆脱政治困境，走上正轨，开创了社会良性发展的局面。这是姚崇的大功绩，也是姚崇名垂青史的根本原因。

"安史之乱"爆发后，唐玄宗被迫逃往四川，在艰难之中，玄宗伤感地说：如果姚崇还在，一定不会是这个样子！这个时候，离姚崇罢相已经将近40年，离姚崇去世也30多年了。人活着，掌握着权力，被人夸赞不难；死去30多年还能被人怀想，就是难能可贵了。宰相当到这个份上，夫复何求！

姚崇给开元政治开了个好头，接下去会是谁挑起大唐王朝这副重担呢？

第十三章　宋璟守正

因为姚崇辞职，宰相的位置出现了空缺，于是，一个新人就被提拔了上来，他就是宋璟。

如果说姚崇性格灵活善变，那么宋璟的最大特点就是刚直不阿了，他是出了名的"铁筷子"，倔脾气上来，敢公然和皇帝对着干。

那么玄宗为什么会起用他当宰相呢？宋璟身上的哪些素质打动了唐玄宗呢？

开元四年（716）闰十二月，正是隆冬时节，唐玄宗派大宦官杨思勖到驿站接从广州来的一个官员。杨思勖就是在唐中宗太子重俊叛乱中飞身杀下玄武门城楼，一刀砍掉叛乱军官首级的英雄。派这样的人物迎接，可见场面的隆重。

从驿站到皇城，是很长的一段路，那个被迎接的官员就骑在马上，一言不发。杨思勖闷得慌，好多次想要和他说说话，一看官员那副目视前方、深不可测的表情，又把嘴边的话给咽下去了。就这样，两个人各走各的路，愣是一句话没说。

杨思勖在唐玄宗一朝官至三品，也是当红宦官，和高力士齐名，谁在他面前不是客客气气的？没想到碰上这么个架子大的，居然不和他说话，可把杨思勖委屈坏了。见了玄宗之后，杨思勖一把鼻涕一把泪地哭诉，说这个官员瞧不起他，不理他。没想到玄宗听了他的哭诉，非但没有生气，反而露出了笑容。

宋璟的不随和，正是任命他当宰相的关键原因所在。这是怎么回事呢？

一、宋璟拜相

开元四年（716）闰十二月，姚崇辞去宰相的职务。他推荐了一个人，就是宋璟。别看玄宗不想让姚崇继续当宰相了，但是，对他的眼光可是一百个放心。姚崇推荐的人，当然在玄宗重点考虑之列。何况，推荐宋璟的不只姚崇一个，著名的伴食宰相卢怀慎也推荐过。卢怀慎临死之前，给玄宗上了一个遗表，他说：人之将死，其言也善。我虽然没什么能力，但是这些年冷眼旁观，还是发现了几个人才。我发现的第一号人才就是宋璟，此人公忠体国、眼界高远，一定能为陛下办大事！姚崇和卢怀慎两个贵人青眼相加，这就叫作惺惺相惜，既看出宋璟的众望所归，也看出姚崇和卢怀慎难得的胸襟气度。

两大宰相全力推荐，是不是宋璟拜相的唯一原因呢？那可不是。我们说过，玄宗可是有主见的皇帝。当初力排众议任用姚崇，是出于他自己的考虑；现在任用宋璟，肯定也不光是因为别人的推荐。那么，玄宗为什么要任用宋璟呢？除了贤臣推荐之外，还有两个重要原因。

第一，宋璟是武则天当政以来朝廷里的一面道德旗帜。在政坛上，宋璟一直是以反对派的形象出现的。武则天晚年，宋璟是反对二张兄弟的英雄；唐中宗一朝，他是反对武三思的英雄；唐睿宗一朝，宋璟又是反对太平公主的英雄。因为反对这些当权人物，宋璟三次从中央被贬到地方。三落三起，一般人早被生活磨圆了棱角，可是，宋璟嫉恶如仇的风骨始终不变。这种铁骨铮铮、九死不悔的形象正符合玄宗对新宰相的道德期许。

第二，宋璟的政治眼界高，行政能力强。当年睿宗统治时期，为了稳定太子李隆基的地位，有人提出让太平公主离开长安，让李隆基的哥哥们都到外地任职，弟弟们当太子军队的统帅，这个建议是谁提出来的呢？是姚崇和宋璟联合提出来的。能够在历史的大关节上和姚崇想到一块儿，提出这么个一揽子解决方案，可见宋璟眼界之高远。

志存高远的宋璟行政能力如何呢？也有一则佳话。宋璟不是担任广州都督吗？当年的广州湿热多雨，经济发展也比较落后，所以老百姓都住竹子结构、茅草盖顶的房子。这样的房子就地取材，通风透光，但是，全是易燃物质，怕火，一着火整条街就完了，人民的生命财产损失巨大。宋璟一到广州上任马上开展了大规模的旧城改造工作。他是北方人，熟悉烧瓦的工艺，就请工匠把这个技术教给广州人。从此，广州人开始有了瓦顶的房子，不那么容易着火了。这是一项德政，老百姓都非常感激，当然皇帝也满意。既有大局意识，又熟悉地方情况，还有具体办事能力，这非常符合宰相的标准嘛！

因为有贵人力荐、道德高尚和政治能力强这三个优点，玄宗就把宋璟从广州给请回长安了。为了隆重起见，玄宗还特地派大宦官杨思勖去接他，没想到宋璟居然不理杨思勖。

我们上一章不是还在讲打狗看主人的原则吗？宋璟不理杨思勖，是不是会让玄宗觉得他不领情呢？完全没有。因为中国古代讲究内外官互不交结，免得营私舞弊、内外勾结，所以，大臣和宦官之间本来就要避嫌。当然，这只是个原则，一般人绝不会这么死心眼，但没想到宋璟还真的坚持原则。本来，这时候玄宗对姚崇那样处处讲变通的行为已经看不惯了，现在来了这么一个坚持原则到不通人情程度的宰相，玄宗真是打心眼里喜欢。宋璟讲道德，守规矩，是个正人君子，让他当宰相，我放心！

就这样，宋璟在皇帝的期待之中开始了宰相生涯。宰相是百官之首，对人的素质要求很高，好多人声望不错，但是，放在宰相的岗位上却并不能愉快地胜任。那么，宋璟能达到唐玄宗的期望吗？他在宰相的职位上表现如何呢？

二、宋璟守正

宋璟首先要做的，就是守正——坚守正道。他一改姚崇的权变作风，凡事坚持原则。什么叫作坚守正道呢？

守正的第一个表现是直言极谏。上一章我们讲了，面对皇帝工作、生活中的问题，姚崇是只要大事不错就行，其余能顺则顺；宋璟可就不一样了，他和唐初的魏徵一样，就喜欢上谏，而且是直言极谏。如何直言极谏呢？举几个例子。

第一个例子是关于玄宗孩子的。宋璟是进士出身，以文学知名，所以，开元五年（717），唐玄宗就请宋璟给王子起名字，给公主起邑号（就是公主的封号，比如说安乐公主，安乐就是邑号）。玄宗风流，孩子也多，让宋璟先各取三十个备用。本来，这都没有什么问题。可是，玄宗在交代任务的时候特地说了一句：你在这三十个之中，单给我想一个漂亮的名字和一个漂亮的邑号，要与众不同才好。玄宗这话什么意思呢？很明显，他心目中有一个最爱的小王子和一个最爱的小公主了，想让他们出众一些。这小王子和小公主其实就是唐玄宗当时最喜欢的武惠妃的孩子。按说这种私下交代的事情天知、地知、你知、我知，也不是什么严重违反原则的事，帮一点忙又算得了什么呢？可是宋璟不干。他对玄宗讲：陛下，您既然当了皇帝，心就一定要公平。现在您让我单独想一个好名字和一个好邑号，可见您的心已经不公平了。您之所以对孩子不公平，当然是因为孩子们的母亲有的得宠有的不得宠。您宠爱哪个妃子、哪个孩子，这是您的感情问题，我管不着，但是，感情不能妨害规矩，不能破坏制度，否则宫廷内就会有纷争，国家也不会安宁。现在，我已经想好三十个名字和三十个邑号了，我觉得都挺好听的，也都挺有意义的。您想要特别好的，恕我做不到！碰上这么个讲原则、认死理的宰相，玄宗能怎么样呢？只能是称赞一番，回去反躬自省了。

第二个例子是关于玄宗岳父的。开元七年（719），唐玄宗的岳父王仁皎死了。王仁皎是王皇后的父亲，和唐玄宗两人翁婿感情也不错，玄宗还当王子的时候，没少到人家家里混饭吃；另外，王皇后的哥哥——玄宗的大舅子王守一还是铲除太平公主的政变功臣，于尊、于亲、于功都不一般。所以，父亲仙逝，王皇后兄妹就恳请唐玄宗格外关照一下，比照窦太后的父亲，也就是玄宗外祖父的例子对待，修一座大坟，高五丈一尺。玄宗也答应了。可是，玄宗答应了，宋璟不答应。他说：按照制度规定，一品官的坟不过一丈九尺，如果陪陵，也不过三丈。现在要修五丈一尺的大坟，这不合规矩。制度一旦定下来就不能轻易变动，否则谁还尊重制度呢？玄宗说，这也有先例啊，不是比照窦太后的父亲吗？宋璟说，窦太后的父亲能逾制，就是因为没有像我这样的大臣直言极谏啊！那次已经错了，难道还要一直错下去吗？我之所以劝谏陛下，不为别的，就是希望成就我们国母王皇后的俭德，也成就您遵纪守法的形象啊！听他这么一说，玄宗又没话说了，王仁皎的大坟没修成，还要赏赐宋璟400匹彩绢。

第三个例子更厉害，是关于玄宗本人的。开元五年（717）五月，发生了一次日食。古代讲天人感应，日食意味着皇帝还得加强道德修养，所以玄宗赶紧减膳撤乐，而且发布了不少制书，让宰相机构也跟着做一些处理冤案、赈济贫乏、劝课农桑一类的工作。按说皇帝这样表态也算不错了吧？没想到宋璟还是不满意，又进谏了。他说：所谓"天子修德"，关键是要有诚心。现在我劝陛下好好从亲君子、远小人这个角度下功夫，别光知道下制书、做宣传，搞那些形式主义的东西了！这不是公然不给皇帝面子吗？

有人会说，宋璟这么上谏，不是把皇帝一家都得罪光了吗？不仅我们今天这么想，当时人也这么想。后来当宰相的张嘉贞看了宋璟的奏疏之后就说：我们再也做不到宋公这个样子了！那么，对宋璟的直言极谏，玄宗怎么看待的呢？《资治通鉴》总结得非常到位："上甚敬惮之，虽不合意，亦曲从之。"因为敬畏宋璟的为人，即使内心不愿意，也只好曲意顺从他。为什么唐玄宗要曲从宋璟呢？很简单，因为宋璟坚守的是制度，是正道。

守正的第二个表现是不树私恩。开元五年（717）秋天，关中平原粮食歉收，玄宗只好和政府一起迁到洛阳。就在河南境内，走到崤山的山谷之中时，因为道路不畅，一下子堵车了。车马都堵到了一块儿，谁也走不了，耽搁了好长时间。按说这次交通拥堵和皇帝带的人多以及崤谷的自然地理状况都有关系，但是，玄宗心里还是不爽，就怪河南尹和知顿史没做好工作，要把他俩免官。平心而论，这个处罚也不是完全没有道理，但是不够人性化。这也是圣德不周啊！宋璟此时立马上谏了，说：陛下您还年轻，因为出巡时道路没修好就罢免两个大臣，我恐怕大臣们都会觉得皇帝讲排场、爱享乐，以后您再出巡他们肯定到处搞形象工程，那样老百姓可就受苦了！玄宗一听有道理啊，马上说：你说得对，把那两个官员放了吧，官复原职。没想到，听了皇帝的处置，宋璟又反对了。他说：陛下本来准备治他们的罪了，就因为臣一句话就赦免他们，这不是把过失归于陛下，让臣子我树私恩吗？不能这么做。依我看，陛下不如先把他们免职，让他们在朝堂上待罪，然后陛下再下敕赦免他们，让他们官复原职，这样，他们不

143

就感激陛下的恩德了吗？要知道，"功归于上，过归于己"可是古代提倡的当臣子的大美德，但是，因为它不符合人类趋利避害的天性，对臣子的道德境界要求过高，所以一般人很难做到。这么不容易做到的事情宋璟做到了，玄宗能不高看他一眼吗？

守正的第三个表现是严于律己。刚才不是讲到宋璟在广州教人烧瓦盖房子吗？宋璟当上宰相之后，广州政府就想把这件事突出宣传一下，要立一块碑，上面刻上"遗爱颂"，以讨好宋璟。没想到，宋璟不领这个情。他知道这件事之后，马上表态说："颂所以传德载功也。臣之治不足纪，广人以臣当国，故为溢辞，徒成谄谀者。欲厘正之，请自臣始。"意思是，我在广州只是做了自己应该做的事，不值得歌功颂德。现在广州这么干，纯粹是看见我当宰相了，想要阿谀奉承。我们不是整天说要肃清不健康的政治空气吗？干脆从我做起吧！宰相宋璟坚决拒了广州政府为自己歌功颂德的请求，这就叫严于律己。可是，大家都知道，领导干部讲严于律己，只是严格要求自己还不够，还要能约束家人和亲戚。宋璟是怎么做的呢？

开元七年（719），一年一度的选官工作又开始了，大批的候选人都集中到吏部。可是，候选人多，官却少，典型的僧多粥少，候选人也就八仙过海，各显神通，都想把自己推销出去。有一个叫宋元超的人就跟吏部的官员讲了，我是宋璟的叔叔！意思很清楚，想让吏部看在他宰相侄子的面子上照顾一下。吏部不敢怠慢，宰相的叔叔，那还不是想当什么官就当什么官？！眼看事情就要办成了，结果宋璟知道了。他赶紧写了封公函给吏部，说：这宋元超确实是我的远房叔叔，他常住洛阳，我常住长安，所以平时也不怎么打交道。本来，如果他不把身份暴露出来的话，我就听任你们秉公办事了，你们该留则留，该放则放。可是现在他既然已经说出来了，那没什么好说的，只能是矫枉过正了。不管他资历才干是否符合条件，一定让他落选！这不就和姚崇纵容儿子招权纳贿形成了鲜明对比吗?

举了这么多宋璟守正的例子,大家可能会想,宋璟等于处处和姚崇对着干!姚崇柔顺,他直言极谏;姚崇搞小集团,他不树私恩;姚崇纵容儿子招权纳贿,他严于律己,也严格要求亲属。这不是处处和姚崇唱反调吗?难道处处和姚崇对着干就是好宰相?话不能这么说。宋璟也有和姚崇保持高度一致的一面呢。

和姚崇保持高度一致也就是我们要说的宋璟另一个表现,叫"萧规曹随"。"萧规曹随",是说汉初的时候,萧何特别有本事,把制度都制定好了,接任宰相的曹参就老老实实地执行他的路线、方针、政策,一点都不肯改变,从而创造出汉初社会良好发展的局面。"萧规曹随"这个原则换到唐朝来也是一样的。姚崇为人固然是权变了一点,但是我们也说过,他的"十事要说"可是对时政深思熟虑的结果,是一点错都没有的。对于他"十事要说"里提出的一系列原则,宋璟一点都不否认,而且忠实执行。

唐朝北边有个少数民族叫突厥,是个游牧民族,兵力强盛,是当时唐朝最大的威胁。不过,突厥的敌人并不只有唐朝一个,它不是强大吗,在草原上也是横行霸道,经常骚扰其他民族。可是,一个人也好,一个民族、一个国家也好,最怕的就是被胜利冲昏头脑,盲目自大,不把别人放在眼里。突厥就犯了这方面的错误。开元四年(716),突厥的首领默啜带着突厥人去打一个叫拔曳固的民族。拔曳固小,突厥大,所以突厥一开始打了大胜仗。默啜扬扬得意,带着大量的战利品返回,根本没做任何防备。结果,他万万没想到,就在他回去的必经之路上,有一片小小的柳树林,树林里埋伏着一个拔曳固的战士,名字叫颉质略,这颉质略眼看着默啜来了,突然从柳树林里杀出来,挥刀就把默啜的脑袋砍了下来。默啜一世英雄,多少大风大浪都经过了,结果在小河沟里翻了船。

默啜死了，他的首级该怎么处理呢？这时候，跟着默啜的突厥人惊吓之余一哄而散了，谁也没顾得上头领的脑袋，就连先败后胜的拔曳固族也不知道该怎么处理这个烫手的山芋。要知道，突厥可是北方草原上响当当的主人，所谓"百足之虫，死而不僵"，拿着默啜的首级，颉质略心里十分害怕。怎么办呢？当时，唐朝正好派了一个名叫郝灵荃的中级将领出使突厥，结果赶上了这么大一个变故。颉质略想了想，觉得反正已经得罪突厥了，干脆投靠大国吧，就把默啜的首级交给了郝灵荃。郝灵荃捧着这颗头颅心里那个高兴啊。默啜可是唐朝的头号敌人，没想到他的脑袋竟落到了我的手里！现在我把他的头带回去，这是不世之功啊！郝灵荃高高兴兴地把默啜的头带回来了，心想，凭我这功劳，怎么也得当个将军了。

那宋璟是怎么奖赏他的呢？宋璟根本没太搭理郝灵荃，只是说：你辛苦了，等着去吧。郝灵荃早也盼，晚也盼，等了整整一年，终于把新的官职任命给盼来了。宋璟让他当什么官呢？四品的郎将。按说四品官也不算小，可是，这和郝灵荃的期望值相差太远了。郝灵荃捧着委任状号啕大哭，饭也吃不下去，没几天，连饿带气，就死了。听了这个结局，大家是不是觉得宋璟太薄情了？没错，宋璟对郝灵荃是薄情了一点，那他为什么这么做呢？很简单，因为姚崇在"十事要说"里有很重要的一条，就是"臣请陛下三数十年不悻边功，可乎？"不奖励边功就是姚崇制定的国策。对这个国策，宋璟完全认可。在他看来，如果厚赏郝灵荃，那其他将领也就会急功近利想打仗，想立功。玄宗还年轻，又有英雄气，难免就会受他们蛊惑，往穷兵黩武这条路上走，如果那样，老百姓不就遭殃了吗？所以，不如一开始就压制一下武将，省得他们打仗上瘾！这样，就只好委屈一下郝灵荃了。

我们讲这个事情是什么意思呢？很明显，在国家的大政方针上，宋璟绝不跟姚崇唱反调，而是坚决维护姚崇的路线。这就叫"萧规曹随"。

综合考虑，宋璟施政有什么特点呢？我觉得，如果说姚崇是一代能臣的话，那宋璟就是一代贤臣。从姚崇身上，我们能看到唐初名相房玄龄的影子；从宋璟身上，我们能看到唐初贤相魏徵的影子。魏徵和宋璟都表现出鲜明的儒家特色。所谓"儒家特色"，就是重道德，讲原则。通过对政治道德和原则的坚守，宋璟就把姚崇权诈的习气改掉了，提升了政治家的道德品位。但是同时，他也把姚崇的政治格局继承了下来，显示了政治家的眼光。《新唐书·姚崇宋璟传》说："崇善应变以成天下之务，璟善守文以持天下之正。二人道不同，同归于治，此天所以佐唐使中兴也。"姚崇擅长随机应变，宋璟擅长坚持原则。两个人施政方式不同，但是殊途同归，共同让唐玄宗的朝政走向了正轨。说到这里，我们不得不佩服唐玄宗的用人方略。别看玄宗此时还只是一个30岁上下的年轻人，但他的用人眼光实在高超，让宋璟来继承姚崇，实在是让李唐王朝健康发展的最好选择。这个选择，不仅成就了玄宗时代，成就了李唐王朝，也成就了这两位宰相"前称房、杜，后称姚、宋"的美名。这样的君臣遇合，在1300多年之后，还是让我们觉得荡气回肠。

宋璟一生耿直，也因为耿直备尝艰辛。此时，他的耿直终于找到了用武之地。唐玄宗对他言听计从，信任有加。那么，这种君臣遇合的状态会一直持续下去吗？对于唐王朝的未来，玄宗到底在进行着怎样的构思呢？

第十四章　贤相满朝

开元盛世之所以能迅速出现，一方面是因为宰相干得好，另一方面就得说是选相选得好了。正是因为玄宗慧眼独具、知人善任、善于搭配，才会形成贤相满朝、天下大治的喜人政治局面。

那么，玄宗在拜相方略上到底有哪些特色，他是否已经垂拱而治了呢？

开元四年（716）年底，宋璟接姚崇的班当上了宰相。他一方面改变姚崇过于灵活、过于权变的工作作风；另一方面又继承了姚崇的基本路线。看起来，似乎是个相当完美的宰相了。可是，让人意料不到的是，一场寓教于乐、针砭时弊的"小品"表演，竟然导致宋璟被免职了！

一、宋璟罢相

宋璟办错了两件事。哪两件事呢？第一件叫恶钱事件，第二件叫旱魃事件。

先看恶钱事件。所谓"恶钱"，不是我们今天说的假币，而是指私人铸造的铜钱。它是真的，只是分量不够，成色也不好。唐朝刚刚建立的时候，基本还是自然经济占主体地位，老百姓一般都是男耕女织，自给自足，实在有什么生产不了的东西，一般也是用物物交换的方式解决，比如我用两匹布换你的一坛子酒，基本上用不着花钱，所以，国家铸很少的铜钱就能满足需求。可是到玄宗开元年间，随着生产的发展，商品经济逐步繁荣起来了，人们用钱的地方越来越多，政府铸的铜钱不够用了。怎么办呢？那就自己造吧。搞点铜，照着开元通宝的样子仿造。可是，私人仿造哪有政府造的钱精致呢？再说了，商人唯利是图，如果都照政府的标准造钱，也就没什么赚头了，所以，他们造出的钱都是又小又薄，两个私钱还抵不上一个官钱的分量。这就是所谓的恶钱。

恶钱进入市场，当然会引起物价飞涨等问题，事关国计民生，这让宋璟很头疼。怎么办呢？宋璟就下令严禁恶钱。不仅禁止使用，而且谁手里要是有恶钱，还得限期收缴。按说这两个措施也都是对的，但是，你要是这么做，就必须考虑两个前提：第一，政府要有足够的好钱来占领市场；第二，对现有的恶钱持有者，必须给足够的补偿，还要给足够的兑换时间。可是，宋璟嫉恶如仇，脾气又急，这两个条件都没考虑清楚，就开始严禁了。结果糟了，恶钱不让使用，马上市场上就因为没钱流通，一下子萧条了不少；另外，到处收缴恶钱，也不给宽限，也不提补偿，那些恶钱的持有人也不满意啊。人家手里的又不是假钱，只是分量和成色差些，你要收缴，不是跟抢钱一样吗？所以这样一来搞得民怨沸腾。

正在这时候，又出了所谓"旱魃事件"。宋璟嫉恶如仇，他自己道德高尚，就特别看不惯那些道德不够高尚的人。罪犯自然道德都不够高尚，所以，宋璟很讨厌罪犯。在所有的罪犯之中，他特别讨厌那些已经判了刑，但是还不服气，坚持上诉的人。这个道理很简单。宋璟觉得你已经犯罪了，就应该老老实实地反省过错，接受惩罚，接受改造；如果你在这种情况下还分斤掰两，给自己辩护，妄图减轻惩罚，那就是错上加错，就是刁民。在这种思想的支配下，他居然给御史台颁布了一道命令，说：罪犯只要认罪态度好，不上诉，就从轻处罚，放了他都可以；如果坚持上诉，就给我关起来，关死为止！这不是意气用事吗？完全不符合司法精神。好多人明明是受了冤枉，不得不提起申诉，但这一下可好，冤没申成，反倒要把牢底坐穿了。一时间舆论沸沸扬扬。

正好当时天旱，古代科学发展有限，人的认识水平低，以为天旱就是旱魃作怪。所谓"旱魃"就是一种能导致干旱的怪物，一般是冤死鬼变的。怎么对付旱魃呢？按照风俗，就要举行一个烧旱魃的仪式。两个演员，一个扮成旱魃的样子，另一个就审问他，审问完了教训他一顿，再把他烧死。据说只要把旱魃烧死了，老天就能下雨。

我们现在觉得这种仪式纯属迷信，但是古代人不一样。下不下雨关系国计民生，所以，不仅老百姓热衷于烧旱魃，就连皇帝也要参加这种仪式。开元八年（720），关中平原遭遇旱灾，宫里就开始烧旱魃了。这一天，两个演员来到玄宗面前，其中一个演员扮成旱魃出来，另一个演员就问他：你为什么出来呀？这个演员说：我是奉宰相的命令出来的呀！另一个演员勃然大怒，呵斥道：大胆，你怎敢说自己是奉宰相的命令出来的！扮成旱魃的演员回答说：宋相公不让人申冤，关在监狱里那些受了冤枉的人可就惨啦！他们的怨气直达上天，我这个冤死鬼不得不出来呀！这不是当着皇帝的面演讽刺小品吗？而且讽刺的就是当朝宰相，这两个演员的胆子也够大的。可是，要不怎么说玄宗是明君呢，他并没有怪这两个演员，但是，对宋璟可就有意见了。身为宰相，你不说平反冤案，反倒制造冤案，你干的事儿都让演员当成讽刺小品的材料了，朝廷的脸往哪儿搁呀！

就这样，因为经济工作和司法工作的失误，开元八年（720）年初，宋璟也被免职了。此时，距离他拜相刚刚过了三年零半个月。可能有人又要给宋璟鸣不平了，宋璟人多好啊！人谁无过，错了还可以改嘛，怎么就这么不给人机会呢？其实，唐玄宗绝不是不给人机会的皇帝。事实上，宋璟被罢免，除了具体工作失误之外，还有一个重要的原因，就是他也跟不上时代的需要了。

这怎么理解呢？如果说姚崇跟不上需要是因为太灵活的话，宋璟跟不上需要就是因为太不灵活了。

举个例子。开元五年（717），因为关中大旱，粮食供应不上，所以唐玄宗决定和整个政府班子一起到洛阳去，减轻长安的经济负担。这也是唐王朝的一贯做法，当时叫作"就食"，就是追着粮食走的意思。各项准备工作都做好了，就要开拔之前，突然出了一件事，太庙的柱子坏了，整个房子塌了。这太庙可是李唐皇室摆放祖宗灵位的地方啊，一下子垮塌下来，挺影响心情的。唐玄宗就想听听宰相的意见，问宋璟对此事怎么看。宋璟怎么回答呢？他言之凿凿地说：这是天谴啊！您的父亲睿宗皇帝刚刚去世才半年，您本来应该老老实实在宫里守丧才是。可是，您非要去洛阳。本来这个事情我就不同意，您不听我的，现在怎么样，遭天谴了吧！我劝您赶快打消去洛阳的念头，好好反省一下自己。听宋璟这么一解释，玄宗很郁闷，心想，我到洛阳又不是去旅游，不是因为粮食不够吃才去的吗？现在你让我别去，那粮食问题怎么解决呀？！到底去还是不去呢？玄宗自己决定不了。

左右为难之际，他忽然想起了姚崇。姚崇虽然已经不当宰相了，但是，唐玄宗对他的判断力相当欣赏，何不再问问姚崇呢？那姚崇怎么说呢？姚崇跟宋璟可不一样，他说：太庙坏了是吧？它早该坏呀！太庙的柱子还是前秦皇帝苻坚留下来的呢，到今天好几百年了，坏了是正常，不坏倒是反常了呀！换句话说，这柱子坏，是正好赶上您要出门，而不是因为您出门才坏的呀！您大老远往洛阳跑，还不是为了减轻老百姓的负担？怎么会遭天谴呢！所以我劝您该走就走，否则粮食问题怎么解决呢？再说了，您已经宣布要走了，长安这边也做好了准备，洛阳那边也做好了准备，如果又不去，不是白费事吗？那得造成多大的浪费呀！至于太庙嘛，派人修修不就可以了吗？玄宗一听有道理，比宋璟那种不切实际的建议高明多了，这才下定决心，到东都洛阳去。

这件事说明什么问题呢？说明宋璟太道德至上，不考虑实际情况，太不灵活了。这样的事发生一次两次还行，老这样皇帝可就受不了了。开元八年（720），唐朝社会已经出现了很大变化，新问题层出不穷，没有一点灵活性怎么行呢？所以，宋璟的历史使命也完成了，该下台了。

这样看来，宋璟下台和姚崇下台一样，都是唐玄宗主动选择，并且一手操纵的结果。

随着宋璟的离去，开元初期这个君明臣贤、锐意进取的历史阶段也结束了。

二、玄宗用人

姚崇和宋璟虽然不再当宰相了，但是，他们的功业可是留下来了。什么功业呢？按照笔记小说《开天传信记》的说法，就是"不六七年，天下大治"。所谓的六七年是个约数，其实就是指姚崇和宋璟当宰相这段时间。经过他们的一番努力，开元盛世的规模初步奠定了。如果我们把开元盛世划分为三个时期的话，姚崇和宋璟的时代应该叫作开元初期。两位贤相成就了这个时代，这个时代也成就了两位贤相的美名，而这两个宰相无论是上台，还是下台，都是唐玄宗深度思考的结果。

那么，这个时期，唐玄宗在拜相方略上，到底有哪些特色呢？我觉得，唐玄宗有三个方略值得我们重视。

第一个方略就是宰相专任而不久任。唐玄宗以前，无论是唐太宗也好，还是武则天乃至唐中宗、唐睿宗也好，同一时间任用的宰相都非常多。多到什么程度呢？中宗一朝号称三无坐处（宰相、御史、员外郎）。宰相多到连坐的地方都没有。这么多宰相在一起各抒己见，谁也管不了谁，那到底谁做决定呢？当然是皇帝。这样做的好处是皇帝可以驾驭宰相，可是，也有坏处，就是对皇帝的要求非常高。皇帝既要当国家元首，还得当政府首脑，事必躬亲，这就需要皇帝精力过人才行。唐前期能做到这一点的只有两个人，一个是唐太宗，另一个是武则天。只有这两个政治强人才能一边当皇帝，一边再兼着宰相。可是到了武则天以后，无论是中宗还是睿宗，就都不行了。唐玄宗看到这个问题了，他要改。怎么改呢？就是放弃多相制，采用专任制。同一个时期，只有两个宰相，一个是中书令，另一个是门下侍中；而且这两个宰相之中只能有一个起主导作用，这样就使得宰相的权力集中了。相权集中，就可以委任责成，皇帝也就不必事事亲力亲为。这是专任的好处。

中国古代一直讲究皇帝要垂拱而治，唐太宗、武则天都做不到，但是唐玄宗就能做到。我们不是讲过唐玄宗业余爱好广泛吗？他一个皇帝，哪儿来那么多时间呢？一个很重要的原因就是他改变了行政风格，不再事必躬亲了。所以，击鼓打球那份潇洒，唐太宗没有，武则天也不多，而唐玄宗就能游刃有余。但是，宰相专任的必要补充是不久任。如果专任并且久任，宰相权力就可能过大，就会威胁到皇权。所以，无论姚崇还是宋璟，任期都在三年多一点。这样既有助于随时调整工作重点，也避免了宰相长期揽权，架空皇帝。宰相又能管事，又不会威胁皇帝，这不就两全其美了吗？

第二个方略就是红花绿叶相互搭配。既然玄宗实行宰相专任制，同一时期只有两个宰相，其中还有主有从，那就需要主从之间相互配合，一个当红花，另一个就得甘当绿叶，绝不能互相争权打架。这样一来，搭配宰相要考虑两个人的性格、能力乃至私人关系，这是相当不容易把握的事情。可是，唐玄宗把握得非常好。他给姚崇搭配的宰相是卢怀慎。这个人办事能力不强，所以，让他给姚崇当"伴食宰相"，他绝不会和姚崇对着干。有人说，"伴食宰相"谁不会当呢？挑一个窝囊的不就行了吗？那可不一定。任何社会里都有那么一群人，自己没能力，还看不惯别人有能力，专门给人使绊子、搞破坏。能够当"伴食宰相"，没能力不是关键，有道德才是关键。《尚书·秦誓》说得好："如有一介臣，断断猗，无他技，其心休休焉，其如有容。人之有技，若己有之。人之彦圣，其心好之，不啻若自其口出，是能容之，以保我子孙黎民，亦职有利哉。"一个好宰相应该是什么样子呢？他不一定有多大本事，但是一定要心胸开阔，能容人。别人有什么技能，他就像自己有技能那么高兴；别人说出什么漂亮话，他就像自己说了漂亮话一样开心。这样的人就是好宰相。卢怀慎就是这样的人。套用姚崇的话：忠厚之相，岂易得哉！姚崇有能，卢怀慎有德，两个人互补，这就是宰相搭配的典范了。

　　玄宗给姚崇搭配了卢怀慎，给宋璟搭配的宰相叫苏颋。苏颋又是什么人呢？苏颋比卢怀慎能干，他有几大优点。首先，苏颋是个才子。他是武则天时候的宰相苏瓌的儿子，从小号称神童，出口成章。有一个小故事，记载在《明皇杂录》里。说苏颋刚会说话的时候，有个京兆尹是他爸爸的朋友，逗他玩儿，随口问他：你说说看，京兆尹的"尹"字怎么写呀？苏颋张口就说："丑虽有足，甲不全身。见君无口，知伊少人。"把这个京兆尹听傻了。小时候这样了得，大了就更厉害了。苏颋写文章和张说齐名，张说被封为燕国公，他被封为许国公，两人合称"燕许大手笔"。据《新唐书》记载：唐玄宗发动唐隆政变，诛杀韦皇后的时候，要连夜起草好多文告。刘幽求起草了一部分，但是忙不过来。正好苏颋在太极殿值班，就让他帮着写。苏颋口授，旁边有小吏笔录。苏颋在那里文思泉涌，不断地往下说，小吏跟不上呀，只好求苏颋，说：苏相公，您能不能说慢一点，我的手腕子都要写折了！唐玄宗也爱好文学，对苏颋佩服得五体投地，每次让苏颋起草诏书，都跟他交代说：这个诏书是要下发的，我这里留不下，麻烦你再写个副本留在我这儿，我好跟你学习怎么写文章。这不是极高的赞美吗？宋璟是个儒臣，现在让苏颋这个文人跟他搭配，以文辅儒，政治空气都显得格外飘逸。

但是，才气纵横还不是苏颋的唯一优点。苏颋最大的优点和卢怀慎一样，是能够摆正跟首席宰相的主从关系。卢怀慎摆正关系的做法是什么事都让姚崇办，他不说话，就陪着吃饭。苏颋不一样。宋璟办什么事，他不是不作声，而是帮着办。每次宋璟到皇帝面前直言极谏的时候，他就在旁边帮腔。苏颋能侃，脑子转得也快，很能够给宋璟拾遗补缺。有时候宋璟和皇帝有分歧，皇帝比较强硬，眼看宋璟这根铁筷子都要坚持不住了，苏颋还在那里坚持，一定协助宋璟把皇帝说服。所以，宋璟对苏颋是百分之二百的满意。他曾经跟别人讲：我和苏家父子两代都共过事，老苏相公是忠厚长者，固然难得，但是要说到公而忘私，能干敢言，还是小苏相公更胜一筹啊！宋璟和苏颋为什么关系这么好呢？说到底还是因为玄宗搭配得好。这么刚柔相济一搭配，无论是起主导作用的还是起辅助作用的，都发挥了自己的最大能量。红花绿叶交相辉映，这不又是两全其美吗？

第三个方略是爱护老臣、发挥余热。姚崇辞职之后，玄宗马上给了他一个开府仪同三司的官衔。开府仪同三司是一品官，也是最高官阶的文散官，虽然是个虚衔，但是从政治经济待遇来说，无可挑剔。

不仅如此，玄宗此后遇到政治难题，还会咨询姚崇，让他当顾问。这个顾问，可不是顾得上就问顾不上就不问。玄宗规定，姚崇每五天就到宫里来觐见一次皇帝，对大政方针发表意见，直到去世为止。这么对待姚崇，也这么对待宋璟。宋璟下台后，玄宗特地对他讲：爱卿你是国家的元老，也是我的股肱耳目。现在虽然不当宰相了，但是，你有什么想法，一定及时告诉我。宋璟不是喜欢直言极谏吗？一听皇帝这么说，马上提了一堆意见。那玄宗是怎么对待他这些意见的呢？玄宗亲笔给他写了回信，说：你提的建议，我都贴在座位旁边了，这样我每天进来出去都能看到，终生都能受用。这对老臣是多大的激励啊！这么做有什么意义呢？现在好多老年朋友都觉得，退休是件很让人难受的事，从个人的角度来说，一下子闲下来，容易让人感觉自己没用了，会产生失落感。那从单位的角度来说呢？失去一个有长期工作经验的老同志，其实也是个损失。但是，出于新陈代谢的需要，退休又是不可避免的事情，那该怎么协调这种矛盾呢？看来玄宗的办法就非常好，既顺应时势需要罢免老臣，又不忘旧恩，创造条件让老臣继续贡献智慧，发挥余热，这不是既讲人情又有原则，两全其美了吗？

讲了这三个方略，大家肯定赞叹：别看玄宗才30多岁，可治理国家真是有一套。这是什么？这是帅才！

经过姚崇、宋璟前赴后继的努力，开元盛世的规模初步奠定了。那么，唐玄宗是不是就可以高枕无忧，什么都不用做呢？

三、君明臣贤

可能有人会觉得，玄宗这么做也挺舒服的呀！让姚崇、宋璟他们在下面忙活，他在上面垂拱而治，这皇帝当得还蛮滋润。皇帝垂拱而治是不是真就没事干了？那可不是。玄宗在开元末年曾经讲过，他当皇帝30年，天天都是四更起床。四更，换算到现在那可是凌晨三点到五点啊！那他早起晚睡地都干什么呢？他把大部分的精力放在构思政治蓝图和精选宰相上了。

开元八年（720），宋璟不是也罢相了吗？让谁接班呢？唐玄宗夜里睡不着，冥思苦想。想到半夜，他把中书侍郎叫来，说：有一个人，我记得风度和操守都很好，是个当宰相的材料。这个人姓张，名字我一时想不起来，是两个字的，现在在北方当将军呢，你能帮我想想到底是谁吗？中书侍郎说：是不是张齐丘啊？他姓张，名字是两个字，现在担任朔方节度使，是在北方。玄宗想了想说：有可能。你给我起草一份制书，让他来当宰相。这个侍郎下去写了。可是，玄宗心里还是觉得不踏实。就在那里翻以前大臣的奏疏。翻到后半夜，忽然看见张嘉贞的奏书了。玄宗一拍脑袋，赶紧又派人把那个中书侍郎叫回来，说：错了错了！不是张齐丘，是张嘉贞。你赶快给我重新起草一份！就这样，随着皇帝一夜未眠，新一代宰相又诞生了。

我讲这个事情是什么意思呢？开元年间天下大治局面的出现，是建立在玄宗君臣共同努力的基础之上的。明君任用贤臣，贤臣辅佐明君，双方相辅相成。开元初期的整体政治特色，概括起来说，正是君臣一心，奋发有为，当这个时期随着姚崇、宋璟离开宰相岗位而基本结束，玄宗心里又在勾画着怎样的蓝图呢？

第十五章　张说复出

开元九年（721）七月，一纸命相制书从长安到达并州，也就是今天的山西太原。任命天兵军节度大使张说为兵部尚书，同中书门下三品。

接到制书，张说热泪盈眶。拜谢皇恩之后，他忽然跳了起来，拉住旁边一个叫王毛仲的大臣，连蹦带跳。蹦跳了几下之后，他忽然跪倒在地，连连亲吻王毛仲的靴子尖。

张说是唐玄宗先天政变的功臣，开元初年被姚崇略施小计，贬到地方。他为什么又被重新拜相呢？张说拜相，为什么会那么激动呢？

一、新时代，新需要

经过玄宗君臣六七年的努力，唐朝出现了天下大治的局面。按照《开天传信记》的说法，就是"四方丰稔，百姓殷富"。国家富裕了，百姓安定了，唐玄宗心里又在思索了，国家下一步该向何处去呢？思考来思考去，唐玄宗觉得，现在，大唐已经摆脱乱象，逐渐实现治理，现在最重要的工作就是迎接盛世的到来。什么叫盛世？盛世的基本标准就是文治昌明、武功强盛。既然如此，那就应该从文治武功两个角度下功夫了。当时唐朝文治武功的情况怎么样呢？一句话，状况不好，有待提高。

先看文治。本来，从武则天后期到中宗、睿宗时期，曾经有一段时间特别重视文化。武则天经常搞赛诗会，像李峤、宋之问这样的大诗人都活跃在政坛，才女上官婉儿更是成了几朝的文坛领袖。可是，到了开元初年，出于整顿乱象、稳定社会的需要，唐玄宗选相趋向于重实干、崇道德、尚质朴。虽然也延请著名学者马怀素、褚无量等人侍读经典，但是总的来说，文学之士并不受到重视。唐朝号称诗的国度，但是在整个开元初期，长安乃至洛阳的诗坛都一片沉寂，没有产生任何一个大诗人或者任何一篇大作。这样务实的态度在开创阶段无可厚非，但是，如果要追求盛世的话，那就显得太质朴、太沉闷了。毕竟，盛世既得是政治盛世、经济盛世，也得是文化盛世；更何况，唐玄宗本人就是个不错的文人，也不能长期接受这样质朴无文的局面啊！

再看武功。我们说过，姚崇的"十事要说"之一就是"三数十年不悖边功"，继任的宋璟更是忠实地执行了他这条国策，甚至不惜让郝灵荃含恨而死，这就叫作"不赏边功防黩武"。这个政策在开元初年休养生息的时代是可以的，但是，长期执行就有问题了。为什么呢？因为唐玄宗开元年间，正是唐朝的几个周边民族强盛的时期，且不用说唐朝传统的敌人突厥，连契丹和奚这样的东北小民族都逐渐壮大起来，不断骚扰唐朝。这就是所谓的"树欲静而风不止"了。玄宗刚即位那年，契丹一直打到幽州城下，当时，宋璟还在担任幽州都督，因为武力不够，只好闭城不出，眼睁睁地看着契丹大肆掳掠了一番。这还不算，开元二年（714），唐朝集中了六万大军攻打契丹，结果又被打得落花流水，百分之八九十的战士都命丧疆场。连这样号称"小番"的民族都对付不了，还谈什么盛世啊！现在，经过几年的励精图治，唐玄宗打算加强武备、宣扬国威了。毕竟他也是一个从小就热衷骑射的皇帝，怎么能容忍整天挨打受气呢！

唐玄宗不满足于现状，他想要发展文治武功，想要带领唐朝走向真正的盛世。那么，当时的宰相能不能协助唐玄宗实现自己的理想呢？非常遗憾，当时的宰相承担不了这样的责任。

我们在上一章讲过，宋璟罢相之后，唐玄宗任命了一个叫张嘉贞的人当宰相。张嘉贞在历史上以"吏事强明，善于敷奏"著称。意思就是，这个人办事精明强干，而且擅长向皇帝汇报工作。这个评价对于一个普通大臣来讲不低了，可是对于一个宰相来说就不算高。因为无论是办事还是说话，这都属于事务性的工作，干得好也只能说是个将才。可是，一个宰相最重要的是要有把握方向、统观全局的能力，就像当年姚崇提出"十事要说"那样。现在，玄宗已经着手开拓新局面了，张嘉贞这样的事务型宰相就显得力不从心。虽然玄宗暂时还没有罢免张嘉贞的打算，但是，他的心里已经在物色更适合的人选了。

那么，谁能来协助玄宗实现文治武功呢？这时候，有一个人的形象越来越清晰地浮现在玄宗的脑海之中，那就是我们开头提到的张说。

二、张说复出

为什么是张说呢？因为张说是当时能够把文治、武功两大优点汇聚于一身的代表人物。

文治方面，张说是少年天才，曾经在武则天时期的制举考试中击败万名考生，拔得头筹，相当于今天的高考状元。武则天特别欣赏他的清词丽句，还让他在自己的面首张昌宗、张易之兄弟办的《三教珠英》编辑部里当过编辑。后来因为仕途坎坷，张说的文辞逐渐摆脱轻狂，变得越来越高洁醇厚。我们刚才不是说开元初年两京没产生什么好诗人、好作品吗？当时张说在幽州当都督，倒是写出了一首脍炙人口的好诗，叫作《幽州夜饮》："凉风吹夜雨，萧瑟动寒林。正有高堂宴，能忘迟暮心？军中宜剑舞，塞上重笳音。不作边城将，谁知恩遇深。"这首诗因为入选了《千家诗》，所以今天很多人都会背。不过，张说最擅长的还不是作诗，而是写碑文、墓志一类的大文章，当时天下文人都来效仿他的文风，所以他号称"一代文宗"。我们上一章不是还说过，苏颋和他齐名，两人号称"燕许大手笔"吗？现在如果由他来推进文治，当然是最合适的人选了。

可是，别以为张说只是个手无缚鸡之力的文人。张说在唐中宗一朝就担任兵部侍郎，自从开元元年离开朝廷后，更是没少担任军职。几年历练下来，武功也相当了得。当然，我们说的武功不是指像李小龙那样会拳脚，而是说他会打仗，有胆有识。

举个例子。一般文人难免胆小，但是张说胆子特别大。开元八年（720），张说正在担任天兵军节度大使。天兵军常驻太原，紧挨着天兵军的是朔方军，驻扎在今天宁夏的灵武。这两军都驻扎在当时的胡汉交界地区，所以，境内有很多投降的少数民族部落。这一年秋天，朔方节度使因为怀疑自己辖区内已经投降的突厥部落谋反，把他们给诱杀了，这下子让张说管辖下的其他部落也紧张起来。这是不是唐朝的计划呢？先杀突厥，再杀我们，一个个杀光？所以，几个部落都人心惶惶。这些部落要是骚动起来，那对唐朝的稳定可是大大的不利！怎么安抚这些人呢？张说让副大使看家，自己率领着二十个骑兵，直接就奔去这些部落。到了这些部落之后，他就住在首领的牙帐里面，给他们讲朝廷的政策，做思想工作。听传令兵回来说张说居然就住在部落首领的牙帐里，跟人家同吃同睡，副大使吓坏了，心想那不等于以身饲虎吗？副大使赶紧给张说写信，让他千万不要轻信这些少数民族，要离他们远一点，保护好自己。张说怎么回答的呢？他说："吾肉非黄羊，必不畏食；血非野马，必不畏刺。士见危致命，此吾效死之秋也。"意思是说，我的肉不是黄羊肉，我不怕吃；我的血也不是野马血，所以也不怕喝。如今情况危急，这正是我报效朝廷的时候。我意已决，不必再劝！张说这样做，那些反侧难安的少数民族怎么样了呢？要知道，少数民族绝不像副大使想象的那么不可信。相反，看到张说这么信任他们，几个部族都非常感动，真的就安定下来了。这不是有勇有谋吗？

这还不算，开元九年（721）四月，有一批胡人又造反了。这批胡人本来已经投降了唐朝，被安置在河曲地区，也就是黄河拐弯处。唐朝给他们设立了六个羁縻州（自治州），让他们在这六个州生活，因此这件事在唐史上被称为"六胡州事件"。造反的胡人有六七万人，能征善战，很快就控制了六胡州。而且，随着他们势力的增大，生活在今天宁夏地区的党项族也和他们联合起来了，眼看局面就要失控。要知道，河曲地区离长安可不算太远，这不是心腹之患吗？玄宗赶紧派河曲周围的几支节度使军队联合讨伐，张说的天兵军也不例外。接到命令之后，他就带着一万多骑兵，浩浩荡荡地往西杀过去了。张说没有和造反的胡人交战，他的目标是胡人的盟军党项。党项族后来在宋朝时建立西夏政权，以善战著称，但是当时实力还不行，很快就被打得落花流水。怎么办呢？他们想，索性戴罪立功吧，于是直接掉过头去打叛乱的胡人，相当于起义了。对这些先有过后立功的党项人该怎么办呢？有人主张说，他们是反复小人，不如都杀了算了。张说一听就火了，说：我们是王者之师，又不是土匪，怎么能杀已经投降的人呢？他坚决不干。这样一来，党项人很感动，也安定下来了。

通过这两件事，张说在人们心目中的形象一下子丰满起来。他不是一个纯粹的文人，也不是一个纯粹的赳赳武夫，他是允文允武、文武双全！现在唐玄宗想要提升文治武功，张说就是最好的人选。

可能有人会想，张说可是先天政变的功臣，当初姚崇之所以能把他挤走，很重要的一个原因就是玄宗不想用功臣当宰相。现在重新起用张说，不是和当时的原则冲突了吗？有道是"此一时也，彼一时也"，当初不让功臣当宰相，是害怕他们政变思维不改，不利于稳定，可是现在，经过将近十年的时间，好多功臣都已经不在人世了，而且李唐王朝也早已稳定下来，谁也撼动不了了，所以，对功臣一味打压、防范的思路也该改变了。张说不仅是功臣，他还是能人，总是弃之不用，不就浪费了吗？另外，我们不要忘记，张说跟玄宗的关系可不一般。他是玄宗当太子时候的老师，当年没少帮玄宗出谋划策，更没少维护玄宗的利益，玄宗是个重感情的人，怎么忍心让老师一直流落边疆呢？

就这样，因为张说文武兼备，符合玄宗当时的任相需求，也因为经过了十来年的时间沉淀，功臣不再是犯忌讳的身份，唐玄宗就把目光锁定在张说身上了。开元九年（721）七月，唐玄宗任命张说为兵部尚书、同中书门下三品。张说上一次当宰相还是在开元元年，经过差不多十年的历练，他终于梅开二度，复出了。

三、张说的努力

讲到这里，恐怕有的朋友会感慨：在唐玄宗手下打工太幸福了！他的两只眼睛就像探照灯一样，能够照遍各个角落，不管你在天涯还是在海角，只要你有优点，就能把你找出来。这样一来，你只要好好修炼内功、提升能力就可以了，哪像我们现在，还要想方设法推销自己！这话就是只知其一，不知其二了。姚崇、宋璟他们也许还可以说是内功深厚，酒香不怕巷子深，但是，张说可就不一样了。张说能当上宰相，除了皇帝赏识外，他自己也没少费功夫包装、推销自己！那他是怎么推销自己的呢？

按照《明皇杂录》的记载，张说第一次推销自己还是在开元五年（717）。当时，他从宰相岗位上下来后，一贬再贬，成了岳州刺史。岳州就是湖南的岳阳，从唐到宋一直是朝廷贬官的去处。北宋文豪范仲淹一篇大名鼎鼎的《岳阳楼记》，第一句话，"庆历四年春，滕子京谪守巴陵郡"，这个巴陵郡就是岳州。张说流落到这里，正是人生最低谷。贬官当然是人生的一大打击，古人面对这样的困境，表现也是各不相同。有人沮丧，有人旷达，当然，还有像范仲淹那样的仁人志士更是生出了"居庙堂之高则忧其民，处江湖之远则忧其君"的大境界。那么，张说是怎么面对贬谪生涯的呢？我们看一看他在岳州作的诗就知道了。

张说《岳州作》是这样写的："夜梦云阙间，从容簪履列。朝游洞庭上，缅望京华绝。潦收江未清，火退山更热。重欹视欲醉，憺满气如噎。器留鱼鳖腥，衣点蚊虻血。发白思益壮，心玄用弥拙。冠剑日苔藓，琴书坐废撤。唯有报恩字，刻意长不灭。"也就是说，我虽然身处岳州，但是，日日夜夜忘不了长安，忘不了朝廷。我无心弹琴，也无心舞剑，因为我的一腔热血，只愿报效皇上！一句话，张说时时刻刻都想回到长安，建功立业！可是，作为一个被贬的官员，怎么才能翻身呢？张说瞄上了刚刚当上宰相的苏颋。他曾经和苏颋的爸爸苏瓌长期共事，关系不错。怎样才能借助这个关系，让苏颋给自己美言几句呢？

张说想来想去想出了一个办法。当时，苏瓌去世已经好几年，而且忌日快到了，张说就精心构思了一组诗，题名为《五君咏》。所谓"五君咏"，其实吟咏的就是唐朝的五个著名大臣，苏瓌是其中之一。

张说想把这首诗拿给苏颋去祭奠苏瓖。不过，这首精心写就的诗可不能随随便便地送，而要送得恰逢时机、恰到好处。怎么才是恰到好处呢？张说找了送诗使者，并交代他，你提前几天去，在苏颋家附近找一间旅馆住下来，等忌日那天，你别早也别晚，一定要等黄昏时候送过去，然后看看苏颋的反应。使者按照张说的吩咐，在苏瓖忌日那天傍晚，就来到苏颋家门口。苏颋父子可都是宰相啊，威望高，影响大，所以，当时很多人跟他们结交，要攀附他们，这时候，苏家已经坐满一屋子客人，满朝文武基本上都来报到了。正在这时，张说的使者把诗送进来了。苏颋拿过来一看，这首诗写得相当有水平："许公信国桢，克美具瞻情。百事资朝问，三章广世程。处高心不有，临节自为名。朱户传新戟，青松拱旧茔。凄凉丞相府，馀庆在玄成。"此诗写得不仅深情款款，而且，把苏瓖父子两代人都夸到了。按照这首诗的说法，苏瓖虽然长眠地下，墓木已拱，可是，后继有人，儿子又当了宰相，这就叫作积善之家有余庆！全诗遣词造句好还不算，关键是最后一句用典用得好。

"馀庆在玄成"是什么意思呢？这里用了西汉韦玄成的典故。韦玄成的爸爸韦贤是汉宣帝时候的宰相，韦玄成本人又是汉元帝的宰相，用这对宰相父子来比喻苏颋父子，那是相当贴切。更重要的是，《汉书·韦贤传》说得很清楚，韦玄成不仅在仕途上不输其父，文采方面还超过了爸爸。这不恰是苏颋的写照吗？要知道，诗虽然是写给死人的，但是读诗的可都是活人，张说这么拐着弯地夸苏颋，苏颋能不明白其中的意思吗？况且，送诗又是在这样一个高朋满座的重要时刻，在黄昏落日这样一个容易让人感情脆弱的特定时间。苏颋果然被打动了，看了诗后，当堂呜咽流涕，悲不自胜，客人们也都为之动容。苏颋不能白感动，转过天来，他就在朝廷大讲特讲张说的忠贞正直，说：这样的大臣怎能长期沦落蛮荒之地呢？苏颋这样说了，那天到过他家的大臣们也都纷纷附和。结果，唐玄宗很快把张说升为荆州长史。

可是，荆州长史绝不是张说的终极目标，这只是万里长征走完第一步罢了。革命尚未成功，同志仍须努力！张说还要接着推销自己。

张说第二次推销自己就不是对宰相，而是直接面对皇帝了。根据《新唐书》的记载：开元七年（719），张说已经担任幽州都督了。有一次入朝，张说穿着一身军装就来面见皇帝了。玄宗一看张说雄赳赳气昂昂的样子，不由得大喜过望。有人可能不解，张说穿军装，皇帝有什么可高兴的呢？要知道，当时已经是开元七年了，玄宗心中开疆拓土、建立武功的思想已经开始抬头。张说虽然一直远在边疆，但是，对皇帝的思想动向摸得一清二楚。他这次军装秀其实就是一次自我包装，目的就是想告诉皇帝，我虽然以文知名，但是，您别以为我只是个文弱书生，我也可以成为赳赳武夫！我的军事才能和写文章的才能一样高明！您不用我用谁呢？果然，在这身戎装的视觉冲击下，玄宗上钩了，马上提拔他为并州长史，兼天兵军节度大使了。这并州可是李唐王朝的龙兴之地，长官都由王子兼任，所以长史看起来是副手，实际上就是最高领导，一般不会轻易授给普通大臣的。并州长史是个文职，天兵军节度大使就是武职了。天兵军也是当时最强的军队之一，是唐帝国的北方长城。所以玄宗这一次任命，就等于认可了张说文武兼备的身份。这距离他当宰相不就只有一步之遥了吗？

不过，一步之遥也是距离，张说是怎么走完这最后一步的呢？通过上面两个故事大家肯定能猜出来了，他一定又推销自己了。没错。这次推销的对象是谁呢？就是我们在本章开头提到的王毛仲。他本来是唐玄宗的家奴，为人聪明伶俐，玄宗两次政变他都帮了大忙，所以，是玄宗的心腹红人。张说明白，要想让皇帝赏识，打点好皇帝的亲信最重要，他在皇帝面前美言几句，很可能比别人千言万语都管用。怎么打点王毛仲呢？两条途径。第一，用彼此都是当年政变功臣这个身份去沟通感情。张说和王毛仲都是先天政变的功臣，虽然开元初年贬逐功臣之后就分道扬镳了，但是，曾经的患难经历岂能轻易忘掉？第二，利用人的贪欲加强感情。张说知道，王毛仲出身寒微，容易被金钱打动。所以，从张说担任并州长史起，他就经常给王毛仲敬献金银珠宝，王毛仲当然对他印象特别好。刚才我们不是说开元九年（721）六胡州的胡人造反吗？不仅张说派兵增援，王毛仲也被唐玄宗派来增援了。两个人见面分外亲热。就这样，张说在战场上英勇杀敌的战功和高瞻远瞩的眼光就通过王毛仲这条渠道——输送给了唐玄宗。王毛仲的美言让玄宗下了最后的决心：让张说复出，让张说辅佐我走向盛世！正因为王毛仲在这里所起的特殊作用，张说在接到宰相委任状的时候，才会在他面前手舞足蹈，甚至去亲吻他的靴子尖。确实，张说为了复出，付出了多少心血啊，他能不激动吗？

那我们怎么评价张说的这些努力呢？好多人会说，这不是小人行径吗？太没有大臣风骨了。中国传统文化提倡谦谦君子，恬淡退让，像诸葛亮高卧南阳，单等着让人三顾茅庐，那才叫有气度。像张说这样费尽心机，主动营求当宰相的，我们往往会觉得过于巴结，甚至会觉得他是个小人。但是我们也要知道，人之所以为人，不仅仅在于他有人的身体，更在于他有人的灵魂，有人的追求。有本事的人往往是不甘寂寞的，他有自我实现的欲望。可是，如果把自我实现完全寄托在别人身上，那又是不牢靠的。就连毛遂那样的聪明人，也要靠自荐才能被赵国的平原君赏识；孔子那样的圣人，不是也还要周游列国，到处寻求理解吗？这些人之所以不清高，是因为他们有才华，也有雄心。这种才华和雄心如果不能施展，那不仅是对他们个人的浪费，其实也是历史的损失。张说正是一个这样的人。不可否认，张说的功名心确实比较明显，但是，如果没有这种功名心，没有这种孜孜不倦的努力，他和玄宗之间的君臣遇合就不能实现，唐史也就不会这么精彩了！

皇帝到处寻找人才，臣子努力让皇帝了解自己，这不同样是千载难逢的君臣遇合吗？那么，经过这样曲折的经历才终于重登相位的张说，会为唐朝做出怎样的贡献呢？

第十六章　二虎相争

集文治武功于一身的政坛明星张说，得到了唐玄宗李隆基的赏识，迅速东山再起，成为李唐王朝的新任宰相。

按照以往的惯例，唐玄宗通常只设置两个宰相，一主一辅，相互配合。可是当张说进入宰相班子的时候，他的前面已经有了张嘉贞和源乾曜两位宰相。那么，唐玄宗为什么要打破惯例，设立三位宰相呢？"三驾马车"能否同舟共济，各尽其能，辅佐唐玄宗呢？

唐玄宗开元十二年（724），宰相们奉命在中书省宴请前任宰相张嘉贞。几番推杯换盏之后，大家都有点醉意，这时候，张嘉贞指着当朝宰相张说的鼻子破口大骂，说：张说，你这个小人！要不是你陷害，我才是这里的主人！你还有脸在这儿请我吃饭！张嘉贞越骂越激动，撸胳膊挽袖子就要打张说。宰相打架，成何体统，旁边人赶紧把他俩拉开了。

我们讲玄宗一朝的宰相更迭可不是一次两次了，但每次都是平稳过渡，宋璟当宰相，还是他的前任姚崇推荐的，这才是英雄惜英雄、好汉怜好汉。怎么到张嘉贞和张说他俩这儿，会出现这种尴尬局面呢？

一、三驾马车

开元九年（721），张说通过艰苦的努力，当了宰相。按照惯例，新一任宰相上台，上一任的宰相班子肯定要让位。那这一次张嘉贞和源乾曜是不是也要让位呢？不是。张嘉贞继续当中书令，源乾曜继续当门下侍中，而张说则被任命为兵部尚书同中书门下平章事。这就不是换宰相了，而是又增加了一位宰相。本来唐玄宗上台之后，一改以前多相制的做法，只设一主一辅两个宰相，那为什么到张说这里就变成三驾马车了呢？恐怕有三个原因不容忽视。

第一，张嘉贞和源乾曜当宰相刚刚一年多，而且没有明显失误，此时卸任，不符合玄宗设定的任免周期。姚崇、宋璟都是当了三年多宰相才下去的，三年多也算是一个差不多合理的行政周期，足够让人有所成就。可是一年多的时间太短了，人家还没来得及把头三脚踢开呢，就被罢免，这不太合适。另外，这一年多的时间里，张嘉贞和源乾曜表现也还不错。张嘉贞是唐玄宗半夜睡不着觉钦点的宰相。之所以钦点他，是因为有一件事给唐玄宗留下了深刻的印象。

那是开元六年（718）的时候，有人报告说张嘉贞在地方骄奢淫逸，贪污受贿。唐玄宗马上组织人去调查。结果一查，根本没有这回事，纯粹是诬告。玄宗很生气，要治诬告者的罪。没想到，张嘉贞出面劝阻了。他说：陛下要知道，"兼听则明，偏听则暗"，广开言路，这才是国家兴旺的根本。现在陛下如果治这个人的罪，以后大家会觉得大臣惹不得，谁还敢说话啊？万马齐喑，这不是比告状不实更可怕吗？玄宗一听大为感慨，觉得张嘉贞很有全局观念，而且有度量，是个当宰相的料！他当即就跟张嘉贞说：你好好干，我以后会重用你的！一般人听到皇帝这么说肯定唯唯诺诺，表示会努力工作，争取再立新功，而张嘉贞的回答却与众不同。他说："今志力方壮，是效命之秋，更三数年，即衰老无能为也。惟陛下早垂任使，死且不惮。"也就是说，我现在年富力强，正是干工作的好时候，再过几年，我可就老了，想干也干不动了。所以，您要是想重用我，麻烦您赶快重用，否则就来不及了！这一席话说得怎么样呢？有人可能觉得：太性急了吧，没见过这么要官的。可是唐玄宗不这么想。他从这番话里听出了张嘉贞卓越的口才、清晰的思路和建功立业的热情。难得一个人要官要得这么清楚明白，更难得一个人有这样的热情！有热情，工作起来才会有闯劲儿，这是好事！所以玄宗对张嘉贞的印象超好，这才提拔张嘉贞当宰相。

提拔一年多以来，张嘉贞虽然没什么特别的建树，但也还称得上是精明强干。更难得的是他比较清廉。他虽然贵为宰相，但是没买过地。中国古代是农业社会，谁有钱都投资土地，当大地主，这和今天投资房地产是一个道理。可是张嘉贞坚持不买地，就靠工资吃饭。有人劝他别太傻，要为自己的将来打算。张嘉贞说了：我是宰相，只要不犯罪，再怎么也不会饿死。你们劝我买地，无非是说替儿孙打算。可是儿孙如果有本事，就不用靠我留下的财产生活；儿孙要是不学好，我留下的财产越多就越是害了他们，所以还不如不留。这话说起来大家肯定都认可，可是即便到今天，有几个人能做到？张嘉贞就做到了。既精明又廉洁，这也算是不错的宰相了。

张嘉贞不错，源乾曜也不错。源乾曜为人谨慎，最大的优点是以身作则。当时为了提高地方官员的素质，号召京官和外官互相调动，但是，一般京官还是不愿意到地方，所以这个政策执行起来阻力很大。在这种情况下，源乾曜主动提出来，我的儿子都在中央任职，现在既然国家号召京官下放锻炼，那就从我这个宰相做起。我有三个儿子，就让两个到外地好了。一看宰相的儿子都到外地了，那其他官僚也没什么好说的了，一下子，公卿子弟到外地当官的就有100多个。

宰相能这么率先垂范，唐玄宗也觉得非常满意。也就是在张嘉贞和源乾曜这一任上，玄宗开始推行宰相食实封的制度，就是在宰相的工资之外，另外给他们300户的封户，这也表明了玄宗对他们工作的肯定。这两个宰相既然都干得不错，那怎么能说罢免就罢免呢？

第二，张说和张嘉贞有很多共同之处，所以，不存在互相替代的问题。拿姚崇和宋璟来说，姚崇善变，宋璟守正，所以，让宋璟代替姚崇，其实是根据时局发展的需要，以一种工作方法代替另外一种工作方法。但是张说和张嘉贞就不是这样了。他俩不存在这样的替代关系。相反，倒是有很多共性。首先，从个性上来讲，两个人都属于积极进取型人格。张说为了当宰相不断营求，张嘉贞听说皇帝要重用也急不可耐，这是个性相似。其次，两个人的个人素质也很接近。玄宗看中张说的是他的文治与武功，其实，在这两方面张嘉贞也不差。先说文治。张说是制举出身，得过第一名；张嘉贞虽然成绩没那么好，但也是制举出身。张说以文采著称，号称"一代文宗""燕许大手笔"；张嘉贞名头没这么大，但是，他擅长写碑文。他曾经写过一篇定州恒岳庙的碑文，也是传诵一时，光是润笔费就拿了几万钱。为什么张嘉贞这么不客气呢？因为他觉得自己的文章值这个价！更有趣的是，两个人欣赏的文人都一样。唐朝有一个大诗人叫王翰，写过著名的《凉州词》："葡萄美酒夜光杯，欲饮琵琶马上催。醉卧沙场君莫笑，古来征战几人回。"王翰诗写得好，但是为人太傲慢了，整天以为老子天下第一，一生经常遭别人忌恨。但是，有两个人不忌恨他，反倒赏识他、提拔他，一个是张嘉贞，另一个就是张说！这件事在《旧唐书·王翰传》中记载得清清楚楚："并州长史张嘉贞奇其才，礼接甚厚，翰感之，撰乐词以叙情，于席上自唱自舞，神气豪迈。张说镇并州，礼翰益至。"先后帮助同一个诗人，可以看出来，在文学方面，张嘉贞和张说的品位是何其相似！再看武功。张说是从天兵军节度大使的身份上被提拔为宰相的，那天兵军是谁提议创立的呢？就是张嘉贞。张嘉贞是第一任天兵军节度大使。换言之，张说之所以能担任天兵军节度大使，是因为前任大使张嘉贞当了宰相，这才腾出的岗位。这样看来，武功方面，两个人也是同道中人。因为二人有这么多的共性，所以玄宗觉得，即便任命张说，也不必罢免张嘉贞，两个人性情相仿，正好相互促进。换句话说，在玄宗的心目中，引进张说只是为了加强工作，而不是要改变工作作风，当然也就不必换宰相班子。

第三，张说当上宰相不久，就被派到北方去兼任朔方军节度大使了。所谓"节度使"，就是边疆地方的军区长官。朔方节度使的驻地在今天宁夏的灵武。怎么宰相还要兼任节度使呢？因为朔方又出事了。

上一章讲过，张说之所以拜相，很重要的一个原因就是他协助朔方节度使平定了河曲地区胡人的叛乱。可是，叛乱平定没多久，这个地方又乱起来了。怎么回事？当时的朔方节度使叫王晙，胡人叛乱，包括张说在内的好几个节度使都曾奉命协助他讨伐，王晙也都接受了。可是有一个节度使叫郭知运，平时跟他关系不好，这时候也接到了协助讨伐的命令。王晙不喜欢他，就给中央打报告说，别让他来了。古代信息传递慢，朝廷的批复还没下来，郭知运已经带着兵来了。来了之后听说王晙居然打这样的报告，心里当然生气，他想：我不计前嫌来帮你，你反倒不领情！你不是不用我帮忙吗？我偏帮，我帮倒忙。怎么帮倒忙呢？本来胡人都已经向王晙投降了，他又带兵去打。胡人不明就里，还以为王晙言而无信，故意出卖他们呢，就又骚动起来了。两个将军因为私人恩怨惹出这么大的麻烦，唐玄宗当然很生气，就罢免了王晙的职务。那让谁去接替他呢？张说参与过平叛工作，了解当地情况，就让他去接手这个烂摊子了。开元十年（722）四月，张说离开长安，来到朔方。此时，胡人的骚动已经演变成了一场规模不小的叛乱，直到这一年的十月才彻底平定，张说也才得以返回长安。他离开的这半年时间，中央总得有人主持工作，所以，客观上也需要张嘉贞继续留任。

正是主观、客观原因的共同作用，导致唐玄宗一改以往拜相的风格，让张说、张嘉贞和源乾曜三个人一起进入宰相班子，形成了独特的"三驾马车"格局。

在这三个人中，源乾曜是一个甘当"绿叶"的宰相，所以问题不大，关键是张说和张嘉贞。这两个人个性十足，该如何相处呢？特别是身为文坛领袖的张说，是否会甘于忍受屈居人下的境遇呢？

二、二虎相争

当时，玄宗考虑到先来后到的顺序，想让张说协助张嘉贞。所以，在官职上，张嘉贞是中书令，是正式宰相；张说则是同平章事，具有候补性质。显然，唐玄宗想让张说成为张嘉贞的好帮手，两个人互相促进，共同为国家出力，这不是如虎添翼吗？可非常遗憾的是，这只是玄宗一厢情愿的馊主意。这么安排，不仅不是如虎添翼，反倒引发了二虎相争。怎么回事呢？一句话，一山难容二虎，张说和张嘉贞都不干了。

张说为什么不干了？很简单，因为他比张嘉贞能干！我们刚才分析两个人的相似之处，其实就已经可以看出来了，张嘉贞和张说虽然有很多共同之处，但是，几乎在所有问题上，张说都比张嘉贞要强！明明能力强还要屈居人下，这可不是张说的性格。再说了，虽然当时张嘉贞是中书令，是领导，但是倒退十几年，唐中宗的时候，张说是兵部侍郎，张嘉贞是兵部员外郎，张说还是张嘉贞的直接领导呢！现在屈居老下属的手下，张说觉得心里不平衡，每次跟张嘉贞说话，总是言语带刺。

可是，这样一来，张嘉贞也不舒服了。张嘉贞是个性格很强势的人，有一个例子最能说明问题。张嘉贞最初发迹还是在武则天时代。当时，他还是一介草民，因为替一个派察地方的侍御史写了一篇工作汇报，侍御史欣赏他的才华，就把他推荐给武则天。武则天召见他，隔着帘子跟他说话。张嘉贞一看那帘子，马上不干了。他说："以臣草莱而得入谒九重，是千载一遇也。咫尺之间，如隔云雾，竟不睹日月，恐君臣之道有所未尽。"意思是说，我一介小民，居然能够见到陛下，这对我也是千载一遇的机会了。可是陛下竟然在我面前挡一道帘子。这道帘子不仅挡住了您的日月光辉，恐怕也有碍您的圣君之道吧。武则天一听，赶紧把帘子撤去了，让张嘉贞领略了一把真容。张嘉贞当老百姓的时候就敢顶撞皇帝，这还不算性格强悍吗？当了宰相之后，他这个性格就更突出了。按照《旧唐书·张嘉贞传》的说法，就是"强躁自用，颇为时论所讥"。这样的人怎么能够容忍别人不听他的，瞧不起他呢？

就这样，两个人针尖对麦芒，彼此互不服气。那么，这个问题到底是怎么解决的呢？张说先出手了。从朔方回来，张说就开始动脑筋了，怎么才能把张嘉贞扳倒呢？他知道，要想踢开张嘉贞，关键问题在皇帝这里。要让皇帝改变对张嘉贞的印象，那就得见机行事了。很快，张说抓住了两个机会。

第一个机会是开元十年（722）冬天的打板子事件。当时有一个叫裴仙先的广州都督犯罪了，广州都督是地方大员，玄宗就召集宰相商量该怎么处置。源乾曜一贯不做主，那就看张嘉贞和张说的了。张嘉贞作为首席宰相，先说：请陛下在朝堂上杖责，以杀一儆百！让皇帝当着文武百官的面打他板子。玄宗还没有表态，张说说话了。他说：不能这样。过去有一个说法叫作"刑不上大夫"，因为这些人是皇帝身边的重臣，要培养他们的自尊心和荣誉感。君臣之间有礼有义，这才像个朝廷的样子。现在广州都督犯罪了，按照法律，要杀他可以，要流放他也可以，但是怎么能在朝廷上打板子呢？这不是太不给他面子了吗？有道是"士可杀不可辱"，如果陛下这么对待大臣，岂不是让天下士大夫寒心吗？听说我不在的时候，张嘉贞相公已经建议陛下打了好几个大臣了，过去的事情自然无法挽回，但求以后再也不要这样了！玄宗一听有道理，马上宣布，按张说的意见办理。

张嘉贞出来之后十分窝火，忍不住对张说发牢骚，说：你何必在皇帝面前危言耸听，驳我的面子呢？而张说则义正词严地说："宰相者，时来即为，岂能长据？若贵臣尽当可杖，但恐吾等行当及之。此言非为仙先，乃为天下士君子也。"意思是说，我们这些当宰相的，谁也不是终身制，今天当宰相，明天可能就是个普通大臣。如果我们今天建议打大臣板子，我害怕有一天板子也会落到你我身上！所以我说那些话不是单单为了裴仙先，而是为了天下士君子着想的，请您不要怪罪！玄宗当时不正要大兴文治，打造一个文质彬彬的政府吗？张说这番高论多么符合儒家理想啊！而张嘉贞那一套就显得过于粗鲁了。看来，虽然张嘉贞也是制举出身，也会吟诗作赋，但要论文治的精神，还是张说吃得透啊！

皇帝的态度转变，这是成功的第一步。转过年来，也就是开元十一年（723），张说又逮住了一个机会。张嘉贞有一个弟弟叫张嘉佑，因为贪污，被人告发了。张嘉贞兄弟感情可是不一般，兄弟两个从小父母双亡，相依为命。当年张嘉贞刚刚受到玄宗赏识，提的第一个要求就是把弟弟调到身边工作。后来，这个弟弟也确实争气，当了三品的金吾将军。兄弟两个一文一武，出将入相，整个长安城没有不羡慕的。现在张嘉佑犯罪了，张嘉贞心里当然着急。这时候，张说来出主意了。他对张嘉贞说：皇帝对你们兄弟这么信任，张将军还犯那样的错误，皇帝肯定很生气！现在正在气头上，我劝你还是别去撞这个枪口。依我看，你也别上朝了，就在家里素服待罪，表明悔罪的心态。皇帝看你态度好，可能就对张将军从轻发落了。张嘉贞别看性格强悍，其实心思挺单纯的，而且他当时心乱如麻，觉得张说的建议还蛮有道理的，就真的没上朝，穿了素服在家里等着。那玄宗是不是就因此对他弟弟网开一面，从轻发落了呢？怎么可能啊！有道是人在人情在，你在皇帝面前说两句好话，没准儿皇帝还会给你个面子，其他人在论罪的时候也会口下留情；现在你人都不在这里，别人还有什么顾忌呢？何况，张嘉贞这样的强悍性格，平时肯定没少得罪人，现在这些人一看有机可乘，都纷纷落井下石。有一个人就讲，张嘉贞不是号称清廉吗？其实不光他弟弟贪污，他也接受过人家的贿赂。当年有一个洛阳地方官在当地给他修了一座豪宅，后来他怕事情败露，就把这个地方官给逼死了。还有一个人讲，张嘉贞结党营私，把自己的党羽都安插到中书省……一系列问题都被揭发出来了。结果，不仅张嘉佑被贬了官，张嘉贞也被定了个治家不严的罪名，一并问责，贬到幽州当刺史去了。张嘉贞不是没上朝吗？这回彻底不用上朝了。张嘉贞被贬官了，中书令的位子谁坐呢？当然是张说。这时候，张嘉贞才明白过来，原来自己被张说给耍了！所以他逢人就讲：中书令的名额有两个，他张说要想当，可以和我一起当，何必非要这么费尽心思整我呢！

被人耍弄、被人算计这种感觉太不爽了，张嘉贞一直难以释怀。一年以后，张嘉贞又从幽州调回中央担任户部尚书，唐玄宗不是历来优待卸任的宰相吗？所以这一回就让张说和源乾曜在中书省宴请张嘉贞。结果没想到仇人相见，分外眼红，就演出了开头那一幕，张嘉贞指着鼻子骂张说，恨不得当场打他一顿。但是，话又说回来，就算打他一顿，又能怎样呢？！

就这样，通过一步步的努力，张说终于彻底扳倒了张嘉贞，如愿以偿地成为唐玄宗的首席宰相。

那么，这场宰相之间的纷争，到底反映出什么问题呢？我想，除了感慨一下张说的心机之外，有三个问题值得关注。

第一，张说和张嘉贞之间的矛盾斗争，其实是玄宗处置失当的结果。从玄宗亲政以来，只任命一主一辅两个宰相已经成为政治惯例。这一次，玄宗自己违反惯例，搞出了三驾马车，其实就是把张说和张嘉贞放在了竞争的位置上，这才引发了一系列问题。换句话说，是先有玄宗的处置不当，才有了张说的阴谋诡计和张嘉贞的气急败坏。这是玄宗的失误。

第二，张说最后能取代张嘉贞，其实也是玄宗选择的结果。张嘉贞为什么会被罢相呢？是不是仅仅因为张说擅长搞阴谋呢？我觉得问题不在这里。问题的关键在于玄宗的判断。我们上一章讲过，经过十多年的励精图治，玄宗已经准备迎接一个真正的盛世了。而盛世的标志就是文治武功。论武功，张说已经有两次平定叛乱的经历，这两次针对河曲地区胡人的胜利，也是唐玄宗当政以来最大的军事胜利，这就是张说过硬的政治资本。论文治，张说是当时当之无愧的文坛领袖、一代词宗。更重要的是，从打板子事件我们也看出来了，张说比张嘉贞更懂得君臣相处之道，也更懂得文治的精神。张嘉贞不是不好，史书对他有非常一致的评价，那就是他"尚吏""倦倦事职"。简单地说，就是善于处理政事，尤其是具体工作。这些优点很重要，但是，随着玄宗盛世梦想的展开，只有这样的优点已经越来越不够了。经过反复比较，玄宗最终痛下决心，虽然张嘉贞也是他欣赏的宰相，但是，在好与更好之间，他还是要选择更好。这是玄宗的明智之处。

第三，玄宗以往拜相，都要充分考虑两个宰相之间的配合度，尽可能建立一个高度协调的宰相班子。但是，这一次，张说是新插进来的宰相，而源乾曜则是留任宰相，两个人的组合，并非深思熟虑的搭配，而是临时变动的结果。何况，在变动过程中，还经历了那么多的明争暗斗！可以想象，这种搭配，默契度不会太高。这恐怕也给以后的高层政治留下了隐患。

但是无论如何，随着张嘉贞离职，宰相制度又恢复到从前一主一辅的老路上去了，张说费尽心机，终于成了首席宰相。现在，他终于可以放开手脚干一番事业了，他会干什么呢？

第十七章　牛刀小试

在唐玄宗的默许下，才高气盛的张说略施小计，成功地排挤掉了最大的政敌张嘉贞，顺利地成为唐玄宗内阁的首席宰相。

自从唐玄宗在开元元年真正执掌社稷以来，大唐王朝历经十多年的发展，已初步显现出盛唐气象，但是一些积存已久的弊病也渐渐地显露出来。那么，此时出任首席宰相的张说，是否能够解决这些问题呢？唐玄宗会放手让张说一展拳脚吗？

生活中大家都知道人事斗争很没意思，不过，复杂的斗争也总有其理由。事实上，张说跟张嘉贞斗也不完全是争权夺利，他也有自己的理想，他想要辅佐唐玄宗干一番大事业！经过从地方到中央几年的历练，他发现，唐朝在军事、政治和文化上都存在着一些大问题、大弊病，他想集中权力，在自己手上解决这些问题。那么，他都发现什么问题了呢？

一、军事改革

张说发现，当时军事领域存在的最大问题有两个：第一是边防军太多了；第二是中央的卫兵太少了。

先看边防军。当时唐朝驻守边疆的士兵有60万。有人说，这也不算多啊。但是，判断兵多还是少，关键是看够不够用。张说在边疆待了几年，他知道，以当时的边疆形势，根本用不了60万兵。这些兵说是去驻守边疆，其实好多人都成了白白给将军们干活的奴隶。这不是人才浪费吗？怎么办呢？开元十年（722），张说平定完河曲地区的胡人叛乱，回到长安之后不久，就把心中酝酿已久的建议提出来了。他对玄宗说：现在边境形势比较稳定，不如减少20万的边防军，让他们回家种田算了！玄宗一听眼睛都瞪大了，说：边防军总数是60万，减员20万，这不就等于裁军三分之一吗？这规模太大了吧。何况，以前的将军们都在跟我说兵力不够，整天要追加兵额，现在你怎么要裁军呢？张说回答说：我在边疆这几年，太了解边疆的情况了。我们大唐最大的威胁来自突厥，可是自从开元四年默啜可汗死后，突厥就衰落了，自顾不暇，哪还有精力跟我们打仗？再说，兵贵精，不贵多，以前的将领之所以整天让陛下增兵，那无非是为他们自己考虑，一方面，侵吞国家配给士兵的物资；另一方面，也是想要白白使唤这些士兵，哪里是出于巩固边防的需要！本来就用不了这么多兵，现在河曲的胡人问题也解决了，更用不了这么多兵了。所以，不如趁此机会裁员，让这些士兵回家种田。要知道，农业才是国家的根本呢！玄宗说：你讲得自然有道理，但是，一下子裁这么多人能行吗？张说一听，慨然答道：陛下要是不放心，我张说愿意以全家100多口人作担保，如果因为裁军造成边疆不稳，我们张家全家抵罪！玄宗见宰相如此有信心，也就表态说：既然如此，那就按照你说的办吧！一下子，20万人解甲归田了。

张说这个建议意义大不大呢？太大了。要知道，20万人就是20万家庭的主要劳动力，中国古代靠农业立国，农活是体力活，靠的就是青壮年劳力。这些人都走了，家里头谁来种地啊？要是地都抛荒了，那还谈什么开元盛世啊？所以裁军是一项大大的德政。可能有人会想，当时玄宗锐意进取，张说能当上宰相，不是跟他的军功直接相关吗？那他为什么还要裁军呢？其实，这就是张说了不起的地方了。他是一个能打仗的人，但是他决不想搞穷兵黩武。他知道，无论如何，国内发展才是大唐帝国的重心所在。能够认识这一点，坚守这一点，就是好宰相，这也是开元盛世真正的思想基础。

边防军解决了，再看中央的卫兵。中央的卫兵为什么太少了？因为都跑光了。这是怎么回事呢？要知道，唐朝前期实行的是府兵制，府兵制最大的特点就是兵农合一。府兵本身都是均田的农民，平时在家种地，遇到战争就自己准备各种装备随军出征。就像我们熟知的《木兰辞》里讲的，一旦木兰决定替父从军，马上就得开始做各项准备了：她要"东市买骏马，西市买鞍鞯。南市买辔头，北市买长鞭"。《木兰辞》中所描述的情景，到唐时也还是一样的。为什么买这些呢？因为按照规定，府兵的装备是要自己准备的。除了出征和镇守边疆之外，府兵还要轮流到朝廷担任卫士。这种制度最大的好处就是国家不用养兵，财政负担小。但是，最大的坏处就是，府兵本身的负担太重了。唐朝初年的时候，战争比较少，府兵自己还负担得起，而且，唐初立了功赏赐也多，好多人，像我们熟悉的英雄薛仁贵，还会自备行头，当志愿兵。但是到了唐高宗、武则天以后，随着"国际形势"的变化，战争越来越多，府兵们逐渐意识到，到了战场很可能有去无回，就算在战争中侥幸活下来，自己也已经没多少时间种地了。地种不好，家里自然越来越穷，穷到一定程度，只好把地卖掉；可卖了地，拿什么去买军事装备呢？整个成了恶性循环，也就谁都不愿意当府兵了。但是，政府手里有兵籍，就像《木兰辞》里说的："兵书十二卷，卷卷有爷名。"到时候就会召唤你，怎么办呢？只好逃跑。户口本上还是长安县某乡的农民，实际上已经全家都跑光了。这种情况发展到唐玄宗执政的时候，已经非常严重了，根本就抽调不到足够的人到长安城来宿卫了!

怎么办呢?其实,这件事张说已经琢磨很久了。他对唐玄宗讲,府兵制维持不下去了,不如索性花钱雇人当兵。凡是身体条件合格的,不管是什么出身、经历,只要他愿意到长安来当兵,我们就花钱雇他。如果能这样做的话,那当兵就不是一份义务,而是一份职业了。既然当兵也能养家糊口,那肯定有人愿意从事这个职业,就不愁没兵了。玄宗一听有道理,马上在长安周边几个州发出招兵的通知,结果很多青壮年都踊跃报名,不到半个月,就招募了12万精兵。这12万精兵是严格选拔出来的,所以论质量,可比原来的府兵高了不少。而且,他们既不用种田,也不用再到边疆打仗,就专门承担守卫长安的工作,专业素质当然也就提高了。如此一来,唐朝的燃眉之急不就解决了吗?

大家可能觉得,这张说太有才了!我们这么想,可是,古代人未必这么想。比如《资治通鉴》的作者司马光就说,这场改革,大大的不好!为什么不好呢?他说:"兵农之分,从此始矣!"兵农分开,怎么就不好了呢?说白了就是财政负担重了,国家得养兵了。那么到底应该怎么看待这个问题呢?我觉得,司马光固然是个伟大的史学家,可是,他的观点也并不都对。就拿府兵改募兵这件事来说,张说的这个改革没什么不好。相反,它是顺应时代发展的产物。

首先,社会越发展,专业分工就越细,这是一个基本趋势。比方说,我们常常觉得古代人都是全才,像孔子,不仅懂哲学、伦理学,还懂音乐、数学,甚至还懂武术!我们现在哪有这样的人呀?是不是我们不如古人呢?当然不是,应该说随着社会发展,专业分工越来越明晰,我们当了哲学家,就很难再当音乐家了。军队也是一样,越向前发展,就越不可能兵农合一。兵农分开了,军人成了专职,素质就能提高。同样,农民不用分心,只管好好种田,生产力也能提高。这不是两全其美的事吗?

其次，原来兵农合一，国家的负担是轻，可是老百姓的负担重，而一个国家要想繁荣，除了国家储备要上得去，更重要的是老百姓手里得有钱。当时，唐朝经过一百年的发展，再加上玄宗的励精图治、勤俭节约，政府已经不差钱了，本来也该承担起更多的责任，让老百姓松一口气了。张说在这种情况下改革府兵制，实行募兵制，就叫作顺应历史潮流。

二、行政改革

张说担任天兵军节度使期间，积累了丰富的治军经验，所以无论是处理边防军过于臃肿的问题，还是改革都城兵防的问题，他都能够手到擒来，游刃有余。然而，军事问题固然很重要，毕竟还不是宰相的日常工作。那宰相的日常工作是什么呢? 就是做决策，搞行政。可是，这时候，张说发现这里也有问题，而且非常严重。什么问题呢?

第一个问题，宰相太辛苦了，忙不过来。为什么忙不过来呢? 因为当时宰相都是兼职的。唐朝前期，中央实行三省六部制。开始的时候，三省的长官都是宰相，后来尚书省的长官慢慢退出，法定宰相就是中书令和门下侍中了。可是，中书令和门下侍中并不是专职宰相，他们只是上午在一个叫"政事堂"的地方集中开会，研究大政方针，下午还要回到各自的部门主持工作。本来，如果社会平稳发展，需要决策的事情不多，也就罢了，可是，玄宗统治的时候正是国家大发展、社会变革特别激烈的时期，各种新事物层出不穷。宰相专职尚且忙不过来，再让他身兼数职，不是要把他累死吗? 这是第一个问题。

第二个问题，宰相就算夜以继日、累死累活研究出对策了，还往往执行不了。怎么回事呢？因为在三省制的体制之下，宰相只有决策权，没有行政权。行政权在尚书省的六部那里，宰相作为中书省和门下省的长官，指挥起来不顺手。举个例子：过去府兵制的时代，兵部管兵籍、管地图、管武将的升降，每年按部就班地工作。现在，府兵都逃跑了，宰相跟皇帝一商量，改募兵了，那么，让谁去管招募呢？找兵部，兵部说不行啊，我的职责里不包括这件事啊！再说了，我自己的日常工作都忙不过来，哪有精力管额外的事啊！他这么一说，宰相只有干着急。

第三个问题，宰相不光指挥衙门不灵，指挥起人来也不灵。谁这么有派呀，连宰相都不怕？当时，宰相最指挥不了的人叫宇文融，是一个著名的宠臣。宇文融为什么得宠呢？因为他协助唐玄宗进行了清查逃户的工作，把财政难题给解决了。这又是怎么回事呢？要知道，唐朝初年实行均田制，给每个农民分田，同时进行户籍登记，任何人不得随意流动，政府则按照户籍收税，征兵役、徭役。可是，随着时间的流逝，土地买卖越来越频繁，再加上兵役、徭役等负担，好多人就把土地卖了，或者干脆抛荒，自己跑到其他地方，或者开荒，或者买别人的地种，反正脱离政府的控制，也不给政府缴纳赋税了，这些人当时叫作逃户。逃户若是比较少的话，其实倒也无所谓，还能活跃经济，可是人太多国家就受不了了。当时唐朝可是根据户籍登记按人丁收税的，纳税人都跑了，国家财政吃不消！怎么办呢？

这时候，有一个监察御史宇文融给玄宗提了一个著名的建议。他说，现在再放任下去不行了，得彻底清查逃户！清查逃户，国家收入不就增加了吗？玄宗当时要营造盛世气氛，哪件事不需要钱呢？一听这个建议，非常感兴趣，就让宇文融负责这件事。可是，清查逃户是个很复杂的问题，涉及各个州县的协查，还有中央有关部门的协调，没有权威不行！怎么办呢？玄宗就搞了一个发明创造，任命宇文融为覆田劝农使，其实就是皇帝的特使，不受任何衙门制约，直接对皇帝负责。在协查逃户问题上，宇文融就是最大领导，各州各部都把自己的情况先报告给宇文融，宇文融再上奏中书省。要知道，覆田劝农使可不是光杆司令，他手下还有一批从各个部门抽调来的劝农判官，这些人可就组成了一个游离于原有的官僚体制之外的使职系统了。使职的出现，是唐朝政治体制的一项大变革，对于整个唐代历史产生了深远的影响。但是，当时大家对这件事的认识还没有那么深刻，一时间只是觉得宇文融太潇洒了，简直就是跳出三界外，不在五行中，除了皇帝，没有人管得了。

宇文融是个精明强干的人，他没有辜负皇帝的信任，当了覆田劝农使之后，恩威并施，三年的时间，给国家盘查出80万逃户。这80万户和其所拥有的土地一下子又成了征收赋税的对象，这是多大一笔收入啊！唐玄宗对宇文融欣赏得不得了，很快把他从八品的监察御史提升到五品的御史中丞了。皇帝和宇文融都开心了，张说可郁闷了。他是个政治强人，眼看着这颗政治新星冉冉升起，不受自己控制，他受不了！而且，可以想象，以后随着新问题的不断涌现，这样的特使会越来越多。原有的宰相机构管不了他们，怎么办呢？

宰相制度存在的问题，其实在唐玄宗初年乃至整个唐朝初期就已经出现，只是始终没有人能够有效地解决这些问题罢了。那么，张说要怎么解决这个前人无法解决的难题呢？

张说思来想去，提了一个大建议：改革宰相机构！把从前宰相集体议政的"政事堂"改为"中书门下"。有人说，这不就改一个名字吗？可不是那么简单。政事堂其实就是一个议政的场所，不是个衙门。宰相上午在政事堂开会，即使形成了一项决策，也得下午再回到各自的宰相机构，加盖中书省和门下省的大印，这才能够发布施行。但是，改成中书门下之后可就不一样了。中书门下不是办公场所，而是实实在在的行政机构。宰相到这里来上班，形成决议，直接盖"中书门下"的印，就可以生效了。不再像原来那样盖一个中书的印，再盖一个门下的印。换言之，中书门下已经成了一个真正的决策机构了。因为中书门下的职能变了，宰相也就由兼职改成专职了。中书令和门下侍中不是宰相吗？他们从此也不用再回本省上班了，就是专职的宰相；至于本省的公务，就由两省副长官侍郎办理，跟他们没关系了。这还不算完。中书门下设了吏房、枢机房、兵房、户房、刑礼房五房，算是直属机构。可能很多人看出来了，这不是和尚书省的六部很像吗？没错，这五房和尚书省的吏、户、礼、兵、刑、工六部确确实实存在着对应关系，有了这五房，中书门下就可以直接插手原本属于尚书省的行政事务了。好多决议一旦形成，就直接交给五房办理，干脆绕过尚书省六部了。这样一来，中书门下是什么呢？它既是最高决策机构，同时还成了最高行政机构。从此，尚书省慢慢被架空了。张说这个行政体制改革大有好处，权力一集中，不仅可以提高应对新情况、新问题的能力，也提高了宰相的地位。现在，宰相变得无所不管了，宇文融也好，其他的使臣也好，你绕得过尚书、中书、门下三省，你还绕得过宰相吗？真是于公于私，两全其美。

我们可以看出，张说目光远大，措施得宜，确实是首席宰相的合适人选。正是以张说担任宰相为标志，唐代的宰相制度产生了深刻的变化。而此时，张说又做了一件锦上添花的事，让唐玄宗龙颜大悦，并从此对张说更加宠信。那么，这到底是一件什么事情？唐玄宗为什么会对这件事情格外重视呢？

三、大兴文治

军事、政治问题都理顺了，张说开始关心起老本行——文化来了。他觉得，当时的文化制度也有问题。什么问题呢？全国文人很多，也很活跃，但是，都是单打独斗，形成不了整体的力量，不能集思广益，为国家服务。简而言之，张说觉得，国家需要一个专门的文化机构了。

张说这么想，正好玄宗也这么想。他让张说当宰相，就是看中了他作为文人领袖这个身份。所以，张说一上台，玄宗就办了一个丽正书院，让张说当修书使。丽正书院主要负责修撰图书、整理图书、研究礼仪，根据皇帝需要帮其作一些决策，而且还给皇帝讲课。总之，综合了现在图书馆、大学乃至社科院的诸多功能，是个名副其实的思想库、智囊团。张说以首席宰相的身份兼任丽正书院的领导，可见唐玄宗对这个事情的重视。张说对皇帝的意思心领神会，而且这是他的老本行，所以他特别热心，积极张罗，把一大批文人都集中到丽正书院来了，像我们熟悉的大诗人贺知章，张说当年修《三教珠英》时候的老同事徐坚，还有张说在贬官至岳州时结交的好友赵冬曦，全都在丽正书院供职，一时间真是人文荟萃。这时候，张说上奏玄宗，这些人在丽正书院修书，总得给个什么统一的名分吧。君臣一协商，就叫丽正院学士吧。唐玄宗看到这么多人才济济一堂，也非常高兴，就命令有关部门一定要保证供应，把这些人照顾好，这不仅是国家的文胆，也是国家的门面啊。

国家发展文教事业，本来是一件好事，可没想到，有一个叫陆坚的中书舍人不以为然了。他说：这些学士其实良莠不齐，也不是个个水平都高，凭什么皇帝这么重视啊？再说了，不就是一帮文人吗，能干什么呀？给这么高工资纯属浪费，不如把他们都解散算了。要说陆坚也是个实在人，你心里不平衡，自己嘀咕两句也就算了，顶多找朋友发发牢骚，可他不，他直接找张说谈心来了。他见了张说就说：丽正书院学士白吃饭，不干活，不如遣散回家！要知道，张说可是丽正书院的领导，你这样说他能高兴吗？不可能。张说教训他说："自古帝王于国家无事之时，莫不崇宫室，广声色。今天子独延礼文儒，发挥典籍，所益者大，所损者微。陆子之言，何不达也。"意思是说，自古以来，皇帝要是把国家治理得差不多了，都会变得奢侈腐化，或者是大兴土木，或者就是纵情声色。只有我们皇帝不这样，他在国家安定之后礼遇儒生，搜罗典籍，这是多了不起的事情啊！你说养学士费钱，你不知道，这社会风气的进步、文治的昌明可是用钱买不来的！这就叫作提高软实力？所以，如今圣上做的事情，花费少，收获大，你怎么能反对呢？你太愚昧了！这话传到玄宗耳朵里，玄宗高兴啊，心想：还是张说了解我啊！要想当圣明天子，还真得让这样的聪明人辅佐！从此玄宗也更加看重张说了。

两年以后，开元十三年（725），因为封禅礼成，玄宗在洛阳的集仙殿请宰相、礼官和丽正书院的学士吃饭。酒足饭饱，玄宗说：这个殿叫作集仙殿。世人都想当神仙，可是，谁见过神仙呢？我反正不信这一套。真正让我思慕不已的不是神仙，而是贤臣！如今我和诸位在这里聚会，诸位都是贤臣，干脆把集仙殿改叫集贤殿算了！学士们一听，激动不已，山呼万岁。从此，丽正书院就改叫集贤殿书院，学士也都叫集贤殿学士了，张说还是领导。这领导怎么称呼呢？玄宗说，别人都叫学士，你叫大学士吧。没想到，张说一口拒绝了。他说：这是个学术机构，不是个官僚衙门，在这里，不能论谁官大，只能论谁学问好。所以，绝不能因为我官大，是领导，就叫大学士。这话说得多高明，多得人心！这就叫保持知识分子本色。有这样的领导抓文化，能不文治昌明吗？

那么，我们应该怎样评价张说办的这三件事呢？应该说，这可是关系着开元中期发展的基本思路的三件大事。如果说姚崇的"十事要说"是开元前期的政治纲领的话，那么，这三件大事也就奠定了开元中期的发展基础。这三件大事，张说解决得干净利落，举重若轻，真是个难得的人才！

　　唐朝有本诗歌选集叫《河岳英灵集》，里面讲了一个故事。张说当宰相的时候，在办公室挂了一幅匾额，上面写着诗人王湾《次北固山下》中的名句："海日生残夜，江春入旧年。"他逢人就说，这是诗的楷模。确实，这两句诗的气魄太大了。残夜未消，但是太阳已经升出了海平线；时令虽然仍在旧年冬天，但是，万物萌动，春天已然悄悄来到了长江边上。这孕育着无限希望与激情，展示着无限美好未来的诗句不正是开元年间的写照吗？那么，真正的红日磅礴、春意盎然会在哪一刻到来呢？小试牛刀就已经露出非凡能量的张说，又会有怎样的精彩表现呢？

第十八章　封禅大典

　　唐玄宗执政以后，经过十几年的治理，唐朝政局平稳，边疆安宁，文教兴盛，社会出现前所未有的大好局面，开元盛世已经到来。

　　那么如何宣扬这样的丰功伟绩呢？一个传统的概念出现在他的脑海中，那就是封禅。封禅是一个帝王告成天下最好的方式。通过封禅大典，玄宗又将展现出怎样的志趣与情怀呢？

一、封禅启动

　　孔子说过，人生发展是有阶段性的。"三十而立，四十不惑。"一个人到30岁的时候应该有自己的事业了；而到了40岁，人就不再迷惑了，因为这个时候你自己是几斤几两，已经基本清楚了，你是能人还是庸人、是成功者还是失败者，基本上也已经确定了。用这种阶段论来套唐玄宗，还是挺合理的，他在差不多30岁的时候开始当上大权独揽的真皇帝，有了自己的事业；到了开元十三年（725），他年满40岁的时候，他已经知道自己是什么样的皇帝了。是什么样的皇帝呢？一代明君啊！开元盛世的绚丽画面已经在他的领导下徐徐铺开了！人到这个时候会有什么心理呢？有人打过一个很有趣的比方说：有点像刚吃完一顿丰盛的午饭，虽然还在回顾上午的工作，却已经有点醺醺然，头脑发晕了。唐玄宗当时就处于这样的一种状态下。十多年的殚精竭虑可以稍微告一段落了，此时的唐朝政局平稳、边疆安宁、物价低廉、文教兴盛。把国家治理成这个样子不容易，他要给自己一个说法，同时让天下人都知道，他是一个多么伟大的皇帝！怎么才能达到这样的效果呢？

熟悉传统文化的人都知道：封禅！没错，封禅是中国古代最隆重的大典，封禅泰山，告成功于天地，这是对一个皇帝最大的认可。唐高宗封禅过，武则天封禅过，对于唐玄宗而言，这既是先例，也是榜样啊。事实上，早在开元初年，政变功臣崔日用就曾经拍皇帝马屁，建议唐玄宗封禅了。可是，当时玄宗还在艰苦创业阶段，哪有心思摆那个排场！所以他一口拒绝了。现在，经过这么多年的治理，他觉得自己有资格封禅了，问题是，大臣们会不会体会到他的心意呢？

有一个大臣体会到了。谁呢？张说！他已经是首席宰相了，是全国官员的领袖。在他的推动下，唐朝的军事、政治和文化领域都进行了大刀阔斧的改革，得君行道，这不正是他的毕生追求吗？现在，这个梦想已经成为现实，对张说而言，这也是人生的丰收时节。另外，他是集贤殿书院的头儿，因此也是全国文人的领袖，有这种身份，唐玄宗特地让他负责修国史，这让张说的历史意识格外浓厚。怎样才能让自己的辉煌业绩彪炳史册，永远留在人们的记忆之中呢？当然也是封禅了。能够参与封禅，那可是一个文人、一个史臣的最大荣耀。当年汉武帝封禅的时候，司马迁的爸爸司马谈当太史令，不就是因为没能参加封禅大典，活活郁闷死的吗？所以，张说从自己的角度考虑，也愿意撺掇玄宗封禅。既然皇帝和宰相想到一块儿去了，是不是他俩一合计就成了？哪有这样简单，封禅是最隆重的典礼，一切都要郑重其事才行。

开元十二年（724）十一月，张说就安排文武百官请愿了。说皇帝

"英威迈于百王，至德加于四海"，应该封禅了。大臣们好不容易生在这样的时代，都希望能够目睹这一盛事。面对大臣的请愿，玄宗怎么表态呢？一点悬念没有，拒绝了。三让而后受之是政治传统，皇帝得谦虚啊！张说对这一点心知肚明，所以，不屈不挠，接着敦促。就在这次大规模的官僚请愿之后，他和另一个宰相源乾曜接连三天上书，反复恳请皇帝顺应天意民心，而且，给玄宗戴的帽子一次比一次高。按照张说的说法，玄宗有什么样的功劳呢？"创九庙，礼三郊，大舜之孝敬也；敦九族，友弟兄，文王之慈惠也；卑宫室，菲饮食，夏禹之恭俭也；道稽古，德日新，帝尧之文思也；怜黔首，惠苍生，成汤之深仁也；化元漠，风太和，轩皇之至理也。"一句话，把所有古代圣君的优点都集中了，有这样的圣德，不封禅哪行呢？与此同时，全国各地的儒生文士也纷纷献诗献赋，表达人民心声。到这一步，玄宗觉得差不多了，终于"勉为其难"，发布诏令：将要在第二年，也就是开元十三年（725）十一月"封泰山，禅梁父，答厚德，告成功"！

可能有人会认为，这一套礼仪多虚伪啊。其实，礼本来就是外在形式和内在精神的结合，三让而后受之是形式，谦虚是内在精神。一个皇帝，遵守形式反复推让，我们固然不能因此断定他具有谦虚的美德，但是，如果根本不尊重形式，大言不惭地说我就是功盖天地，这不更不可能有谦虚的美德了吗？就算是伪君子，那也是文治教化的表现，绝不能一概否定。

封禅是一种表明帝王受命于天下的典礼。这种仪式起源于春秋战国时期。当时齐、鲁的儒士认为泰山是天下最高的山，人间的帝王应当到这座最高的山上去祭祀至高无上的神灵，向天下人彰显国力的强盛。封禅是中国古代封建帝王都非常向往的一件事，但出于各种原因，进行过封禅的帝王屈指可数。封禅涉及极其复杂的礼仪，对于当时的唐玄宗君臣来讲也非常头疼。那么，如果要封禅，需要解决哪些问题呢？

二、紧锣密鼓

诏令一发，封禅这件事算是定下来了，可是，真要把这道诏令变成现实，那可不是一件简单的事。因为办这样一场大的典礼，一定要解决三大问题：第一，财政问题；第二，礼仪问题；第三，安全问题。

第一，先看财政问题。封禅是古代社会规模最大的庆典，当然也就是最烧钱的事。没有强大的财力后盾，还真是办不起来。但是唐玄宗不发愁这个。经过开元这十几年的休养生息，朝廷物质储备已经相当丰富了。再加上宇文融清查户口，财政上更加宽裕。笔记小说《开天传信记》有一段充满热情的描述："河清海晏，物殷俗阜。安西诸国，悉平为郡县。自开远门西行，亘地万余里，入河湟之赋税。左右藏库，财物山积，不可胜较。四方丰稔，百姓殷富。管户一千余万，米一斗三四文，丁壮之人，不识兵器。路不拾遗，行者不囊粮。"一句话，国家很富裕，财政问题不用发愁。

第二，礼仪问题。可能有人会说，这个问题更容易。高宗和武则天不是都封禅过吗？照搬他们的仪式不就可以了吗？事情可没那么简单。要知道，高宗封禅的时候，武则天的影响力已经很大了，所以那一次，她在举行禅礼的时候充当亚献，把一个本来非常严肃的仪式搞得莺歌燕舞，差点让文武百官笑掉大牙。这怎么能效仿呢？武则天自己封禅那一次就更不能照抄了，且不要说她是在嵩山封禅，地点不一样；关键是，她一个女皇帝封禅，这纯粹是异端嘛！所以说，前面两次封禅都受到女性干政的强烈影响，而玄宗拨乱反正，反的内容之一就是女性干政，怎么能再沿用那一套呢？怎么办呢？张说不是文人领袖吗，对礼仪非常内行，玄宗就把这件大事交给他办了。张说跟丽正书院的学士们反复商量了大半年，到开元十三年（725）十月，终于把整个仪式的方案拿出来了。

这个方案和高宗那次相比，改革最大的是在禅礼的部分。所谓"禅"就是祭地。高宗时候，按照男性祖先配天、女性祖先配地的原则，陪祭的是长孙皇后——唐高宗的母亲。正因为是女性陪祭，所以武则天才找到借口，说男女授受不亲，既然接受祭祀的是婆婆长孙皇后，是女性，那可不能让大臣插手，只能是她这个儿媳妇充当亚献。这一次，为了避免再出现类似情况，张说把禅礼改了，陪祭的不是玄宗的母亲，而是玄宗的父亲——唐睿宗。那有人可能要问，睿宗配地，谁配天呀？开国皇帝唐高祖配天。这样一来，高天厚地之恩就全成了男性祖宗的事了。被祭祀的对象既然都是男性，那么献上祭品的人当然也就得是男性了。到底都是谁呢？首献没得说，当然是玄宗本人。亚献是唐玄宗的堂兄邠王李守礼，终献是玄宗的大哥宁王李成器，当时已经改名叫李宪了。

张说这样改仪式有什么意义呢？首先，当然是继续清除自武则天以来女性对于政治生活的影响，这是唐玄宗自开元以来政治的主旋律。其次，它也再次强调了李唐皇室的精诚团结。李守礼是高宗长孙，李宪是睿宗长子，当年都是李隆基当皇帝的竞争者，玄宗对他们也没少防范。现在时过境迁，他们已经不可能再掀起什么风浪了，就让他们充当亚献和终献吧，也是表明玄宗对他们身份的尊重。自武则天以来，李唐皇族都已经七零八落了，活下来不容易，不是更应该精诚团结吗？这也算是对皇室的一种正面教育。

现在，财政状况良好，礼仪细则也已制定出来，剩下的最大问题就是安全问题了。那么，安全问题是怎么解决的呢？

所谓"安全"，倒不是怕路上有刺客，而是怕皇帝和大臣都不在首都，老对手突厥、契丹等周边民族趁机入侵。怎么办呢？张说就跟兵部商量，想要多派些军队到沿边地带，严防死守。这时候，兵部郎中裴光庭说话了。他说：所谓"封禅"，不就是向天地报告成功吗？什么叫成功？国家富强、四夷宾服才是成功。现在一方面封禅，另一方面又怕少数民族，这不是笑话吗？张说问：那你说怎么办呢？裴光庭说：在我们大唐周围这些民族里，突厥是最强的，其他民族都随着突厥行事。所以，只要突厥不动，其他民族就都没问题了。可是，怎么才能保证突厥不动呢？裴光庭说：突厥多次请求跟我们和亲，朝廷都怕助长了他们的威风，没有答应。现在不如派一个使者到他们那里去，暗示他们，只要随同封禅，和亲就有希望。突厥想和亲，必然派人来。这样一来，我们手里既有人质威胁着他们，又有和亲的事情诱惑着他们，他们肯定就老实了。另外，只要突厥带头随同封禅，其他民族保证跟风，这样一来，我们不就高枕无忧了吗？张说一听行啊！这个裴光庭别看官不大，相当有头脑！

于是张说马上派一个使臣到突厥去了。果然，使者一去，突厥第一件事说的就是和亲。他们说：吐蕃哪有我们高贵呀？契丹和奚就更差了，过去都是我们突厥人的奴隶。现在倒好，他们都能与大唐的公主和亲，为什么我们可汗屡屡求婚，都被拒绝？我们也知道，那些和亲的公主都不是皇帝的亲生女儿，我们也不在乎什么亲生不亲生的，好歹嫁给我们一个，否则我们也太没面子了，以后还怎么在别的民族面前做人呀？使者一看上钩了，马上保证，我回去就跟皇帝汇报这件事。另外，我给可汗您出个主意。我国即将举行封禅大典，您若想和亲，最好随从这次封禅，给皇帝留个好印象，这样再谈和亲的事不就容易了吗？突厥一听非常高兴，马上把一个重臣派出来了。其他民族看见突厥都来共襄盛典，就更不敢怠慢，或者是王本人来，或者是派儿子、重臣来，个个争先恐后。就这样，不费一兵一卒，安全问题也解决了。

经过宰相张说等人的积极工作，唐玄宗封禅前的各种问题都迎刃而解，真是万事俱备，只欠东风了。封禅大典已经开始倒计时。随着历史的远去，现在的人们已经很难想象，封禅到底是一个什么样的大典呢？

三、封禅大典

开元十三年（725）十月十一日，玄宗领着文武百官、皇亲国戚、儒生文士、四夷酋长，还有日本、新罗、大食等国的国君、使者从洛阳出发，浩浩荡荡地向泰山进发了。场面浩大，光是后勤供应队就前后绵延了好几百里。一路上彩旗飘扬、鼓乐喧天。这已经够壮观的了，而最热闹的是晚上宿营的时候，方圆好几十里全是帐篷。人热闹，马也热闹。随行的几万匹马，按照毛色区分，每种毛色单独编队，组成方阵，远远望去，一块黄、一块白、一块黑，简直就像织锦的缎子在地上跑，真是让人叹为观止。大队人马在路上走了20多天，到十一月初七，封禅的队伍终于到达了泰山脚下。这么多人难道都登山吗？不可能，人多，太挤！玄宗说了，神仙好清净，咱们这么多人，别都上去了，就宰相、诸王和礼官跟我走，其余人都留在山下等着吧！

泰山还是比较险峻的，光爬上去也要一天的时间。所以，按照张说的安排，第一天爬上去之后就在山顶宿营，第二天再举行仪式。一直到这一步，整个封禅活动还都相当顺利。可没想到，半夜时分，忽然下雨了。这可是十一月，凄风苦雨扑面而来，把卫士们冻得瑟瑟发抖。这可让玄宗和张说着急了。举行典礼最怕坏天气，再说了，封禅本来就是告成于天地，要是老天下起雨来，岂不是面子上不好看？怎么办呢？这时候谁也做不到人定胜天，只能祈祷老天爷开恩。那老天爷还真给面子，眼看着清晨将至，雨居然停了。云开日出，天清气爽。这对于玄宗君臣来讲简直是意外之喜。玄宗赶紧登坛祭拜，焚柴展礼。眼看着祭天的大火熊熊燃烧，山下等候的大队人马山呼万岁，声震天地。

这时候，玄宗非常激动，对张说说：国家能走到今天，全靠宰相辅佐啊！希望我们君臣之间的关系永远能像今天一样！张说也很兴奋，他动情地说：昨天夜里还乌云密布，细雨绵绵，今天早晨就天清气朗，这真是上天显灵，是千古未有的奇迹啊！希望陛下以后慎终如始，则天下幸甚！君臣两个说得这样动人，马上周围又是一阵欢呼。封泰山之后，唐玄宗又在社首山举行禅礼祭地，到十三日，封禅的主体活动基本完毕。唐玄宗在帐殿接受中央文武百官、地方刺史、儒生文士代表以及几十个来自各个民族、各个国家的首领和使者的朝觐，真是空前的国际盛会。看到眼前的盛况，玄宗抚今追昔，感慨万端。在高兴之余，他大赦天下，封泰山神为天齐王。真是普天同庆，连山神土地都跟着沾光了。

在史书的记载中，唐玄宗的这个封禅大典可谓规模巨大，盛况空前，呈现出开元盛世的伟大画卷，中国历史上的黄金时代通过这次封禅体现了出来。但是这次封禅的背后，又潜伏着怎样的危机呢？

四、封禅评价

我们应该怎么评价唐玄宗的这次封禅活动呢？我想，有三点值得注意。

首先，这次封禅是开元盛世成就的充分展示。我们说过，封禅是中国古代最隆重的典礼，不是哪个皇帝都有资格举行的。张说曾经总结了封禅的三个条件，非常有道理：第一，位当五行图箓之序；第二，时会四海升平之运；第三，德具钦明文思之美。"位当五行图箓之序"其实就是说，你的政权具有政治上的合法性，不是小朝廷；"时会四海升平之运"是指国力强盛，天下太平；而"德具钦明文思之美"则是指统治者道德高尚，推崇文教。拿这几个标准衡量唐玄宗，他都做到了，而且做得非常成功，非常到位。正因为如此，他的这次封禅才成为整个中国封建历史上六帝十次封禅泰山中最为成功，也最为隆重的一次。

　　其次，这次封禅也是开元中期唐玄宗逐步走向好大喜功的一个突出标志。整个封禅活动筹备用了一年的时间，从洛阳到泰山，路上又是一个月；在泰山上，正式典礼又持续了一个多星期。从皇帝到卫兵，几万人参加庆典，为他们提供服务的恐怕就不止几万人，而是几十万、上百万人了。从洛阳到泰山的路上，每次宿营，光是帐篷就要占据方圆几十里，沿途老百姓得受多大的影响啊！所以，封禅之后，唐玄宗并没有原路返回，而是换了一条路线。因为无论多富庶的地方，短时间内也禁不起两次折腾。可能有人认为，在一定历史时期，举行这样一次标志性的活动也是有意义的，它可以凝聚人心，提高国际地位。没错，仅仅一次封禅并不能表明玄宗的统治理念发生了变化，但是，关键问题是，封禅不是一次单一的活动，而是一系列热闹活动的开端。什么活动呢？

　　开元十七年（729），也就是封禅四年之后，八月初五，玄宗的生日到了。这一天，兴庆宫里大摆筵席，为玄宗庆祝生日。曲水流觞，酒酣耳热之后，左丞相源乾曜和右丞相张说率领文武百官跪在唐玄宗面前，说：44年前的今天，祥光照室，陛下诞生，如果没有那一天圣人的诞生，怎么会有今天的太平盛世呢？所以，请陛下把八月初五设定为全国性的节日吧！玄宗怎么反应的呢？这一次，玄宗连形式上的谦虚也不要了，根本没有推让，就满口答应下来。他说：朝野同庆，这是好事啊！从此之后，八月初五就叫千秋节，全国放假三天，每个村子都要摆寿酒，普天同庆。皇帝过生日，大家得有所表示啊！怎么表示呢？玄宗君臣连细节都想好了。这一天，群臣要给皇帝敬献万岁寿酒，王公贵戚要献金镜绶带。老百姓见不到皇帝，就不用给皇帝送礼了，都用丝线编织"承露囊"互相赠送，表示承受皇帝的雨露之恩。要知道，在中国古代，节日都是根据时令定的，拿皇帝生日作为国家节日，唐玄宗可是第一个，这还不是好大喜功吗？所以，很明显，从封禅泰山开始，玄宗君臣逐渐骄傲起来了，越来越喜欢排场、喜欢享乐了。

最后，尽管好大喜功、奢侈享乐的倾向出现了，但是，在这个时候，玄宗还是比较注意民生疾苦的。举两个例子。

第一个例子，在封禅泰山的过程中有一个传统仪式，就是把写着祭祀文的玉牒放在祭祀用的石室里。按照以前的惯例，这个玉牒究竟写了什么，从来都是秘而不宣的。可是，这次，玄宗忽然问：为什么玉牒一定要保密呢？礼部侍郎，也就是大诗人贺知章回答说：因为牒文一般都写的是皇帝的私人请求，比方说请求当神仙、长生不老之类的事情，所以不好公布。玄宗说：原来是这样啊！我这个牒文写的不是这方面的内容，所以，不妨公布出来，让文武百官都知道！那唐玄宗的牒文到底写了些什么内容呢？牒文是这样写的："恭承大宝，十有三年。敬若天意，四海晏然。封祀岱岳，谢成于天。子孙百禄，苍生受福。"注意，这个牒文最后可是归结到"苍生受福"了，这个境界还是比较高的。我们拿他跟武则天比一比就知道了。武则天封禅嵩山，玉牒没有找到，但是与之内容相似的金简找到了。她的金简里写道："大周国主武曌好乐真道长生神仙，谨诣中岳嵩高山门，投金简一通，乞三官九府，除武曌罪名。"这里有没有跟老百姓有关的内容？没有！全都是个人私利。两相对比，不就看出玄宗的境界来了吗？事实上，开元年间之所以能取得这么大的成绩，不正是因为玄宗心里还装着百姓吗？

再举一个例子。玄宗从泰山返回洛阳，途经宋州，就是今天河南的商丘，在酒楼宴请随从官员，宋州刺史当然也在座。酒席之上，玄宗对张说讲：过去我也总派使臣到地方考察官吏，这次出来走了一圈，才知道，他们经常骗我呀！这次封禅，有几个地方官值得表扬。第一个是怀州刺史王丘，他除基本物资供应之外，再没有孝敬过其他东西，是个好官。第二个是魏州刺史崔沔，他给我提供的帐篷都质朴无华，没有什么装饰，这是希望我俭朴，也不错。第三个是济州刺史裴耀卿，他给我上了一个表，写了好多规谏的话，跟我说，封禅绝不能扰民，如果扰民，就失去封禅的本意了。我看了也很有感触，这篇文章已经被我放在座位旁边了，随时看看，提醒自己。第四个就是在座的宋州刺史寇泚了。说完，他回头对寇泚说：你知道我为什么表扬你吗？因为这几天身边的人老是跟我告状，说你安排的饭菜太简单！我知道，你是不愿意巴结我周围的人来给自己求官。来，我敬你一杯！张说一看皇帝都亲自敬酒了，赶紧率领群臣起来祝贺。整个酒楼，万岁声喊成一片。没过多久，这几个受表扬的人都升官了。

唐玄宗表扬的这几个人有什么共同特点呢？两个字："爱民"。唐玄宗表彰提拔这些爱民的地方官，也说明他心里还想着百姓。一方面好大喜功，另一方面还在勤政爱民，这其实也正是开元中期唐玄宗的基本政治特色。

不管怎么说，这次封禅，体现了玄宗十几年统治卓越的成就，也体现了张说杰出的组织才华。通过封禅，玄宗和张说君臣都达到了人生的巅峰状态。在泰山上，玄宗曾深情款款地对张说说：希望君臣之间能够互相扶持，天长地久。可是，谁也没想到，言犹在耳，张说却要大难临头了。

第三部分
盛世危情

　　成就真是一把"双刃剑"，它既让人欣慰，也让人自负。

　　随着开元十三年（725）封禅大典的成功举行，唐玄宗的自负感也膨胀起来。

　　他已是一个成熟的政治家，难道还要像开元初年那样虚怀若谷、奉公灭私吗？

　　他已经创造了前无古人的业绩，难道还要像开元初年那样刻苦自励、谨身节欲吗？

　　"十事要说"言犹在耳，但是，唐玄宗已经怠惰了。

　　他废黜皇后，诛杀亲子，厌倦贤相。

　　盛世的喜悦气氛下，又隐藏着哪些危机呢？

第十九章　张说下台

唐玄宗封禅大典的成功和一个人密不可分，此人就是张说。无论是在封禅之前还是在封禅过程中，张说都是殚精竭虑，为大典的圆满举行出力多多。然而封禅大典刚刚结束五个月，张说还没来得及享受封禅带给自己的荣耀，转瞬之间就已锒铛入狱。

这到底是怎么回事？他和唐玄宗之间发生了什么？

一、封禅得罪了人

封禅是张说人生的顶点。但是，就在他还在泰山顶上得意扬扬，一览众山小的时候，山上山下好多人都对他瞋目切齿。谁对他不满意呢？有四类人：士兵、官僚、宰相和皇帝。

有人会想：这不是把参加封禅活动的所有人都包括进去了吗？没错。张说还真是有点犯众怒了。这些人怎么都怨恨他呢？

先看士兵。封禅队伍里头，占大多数的就是士兵了。沿途的保卫、后勤补给全靠他们。不光人数最多的是他们，最辛苦的也是他们。大清早，皇帝和官员们还没起床，他们就得先行开路；晚上，别人都睡觉了，他们还得站岗放哨。最倒霉的是在泰山顶上，不是下雨了吗？顶风冒雨在皇帝的帐篷旁边，一边巡逻一边瑟瑟发抖的还是他们。士兵们这么辛苦，说白了无非是图一点赏赐。当时不是已经雇人当兵了吗？好多人就想，平时在首都站岗放哨都给钱，这出远门更得给钱吧，再说，这可是封禅，千载难逢的大典，我们这么吃苦受累，赏赐肯定少不了。这种想法甚至成了他们长途跋涉的主要动力。封禅一结束，好多人就眼巴巴地等上了。可是，张说怎么对待士兵呢？他一分钱赏赐没给，只是给每个随行的士兵都封了一个勋官。勋官是什么？勋官是将士们通过立功取得的一种头衔，在唐初还有一定的优待，但是到唐玄宗时，勋官已经完全变成一种荣誉称号了，什么实际待遇都没有。要知道，老百姓最讲实惠了，谁稀罕这种高帽子呢！再说了，国家为了这次封禅，多少钱都花了，怎么对士兵就这么苛刻呢？所以，士兵恨透了张说。

那有人可能会想，张说对士兵不好，看来好处都给当官的了。是不是呢？也不是，当官的对他意见更大。封禅之前，玄宗不是让大部分官员都留在泰山脚下，只让宰相和礼官随同登山吗？如此说来，让谁当礼官那可真是万众瞩目了。因为根据规定，协助皇帝封禅的礼官可以直接升任五品官！五品官可是中级官员了，号称通贵，好多人一辈子都熬不上去，现在登一次泰山就解决问题，谁不愿意呢？那到底会让谁去呢？

张说早开好一个单子了，里面全是自己的亲戚朋友，还有平常跟自己关系好、给自己打工顺手的中书、门下两省小吏。开完这个单子，他就把一个叫张九龄的中书舍人叫过来，让他根据这个单子起草一份正式的诏书。张九龄是诗人，也是张说的好朋友，他出身于岭南地区的一个小户人家，文章写得非常好。张说作为文坛领袖，惺惺相惜，对张九龄特别欣赏，不仅在仕途上提携他，还跟他认了本家。张说对张九龄好，张九龄也知恩图报，处处替张说着想，千方百计维护他的利益，简直就像儿子对待父亲一样。

可是，这一次，连张九龄都觉得张说做得太过头了，就劝他说："官爵者，天下之公器，德望为先，劳旧次焉。若颠倒衣裳，则讥谤起矣。今登封霈泽，千载一遇。清流高品，不沐殊恩。胥吏末班，先加章绂。但恐制出之后，四方失望。今进草之际，事犹可改，唯令公审筹之，无贻后悔也。"说官爵乃是天下的公器，授官应该先考虑道德声望，再考虑劳苦程度以及个人爱憎。一旦颠倒了这个原则，大家就要有意见了。如今遇到千载难逢的封禅盛典，更是万众瞩目。那些众望所归的人物还没得到什么恩典，先让小吏升官，恐怕不太合适。如今这个名单还只是一个草稿，还可以更改，一旦形成正式公文，可就不好挽回了。您千万想清楚啊！这话说得够明白、够恳切了吧？可是，自负的张说却没听进去，他对张九龄说：这种老生常谈，根本不必考虑！我已经决定了，就这么办！结果怎么样呢？这份名单一出，一下子真是舆论哗然，官员都炸锅了。这不是明目张胆地以权谋私吗？张说也太目中无人了吧。这样一来，那些没能跟着上山的官僚就都很不满意了。

没上山的官员不满意，那上山的人应该满意了吧？也并不都满意。谁不满意呢？宰相源乾曜就不满意。本来，张说刚提出封禅的时候，源乾曜是不同意的，他觉得劳民伤财。但是既然皇帝愿意，他也没有办法，只能帮着张说张罗。这还不算什么，真正让他受不了的是整个封禅过程全成张说露脸了，居然没他什么事！领衔请愿的是张说，起草仪轨的是张说，写祭祀文的还是张说，整个封禅就看见张说活动了，源乾曜成了摆设。所以，在泰山顶上，皇帝才会只对着张说抒情。就算是宰相之中有主有从，也不能这么不给面子啊！源乾曜虽然好脾气，但是，好歹也算三朝元老了，以前跟姚崇、张嘉贞都配合过工作，也没见谁这么欺负他呀！所以也是愤愤不平。

张说得罪的前三类人，都是因为利益受损而对张说产生了不满情绪，这是人之常情，我们可以理解。但是张说还得罪了皇帝，这就不好理解了。在封禅大典中，张说算是最大的功臣了，他怎么可能得罪皇帝呢？

　　说起来还是一个演小品的优人惹的祸。张说不是让自己的亲戚朋友都当礼官，然后超迁为五品官吗？其中，受益最大的是他的女婿郑镒。小伙子本来是个九品官，这下子直接蹿升到五品，平步青云了。玄宗封禅完毕，宴请随行官员，大家都穿着官服来了。紫的是三品，红的是五品，分得很清楚。这时候，玄宗忽然在五品官的队伍里发现了一个年轻小伙子，觉得眼熟，仔细一看，这个人正是郑镒。咦？前几天他还是个九品官，怎么一下子成五品了？就问他，你做什么贡献了，怎么官升得这么快呀？郑镒小脸儿通红，说不出话来。这时候，有一个叫黄幡绰的优人看了张说一眼，挤眉弄眼地说："此泰山之力也！"一方面，提醒玄宗，人家从封泰山来着；另一方面，也点出这小伙子的来头了，他可是张说的女婿。要不是有张说这么一个有本事的岳父，陪皇帝登泰山这样的好差事能轮得着他吗？现在岳父不是还有一个雅号叫泰山吗？就是从这儿来的。黄幡绰这句话一说完，官员都笑了，可是，玄宗不禁皱了皱眉头。他只知道张说精明能干，没想到还有营私舞弊这一面！

　　这样看来，因为这次封禅，张说把人得罪得差不多了，连皇帝也有点不信任他了，这可不是一件好事。但是，我们也知道，仅仅因为这些问题是不会让张说进监狱的，无论如何，张说在封禅问题上还是功大于过的。关键是，有人正在睁大眼睛找张说的错，只要有裂缝，接下去就好办了。

二、宇文融发难

　　谁在盯着张说的错处呢？财政专家宇文融。他和张说可是一对老对头了，宇文融主持搜检逃户的时候，张说处处牵制他，每次他有什么建议，张说总要驳回几次，实在不行了才让通过，这让宇文融非常愤懑。张说为什么总和宇文融对着干呢？有三个原因。

　　第一个原因是两个人治国理念不同。张说是知识分子出身，受儒家教育长大。传统儒家重义轻利，最不喜欢讲经济，也最不擅长讲经济，所以张说认为如果国家干涉经济，那就是扰民，是与民争利。可宇文融是个从基层干起来的实干家，对于他来说，理财是天经地义的国家大事。国家就是要对经济做出宏观调控，怎么能什么都不管呢？两个人理念不同，张说不赞同宇文融的思路，所以他制约、打击一下宇文融，还算出于公心。

　　第二个原因就没那么光明正大了。张说嫉妒宇文融。宇文融是覆田劝农使，直接对皇帝负责，很得皇帝宠信，而且几年之间连升三级，这让张说很不痛快，所以想在自己的职权范围之内压一压宇文融。上一章我们讲过，张说改革宰相机构，也有控制宇文融的意思。

　　更重要的是第三个原因，张说瞧不起宇文融，因为宇文融没有文化。俗话说"物以类聚，人以群分"，张说是靠写文章起家的，也是当时的文坛领袖，他一辈子就喜欢跟自己一样的文人。他提携张九龄，就因为张九龄文章写得好，他认为是"后来词人之首"，所以不光提拔他，还纡尊降贵，主动跟他通谱连宗认本家。可是对宇文融这样文化水平不高，靠门荫或者实干起家的，他是一百个看不起。当时张说经常压制宇文融，张九龄就提醒张说，说："宇文融承恩用事，辩给多词，不可不备也。"而张说却说："此狗鼠辈，焉能为事！"拿他都不当人看，宇文融能不生气吗？

可是，生气归生气，在封禅之前，宇文融不敢把张说怎么样，他只能忍着。但是封禅后，既然这么多人都讨厌张说，那就算有群众基础了，他想趁这个机会斗一斗张说！怎么斗呢？皇帝不是已经对张说任人唯亲有所不满了吗？宇文融就从这儿下手。

开元十四年（726）年底，封禅刚刚结束，一年一度的选官工作又要开始了。本来，按照惯例，选官是由宰相挂帅，吏部具体负责，也就是张说领导着吏部的官员干的。可是这次，宇文融给唐玄宗提了一个新方案，他说：张相公和吏部的长官负责选官，这是谁都知道的事情，候选人难免会有请客送礼一类的举动。再说了，总让他们主持，这不是也有结党营私的危险吗？唐玄宗一听，正好触动了心事。是啊，封禅泰山，张说就把女婿、亲信都照顾到了，现在主持选举，谁能保证他公平呢？那怎么办呢？宇文融提议说：不如绕过吏部，临时选10个人主持选官，这样不就能保证不受干扰了吗？玄宗听了频频点头。不是要找10个人吗，第一个就把宇文融算进去了。其余的还有卸任的宰相苏颋、玄宗封禅后表扬过的爱民刺史王丘等，反正也都是一时之选。这10个人分别主持选官，然后把结果汇报给玄宗，玄宗再一一审核。这就把宰相、吏部都晾到一边去了。

宇文融主动出击了，张说非常生气，心想：这不是冲着我来的吗？照理性的看法，既然是皇帝要绕过他、绕过吏部，就说明他已经不受信任了，那就应该低调一点，不再插手这件事，从此以后防着宇文融就是了。可是张说这时候既是被封禅的成功冲昏了头脑，也是被宇文融给气糊涂了，他不但一点都没低调。相反，他把宰相的架子摆足了。经过宇文融他们10个考官圈定，也经过皇帝认可的官员名单，最终还要得到宰相认可，于是张说就对着名单横挑鼻子竖挑眼，充分行使否决权，最后搞得一塌糊涂。唐玄宗这下可真生气了，你张说也太骄横跋扈了吧，连我都不放在眼里了！

三、锒铛入狱

让皇帝生气，这后果已经很严重了。不过，张说如果能就此打住的话，也还可以挽回。但是有一句话说得好：当局者迷。张说也不例外，他沿着错误的道路越走越远了。

开元十四年（726）年初，唐玄宗看上了一个叫崔隐甫的人。这个人也是从基层起家，长期担任地方大员，政绩突出。这时候，玄宗想让他当御史大夫，就是御史台的最高长官，负责监察，有点类似于中纪委书记。玄宗拿这个人选跟张说商量，结果张说一听，马上就否决了，说：这个人胸无点墨，哪能当御史大夫？陛下要是想用他，顶多让他当个武官。至于您说的御史大夫，我倒有一个人选，就是崔日知。此人以前和我共过事，非常能干，而且文化水平高，正好胜任御史台。张说这建议好不好呢？平心而论，也并无大错。他力荐的崔日知是唐隆政变功臣崔日用的堂弟。当年中宗时候谯王重福在洛阳发动叛乱，官员都跑光了，正是他力撑危局，平定叛乱，也确实是个能人。按理说，纠正皇帝的偏颇，给皇帝推荐合适的官员人选也是宰相的重要职责，张说以前也不是没有做过。然而，这一次张说这么做却是大错特错了。玄宗本来对他就一肚子气，这时候更是怒不可遏，什么事都得你说了算，我倒要让你看看谁是皇帝！没过几天，唐玄宗就宣布了，任命崔隐甫为御史大夫，至于崔日知嘛，既然张说说崔隐甫顶多当个武官，那就让崔日知当好了，任命崔日知为羽林将军！

这件事对张说可是大大的不利，他不仅把皇帝得罪了，顺带着还把御史大夫崔隐甫也得罪了。要知道，御史台可是管监察的，就算是宰相，也是他的监察对象。而且，更要命的是，宇文融当时也是御史台的人，是御史中丞，这样一来，张说在御史台就已经有两个敌人了。

有了崔隐甫这件事，宇文融觉得自己离胜利不远了。可是要想一举成功扳倒张说，光他和崔隐甫两个人还没有把握。因为众所周知，他和崔隐甫跟张说都有过节，要是只有他俩出头的话，容易让人怀疑动机不纯。于是，宇文融决定再拉一个人增加公信力。这个人就是唐玄宗一朝大名鼎鼎的权相李林甫。只不过当时他还只是个御史中丞，而且，这个御史中丞还是宇文融帮他当上的。宇文融为什么拉李林甫呢？很简单，除了赏识李林甫之外，还因为李林甫本人也没文化。这样的人，张说注定看不起。而只要张说在上头，李林甫也很难混上去。所以，单从自己的前途考虑，李林甫也不会不同意。就这样，御史台三个没文化的人联合起来了。他们的共同目标只有一个——扳倒张说！

开元十四年（726）四月初三，几个人发难了，告张说三大罪状：第一，私下结交僧人和术士，图谋不轨；第二，以权谋私，招权纳贿；第三，纵容手下的小吏贪赃枉法。这几条罪状可不得了，当年，姚崇只犯了其中一条，纵容手下贪赃枉法就被迫辞职了，何况这里又增加了两条。在这两条里，最有杀伤力的是哪个？肯定是招纳和尚术士占星！要知道，玄宗可是靠政变起家的，他最了解和尚道士的分量了，所以，开元年间，玄宗就三令五申，禁止百官公卿跟和尚道士交往。现在张说都已经贵为宰相了，他还要占星干什么？他可是搞过政变的人，不得不防！玄宗本来已经不满意张说了，接到这份奏疏之后更是勃然大怒，马上下令，把张说抓起来！

张说终于因自己的跋扈和宇文融的算计锒铛入狱。那么，张说被抓后，唐玄宗将如何为他定罪呢？一向重感情的唐玄宗会不会放他一马呢？

抓起来之后，玄宗命令刑部、大理寺和御史台三堂会审，侍中源乾曜负总责。源乾曜本来就讨厌张说，另外，他跟宇文融一直关系不错，当年宇文融还是一个县主簿的时候，就是源乾曜发现了这匹千里马。所以，这个案子的审理结果没有任何悬念。经源乾曜他们确认，御史台的弹奏完全属实，张说必须被绳之以法！我们上一章讲过，张说和张嘉贞斗法的时候，利用张嘉贞想要救弟弟的迫切心情，狠狠要了张嘉贞一把。现在，轮到张说他们家来体会这种兄弟情义了。张说的哥哥张光跑到朝堂去，跪在玄宗的面前割耳陈冤，血流满面，结果玄宗扬长而去，不予理睬！到了这一步，张说真是凄凉无比，简直就像从泰山顶上直接掉下来一样。

可能有人会想：玄宗也太无情了吧？没错，专制皇权本来就有非常无情的一面，但是，要说玄宗对张说一点情义都没有，还真是冤枉玄宗了。虽然张光诉冤时，玄宗没有表态，但张说被关了两天后，玄宗又怜悯起他来了，派自己的心腹宦官高力士前去探视，看看张说过得好不好，有没有悔罪表现。要知道，高力士和张说都是唐玄宗先天政变的功臣，本来关系就不错；再说了，既然是玄宗派他去探视，高力士能不明白其中的感情吗？所以，回来之后就向玄宗汇报了，说：张说可怜极了，我去的时候，他正蓬头垢面地坐在草上，捧着一个瓦罐吃饭呢。我一看，里面竟是粗麦粒，就问他怎么不让家里人送点可口的来。结果张说对我说：我既然犯罪了，哪能再享受生活呢？您听，他是故意让家人送这种东西的，这是在惩罚自己呢！有道是人非草木，孰能无情，当年张说是个何等骄傲的人啊！唐玄宗哪能真的忍心把一个意气风发、神采飞扬的宰相逼成这个样子呢？既然玄宗流露出了不忍的意思，高力士赶紧趁热打铁，说：张说当年曾经当过您的老师，于国有功，对您也还是忠心的，还是放他一马吧！就这样，张说又给放出来了，当然，中书令是别想再当了。

那我们应该怎样评价张说遭逢的这场牢狱之灾呢？我想，有三点值得注意。

第一，玄宗对宰相似乎越来越不客气了。姚崇是辞职，宋璟和张嘉贞是免职，到张说这里，已经是关进监狱再免职了。张说当宰相的时候主张"刑不上大夫"，没想到自己倒经受了牢狱之辱。这也算是一个巨大的悲哀吧。

第二，最后挽救张说的，除了玄宗的怜悯之心、念旧之情外，还有宦官高力士的得体汇报。高力士的说法居然能够决定一个大臣的命运，我们由此也可以看出他，乃至宦官这个集团的巨大能量。这也是高力士在先天政变后第一次出现在正史记载之中，以后，他的角色会越来越重要，记载也会越来越多。

第三，张说之所以有这样的结局，和宇文融的打击直接相关。张说和宇文融有意气之争、利益之争，但是，最重要的还是所谓的文学和吏治之争。张说尚文，以文化水平为衡量人的基本标准；而宇文融尚吏，以办事能力为衡量人的基本要素。这两种倾向也正是唐玄宗当时用人的两条基本思路。本来，张说上台意味着文治的抬头，现在看来，似乎吏治派又占了上风。看来，对于到底怎样任用这两类人士，玄宗本人还在思考纠结之中。就在张说和宇文融斗法的过程中，还有两个重要人物分别在两个阵营参战。一个是宇文融派系的李林甫，另一个则是张说派系的张九龄，这两个人都是未来的宰相。可以想象，文学和吏治之争还会继续下去。高层之间的斗争，似乎已经成为玄宗中期政治的一个阴影了。

第二十章　后位之争

唐玄宗的结发妻子王皇后为其登上皇位出谋划策，起到了重要的内助作用；李隆基登上皇位后，王皇后也顺理成章地戴上了凤冠，成为六宫之主。然而好景不长，王皇后很快就遇到了一个强劲的对手——武氏。

唐玄宗自从喜欢上武氏之后，对她百般宠爱，武氏也恃宠而骄，产生了取代王皇后的想法。一边是割不断的旧情，欲理还乱；一边是赏不够的新宠，欲罢不能。

唐玄宗究竟会作出怎样的取舍呢？

中国古代有两句话非常有趣，一句是，"贫贱之交不可忘，糟糠之妻不下堂"，另一句则是，"贵易交，富易妻"。这两句话的意思恰好相反，但是都广为流传。

怎么理解这两句话呢？我觉得，这两句话其实一句讲天理，一句讲人欲。如果谁做到了"糟糠之妻不下堂"，那就是天理战胜人欲，是道德君子。谁要是有钱有势了就想休妻再娶，那就是人欲占胜天理，没良心。这样的人在民间被叫作陈世美，落实到我们所讲的这段历史，就叫唐玄宗了。

开元中期，唐玄宗的感情生活出了问题，最后以废黜皇后告终。

一、将门虎女

唐玄宗的皇后姓王，其父是一个折冲府的果毅都尉。果毅都尉是五品的武官，所以，王皇后也算是将门之女。有人可能会说，这个皇后出身不怎么样！话可不能这样讲。要知道，王皇后是在李隆基当临淄王的时候跟他结的婚，那时候，李隆基还看不出有什么政治前途，所以，王皇后嫁给他也还算是说得过去。很快，李隆基就发现，这个媳妇娶对了。为什么呢？因为王氏是个不可多得的贤内助。

中宗去世后，李隆基开始策划政变，要诛杀韦皇后。按道理讲，这可是要准备掉脑袋的事情，别说是弱女子，就是七尺男儿也难免紧张，王毛仲不就临阵脱逃了吗？可是，王氏不一样，她是将门之女，从小就为人豪爽，胆略过人，帮着李隆基出谋划策，不仅不害怕，还显出一副兴致勃勃的样子。

后来，李隆基又跟太平公主斗法，这一次，王皇后可是经验丰富了，先天政变的时候，她不仅亲自参加策划，还让自己的双胞胎哥哥王守一直接参加战斗，兄妹俩双双立功。政变成功，玄宗终于当上了货真价实的真皇帝，她也成为名副其实的国母。所以说，她这个皇后的位子，可不仅仅是跟李隆基结婚得来的，而是凭着自己的功劳得来的。说到这里，我觉得她挺像长孙皇后。当年，唐太宗玄武门之变，长孙皇后不是亲自给战士发放武器吗？这两个皇后，都是难得的巾帼英雄。长孙皇后赢得了唐太宗终生的尊重，王皇后也应该差不多吧？

没错，开始的时候，王皇后坐在凭本事得来的位子上确实是底气十足。可是，非常不幸，王皇后的底气并没有维持多久，她很快就失宠了。为什么呢？因为她有几大弱点。

首先，王皇后的文化程度比较低。就和长孙皇后比较吧，长孙皇后会写诗，《全唐诗》现在还保存着她的诗歌。但王皇后就不行了。她是武官的女儿，想来小时候也没受过什么良好教育，斗大的字都认不了一箩筐。文化程度低也就制约了王皇后的转型。长孙皇后因为受教育程度高，所以，在玄武门之变后成功地从一个女英雄转型为一个齐家治国的贤内助，帮助太宗处理政事，井井有条。可是王皇后呢？别看她在政变的时候是个勇敢坚毅的好帮手，唐玄宗也比较仰仗她，但是一旦进入和平发展时期，需要用脑子而不是胆子给皇帝帮忙的时候，王皇后就无法胜任了。唐玄宗是个雄才大略、文雅风流的皇帝，作为皇后，总是跟不上皇帝的思路，不明白皇帝在想什么，能不被边缘化吗？

其次，王皇后的家庭背景比较差。一个皇后，毕竟不是一个宰相，即使个人素质差一点，如果能有家族支持的话也可以维持。就拿长孙皇后来说，她是关陇贵族出身，哥哥长孙无忌是当朝宰相。娘家势力大，就算是唐太宗也得高看她一眼。可是，王皇后的家族就帮不了她什么忙。她爸爸就是个老粗出身，又贪财又好酒，不给女儿惹麻烦已经算是不错了。哥哥王守一虽说政变的时候立了功，又因为妹妹当了大官，但是，因为能力不行，再加上玄宗防范外戚，所以始终就是闲职，没什么真正的势力。王皇后要想指望娘家的保护，没门儿。

最后，最致命的问题是王皇后的生育能力也不行。长孙皇后光是儿子就生了三个，而唐玄宗虽然儿子女儿一大群，但没有一个是王皇后的。中国古代讲究母以子贵，没有儿子，这对一个皇后来说可是大大的不利。

说了王皇后这么多不利条件，大家可能觉得，这皇后当得是比较费劲了。问题是，这还不是王皇后遇到的全部困难。她面临的最大打击是，唐玄宗喜欢上别的女人了。

唐玄宗是一位风流皇帝，他不仅事业风流，而且生活风流，宠爱过很多妃子。尽管如此，王皇后此前并没有特别的危机意识。但是，开元年间，当一个姓武的妃子出现后，王皇后逐渐开始寝食不安、度日如年。那么这个姓武的妃子究竟强在哪里？她为什么会让王皇后惶惶不可终日呢？

二、武妃崛起

唐玄宗是个多情的人，他喜欢过的人太多了。当临淄王的时候就有赵丽妃、刘华妃和皇甫德仪，但是，到开元年间，这几个女人渐渐都被他丢在脑后，他开始专宠一个姓武的女人了。这姓武的女人，说起来跟李隆基还是亲戚。她就是武则天的侄孙女，恒安王武攸止的女儿，唐玄宗的小表妹。这个武氏从小死了父亲，她也就按照当时的惯例，被接到宫里来抚养。

本来，武氏既然从小入宫，想来唐玄宗早就见过她，但是，哥哥妹妹的看惯了，小时候也没觉得她有什么特别之处。可是，有一句俗话叫"女大十八变"，开元初年，李隆基有一天突然意识到，昔日不起眼的小表妹已经出落成一个大美女了！这一次，唐玄宗的多情本性再次发作，不由得爱上了这个小表妹。当然，我们也知道，后宫里头的美女一抓就是一大把，武家表妹能吸引唐玄宗，肯定不光是因为长得漂亮，还得有其他的优势。《旧唐书》里引了一段唐玄宗的评价："行合礼经，言应图史。"说她文化程度很高，很有贵族气质。有这样的基础，再加上从小在宫廷里长大，又有武家人的优秀基因，她的政治心机也绝对上乘。换句话说，这个武氏不仅长得漂亮，而且言谈举止颇有当年武则天的风范。我们在第一章分析过，李隆基是在和女强人的斗争中成长起来的，对于女强人并不陌生，而且不乏尊重。所以，一看见秀外慧中的武氏表妹，马上就把从前那些花花草草抛到脑后了。

在他看来，那些妃子都是绣花枕头，只有武氏，才真正算是一个红颜知己！

在开元三四年的时候，武氏的地位进一步提高了。因为她的第一个孩子出生了。是个儿子，长得粉团一般，清秀可爱。玄宗爱不释手，每天一退朝就把他抱在怀里。虽然当时玄宗已经儿子女儿一大堆了，但是，他总觉得只有这个孩子才是独一无二的。我们讲过玄宗让宋璟给孩子起名字，还要求起一个特别的名字和一个特别的公主邑号。其实这个所谓特别的名字就是准备给这个孩子的，没想到让宋璟拒绝了。虽然玄宗在一般问题上都还肯听大臣意见，但是轮到这件事，他的表现可就跟一个溺爱孩子的普通父亲没什么两样了。你不是不给起名字吗？我自己起！唐玄宗决定，这个孩子就叫李一！别看这个"一"字笔画最简单，但是，含义可是最复杂的了，像什么一元复始、一鸣惊人，我们能想到一大堆成语。"一"就是本原，就是上天啊！可见玄宗对这个孩子抱了多大的期望。可是，老天就是这么残酷，这么聪明可爱的孩子只活了一岁多，就夭折了，这对唐玄宗和武氏可是莫大的打击。

唐玄宗和武氏因此伤心欲绝，还有一个人也伤心不已。谁呢？王皇后。只不过她不是为这个孩子伤心，而是为自己伤心。她切切实实地感觉到，自己的皇后之位面临着危机了。本来，王皇后不得宠已经不是一天两天了，她怎么这时候忽然觉得危险了呢？很简单，唐玄宗以前也喜欢过不少女人，但都是今翠明红，没有一定之规，她倒不怎么担心。王皇后也知道，当皇后就得有这个肚量，外面彩旗飘飘不要紧，彩旗越多，家里这杆红旗越不会倒。所以，那时候，王皇后还是以大肚能容著称的，对谁都是一副笑脸，宫里没有一个妃子说她嫉妒。但是，现在她看出来了，这个武氏跟此前的赵丽妃、刘华妃不一样。她的儿子叫李一，傻子都明白这是什么样的感情，不是这个小孩子独一无二，而是这个小孩子的妈独一无二！王皇后不怕丈夫花心，她就怕丈夫专心。这个女人这么得宠，总有一天会威胁到自己的位置！

怎么才能让玄宗回心转意呢？有人会说，如果丈夫在外面有了第三者，做妻子的应该对他更温柔更体贴，只有这样才能把他拉回家，而不是推出去。从理论上来讲，这个道理是对的；但是，从感情上来讲，有几个人能做到呢？特别是像王皇后这样的将门虎女，本来就是豪爽刚烈，让她玩这种弯弯绕，她不会。王皇后一着急，就用起最笨的方法，只要一有机会，就在玄宗面前说武氏的坏话，而且说着说着还要数落唐玄宗的不是，什么喜新厌旧、忘恩负义，大帽子一顶一顶地往玄宗头上扣，简直跟当年唐高宗的王皇后如出一辙。当年，唐高宗厌倦了唠唠叨叨的王皇后，越来越喜欢好像受了委屈的武则天，现在，时隔70年，历史又重演了。别看王皇后整天说武氏的坏话，但是，唐玄宗对武氏的感情一点都没有减弱。相反，他对王皇后倒是越来越不耐烦了。

唐玄宗对光彩照人的武氏表妹倾注了全部感情，正所谓"此花开时百花残"。武妃的出现，本来已经使得王皇后的地位岌岌可危，再加上王皇后的不智之举又加剧了玄宗的厌恶感，玄宗逐渐产生了废黜皇后的想法。然而，正当唐玄宗积极筹划废后的时候，一次泄密事件让唐玄宗陷入了被动，那么，这究竟是怎么回事呢？

三、预谋废后

在古代，废黜皇后可是件大事，要考虑好各方面的影响和后果，不能凭感情莽撞行事，而是要好好谋划。找谁谋划呢？能不能找宰相呢？唐玄宗的宰相倒是不错，可是一般说来，宰相如果没有私心，一定主张维持后宫稳定。所以，如果咨询宰相，肯定会引出他们一番类似于存天理、灭人欲的教训，在王皇后这儿，唐玄宗已经没少听数落了，他可不想到宰相那儿再听一遍。那找谁呢？只能找身边的亲信了。唐玄宗有个宠臣叫姜皎，是他当临淄王时交的朋友，也是先天政变的重要功臣，跟唐玄宗感情特别好，玄宗甚至特许他自由出入宫廷。每次玄宗在后宫喝酒，姜皎都跟后妃坐在一起，一点都不避嫌，所以，他对玄宗后宫里的事情门儿清。唐玄宗想，这家伙了解情况，又能真心为我着想，脑子也灵活，不如找他帮忙。他就把姜皎叫来了，说：王皇后嫉妒成性，而且性情粗鲁，我实在受不了了，你帮我考虑考虑，能不能拿她没儿子这个事情当理由，把她废掉算了。具体应该怎么操作，你想个方案给我。

姜皎会给玄宗出什么样的主意呢？他根本就没出主意。而且，他和王皇后认识的时间也不短了，不知道是不是因为有点同情王皇后，反正，姜皎出了宫门，就把这个事情泄露给了王皇后的妹夫。而这个妹夫，还恰好是李唐宗室，是玄宗的堂兄弟。既然和玄宗以及王皇后都是亲戚，这个妹夫就想了，我得劝劝他们，说起来大家都是一家人，有什么问题不能解决，非要离婚呢？于是，这位妹夫直接来找玄宗了，说：刚才我听姜皎说，陛下要废掉皇后？您看，我和陛下您以及皇后都是亲戚，我谁也不向着，但是，俗话说得好，"百年修得同船渡，千年修得共枕眠"，您和皇后能有多大的矛盾啊，何苦要搞到这一步呢？玄宗一听他这么说，真是万分尴尬。心想，姜皎啊姜皎，你真是不值得信任！现在这事情八字还没一撇，你就在外面宣传得沸沸扬扬，这不是要我好看吗？玄宗一时恼羞成怒，也顾不得和姜皎多年的情分，直接以散布谣言、挑拨离间罪把姜皎给抓起来了。这下，姜皎可真是吃了不把自己当外人的亏，别看平时关系那么好，没想到皇帝说翻脸就翻脸！玄宗在朝堂之上打了姜皎六十大板，然后将他流放岭南。姜皎这么多年养尊处优惯了，哪吃得了这份苦，结果还没到地方就死了。玄宗废皇后没废成，还赔上了一个好兄弟。

这次泄密事件让王皇后明白了，夫妻之间的患难恩情早已被唐玄宗抛到九霄云外，如果再不采取有效措施，她的皇后之位必将不保。那么，面对被动局面，王皇后又是如何应对的呢？

四、废王不立武

虽然皇后没废成，但是，王皇后可是吓坏了。俗话说，"不怕贼偷，就怕贼惦记"，只要皇帝惦记上了，废黜就是迟早的事情。怎样才能挽回玄宗的感情呢？这次，王皇后也学乖了，她不再一味地硬碰硬，也知道打感情牌了。怎么打呢？当时玄宗出于礼貌，偶尔也会到她这儿来敷衍敷衍。王皇后就抓住机会，眼泪汪汪地对玄宗说："陛下独不念阿忠脱紫半臂易斗面，为生日汤饼邪？"什么意思呢？阿忠，是王皇后的父亲王仁皎的小名。当年玄宗还是临淄王的时候，没少到丈人家去蹭饭吃。可是，王仁皎好赌钱喝酒，经常吃了上顿没下顿。有一次，李隆基在生日那天到王仁皎家去了，中国人不是讲究过生日吃长寿面吗？在唐朝面条叫汤饼。可是，王仁皎家连一点面都没有了，怎么办呢？再怎么艰难，也不能亏待了女婿啊！王仁皎就把自己身上穿的紫色的半臂衫脱下来，到当铺里当了，买回来一斗面，给李隆基做了一顿面条。现在，王皇后提醒李隆基，这样的艰苦岁月咱们都一起走过来了，我们家待你不薄，我王氏待你也不薄，你难道都忘了吗？多情的唐玄宗听了王皇后这番话也很感动，好一阵子都不再流露出废后的意思了。

另外，王皇后性格豪爽，虽然在皇帝这里不得宠，但是，跟其他妃嫔、宫女处得倒是蛮好的，大伙都觉得她平易近人，没架子，出手大方，是个傻乎乎的好人。所以，尽管谁都知道皇帝不喜欢她，可是没有一个人落井下石，说她的坏话。要知道，皇后可是六宫之主，王皇后群众基础这么好，唐玄宗也想不出什么理由来废黜她，这么一拖，差不多两年的时间就过去了。

虽然废后风波暂时平息，唐玄宗也已经好长时间不提废后的事了，但是，王皇后心里还是不踏实。她知道，打感情牌只能解决一时的问题，谁也不能整天生活在回忆里。为了挽回唐玄宗的心，王皇后准备从根本上解决问题。可是聪明反被聪明误，王皇后的举动反而加速了唐玄宗的废后步伐。那么，王皇后究竟做了什么呢？

王皇后觉得，上一次唐玄宗和姜皎商量废黜她，借口就是没有儿子。只要这个问题不解决，她的皇后地位就稳当不了。更要命的是，她不生儿子，武氏这几年倒是频频生育，而且生的孩子一个比一个漂亮，这让王皇后越发不安。怎样才能生一个儿子呢？王皇后就找她哥哥王守一商量。人要是遇到自己无法解决的问题，本能的想法就是求助于神灵。今天我们不是还能看到送子娘娘塑像前烧香的人吗？王皇后兄妹俩的想法和这些人一样，想要求神灵帮忙。

于是，王守一找到了一个叫明悟的和尚。明悟大师说，这个事情好办，我教你一个祭祀南北斗的方法。但是，光祭祀还不行，还要找一块霹雳木，也就是被雷劈过的木头，在上头刻上"天地"两个字和唐玄宗的名字，然后戴在身上，再念诵一条咒语，你就能生儿子了。王皇后病急乱投医，当然不折不扣地照办了。可是没想到，她头一天祭祀，第二天玄宗就知道了。

皇帝知道会有什么后果呢？要知道，这个事情如果放在现在，叫作搞迷信活动，批评教育两句也就完了，但是，在古代可不一样。在古代，王皇后的这种行为叫厌胜！厌胜可是重罪，一定要好好审理。唐玄宗亲自挂帅，把涉案的几个人都抓来了。结果，一审之下，更大的问题出来了，原来，明悟和尚让王皇后念的那条咒语可不是一般的咒语，他说的是："佩此有子，当如则天皇后。"到这一步，事情的性质就变了。本来，如果咒语只是"天灵灵，地灵灵，保佑我生一个儿子"一类的话语，这还是一般问题，可以理解，也可以从轻发落；但是，你要是说"佩此有子，当如则天皇后"，那就转化成政治问题了。因为当时谁不知道武则天是何许人呢？这可是唐朝统治者的最大伤痛，你王皇后念这样的咒语，难道也想改朝换代吗？事情到这一步，结局也就可想而知，王皇后被顺理成章地废黜，打入冷宫，很快郁郁而死。

可是，我们在为王皇后叹息的同时不免要问一个问题了，王皇后搞厌胜，唐玄宗是怎么知道的呢？谁在整天盯着她，关注她的一举一动呢？要知道，王皇后在后宫人缘不错，没有什么人特别恨她，因此，虽然史书没有记载，但是我觉得，这样做的只可能有一个人，那就是武氏。70年前，唐高宗时代，武则天就是整天盯着王皇后，终于抓到了王皇后的厌胜案，从而在废后问题上推进了一大步。现在，武氏故技重演，也抓住了王皇后的小辫子。这样看来，新一任的王皇后只是在咒语里表明要向武则天学习，但实际上却扮演了当年倒霉的王皇后的角色，而武氏才真正学到了武则天的精神。那武氏这样做目的是什么呢？傻子都知道，有废就有兴，她想当皇后了，而这也正是唐玄宗的意思。但是，如果王皇后刚一废黜，武皇后就闪亮登场，这也太明显了，影响不好。所以，唐玄宗和武氏都很有耐心，他们愿意等。

等了两年之后，开元十四年（726），唐玄宗觉得差不多了，终于跟大臣提出来，武氏温良恭俭让各项美德俱全，我想立她当皇后。这不又是一次废王立武吗？是不是70年前的历史重演了？没有重演。因为大臣反对了。李隆基这个动议刚一提出来，马上，一个叫潘好礼的人就上书了。他说："武氏乃不戴天之仇，岂可以为国母！人间盛言张说欲取立后之功，更图入相之计。且太子非惠妃所生，惠妃复自有子，若登宸极，太子必危。"什么意思呢？三点内容：第一，武家和李家有不共戴天之仇，怎么能让武家的人再当皇后呢？难道还想出一个武则天第二吗？第二，唐玄宗当时已经立了太子，而武氏又有自己的儿子，一旦她当上皇后，太子肯定当不安稳，你难道还想引起更大的纷争吗？第三，坊间都说张说想通过支持武氏来谋求再次拜相，陛下难道希望看见后宫和外廷相互勾结吗？

大臣这样表态，唐玄宗怎么办呢？要不要向唐高宗学习，联合武氏，对大臣开战呢？唐玄宗没有。他决定妥协了。毕竟，除了说张说和武氏勾结不大靠谱外，大臣们说的另外两个问题确实存在，就连他自己也不能说完全没有顾虑。唐玄宗还是个负责任的政治家，他明白，立不立武氏当皇后毕竟只是他个人的感情问题，他不能为了自己的私情得罪大臣，更不愿意因此引起政局的动荡。这样一来，王皇后是废了，但是武氏也没能被立为皇后，皇后的位置就此空下来了。不过，虽然不能为了心爱的妃子放弃政治大局，但唐玄宗也没有亏待她，他给了武氏一个惠妃的头衔，这就是在杨贵妃之前宠冠六宫、叱咤风云的武惠妃。武惠妃虽然没有皇后的名分，但是，宫中的礼节、待遇都和皇后一样，也算是一个无冠之后，事实上的第一夫人了。经过几年的折腾，唐玄宗的家庭问题算是解决了，那么，他还会面临什么问题呢？

第二十一章　宠臣兴衰

在中国古代，有外廷和内廷的区分。所谓"外廷"，就是以宰相为首的朝廷，是为国家工作的；所谓"内廷"，则是皇帝的私人服务机构，像我们熟悉的宦官就属于内廷机构。因为有公、私之别，所以，历来都是外廷尊而内廷亲。内廷一头连着后宫，另一头连着朝廷，地位非常特殊，也非常重要。

皇后被废黜了，后宫的事情刚解决，可内廷的权力斗争又开始了。

一、王毛仲势盛

内廷的权力斗争其实是由一个人引发的。谁呢？王毛仲。这个人我们可太熟悉了，本来是玄宗的家奴，因为政变有功，成了玄宗的心腹宠臣。为什么说他是心腹呢？因为玄宗派他担任检校内外闲厩兼知监牧使，负责给中央禁军和各地驻防部队养马。有人说：这不是弼马温吗？这算什么心腹呢？要知道，古代战斗力最强的兵种是骑兵，而要装备骑兵，就必须有战马。所以在古代，凡是马匹充足的时代，比如汉朝和唐朝，中国的武力就强；反之，一旦战马不足，战斗力马上就急剧下降，像宋朝和明朝就是最好的例子。正因为战马重要，所以，负责养马的人也非常重要。别看王毛仲的职责是养马，但是，官职可是左武卫大将军，是堂堂正正的三品官，和宰相一个级别。王毛仲是个聪明人，他知道，唐玄宗雄才大略，重视军功，那他就努力养马，给皇帝提供坚实的保障。怎么努力呢？

首先，他精心研究动物学。在他的养护之下，马匹的数量逐年递增，十年的工夫，唐朝战马的数量就从24万匹上升到43万匹，差不多翻了一番。其次，王毛仲精于管理。几十万匹马，耗费的马料就是好大一笔开销，最容易出经济问题。而王毛仲既严格要求自己，又严格要求下属，做到一点都不贪污、一点都不浪费，每年给国家节省下来的粮草就有几万斛。不浪费钱已经够不错的了，王毛仲还能生钱。马每年都会出于各种原因有损耗，那死马怎么处理呢？王毛仲特别有经济头脑，他把马皮、马肉、马骨头拆零碎了分别出售，就这一项，一年就能赚回8万匹绢。要想把工作做好，除了有头脑之外，更要有吃苦耐劳的实干精神。王毛仲在吃苦耐劳方面更是堪称典范。本来，他在长安城里也不止有一处豪宅，但是，为了把工作做好，他干脆每天就住在宫廷马圈的旁边，这样兢兢业业，比大禹治水也不差多少。功夫不负有心人，王毛仲养马取得了令人瞩目的成就。开元十三年（725），唐玄宗封禅泰山，让王毛仲选派马匹随行。王毛仲精心挑选了几万匹马，按毛色分成几队，远远看过去，简直就像彩色锦缎在大地上飘动，气势非凡，这让唐玄宗非常有面子。玄宗一高兴，就在泰山脚下加封王毛仲为开府仪同三司。我们知道，唐玄宗一朝，只给过四个人这个头衔：一个是姚崇，一个是宋璟，一个是玄宗的岳父王仁皎，还有一个就是王毛仲了。能跟这些大人物并肩，这不是最大的荣耀吗？

那为什么又叫他宠臣呢？唐玄宗跟王毛仲的私人感情太不一般了。要知道，感情就像酒一样，要靠时间来发酵。王毛仲从唐玄宗当临淄王的时候就开始追随他，从小小少年相伴成长到中年，别看是君臣有别，私下里还真有点哥们儿的意思。何况王毛仲又是那么聪明，没少在关键时刻给唐玄宗帮忙，所以，唐玄宗在感情上也很依恋王毛仲。每次宫里举行宴会，玄宗都会让王毛仲坐在皇帝的御榻前面，省得彼此看不见。哪一次要是王毛仲没参加活动，或者是来晚了一点，你看吧，玄宗准闷闷不乐；一旦王毛仲出现，玄宗马上就眉开眼笑，真是整天混到一起都嫌不够。跟皇帝有感情，那赏赐自然是滚滚而来。玄宗赏给王毛仲的豪宅、奴婢、车马、钱帛简直不计其数。这还不算什么，更重要的是，玄宗还不惜违反法律，赏给他一个夫人。赏给他一个夫人犯什么法呢？要知道，中国古代实行的是一夫一妻多妾制度，一个人在同一时间只能有一个妻子，其他的都是妾。本来，到唐玄宗掌权的时候，王毛仲已经娶妻了，可是唐玄宗觉得不够，那个黄脸婆怎么配得上王毛仲呢？就做主替他挑了一个如花似玉的美人。皇帝赏赐的夫人总不能做妾吧，得当正妻，这也是对皇帝的基本尊重。那原来的夫人怎么办呢？是不是就得离婚呢？王毛仲还算有良心，跟唐玄宗讲：糟糠之妻不下堂，我干不出那样的事。一个位置，两个人争，怎么办呢？唐玄宗一看王毛仲为难的样子就笑了，说：法律还管得着你我吗？两个都算正妻，都封为国夫人！从此之后，每次宫里给这些官员夫人赏赐，王毛仲都领双份的，他夫人多啊！有夫人就会有儿子，王毛仲的儿子就更不得了了，生下来就封五品官，而且隔三岔五就被请进宫去，和皇太子一起玩儿，这待遇，宰相都望尘莫及。

王毛仲在李隆基登上皇帝之位后，并没有以功臣自居，而是任劳任怨、尽心尽力地干好本职工作，这使得李隆基对他厚爱有加，那么作为皇帝身边的红人，王毛仲究竟具有怎样的影响力呢？

看见王毛仲在皇帝面前这么红，有人就跟他走得近了。谁呢？万骑的将领们。我们前面讲过，李隆基发动政变诛杀韦皇后的时候，用的就是万骑将士。万骑的效忠，也是李隆基政变成功的关键。所以，政变后，这些立功将士都被封为"唐元功臣"，官阶也是一升再升。唐玄宗开元初年一直在做打击功臣的工作，好多功臣都被贬官了。但是，注意，所有被贬官的都是能够左右政局的文官，武将并没有受到冲击。相反，这些立功的万骑将士一直被视为李隆基的心腹，是他的贴身保镖。这些万骑将士跟王毛仲又有什么关系呢？当年，李隆基和万骑之间的联络员就是王毛仲。万骑能够最终倒向李隆基，王毛仲差不多有一半的功劳。本来渊源就很深了，王毛仲负责养马后，双方的工作联系就更紧密了。王毛仲的职衔是检校内外闲厩兼知监牧使，所谓"内外闲厩"，其实就是禁军专门的养马场。这样一来，万骑用的战马全都由王毛仲提供，双方经常打交道。

开元年间，眼看着王毛仲在唐玄宗面前红得发紫，万骑将士谁不巴结他呢？一来二去，别看王毛仲在万骑并没有职位，但是俨然成了左右万骑的最高首脑，万骑的将领们都对他唯命是从。本来，王毛仲对万骑有影响力，唐玄宗也不反对，因为他信任王毛仲。虽然王毛仲当了大官，但是，在唐玄宗的心目中，他依然是那个机灵能干的小家奴，让他掌管战马，再控制禁军，那还不是和自己控制一样？所以，玄宗也愿意纵容王毛仲。有了皇帝的信任，王毛仲跟万骑的关系越走越近了。

开元十七年（729），王毛仲家又迎来了一件大喜事，他的女儿嫁给了万骑将军葛福顺的儿子。葛福顺就是唐隆政变两个最重要的前敌指挥之一，到开元十七年（729）时，他早已是万骑的最高统帅了。王毛仲和葛福顺一个管马，一个管兵，真是门当户对。两个人又是多年的朋友，从朋友做到亲家，天下还有比这更舒心的事吗？

王毛仲虽然没有在军中任职，但是由于皇帝的宠爱，再加上与军界错综复杂的关系，他成了军界的无冕之王。然而，风光无限的王毛仲，在不知不觉间使得同样是奴才的宦官们不高兴了。那么，这究竟是怎么回事呢？

二、宦官出击

宦官看不上王毛仲，首先当然是出于嫉妒了。因为他们其实都属于内廷势力。宦官是皇帝的奴才，王毛仲和万骑不也是皇帝的奴才吗？就好比一个是贴身仆人、一个是马童、一个是保镖一样，只不过分工不同罢了。现在，马童和保镖得宠了，贴身仆人怎么能不恼火呢？

宦官看不上王毛仲的第二个原因是争权。开元中期不仅王毛仲红得发紫，也正是宦官力量崛起的时期。本来，开元初年，因为姚崇的"十事要说"特别提醒过抑制宦官，所以，宦官发展还是受到了很大的限制。但是后来，随着这些宰相死的死、退的退，宦官在玄宗朝的势力还是越来越大。宦官势力为什么大呢？说白了还是因为皇帝势力大，而他们整天待在皇帝身边，位置太重要了。他们不经意的一句话，就能胜过一般人的千言万语。为了能得到他们几句美言，无论是中央还是地方，官员都对他们趋之若鹜。宦官收礼收到手软，竞相在长安买房置地，按照《资治通鉴》的说法，"京城第舍、郊畿田园，参半皆宦官矣"。

光有经济基础还不算，这时候，宦官在政治上也崭露头角了。其中有两个人风头最健，一个是高力士，另一个是杨思勖。高力士是玄宗先天政变的功臣，政变之后就成了无可争议的宦官领袖，相当于玄宗的大管家，整天就陪在玄宗身边，随便什么事都能插上话。我们不是讲过张说吗？本来都抓起来了，高力士一句"说曾为侍读，又于国有功"就使其转危为安。一句话就能改变一个宰相的命运，够厉害吧！好多外廷官员都走高力士这条路线。杨思勖就更传奇了。这个人别看是个宦官，但是号称"有膂力，残忍好杀"，唐玄宗诛杀韦皇后，他也立下了战功。所以到开元年间，他干脆转换角色，成了一个不折不扣的将军，专门负责岭南防务。唐玄宗开元十六年（728）之前，跟岭南少数民族一共有四次大的战争，全是杨思勖领兵，基本可以做到战无不胜。不过可能是当宦官当得心理有点变态了，杨思勖特别残忍，每打一仗都要杀好几万人，而且还是虐杀，像什么剥脸皮、剥头皮，都是杨思勖的拿手好戏。每次看见他虐杀俘虏，手下的人都忍不住瑟瑟发抖，唯恐哪一天这套刑罚用在自己身上。所以，士兵们绝对是令行禁止，军纪特别严整。开元中期，高力士和杨思勖这两大宦官一文一武，炙手可热，而王毛仲偏偏也是红得发紫，真有点像《三国演义》里周瑜和诸葛亮的关系，估计高力士他们的心里也是整天喊着"既生瑜，何生亮"呢！

宦官和王毛仲矛盾的第三个原因是王毛仲太高调了。本来，王毛仲、万骑将士还有宦官身份都差不多，套用《红楼梦》里的话，那叫"梅香拜把子——都是奴才"。可是，王毛仲还偏偏看不起宦官。像高力士这样的大宦官，王毛仲都不放在眼里，更不要说一般的小宦官了。好歹人家也是皇帝的奴才，王毛仲把人家看得跟自己家的奴才一样，稍不如意就骂个狗血喷头，宦官能不恨他吗？

基于以上三个原因，宦官集团与王毛仲结成了冤家，可是王毛仲对军界具有重大影响力，从某种意义上来讲，他也算掌握了大唐帝国的枪杆子，所以皇帝李隆基对王毛仲也是非常倚仗。那么，手无寸铁的宦官究竟会用怎样的方法来打击王毛仲呢？

这时候，高力士出马了。怎么出马的呢？是不是直接找唐玄宗，挑拨挑拨他和王毛仲的关系呢？高力士没有那么傻。他知道，一个宦官轻易在皇帝面前说三道四是危险的。那怎么办呢？我们刚才不是说外廷不少官员都跟高力士有瓜葛吗？高力士先让跟他关系好的官员探路。开元十七年（729）六月，就在王毛仲嫁女儿之后不久，吏部侍郎齐澣来找唐玄宗了。他说："福顺典兵马，与毛仲为婚姻，小人宠极则奸生，若不预图，且有后患。高力士小心谨畏，加宦人可备禁中驱使，腹心所委，何必毛仲哉？"齐澣是何许人呢？就是说姚崇是"救时宰相"的那个家伙。这个人博古通今，是著名的小诸葛。他这个说法还是很有分量的。本来，骑兵和战马分开管理，就有相互制约的意思，现在兵和马都跑到王毛仲他们一家去了，王毛仲如果忠心耿耿，自然没什么问题，可是，谁又能保证人的思想永远不变呢？一旦王毛仲忠诚不保，玄宗的安全可就存在巨大隐患了！与其这么信任王毛仲，倒不如信任高力士，不管怎么说，宦官也比奴才靠得住！玄宗一听，还真是倒吸了一口凉气，觉得齐澣说得有道理！而且，齐澣这么一说，让玄宗想起了一件事。就在不久之前，王毛仲还向他提过要当兵部尚书，他当时想也没想就否决了。要知道，兵部可是一个非常重要的部门，姚崇、张说都是从兵部尚书走上宰相岗位的，这个位置再怎么也轮不到王毛仲！所以，他还以为王毛仲跟他开玩笑呢。现在想来，王毛仲还是有野心的。他都控制了皇帝的禁军，还要向国家军队插手，他到底想干什么呢？

想到这里，玄宗对齐澣说：我知道你是一心为国，但是，这个事情不简单，你等我慢慢想一个妥当的解决办法。齐澣说：陛下，您慢慢想没问题，但是，您可千万要记得保密。常言道，"君不密则失臣，臣不密则失身"。玄宗心想，这我还不明白吗？他把齐澣打发走了。没想到，没过几天，这个事情还真的泄密了。怎么回事呢？

当时有一个小官叫麻察，因为一点小事被贬官，齐澣跟麻察关系不错，就去给他饯行。两个人喝了几杯酒，齐澣就管不住自己的嘴了，从议论朝政开始，一直说到他给唐玄宗提的建议，整个一个竹筒倒豆子，全倒给了麻察。话说完了，酒也喝完了，两个人依依惜别。齐澣还在一路哀叹麻察"西出阳关无故人"呢，可是，没想到，麻察并没有走。目送着齐澣远去，他翻身上马，折回了朝廷，直接向唐玄宗告密，说：齐澣随便议论大臣，泄露国家机密！麻察为什么要这么干呢？一言以蔽之，自私！按他的想法，我虽然犯了罪，但是检举揭发别人有功，将功折罪总可以吧！人不为己，天诛地灭，朋友义气算得了什么！唐玄宗一听麻察的汇报那个气呀！我还真当个秘密在这儿守着呢，你倒自己出去泄密！这让我多被动啊！怎么办呢？能不能干脆一不做，二不休，把王毛仲解决掉算了？不能这样处理，因为此事牵扯的不是王毛仲一个人。那些万骑的将军怎么办？将军手里都是有兵的，万一解决不好就会引发军事政变。这些问题都没想好解决办法，怎么能轻举妄动呢？既然解决王毛仲还没做好准备，只好先把责任推到齐澣身上了，另外，麻察居心叵测，也绝不能放过他！于是开元十七年（729）七月，唐玄宗颁下制书，说齐澣和麻察离间君臣，把两个人都贬官了。

事情闹到这一步，王毛仲幸灾乐祸了。心想，我是什么人物呢？树大根深！你们几个文官就想撼动我，不自量力！看看，自己栽了吧？王毛仲丝毫都没想收敛一下。他不收敛，万骑那帮军官就更放肆了，没事就知道赌钱喝酒，快意恩仇，甚至大白天就敢杀人越货，真是无法无天。

高力士通过大臣打击王毛仲的计划，表面上看是失败了，但是高力士敏感地察觉到，唐玄宗对王毛仲越来越膨胀的权力已经深存戒心了。王毛仲缺乏危机意识，依然我行我素；高力士却锲而不舍，一直在耐心地寻找机会。那么，高力士还会使出怎样的"撒手锏"呢？

三、高力士出手

经过齐澣这次事件，聪明的高力士看出来玄宗已经对王毛仲有了戒心，这就好办了！怎么办呢？齐澣那样的外廷官员是从大局入手的，那高力士就从小事入手。只要找准了机会，四两也能拨千斤。过了一年多，机会终于来了。

开元十八年（730）年底，王毛仲的夫人又生了一个儿子。中国不是有洗三的风俗吗，小孩三天的时候，唐玄宗派高力士去看望。皇帝赏赐了王毛仲好多东西，而且，还封这个婴儿当了五品官。高力士回来复命，唐玄宗就问他：王毛仲高兴吗？就在这一刻，高力士一下子意识到，机会来了！怎么回答呢？他说："毛仲抱其襁中儿示臣曰：'此儿岂不堪作三品邪！'"这句话太厉害了。首先，它是不是王毛仲说的我们不知道，反正当时也没有录音，无法对证；以后就算当面对证，王毛仲也解释不清。另外，他把王毛仲和玄宗感情的基础给破坏掉了。主子要求奴才的，无非就是无条件的忠诚和感恩，只要你能对主子死心塌地，其他方面犯再大的错误都情有可原。可是，如果奴才敢怨恨主子，那就是活得不耐烦了。果然，就这么轻飘飘的一句话，一下子把唐玄宗的新仇旧恨给勾起来了。他愤愤然地对高力士说：王毛仲算什么东西！当年杀韦氏的时候，他就首鼠两端，跑得不见踪影，我都没跟他计较，现在居然敢因为一个小孩子怨我！高力士一看火候差不多了，赶紧又在旁边说了一句：北门万骑这帮奴才，势力太大了，个个都像王毛仲这么骄横跋扈。他们和王毛仲都是一条心，如果不及早除掉的话，后患无穷啊！就么几句话，王毛仲的命运算是决定了。

开元十九年（731）一月，唐玄宗突然下诏，把王毛仲贬为瀼州别驾（今广西上思境内）。结果王毛仲还没到地方，就被玄宗派来的人勒死了。万骑将领不是跟王毛仲好吗，王毛仲一贬，以葛福顺为首的好多万骑将军也都纷纷被贬官，所谓的北门奴官一蹶不振，再也掀不起风浪来了。

王毛仲一死，压在宦官头上的大石头终于搬掉了。现在，内廷只剩下宦官一家势力，再也没有人跟他们争权了。王毛仲原来是唐玄宗的心腹宠臣，现在，这个位置被高力士取代了。原来唐玄宗看不见王毛仲就闷闷不乐，现在，他是离了高力士就睡不着觉。唐玄宗亲口对人讲"力士上直，吾寝则安"，把高力士感动得一塌糊涂。本来高力士在外面既有豪宅又有娇妻，但是，从此以后他就住在宫里，晚上也很少回家了。生活上的信任还不算什么，更重要的是，唐玄宗在政治上也渐渐依靠起高力士来了。当时每天都有许多奏疏要让皇帝审批，文件太多，唐玄宗审不过来，于是，他就让高力士先把第一道关。小事就由高力士处理，大事再交给他。这也是唐朝宦官参政的开始。取得了一部分行政权力还不算，高力士也开始插手军队了。他提出，除现有的禁军之外，宫廷守卫要进一步加强。很快，一支由宦官组成的内飞龙兵应运而生，肃宗时期大名鼎鼎的大宦官李辅国就出身于此。可以说，唐中期以后宦官专权的局面已经初露端倪了。

皇帝宠信宦官，马上，官员也就来跟风了。刚刚我们提到万骑的将领葛福顺跟王毛仲攀亲，现在，金吾大将军程伯献和高力士结为异姓兄弟了。这兄弟可不是随便说说而已。开元年间，高力士的母亲麦氏去世，程伯献在灵堂披麻戴孝，和高力士一起给那些前来吊丧的官员答礼，哭得比亲儿子还凶。更好笑的是，高力士别看是个宦官，夫人可是照娶不误。高力士的夫人姓吕，长得相当漂亮。当然，这么漂亮的夫人可不能白娶，在高力士的运作之下，吕夫人的爸爸和哥哥们都当了三品大员。开元中期，吕夫人去世，满朝文武谁敢不参加葬礼呢？从高力士家到城东的墓地，官员沿路拜祭，把道路都挤满了，这派势，可比当年的王毛仲更胜一筹了!

那么，我们到底应该怎么看待王毛仲和高力士的兴衰交替呢?首先，高力士的心机和手腕远胜于王毛仲，深谋远虑，步步为营，一代大宦官的风采已经初露端倪。其次，虽然这里面充满了争权夺利和阴谋诡计，但是，总的来说，贬杀王毛仲还是有助于维护政治稳定的。本来，唐玄宗是靠万骑和王毛仲对他的私人感情来维系他们的忠诚的，而私人感情往往并不牢靠。特别是，带兵的官和养马的官结合起来之后，玄宗的风险就加大了。一旦感情有变，就可能产生非常大的政治变故。唐玄宗在这种情况下当机立断，迅速铲除王毛仲及其党羽，应该算是英明之举。

当然，也有人说，去了王毛仲，来了高力士，这不是前门拒虎，后门迎狼吗? 话不能这么讲。因为宦官身体的特殊性，他们对皇权的忠诚远远高于其他势力。而且，高力士也是一个远比王毛仲更加知进退、懂分寸的人。唐代宗时期，文人潘炎奉代宗敕命撰写《高力士碑》，称赞他"周旋无违，献纳必可，言大小而皆入，事曲折而合符，恭而不劳，亲而不黩，谏而不忤，久而不厌，美畅于中，声闻于外"。尽管不乏溢美之词，但是，也基本上代表了当时人对高力士的认可。由这样一个谨慎而明智的人来充当玄宗的心腹宠臣，危险无论如何也要比王毛仲小吧。就这样，随着王毛仲的死亡，内廷斗争基本告一段落了。可是，就在这前后，朝廷里，宰相之间也是矛盾迭起。

第二十二章　宰相纷争

开元初期，唐玄宗算得上是有火眼金睛，知人善任，任用了姚崇、宋璟等一批贤相，国家出现了欣欣向荣的大好局面，然而随着这批贤相的下台，继任的宰相素质就下降了，非但没有创造出"姚宋"那样的业绩，而且还像中了魔咒一样，彼此纷争不已，把朝廷搞得乌烟瘴气。

这到底是怎么回事呢？唐玄宗怎么会任用这样的人当宰相呢？

一、李杜相争

第一对打架的宰相是杜暹和李元纮。这是在张说被罢相之后，唐玄宗又选的两位宰相。在当宰相之前，李元纮是户部侍郎，杜暹是安西副大都护。一个擅长理财，一个军功突出，这也正是开元中期的政治重心所在。不过，玄宗选他俩当宰相，除了工作搭配的考虑之外，还有一个重要的原因，就是他们有一个共同的美德：清廉简朴。要知道，张说下台的一个重要原因就是贪污受贿，所以再选宰相，玄宗想要清廉的。这两个人清廉到什么程度呢？各自都有先进事迹。李元纮是当官多年，不修房子。住得差也罢了，出门的装备更差。别人当宰相都是轻裘肥马，李元纮呢，一个穿得破破烂烂的仆人，一匹瘦骨嶙峋的老马，这就是李相公的全部随从了。那他挣那么多工资都到哪里去了呢？跟卢怀慎一样，散给穷亲戚了。

杜暹的先进事迹就更突出了。他年轻时担任婺州参军，卸任的时候，地方的小吏送给他一万张纸。我们现在可能觉得送这样的礼很傻，又重又不值钱。但是要知道，在唐朝纸张可是奢侈品。别看中国很早就有造纸术，但是，因为手工业生产规模不大，所以生产纸张的数量一直很有限。大家现在看敦煌藏经洞留下来的卷子，好多都是写了正面再写背面，就是因为纸不够用。俗话说"物以稀为贵"嘛，因为纸是紧俏物资，所以唐朝好多官员卸任的时候都把过了保存期的公文带走，现在吐鲁番地区出土了好多全国各地的文书，其实就是官吏们带去的各地作废的公文。因为纸张难得，官员又有带公文纸的惯例，所以婺州的小吏才把节余下来的办公用品送给卸任的长官。而且既然是惯例，所以小吏送的时候也是大大方方公开送的。面对这份礼物，杜暹是怎么处理的呢？干脆拒绝太不讲人情了。他从一万张纸里抽出一百张，对小吏说，你们的心意我收下了，其余的还是拿回去接着用吧。因为送礼本来就是公开的，所以杜暹的回绝也就成了公演，送行的当地官员纷纷赞叹说："昔清吏受一大钱，复何异也！"什么意思呢？这是用的东汉刘宠的典故。东汉有一个清官叫刘宠，当会稽郡太守的时候治理有方，所以离任的时候父老凑了几百钱来给他送行。刘宠不忍拂了父老的心意，就从中拣了一个钱收下了。但是，刚刚离开会稽，他就把这枚大钱扔进了河里。没想到，钱一扔进去，河水立刻变清了。从此这条河就叫钱清河，就在今天的绍兴市。东汉有"一钱太守"，本朝又出了个"百纸参军"，这在任何时候都是政坛佳话啊，所以，没过多久，这个故事就传开了，清廉也就成了杜暹的名片。后来，杜暹因为一件公事没办好，被移送司法机关。可是，上级考虑到杜暹以清廉著称，处理他不利于激励别的官僚，结果不仅没有治他的罪，反而还提升了他。这下子，杜暹当然感激涕零，从此更加严格要求自己了。不过，人有的时候就是这样，荣誉太大了，就会变成负担。自从得了清廉的美名，杜暹就觉得自己的亲戚很碍事。怎么回事呢？李元纮有一帮穷亲戚，都指望他帮忙呢，所以李元纮被他们搞得很穷。但是杜暹不一样了，他恰恰有一帮富亲戚，平常相互往来，总给他送礼，这岂不是对他的美名有损？所以杜暹发誓，决不接受亲戚馈赠！一来二去，跟亲戚都疏远了，真是为名所累。

这两个宰相的背景相似，会不会相处得很好呢？照理说应该好，首先，工作上各有所长，可以互补；其次，在精神追求上志同道合，应该有惺惺相惜之感。是不是呢？完全不是。根据《旧唐书》的记载，李元纮和杜暹当上宰相之后，清正廉洁倒是没有问题，但是，两个人天天在玄宗面前争吵，具体吵什么史书没说。不过，既然史书没有记载，我们也就大体可以知道了，吵的肯定是些鸡毛蒜皮的小事，没有原则性问题。吵架开始可能还是为了工作，后来就成了意气之争，再到后来，两个人居然撕破脸皮，互相到玄宗面前控告对方了。这样一来，终于把唐玄宗搞烦了，说：你们两个都给我下台吧。两人就这样一起被贬官了。

杜暹和李元纮尽管有着共同的优点，但却没有合伙搭班子的缘分，争争吵吵毁掉了两人的政治前程。他俩下台了，宰相的位置谁来补缺呢？依照常理，既然李杜相争让唐玄宗伤了不少脑筋，那么下一届宰相，一定要找能相互配合的了。那么，唐玄宗到底会起用谁呢？新一届宰相班子又相处得怎么样呢？

二、萧裴之争

　　杜暹和李元纮下台了，唐玄宗又换了两个宰相，一个叫萧嵩，一个叫裴光庭。为什么让这两个人当宰相呢？因为萧嵩是个军事专家，而裴光庭则是个行政专家，各有专长，也是互补型人才。这两个人当宰相怎么样呢？先看萧嵩。萧嵩这个人有三大特征。第一个特征是美男子。此人是当年南朝萧梁皇室后裔，贵族血统，遗传基因好，长得高大魁梧。最抢眼的是一把好胡须，飘飘洒洒，跟关公似的。要知道，唐朝选官的时候都要考察身（相貌）、言（言辞）、书（书法）、判（判词）四项，第一条就是外形好。萧嵩长相如此潇洒，没少给他在仕途上加分。第二个特征是没文化。为什么说他没文化呢？举个跟宋璟的老搭档苏颋有关的例子。前面不是讲过，唐玄宗为了选一个好宰相，常常半夜睡不着觉吗？不仅选张嘉贞是这样，当年选苏颋的时候也是如此。经过半夜的苦苦思索，终于敲定了苏颋这个人选，玄宗心急啊，等不得天亮，马上叫人来起草制书。起草制书是中书舍人的事，那天晚上，值班的中书舍人就是萧嵩。萧嵩一进来，唐玄宗都看呆了，天底下还有这么英俊的人呀。心想：长得这么帅，写文章一定也潇洒！就把写制书的任务交给他了。萧嵩得到命令，赶紧找来以前拜相的制书，照葫芦画瓢，写了一篇，给唐玄宗送来了。唐玄宗一看，上面有"国之瑰宝"四个字，就好心提醒萧嵩说：苏颋的爸爸就叫苏瓌（古同"瑰"），按照传统习俗，在儿子面前提到人家爸爸的名字是不礼貌的，这个字还是换一换吧。萧嵩赶紧拿着制书往外走。玄宗说：算了，就一个字的事，还跑回去干什么，就在这里写好了。萧嵩一看现场作文，吓慌了。这没有参考书让他怎么写啊？急得满头大汗，一个字也想不出来。过了好大一阵子，玄宗等不及了，心想，这小子该不会是把文稿整个修改了一遍吧，要不怎么这么久？改得这么

240

认真，这得是多好的文章啊，我还是先睹为快吧！忍不住就凑上去看了一眼。一看差点没气死，萧嵩汗倒是没少出，但是字只写了一个，把"国之瑰宝"改成"国之珍宝"了。就改一个字，至于费这么大的劲吗？唐玄宗铁青着脸把萧嵩赶了出去，然后一把把他起草的制书扔到了地上，说：真是虚有其表！要知道，唐朝是个重视文辞的时代，萧嵩没文化，又给他减分不少。有加分项，也有减分项，看起来是优劣相抵了，那萧嵩为什么还会当到宰相呢？因为他还有第三个特征，能干，行政能力强。我们不是讲过著名的开元贤相姚崇吗？他的眼界很高，一般人很难入他的法眼。可是，姚崇唯独对萧嵩特别眷顾，说他虽然没有写文章的小聪明，但是有搞政治的大智慧。

姚崇还真没有看走眼。萧嵩的大智慧在西北战场上表现得淋漓尽致。开元十五年（727），唐朝的西北战场真是四面楚歌。先是吐蕃攻陷了唐朝在西北地区的军事重镇瓜州，也就是现在的敦煌；接着，回纥又趁火打劫，伏击了唐朝的军队，把当时的河西节度使王君㚟给杀了。要知道，王君㚟也是一员猛将，连他的夫人夏氏都是唐朝著名的巾帼英雄。现在，一贯被朝廷视为西北边疆万里长城的人物居然被杀，当然是人心惶惶。为了挽回局面，朝廷赶紧选拔新的河西节度使。萧嵩当时正担任兵部侍郎，这一回光荣入选，成了新一任河西节度使。这可是临危受命啊，所以，为了安抚萧嵩，玄宗又给他升了一级，让他当兵部尚书。萧嵩别看没什么文化，可也是文官出身，这河西地区形势如此严峻，连勇将王君㚟都玩不转，他去行吗？孙子有一句话说得好："百战百胜，非善之善者也；不战而屈人之兵，善之善者也。故上兵伐谋，其次伐交，其次伐兵，其下攻城。"通过你死我活的方式去打仗，那是下策，最高明的应该是运用头脑、运用谋略去打仗，这才是上策。

萧嵩文化水平不高，但是脑子并不笨。他觉得，自己一个文官，跟吐蕃人拼命肯定不行。怎么办呢？只能在谋略上打主意了。到了河西之后，萧嵩没有急于打仗，而是先进行调查研究。经过一段时间的调查研究，他发现吐蕃之所以能打胜仗，关键是有一个叫作悉诺逻恭禄的大将，这个人有勇有谋，非常厉害，上次攻陷瓜州就是他的功劳。可是，他立功多了，难免有功高震主的嫌疑；而且，因为老打胜仗，吐蕃赞普就飘飘然了，希望悉诺逻恭禄再接再厉，扩大战果。而悉诺逻恭禄又是个谨慎的人，不打无准备之仗，这样一来，前方嫌快，后方嫌慢，双方就产生矛盾了。有了这样的信息，萧嵩就知道怎么办了，这正可以使用反间计啊！他马上派人到吐蕃人面前造谣，说悉诺逻恭禄之所以不急于打仗，是因为他已经被唐朝收买了，下一步没准儿还要杀一个回马枪，推翻赞普呢！谣言传播起来，比互联网还快。很快，吐蕃赞普坐不住了，把悉诺逻恭禄召回处死，情形跟明朝处死袁崇焕差不多。大将无辜被杀，吐蕃士兵的士气一下子就垮了。接下来的几次战役，吐蕃连连败北。捷报传到长安，唐玄宗高兴坏了，没想到当年的绣花枕头还有这样的出息！

打了大胜仗怎么奖赏呢？这时候已经不是姚崇、宋璟的时代了，唐玄宗正热衷于军功呢，马上，萧嵩被调回中央担任中书令，兼任河西节度使。自从张说贬官后，中书令的岗位可是一直空缺着，杜暹他们虽然也是宰相，但都是以同平章事的身份参政，谁也没当过中书令。开元十七年（729），空了将近四年的职位终于有主人了。这还不算，为了表达自己对萧嵩的倚重，玄宗还把女儿嫁给了萧嵩的儿子，萧嵩的夫人入宫谢恩，玄宗对着老太太就叫了一声"亲家母"，把老太太给乐坏了。

萧嵩是个宝贝，让谁和他搭班子呢？玄宗任命了一个叫裴光庭的人当侍中。这个人我们前面讲过，玄宗封禅的时候，就是他出主意让突厥派人随行，才解决了封禅的安全问题。从那件事以后，裴光庭就被重点培养了，在兵部和吏部都干过，尤其精通组织人事工作，创造了唐玄宗时期著名的选官原则"循资格"，算是个行政专家。照玄宗看来，萧嵩和裴光庭这两个人共同点太多了：第一，都是既有军事头脑又有行政头脑。第二，都是玄宗的亲戚。萧嵩是玄宗的亲家，可裴光庭是唐玄宗的什么亲戚呢？说起来还是从武则天这儿论出来的。唐玄宗不是武则天的孙子吗？裴光庭是武则天的侄子武三思的女婿，所以二人也是姻亲关系。亲戚的亲戚当然还是亲戚，所以，唐玄宗、萧嵩和裴光庭真是越论越近了！第三，两个人性格也差不多，都沉默寡言。这样两个人，应该可以和平共处了吧？还是没有。按照《旧唐书·萧嵩传》的记载，两个人"同位数年，情颇不协"，虽然没有公开争吵，但就是彼此不和。至于为什么不和，还是没有任何记载，估计又是些鸡毛蒜皮的意气之争。这两个人不和怎么办？是不是像杜暹和李元纮那样一并贬官啊？没有，还没到贬官的时候呢，开元二十一年（733），裴光庭一下子病死了。他这一死，唐玄宗和萧嵩都松了一口气，朝廷总算消停了。

让萧嵩和裴光庭当宰相，唐玄宗也是用心良苦，希望两人能够互相搭配、报效朝廷，况且两人又是亲戚，总有些情分在里头，合作应该不成问题，然而现实还是打碎了唐玄宗的幻想。现在裴光庭死了，谁来接替他当宰相呢？怎样才能保证这个继任者和萧嵩合作愉快呢？

这一次，玄宗想好了，既然他搭配的宰相不能和谐相处，索性让老亲家萧嵩自己挑一个好了，他肯定挑自己人啊，这不就没矛盾了吗？自己也省心，也算是卖给萧嵩一个大人情。萧嵩一听皇帝这么体贴他，激动得热泪盈眶。心里想：苍天啊，大地啊，终于轮到我老萧扬眉吐气了！选谁呢？萧嵩想了半天，选了一个叫王丘的人。这个人我们也讲过，就是玄宗封禅泰山之后重点表扬的爱民模范之一。按说，能当宰相应该是每一个官员的梦想吧？可是没想到，爱民模范的境界就是不一样，王丘居然说：我这个人水平不够，当不了。他当不了，那谁能当呢？王丘对萧嵩说：我给您推荐一个人吧，此人叫韩休，我看他行。萧嵩想了想，王丘也算知人，他推荐的人还能有错吗？再说了，韩休这个人他也了解，平时不言不语的，是个有名的忠厚长者。现在我向皇帝推荐他当宰相，他能不感恩戴德吗？以后肯定听我的！就这样，萧嵩就跟唐玄宗汇报了：人我已经选好了，就是现任尚书右丞韩休。此人忠厚善良，而且志存高远，我俩一定能够齐心协力，绝不再给陛下添麻烦！

三、萧韩之争

萧嵩和韩休就真的没有矛盾了吗？非也。他俩的矛盾比谁都大。怎么回事呢？韩休当尚书右丞的时候固然不言不语，脾气柔顺，可是，那是因为他还没有找到说话的机会。现在当了宰相，韩休觉得，这是天降大任啊，不好好工作对得起谁呀？怎么才叫好好工作呢？他认准"文死谏，武死战"的道理了，脑子里整天回旋着魏徵等人的英雄形象，连脾气都变了，变得非常耿直，非常强硬，只认真理，不认人情，眼睛里绝对不揉沙子。有了这样的精神追求，别说是萧嵩，连玄宗他都敢得罪。当时，有个将军叫程伯献，和大宦官高力士是结拜兄弟，在玄宗面前也很得宠。仗着背后这两棵大树，程伯献目无法纪，骄奢淫逸，民愤很大。韩休早就想收拾收拾他了。正好，这时候，有个万年县尉叫李美玉，不知道怎么得罪了玄宗，给逮起来了。玄宗震怒之下，特令将李美玉发配至岭南。皇帝做主的事情，谁敢反对？可是，韩休就出来说话了。他说，李美玉是个小官，犯的罪也是小事。程伯献程将军比李美玉的官大多了，他犯的罪也比这大得多，陛下怎么倒不管呢？我请求先处分程伯献，再来处理这个李美玉！这玄宗哪能答应？一码是一码，咱们现在要解决的是李美玉的问题，别把什么事都往这儿扯。韩休不是脾气耿直吗，他偏不答应，说：这就叫"窃钩者诛，窃国者侯"。陛下如果不处分程伯献，我作为宰相，坚决不能处分李美玉！韩休这一招把玄宗搞得没脾气了。这种性格让我们想到谁呢？往远里想，能想到魏徵；往近里想，就要想到宋璟了。不光我们这样感觉，宋璟也觉得韩休像自己，因而对韩休印象特别好，逢人就讲：都知道韩休是忠厚长者，没想到还有这样的勇气，真是仁者之勇啊！原来宋璟当宰相的时候，玄宗对他就又敬又怕，现在，有过几次这样的事情，玄宗又怕起韩休来了。当时国家不是安定富裕了吗，玄宗已经不像开元初年那样励精图治了，没事就想打个猎，或者搞个大型音乐歌舞晚会，娱乐一下。可是，自从韩休当上宰相之后，玄宗都产生心理障碍了，搞活动的时候，只要声音大了一点，就赶紧跟左右讲：小点声，千万别让韩休知道！可是，不管他怎么小心，过不了一会儿，韩休保证就把谏书送到。这样一来，可太影响情绪了，没过多久，唐玄宗就吃不下饭，睡不着觉，直犯神经衰弱。

韩休连皇帝的面子都不给，就更不可能给萧嵩面子了。萧嵩也是老官僚了，做事圆滑，喜欢无可无不可。但是，韩休是个坚持原则的人，就看不上这套官场习气。看着萧嵩今天打点宦官，明天巴结皇帝，韩休真是气不打一处来。看不惯当然就要斗争，所以，萧嵩想要办什么事，韩休经常跟他对着干。一来二去，两人关系越搞越僵，渐渐就走上李元纮和杜暹的老路了，在皇帝面前互相攻击。我们不是说过萧嵩没什么文化吗，写文章不行，反应也慢半拍。而韩休却是当时的才子之一，口齿伶俐，每次在玄宗面前揭萧嵩的短，都把萧嵩驳得体无完肤，连玄宗都替这个亲家没面子。可能有人会说，我们中华民族不是最讲"滴水之恩当涌泉相报"吗？这种美德，在韩休身上怎么就一点也体现不出来呢！韩休是不是没有感恩之心，甚至恩将仇报呢？我想，也不能这么看问题。韩休就是一个把政治原则看得高于一切的人，在私人感情和政治原则发生冲突的时候，他永远选择坚持原则。古希腊哲学家亚里士多德不是说过"吾爱吾师，更爱真理"吗？别看时间、空间都隔着十万八千里，但是韩休的精神和亚里士多德高度一致。在韩休看来，要是因为私人恩情就无原则地附和萧嵩，就等于结党营私了，这岂是一个君子应该做的？可是，虽然我们现在可以理解，甚至敬重韩休这种想法和做法，但是，落实到当事人萧嵩这里，他真是把肠子都悔青了，心想，我怎么引狼入室，推荐了这么一个家伙！他咽不下这口气，怎么办呢？

想来想去，萧嵩决定，干脆使一招苦肉计，和韩休一起下台算了！开元二十一年（733）十月，也就是韩休拜相七个月之后，萧嵩主动找唐玄宗辞职了。他说，我能力不够，还是告老还乡算了。玄宗对这个老宰相、老亲家一向挺器重的，赶紧说："朕未厌卿，卿何为遽去？"萧嵩说："臣蒙厚恩，待罪宰相，富贵已极，及陛下未厌臣，故臣得从容引去；若已厌臣，臣首领且不保，安能自遂？"说完眼泪就下来了。什么意思呢？这是跟皇帝讲，我整天被人说坏话，陛下难免有一天会厌倦我的！我对前途没有信心，只能辞职了。至于不跟我合作，逼我辞职的那个人，陛下您看着办吧。眼看着平常潇洒从容的亲家变成这个样子，玄宗也跟着难过起来，对萧嵩说："卿且归，朕徐思之。"那么玄宗思考的结果是什么呢？要知道，当时已经是开元中期，唐玄宗越来越贪图享乐了，有韩休这样死脑筋的人在身边，他也厌烦啊。既然韩休难以相处，那还不如遵循以前的惯例，宰相争则两罢之好了！第二天，萧嵩的辞职是批准了，但是同时，韩休也被罢免了宰相职务。这真是同归于尽了。

那我们应该怎样看待这几年的宰相纷争呢？我觉得，有两点值得注意。

第一，这几任宰相相对都比较平庸。他们有的是军事专家，有的是行政专家，在具体问题上都有不错的表现，但是，要论统观全局，和前几任宰相相比，就有好大的差距了。正因为专业性强而全局观念差，所以他们才更容易自以为是，这是几任宰相连续不和的重要原因。

第二，玄宗在处理这几任宰相的问题上，既有失误的一面，又有清醒的一面。什么意思呢？古人讲，十步之内，必有芳草。宰相平庸其实并不是宰相的问题，而是皇帝的眼光问题。开元前期，无论是任用姚崇、宋璟还是张嘉贞、张说，玄宗都能摸准时代的脉搏，选择最合适的宰相，引导时代前进。但是，自从张说下台后，玄宗似乎失去这种精准的预见力了。这是他的失误之处。

那他清醒的地方又在哪里呢？在于他还保持着所谓的人君之德。举一个例子。韩休被罢相之前，有一天，唐玄宗对着镜子看了半天，沉默不语。这时候，左右宦官就说了：自从韩休当上宰相，陛下可是一天比一天瘦，干吗不把他赶走呢？玄宗是怎么回答的呢？他说："吾貌虽瘦，天下必肥。萧嵩奏事常顺旨，既退，吾寝不安。韩休常力争，既退，吾寝乃安。吾用韩休，为社稷耳，非为身也。"意思是，我虽然瘦了，但天下会因此获利。萧嵩老是顺着我说，可我回去睡不着觉，老觉得这里头可能还有不足的地方。韩休老驳我，可是每次被他驳斥、教训一顿后，我要睡觉的话睡得还挺香，因为我知道，所有可能的失误，都已经被他提前制止了。所以我任用韩休当宰相，不是为了我自己，而是为了天下的百姓。选择宰相要考虑天下的利益，而不是自身的喜好，这正是玄宗的清醒之处。

就在玄宗这种半明半暗的心境下，萧嵩和韩休卸任了，又一届宰相班子即将粉墨登场。这一届宰相会是什么人呢？他们是会团结一心带领国家往前走，还是会继续斗争下去呢？

第二十三章　二相登台

开元中期，唐玄宗选定的宰相相对平庸，彼此纷争不已，整个朝廷乌烟瘴气。

到了开元二十二年（734），有两个重量级的人物登上了宰相的舞台，一个是张九龄，另一个是李林甫。一个号称是唐玄宗时代的最后一位贤相，一个一直被认为是"安史之乱"的罪魁祸首。

提起张九龄，人们马上会想到他的著名诗句"海上生明月，天涯共此时"；说起李林甫，人们也会想到一个成语"口蜜腹剑"。

这样的两个人怎么会同时走上宰相的岗位呢？

一、文坛领袖张九龄

先看张九龄。张九龄有三个特征。

第一个特征是他是个少年天才、文坛领袖。张九龄是韶州曲江人，韶州就是现在广东的韶关，现在虽然经济发达，但在唐朝可是个蛮荒之地，在张九龄之前从来没出过什么人物。按说这样的文化荒漠对孩子的成长不利吧？但是，天才是不受环境限制的。张九龄7岁就能写文章。他13岁的时候，大书法家王方庆到广州担任刺史。张九龄平时难得见到高明人士，这下赶紧跑了很远的路，把自己的一篇习作献给王方庆，请求指点。王方庆一看边疆地区能有这样的好学少年，大为赞赏，说："此子必能致远。"有了王方庆的激励，张九龄学习更有信心了。到了20岁那年，张九龄一举考上进士。唐朝有"五十少进士"的说法，20岁能考中进士，真是一鸣惊人。这样的天才谁不愿意栽培呀？大诗人张说一见张九龄，就赞叹不已，说"后来词人称首也"。以前我是No.1，以后他就是No.1了。那么，张九龄在文学方面到底厉害到什么程度呢？大家知道，一般文学选本都把最有水平的诗文放在最前面，而我们熟知的《唐诗三百首》开篇就是张九龄的两首《感遇》，这还不说明问题吗？当然，张九龄在普通人心目中更出名的还不是《感遇》，而是《望月怀远》，头一句"海上生明月，天涯共此时"，意境开阔，感情深沉。直到今天，年年中秋节我们都得复习一遍，可见我们今天的文学想象力还没超过张九龄呢。

第二个特征是风度翩翩。别看张九龄出身寒门，但是，举手投足都有派，比贵族还像贵族。举个例子，中国古代官员不是有一种随身装备叫笏囊吗，就是张九龄发明的，而且也就是张九龄贵族气质的产物。张九龄怎么想起发明笏囊了呢？这得从他的小身板说起。唐朝崇尚丰满健壮，偏偏张九龄长得玉树临风。人太瘦了，难免体力不足。当时官员上朝都拿着笏板，退朝之后，这笏板就别在腰带上，然后骑马回家。一般官员长得壮实，把笏板往腰上一别，再跨上马，没有任何问题。可是张九龄身体弱呀，如果把笏板别在腰带上，他就上不去马。于是，张九龄想了一个办法，把笏板装在袋子里，让仆人捧着，等他上马之后再递给他。有一次，这一幕被唐玄宗看见了，唐玄宗一下子觉得这种做法太有贵族范儿了，再看看那些往腰带上插笏板的官员，怎么感觉那么粗鲁呢！第二天玄宗就下令，每个官员都得准备一个袋子盛笏板，让仆人拿着，谁也别再往腰里别了。从此，古代官员就多了笏囊这么一个装备，类似于今天的公文包。张九龄引领了一代潮流，这叫潮男！

第三个特征是性格自负。有人可能问，出身那么低还自负呀？这说起来并不难理解。唐朝号称诗的国度，诗人是全社会的宠儿，张九龄是大诗人，又是翩翩公子，当然也就成了大众偶像。因此，张九龄虽然出身寒微，但是仕途一直很顺利，包括皇帝在内，几乎所有的人都哄着他，捧着他。这样的经历让张九龄非常自信，凡事都觉得自己正确。另外，既然人生历练不足，张九龄也就格外理想主义，眼里容不了沙子，凡事坚持原则，不肯妥协。张说不是张九龄的政治保护人吗？可是，在封禅泰山这个问题上，张九龄就和张说意见相左，一副当仁不让其师的派头。

别看张九龄并不总顺着张说，但张说对他的扶植可真是不遗余力。当宰相的时候，张说就一直把张九龄视为心腹。即使在下台以后，张说也仍然利用自己和唐玄宗的私交力荐张九龄，说他的水平足够当集贤院学士，希望皇帝重用他。开元十八年（730）张说去世了，当时朝廷里宰相间的斗争正是风生水起，激烈得不得了。看着宰相们斗来斗去，玄宗心里烦透了，回想一下这些年来的风雨历程，他觉得还是张说时代最好，登泰山封禅，那是何等豪迈！跟集贤院的学士一起饮酒赋诗，又是何等的风雅！张说能辅佐我达到极盛，想来张说推荐的人也不会错吧，这样一想，玄宗就真的让张九龄当了集贤院学士，而且还让他担任了集贤院副知院事，基本算是让他接了张说的班。几年下来，张九龄完全胜任，特别是在起草诏书方面，简直出神入化。当时，重要的文诰都是张九龄起草，只有他的文章，才能体现出华丽庄严的大国风范！以玄宗那样的风雅爱才，能不欣赏这样的人吗？现在，宰相的岗位空出来了，就让张九龄接着干吧，希望他能够打造出风流儒雅的文治形象，重现张说当年的辉煌！

可是，与张九龄比起来，李林甫可不是什么才子，那么，为什么唐玄宗也选择了李林甫呢？

二、行政专家李林甫

李林甫的第一个特征和张九龄正好相反，张九龄是文坛元帅，李林甫则是白字先生。李林甫是李唐宗室出身，论起辈分来，还是唐玄宗的叔叔呢。因为是宗室子弟，怎么也能混碗饭吃，所以，李林甫念书的动力不强，长大后就成了个白字先生。

讲一个事情。中国古代管生儿子叫"弄璋之喜"。"璋"就是美玉的意思，这是恭维人家儿子以后是贵人，当大官。有一年，李林甫的表弟家生了一个儿子，李林甫按照一般人情规矩向表弟道喜，写了一封贺信，开头就说"闻有弄獐之庆"。表弟一看，真是哭笑不得。李林甫把玉璋的"璋"写成了獐子的"獐"，那不是从美玉变成野兽了吗？这倒好，别人的儿子生下来抱着美玉玩儿，李林甫表弟的儿子生下来抱着野兽玩儿！

念白字自然不是什么优点，不过好在李林甫还有第二个特征，就是实干。李林甫曾经有一段时间担任国子司业，就是唐朝的最高学府国子监的副校长。当时国子监已经好长时间没人认真负责了，纪律涣散，学生们也都不好好学习。李林甫一上任，马上整顿纪律，没过多久，学校面貌焕然一新。学生们都特别佩服这个校长，就偷偷刻了一块碑，称颂他的政绩，而且专拣国子监举行祭祀大典，文武百官都到场的情况下把碑立了起来，打算好好让自己的校长露一露脸。结果李林甫一看，大发雷霆，说：我李林甫只是做了自己该做的事罢了，我有何德何能，值得树碑立传？这是谁出的主意？谁干的？学生们一看弄巧成拙，把校长惹生气了，赶紧认错，连夜把这块碑给磨平了。这不是和宋璟当年不让广州人立德政碑如出一辙吗？经过他这一番折腾，碑上的字是没有了，但是李林甫不图虚名的口碑可树起来了。另外，李林甫不仅在国子监政绩突出，此后历任刑部和吏部侍郎，业务水平也都是一流的。

李林甫的第三个特征是会巴结。可能大家又想不通了，他不是宗室子弟吗，贵族出身，人又能干，怎么还要巴结别人呢？其实也好理解。李林甫文化程度不高，这在唐朝可是大大的不利。而且，虽然出身李唐皇族，但是他爸爸一辈子只当了个七品芝麻官，也不能给他帮多大忙。在这种不利的条件下想要出人头地，不巴结行吗？那他巴结谁呢？李林甫第一个巴结的是他舅舅。他舅舅就是我们前面提到过的玄宗的宠臣姜皎。这个人能量大，李林甫当然得巴结。怎么巴结呢？姜皎爱玩儿，李林甫就整天琢磨吹拉弹唱，讨姜皎的喜欢。甥舅俩投脾气，姜皎当然不会亏待这个外甥了。就是通过姜皎的关系，李林甫很快升到了太子中允。这太子中允虽说是五品官，但是个闲职，没什么前途，李林甫还是不满意。怎么办呢？我们讲过，唐玄宗有一个宰相叫源乾曜，李林甫又开始打他的主意了。这个源乾曜和姜皎是姻亲关系，所以李林甫跟他也算是曲里拐弯的亲戚。不过，亲戚关系虽然远，可李林甫走动得勤，一来二去，和源乾曜的儿子就成了好朋友。好朋友当然要相互帮忙。有一天，源乾曜的儿子就替李林甫跟他爸爸要官去了。李林甫想当什么官呢？他想当郎官，就是六部的郎中。虽然郎中也是五品官，但是，岗位比较重要，有利于往上爬。没想到，源乾曜一听就笑了，说：郎官是品德好、有学问、有声望的人才干得了的，就哥奴（李林甫小名）那样的，快算了吧。不过，虽然源乾曜没让李林甫当郎官，但看在儿子的面子上，还是把他提拔到了四品的太子谕德。总之，李林甫每往上走一步，都有巴结的成分在里头，而这巴结的顶点当然就是皇帝。他使的是借力打物的招数，从玄宗身边的人人手。为了给玄宗留下好印象，李林甫整天和宦官、妃子套近乎。就是通过这些人，李林甫把唐玄宗的脾气秉性摸得清清楚楚。事先有了准备，他在玄宗面前说话办事当然就妥帖无比，玄宗能不喜欢他吗？这就是巴结的功夫。巴结靠什么？一靠了解人性，投其所好；二靠坚韧顽强，能屈能伸。这门学问，考验的不是智商，而是情商。这样一对比我们就明白了，张九龄是草根出身，贵族脾气；李林甫是贵族出身，草根脾气，两个人刚好相反。

李林甫既然会巴结，看好他的人自然不少。对他拜相帮助最大的人有两个。第一个就是以耿直著称的宰相韩休。有人可能奇怪，韩休那么正直，他怎么会对李林甫青眼相加呢？因为韩休拜相的消息就是李林甫透露给他的。李林甫人脉广，他跟大宦官高力士也有瓜葛。高力士小的时候给武则天当宦官，因为一点小事得罪了武则天，就被赶出宫了，后来，全靠武三思帮忙，才重新回到朝廷。高力士是个知恩图报之人，从此对武三思感恩戴德。武三思有个女儿，这个女儿秉承了武家人的基本特征，既风流放荡，又有政治权略。她的丈夫是当朝宰相裴光庭，但是她还有一个情人，这个情人就是李林甫。古往今来，女人为了心上人总是不惜一切的，武三思的女儿也不例外，当时高力士在唐玄宗面前很有面子，武三思的女儿就找到高力士，求他看在自己父亲的面子上，给李林甫帮忙升官。怎么帮呢？当时玄宗正好要任命韩休当宰相，外界还不知道。就在委任状下来之前的那天晚上，高力士把这个任命告诉了武氏夫人，让她转达李林甫，赶紧给韩休道喜去，好在新宰相面前买好。李林甫自然是心领神会。到了韩休家里，一番寒暄之后，李林甫神秘地说：根据可靠情报，朝廷有意让您当宰相，林甫不才，特来向您道喜，还希望您以后多多栽培！韩休一听，半信半疑，一夜都没睡好。结果第二天，拜相制书果然到了，从此，韩休就把李林甫视为生命中的贵人，对他印象特别好。现在，他下台了，马上就跟玄宗打报告，推荐李林甫接班。

第二个推荐李林甫的人就更厉害了。谁呢？武惠妃。武惠妃虽然费尽心机扳倒了王皇后，但是，她自己并没能当上皇后，因为有大臣反对，说如果立她为皇后，可能会让太子地位不稳。可是，哪个母亲不想给孩子最光明的前途呢？即使自己没当上皇后，武惠妃还是想让儿子当太子，只是苦于朝廷里无人支持罢了。李林甫最懂得人际关系的意义了，他知道武惠妃在唐玄宗心中所占的分量，他也知道武惠妃最想要的是什么。于是，李林甫就托关系好的宦官悄悄给武惠妃传话，说愿意帮助她的儿子当太子。武惠妃当然感激不尽，整天在玄宗面前夸奖李林甫。本来玄宗对李林甫的印象就不错，再有素来敬重的宰相韩休和宠妃武惠妃吹风，他能不对李林甫感兴趣吗？就这样，唐玄宗也把李林甫提拔到宰相的岗位上了。

三、张九龄失宠

张九龄和李林甫都拜相了，两人在方方面面都刚好相反，不但出身天悬地隔，才情也高下立判，性格更是迥然不同，那他们在玄宗心目中的地位到底孰轻孰重呢？张九龄重，这一点从官职上就能看出来。张九龄是中书令，名副其实的第一宰相；而李林甫只是礼部尚书同平章事，地位和人家差一截。

唐玄宗为什么更看好张九龄呢？除了资历和人望之外，还有个重要原因，那就是他也是张九龄的粉丝。

唐玄宗见过的文学家多了，唯独对张九龄佩服得五体投地，他说："张九龄文章自有唐名公皆弗如也。朕终身师之，不得其一二，此人真文场之元帅也。"这个评价比当年对张说和苏颋的评价还高。文章之外，唐玄宗更欣赏张九龄的风度。唐代有早朝制度，每天早晨五点多，大臣就要朝见皇帝，为了不迟到，好多官员半夜就得起床。起得太早难免犯困，所以大多数官员早朝的时候就不大精神。但张九龄不是这样。他不管睡得多晚，起得多早，上早朝时都照样精神抖擞，意态纵横。人的精神是有传染性的，如果旁边的人都打哈欠，你也不免跟着犯困。相反，如果旁边的人意气风发，你也会跟着长精神。因此，为了给自己找个好榜样，唐玄宗每次早朝就看着张九龄。他说："朕每见九龄，使我精神顿生。"唐玄宗可是个风流天子，张九龄这样风流儒雅的形象对他太有杀伤力了，所以，唐玄宗满心巴望张九龄不仅能够引领风尚潮流，更能引领政治方向。至于李林甫嘛，在兵部、吏部等要害部门都干过，行政能力不错，人又乖巧和气，正好给张九龄打下手。很显然，唐玄宗还是想走当年文学和吏治并用的老路，而且希望让文学统领吏治。

这样的安排，刚开始运行起来的时候也真不错。张九龄一心想当个好宰相，在玄宗面前知无不言，言无不尽。李林甫也确实像唐玄宗希望的那个样子，不声不响，努力搞好日常行政工作。可能有人会说，张九龄和李林甫这两个人差距那么大，能配合好吗？配合得还真不错。张九龄固然很自负，不大瞧得起李林甫，可是，李林甫能忍啊，他知道自己在皇帝心目中的分量远不及张九龄，所以就对张九龄毕恭毕敬，做小伏低，这样一来，张九龄不就没话说了吗？就连唐玄宗也觉得，自己这次真把宰相选对了。

可是好景不长。没过多久，唐玄宗就发现了，两个宰相之间倒是没什么问题，可是，自己跟宰相之间有问题了。玄宗跟谁有问题了呢？张九龄。唐玄宗本身也是风流天子、才情皇帝，自然会对张九龄这样的才子厚爱有加。但事实上，唐玄宗对张九龄的欣赏只保持了一段时间，就迅速降温了。

因为玄宗觉得张九龄固然人品不错，写文章一流，但是，用起来真别扭。怎么个别扭法呢？张九龄有两大弱点，一个是矫情，另一个是固执。

　　先举个矫情的例子。开元十七年（729）以后，唐玄宗不是把自己的生日定为千秋节了吗？按照惯例，这一天，王公大臣都得给玄宗送铜镜，当时号称金镜。这规矩也都行了好几年了，谁也没说过什么。可是，到张九龄这里就不行了。他觉得，这多俗气，多奢侈腐化呀！一定得改一改。开元二十四年（736），唐玄宗的生日又到了，别的大臣还是照样送各式各样的铜镜，张九龄送了一本自编的小册子，起名叫作《千秋金镜录》，说白了就是一本思想品德修养手册。里面全是过去的皇帝做了好事就发达、做了坏事就亡国的故事。张九龄说了，照普通的铜镜只能看到自己的长相，照我这本《千秋金镜录》才能知道兴亡的道理。唐玄宗看见这个礼物什么反应呢？要知道，玄宗这时候已经50多岁了，当皇帝当了20多年，国家治理得也不错，早不是过去那个需要宰相耳提面命的年轻皇帝了。看着张九龄这个礼物，唐玄宗心里真是郁闷，张九龄怎么这么矫情呢？虽然表面上他还是把张九龄大大地褒奖了一番，但是心里真恨不得这个宰相别那么有文化。

　　再举一个固执的例子。当时有个将领叫张守珪，在东北战场屡立战功，唐玄宗很赏识他。唐朝有出将入相的传统，玄宗就想让他当宰相，也激励一下其他的将军。有了这个想法，玄宗就找张九龄商量了。结果，被张九龄一口驳回，说：宰相是什么？宰相是百官之首，是帮助皇帝处理全国政事的，可不是赏功的闲职。陛下随随便便就让一个将军当宰相，他当得了吗？玄宗一听，赶紧说：张爱卿，你误会了。我就给他一个宰相的荣誉头衔，不是真让他干。他还是要回东北边疆接着当他的将军。这该不成问题吧？没想到，张九龄还是不干，说：这就更不行了，古人说得好："惟名与器不可以假人，君之所司也。"名分就是君主手里的武器，您要是随随便便就把一个名分给人，那以后别人就既不尊重这个名分，也不尊重您了。再说了，这个张守珪刚刚打败了契丹您就想让他当宰相，那如果有一天，他把东北少数民族都打败了，您还拿什么官来奖赏他呀？唐玄宗被他驳得哑口无言，只好作罢。可以看出，只要是张九龄认准的事情，他绝不会妥协，一点儿也不给皇帝留面子。

表面看起来，张九龄在这两件事上都赢了，都让皇帝低了头，但是，在皇权至上的体制下，要是宰相屡屡压倒皇帝，就未必是件好事。慢慢地，张九龄在皇帝心中的地位就变了。本来，唐玄宗对张九龄充满了好感，充满了期待，但是，这时候，他逐渐不耐烦起来了。没错，张九龄是个道德君子，但是，他怎么就那么固执，那么不通情理呢？皇帝有了这样的情绪，张九龄马上察觉到了，他的心里非常失落。正好，开元二十四年（736）七月，唐玄宗赐给宰相用白羽毛做的扇子。中国古代一向有秋扇见捐的说法。张九龄拿到扇子，悲从中来，马上给玄宗写了一篇《白羽扇赋》，上面写道："当时而用，任物所长。彼鸿鹄之弱羽，出江湖之下方。……苟效用之得所，虽杀身而何忌？肃肃白羽，穆如清风，纵秋气之移夺，终感恩于箧中。"什么意思呢？大意是说，为了做一把羽毛扇子，鸟儿付出了自己的生命。可是，如果能对君主有用，付出生命又算得了什么呢？到了秋天，扇子就没用了，难免被扔在筐里。但是，尽管如此，它仍然会感谢陛下曾经的知遇之恩。看起来像是说扇子，其实就是以扇自况！说我张九龄为陛下披肝沥胆，如今却和秋天的扇子一样，就要被陛下抛弃了，写得跟怨妇似的。玄宗一看，这哪儿跟哪儿呀，赶紧安慰张九龄，说我不过是因为天热，才送你扇子的，你在我心目中非常有用、非常重要，你怎么会想到被抛弃呢！话虽然这么说，但是，玄宗还是慢慢地冷落张九龄了。

玄宗的态度一变，马上有人暗中笑起来了。谁呢？当然是李林甫。别看李林甫平时对张九龄客客气气，其实心里早恨得牙痒痒了。张九龄自负，因为自己是文章魁首，眼高于顶，最看不起李林甫这样文化水平低的人。唐玄宗想要任命李林甫之前，曾经征求过他的意见，当时张九龄就说：李林甫除了巴结还会什么呀？陛下要是任命这样的人当宰相，总有一天会乱了宗庙社稷。这话是对着皇帝一个人说的，也倒罢了；更可气的是，张九龄居然在大庭广众之下说"李林甫议事如醉汉语也，不足言"。说李林甫说话像醉汉一样，稀里糊涂。这个评价传到李林甫耳朵里，可把他气坏了。可是，当时张九龄还正得宠啊，李林甫也只能是大丈夫能屈能伸，整天对张九龄赔笑脸。但是现在不一样了，眼看着玄宗对张九龄越来越冷淡，李林甫的心里也在蠢蠢欲动。那么，李林甫会有怎样的举动呢？他和张九龄又各自面临着怎样的前景呢？

第二十四章　宰相斗法

　　张九龄曾经是唐玄宗非常欣赏的一个有才情的宰相，然而好景不长，张九龄的直言极谏、坚持原则，已经和唐玄宗骄傲自满的心理格格不入、慢慢地，玄宗疏远了张九龄。

　　唐玄宗的这种心理变化，让一贯忍气吞声的李林甫看到了机会。

　　通过一年多的冷眼旁观，李林甫觉得，此时的张九龄，在唐玄宗眼里就是一根鸡肋，食之无味，弃之可惜，只要自己稍稍推动一下，这根鸡肋就要被抛弃了！

　　那么，李林甫会怎么做呢？

一、还都事件

　　李林甫利用了两件事。第一件是还都事件。唐朝开元二十四年（736）十月，东都洛阳宫里出妖怪了。到底什么妖怪，史书没有记载，反正是闹得人心惶惶。当时玄宗正在洛阳，他把张九龄和李林甫都召来了，跟他们商量，想要回长安。张九龄听完马上说：这不好吧，现在农民还没收割完呢，这时候出发不是扰民吗？还是等到冬天农闲时再说吧！玄宗一听又很郁闷，心想，你让我等农闲，这妖怪可不等农闲啊！你也太不把我的安全放在眼里了吧！可是，看看张九龄一副不容置疑的样子，玄宗也觉得说不出话来，毕竟，宰相关心民生疾苦也没有错。没办法，玄宗只好宣布退朝。张九龄大摇大摆地走出去了。

再看李林甫，一瘸一拐地落在后面。对大臣的这种表现，玄宗早有经验，看来李林甫是有话说。李林甫说：长安和洛阳，不过就是陛下在东边和西边的两个家罢了。陛下想在哪边住就在哪边住，还用得着考虑时间吗？再说了，就算是妨碍一点收割又有什么关系，把沿路老百姓的租税免了不就算补偿他们了吗？照我看来，陛下要是想走，现在就跟有关部门打招呼，明天就能启程！唐玄宗一听，行啊，又解决了我的实际问题，又考虑到了老百姓的经济补偿，顾此而不失彼，这比张九龄强多了，这宰相当得多贴心啊！那就按照李相公的意见来吧。从此，李林甫的意见在唐玄宗心目中重要了起来。

二、牛仙客事件

没过多久，第二次机会又来了。这次机会，可以称为牛仙客事件。

牛仙客本来是西北边疆的小吏出身，因为为官清廉，又讲究诚信，就在比较重视实干的边疆地区成长起来，当到了河西节度使。开元二十四年（736），他又从河西调任朔方。这属于平级调动，本来也没什么特别之处，可是，接替他担任河西节度使的人一到任，马上就被震撼了。牛仙客留下来的仓库内容太丰富了，粮食布帛堆得像小山，几年都用不完。军事器械也都擦得干干净净，码得整整齐齐，好像新的一样。别的边疆节度使都狮子大开口，整天跟皇帝哭穷，牛仙客这儿拿着同样的经费，怎么就这么富裕呢？！继任的节度使是个好人，他不想埋没人才，马上就把牛仙客的先进事迹上报了。唐玄宗一听也觉得新鲜，赶紧派人去调查。调查发现，真实情况简直比材料上写得还要好！这可让玄宗太感动了。唐玄宗是个雄才大略的皇帝，对边功很感兴趣，可是，要打仗就得烧钱，就得增加财政压力，军政和财政往往是一对矛盾。可现在，人家牛仙客又能打仗，又能理财，这是先进典型，能不奖赏吗？

怎么奖赏呢？因为有了前一次张守珪的教训，唐玄宗决定先降低标准，不让牛仙客当宰相，而是让他到中央来担任六部的尚书。按照玄宗的想法，牛仙客的事迹比张守珪突出，他给出的奖赏又比张守珪小，这下，张九龄应该同意了吧？完全不是。张九龄说：尚书是什么人当的啊？或者是卸任的宰相，或者是德高望重的大臣才能当。牛仙客不过是河西地区的小吏出身，让他当尚书，岂不是显得我们国家无人，这不是会贻笑大方吗？唐玄宗心里那个气啊，心想，我退一步，你倒来劲了！可是尊重宰相也是他亲手确立的政治传统啊，他只好忍气吞声，再跟张九龄商量：尚书不行，那就给他加实封好吧？所谓"实封"，就是奖赏给他一些封户，让他享受来自这些封户的税收。既是经济待遇，也是政治荣誉。没想到，张九龄丝毫不给面子，又驳回了。他说：实封是用来赏赐有功之臣的。边防将领充实仓库、修备兵器，这就是他们的本职工作，哪能称为功勋啊？陛下要是真觉得他干得好，赏给他一些金钱丝帛也就罢了。至于加实封，恐怕不太妥当。唐玄宗一看自己的提议屡遭否定，脸都青了，怒气冲冲地宣布退朝。张九龄扭头就走了。李林甫又留下了，他对唐玄宗说：这牛仙客是个人才啊，别说当尚书，当宰相都绰绰有余！陛下您别什么都听张九龄的，他是个书生，不识大体。

唐玄宗一听眼睛都亮了。他本来觉得李林甫不过就是个办事人才，在大事上根本没什么想法，没想到关键时刻他居然支持自己！本来，因为张九龄强烈反对，唐玄宗都准备放弃了，现在一看李林甫支持他，底气足了不少。第二天上朝，玄宗又把这件事给提出来了，还是要给牛仙客实封。张九龄当然是再次驳回了。一看张九龄这么固执，玄宗的脸色变了，厉声问：天下事都要依着你才行吗？张九龄一听皇帝说出这样的话来，马上跪在地上，说：陛下既然让臣当宰相，臣只能是知无不言，言无不尽！话是跪着说的，但是，强硬程度是一点都没变。这下子，玄宗可是真生气了。他问张九龄：你整天嫌牛仙客出身不好，你又是什么好出身呀？一看皇帝连人身攻击都用上了，张九龄更是寸步不让。他说：我是岭南草民出身，确实比不上牛仙客这个中原人。但是，我出入朝廷，掌管诰命这么多年，而牛仙客不过是个大字不识几个的边疆小吏罢了，他岂能跟我相比？君臣再次不欢而散。眼看着张九龄出去了，李林甫对着空气说了一句：一个人只要有见识有才能就够了，何必非得是满腹经纶的书呆子？皇帝想用谁就用谁罢了，干吗非得听别人的呢？这句话的声音不大不小，刚好让玄宗听到。没过几天，一纸任命就下来了：赐牛仙客为陇西县公，食实封三百户。

随着牛仙客的任命，张九龄和李林甫在玄宗心目中的地位也完全颠倒过来了。本来张九龄的古板和固执已经让玄宗大伤脑筋，再加上在还都事件和牛仙客事件中，他一点都不给皇帝留面子，更是惹怒了唐玄宗，唐玄宗对张九龄的厌恶感越来越强烈。相反，对善解人意的李林甫印象却越来越好。

一个目中无人，一个善解人意；一个专横跋扈，一个体谅顺从。两个一比，玄宗能不喜欢李林甫、讨厌张九龄吗？说到这里，我们不得不承认，李林甫太聪明了，以前的宰相纷争，都是彼此唇枪舌剑地吵，把皇帝吵得心烦意乱，最后难免两败俱伤。但是李林甫不一样，他一次也没和张九龄发生正面冲突，只是随时随地支持皇帝的意见罢了。如果说以前宰相纠纷，皇帝还是裁判员的话，这一次，皇帝却变成了纠纷的一方，需要李林甫当同盟军了。

　　事情到了这一步，张九龄终于看到李林甫的厉害了。本来，张九龄非常瞧不起李林甫。当年，他和李林甫刚刚拜相的时候，有一天陪着唐玄宗一块儿在后花园喝酒，酒过三巡，唐玄宗心情不错，指着面前的金鱼池说：金鱼真可爱啊。李林甫马上接口说：全赖陛下恩波所养。当时，张九龄哼了一声，说：陛下身边的人就像金鱼一样，只能点缀风景罢了！现在看来，李林甫哪里是只知道摇尾巴的小金鱼啊。相反，他是盘旋在蓝天之上，随时准备抓住机会扑向猎物的老鹰。有了这只老鹰，自己的宰相地位恐怕是岌岌可危了！在这种情况下，张九龄不得不低下高贵的头，向李林甫妥协了。他写了一首诗，叫作《咏燕》，寄给了李林甫。"海燕何微渺，乘春亦暂来。岂知泥滓贱，只见玉堂开。绣户时双入，华堂日几回。无心与物竞，鹰隼莫相猜。"说自己好比一只卑贱的小燕子，根本无心和鹰隼竞争，希望老鹰能放他一马。那么，李林甫看到这首诗会不会放过张九龄呢？

三、严挺之事件

　　李林甫可不是心慈手软、优柔寡断的人。事实上，李林甫盯着张九龄的首席宰相之位已经很久了，他怎么会轻易放过张九龄呢？一旦时机成熟，他一定会"宜将剩勇追穷寇"。再说了，张九龄也好，张九龄的朋友也好，并没有真的吸取教训，还是那么才子气十足。于是，很快李林甫又对张九龄出招了，而且一出招就是一记重拳。

　　怎么回事呢？说起来就是张九龄的一个朋友惹的祸。李林甫和张九龄明争暗斗，两个人都想提拔自己人来加强实力。有一句话叫"物以类聚，人以群分"，说得一点不错。李林甫选中的人叫作萧炅，跟他一样没文化；而张九龄选中的人叫严挺之，也和他一样是个才子。

有一天，同僚家里办喜事，两个人都去送礼，碰到一块儿了。在主人家闷坐着等吃饭没意思，两个人就乱翻书。什么书呢？《礼记》。今天我们觉得《礼记》挺高深，但是，在唐朝这可是知识分子的必读书。萧炅看了两眼，就念出声来了："伏猎。"念完了还在那儿嘀咕，什么叫伏猎呀？难道是埋伏在那里打猎？严挺之一听，差点没笑掉大牙，因为萧炅念白字了，人家《礼记》里写的是"伏腊"，是指伏日和腊日两个节日，跟打猎有什么关系啊，萧炅这不是闹笑话吗？这个严挺之也是文人轻狂，他听见了还不算，还想让更多的人知道，好再出出萧炅的丑。于是就故意逗萧炅，问他：萧公，您刚才说什么？萧炅傻乎乎地回答：我说"伏猎"呀！这么一问一答，好多客人都快笑岔了气。严挺之开够了玩笑，回去就报告给张九龄，说：我们都有一个弄獐宰相了，岂能再来一个伏猎侍郎？张九龄和严挺之一样，最看不起文化水平低的人，所以没过两天，他就把萧炅贬到地方当刺史去了。

要知道，萧炅可是李林甫的人，张九龄把他贬官，李林甫能善罢甘休吗？再说了，兔死狐悲，物伤其类，萧炅和李林甫都是白字先生，张九龄和严挺之这么嘲笑萧炅，可想而知，他们对李林甫也是轻蔑至极，李林甫是能屈能伸，但是，这绝不意味着他没有自尊心。相反，他是把怒火深深地埋在心里了，就等着哪一天爆发。一般来说，这样心机深沉的人，得罪一次就够你受的了，可严挺之倒好，又去得罪第二次了。

当时玄宗看重边功，老想提拔张守珪、牛仙客这一类的将军当宰相，张九龄挺着急，就想赶紧把严挺之拉进宰相圈子，好加强一下自己这方面的力量。张九龄也知道，李林甫正得宠，用人免不了要过他那一关，因此，虽然看不起李林甫，张九龄还是嘱咐严挺之，说：李林甫现在很红，能量很大，你最好拜访他一下，争取他的支持。没想到，严挺之比张九龄还骄傲，他马上说了：李林甫算什么呀，让我去看他，没门儿！这话传到李林甫耳朵里，可把李林甫给气坏了。他暗暗发誓，不收拾一下严挺之，誓不为人！

开元二十四年（736）十一月，因为一件普普通通的刺史贪污案，李林甫终于抓住严挺之的把柄了。当时有个姓王的刺史因为贪污被告发了，经过有关部门审理，罪名成立，马上就要被治罪。王刺史可是家里的顶梁柱，他要是被治罪了，全家老小怎么办呢？王刺史的妻子赶紧想办法营救。王太太找了严挺之，她为什么找严挺之？因为严挺之是她的前夫。两个人本来是结发夫妻，后来因为感情不和，离婚了，她这才改嫁给王刺史。自从离婚之后，王太太跟前夫也就没什么来往了。可是，这个时候，王太太实在是走投无路了，这才找到严挺之，一把鼻涕一把泪，请严挺之看在以前的情分上帮帮忙，救她丈夫一命。严挺之可犯了难了，帮吧，这个刺史确实贪赃枉法，罪有应得，不好帮；可是不帮吧，俗话说"一日夫妻百日恩"，虽说两个人离婚了，但是人家在危难时刻求到你头上，你不伸手管一管岂不是显得太小家子气了？左思右想，严挺之还是英雄主义占了上风，情感战胜了理智，他开始为了这个王刺史积极奔走。李林甫早就在盯着严挺之了，一看严挺之为一个贪污犯上蹿下跳，马上向唐玄宗告发，说严挺之徇私枉法，必须严惩。

那究竟应该怎么严惩呢？唐玄宗又把宰相找来开会了。他问张九龄：听说严挺之为了前妻，居然给一个贪污犯开脱罪责。张爱卿，你看该怎么办呢？面对皇帝的询问，张九龄应该怎么回答呢？聪明一点的办法自然是赶紧和严挺之撇清关系，再检讨几句自己失察的责任。但是，张九龄和姚崇、张说等历史上一切强势的宰相一样，太喜欢保护自己人了。他居然替严挺之辩解开了。张九龄说：严挺之跟这个案子有什么关系？不就是被告的妻子是严挺之的前妻吗？严挺之跟他前妻能有什么感情啊？要是有感情就不至于离婚了！

离婚了就没感情？玄宗说什么也不信呀，在他看来，不是严挺之没私情，而是你张九龄有私心。于是，玄宗冷冷地说了一句："虽离乃复有私。"这句话貌似轻飘飘，其实可是一句重话，重就重在"私"字上。要知道，玄宗之所以能容忍张九龄一再顶撞自己，无非是因为他还算一心为公、从不徇私。而今张九龄保护严挺之，却暴露了他徇私的一面，徇私再往前引申一步就是朋党。我们讲过，历朝历代的皇帝最讨厌的就是臣子结党。张九龄本来已经够飞扬跋扈了，再加上结党营私，那就突破玄宗容忍他的底线了。到了这一步，事情突然就发生了戏剧性的转折，本来不过是一个小小的刺史贪污案，在李林甫的操作下，变成了严挺之徇私案；现在经过一场朝堂辩论，居然又变成张九龄结党营私案了。一旦被定性为结党，也就等于宣布张九龄政治生命的死刑了。第二天，唐玄宗下诏，张九龄结交朋党，罢免宰相之职，担任左丞相；中书令岗位由李林甫接任。

当年张九龄不是说牛仙客不配当尚书吗？为此还跟玄宗反复争吵。现在，张九龄下台了，唐玄宗简直就像报复一样，立刻任命牛仙客为工部尚书，同中书门下三品。真应了李林甫那句话：牛仙客是宰相的材料，让他当个尚书算什么？天子用人，有何不可！到这一步，其实，张九龄和李林甫的胜负已经见了分晓。但是，张九龄毕竟德高望重，只要他还在朝廷，李林甫心里就不踏实。宜将剩勇追穷寇！李林甫穷追不舍，继续把所谓的结党案做深做大，终于在开元二十五年（737）把张九龄贬到荆州当长史去了。至此，李林甫和张九龄的斗法，终于以李林甫完胜、张九龄完败告终。

在扳倒张九龄的过程中，李林甫始终处在暗处，从来不和张九龄发生正面冲突，但处处都能攻其要害，开元时期最后一位贤相张九龄就这样被贬出了朝廷。张九龄才高八斗，最终却败在一个白字先生的手下，这多少有些让人不解。

四、胜负原因

张九龄才华横溢，怎么就斗不过李林甫这么一个白字先生呢？

第一个原因大家都清楚，李林甫的政治手腕比张九龄高明多了。他跟张九龄斗法，但是，始终没见两个人正面冲突。每次都是张九龄跳出来，在台前和唐玄宗争辩，而李林甫呢，就躲在幕后静观事态发展，关键时刻再出来帮皇帝一把，而且不是公开地帮，就是私下里说那么一句，表一个态度。这私下里的一个表态太讨人喜欢了。在唐玄宗看来，李林甫就是一个胆小的宰相，一个顺从的仆人，一个可靠的帮手，哪个专制皇帝不喜欢这样的大臣呢？唐玄宗觉得这样的大臣好用，其实，他也被李林甫利用了。本来，历史上常见的是大臣相争，皇帝渔利；这次却成了君臣相争，李林甫渔利。玄宗被李林甫当枪使还觉得李林甫对自己好，你能说李林甫不高明吗？相反，张九龄虽然才学出众，但是在政治心机上和李林甫比就差远了。根据《新唐书·张九龄传》的记载，张九龄性格自负、固执而且急躁。"自负"就是永远觉得自己正确，"固执"就是非要让别人服从自己的意志，"急躁"则意味着一言不合就要争吵起来，而且是事无大小，想吵就吵。这样的性格当个自由职业者可以，但是，当宰相可就成问题了。张九龄和李林甫根本不是一个重量级的，你能怪李林甫以柔克刚吗？

第二个原因是李林甫比张九龄更务实。张九龄固然志向远大、为人清高，但是，他的才子气太重了。他是靠文才起家的，在他看来，文学才华高于一切，其他方面的才能都一钱不值。可是，开元中期，随着边疆形势和社会矛盾的发展，军功和实际行政能力越来越重要了。而张九龄一类的才子们既不愿意正视这些问题，也不善于解决这些问题。

举个例子，张九龄刚当宰相的时候，唐朝正闹钱荒。就是国家铸造出来的铜钱不够花。张九龄说，那就干脆取消国家铸钱的禁令，让老百姓都来铸钱算了！大家都来铸钱，钱不就够花了吗？这个办法可不可行呢？当然不可行，而且简直是荒唐。要知道，铸钱的多少是要跟市场需求挂钩的，如果根本不考虑需求滥铸，那不是人为搞乱市场、搞乱通货吗？再说了，老百姓谁有能力铸钱？有能力的都是大商人、大地主。这些人本来就已经很有势力了，如果再让他们铸钱，他们的势力就会更加膨胀，万一哪一天造反怎么办？张九龄提出这样的解决办法，说明他实际行政能力不强。其实，不光张九龄行政能力不强，他看好的那些才子也都有这个弱点。如果朝廷里全是这样的理想主义者，那不也是一件很可怕的事吗？

李林甫就不一样了，他本人也好，他赏识的人也好，都是从实际工作中崛起的能人。这些人可能文采不高，理想也不够远大，但是，解决实际问题的能力都比较强。本来，理想加实干才是最好的组合，但是既然彼此不能相容，那最后唐玄宗只能选择实干家了，毕竟，他要解决的现实问题太多了。

第三个原因是到开元中期，唐玄宗已经逐渐走向昏聩了。本来，一个政权如果想要向前发展，是需要容忍不同意见的。勇于纳谏，也是开元盛世得以实现的重要原因。开元前期，宋璟给玄宗提意见，玄宗不是都放在御座旁边，随时提醒自己注意吗？甚至到了韩休当宰相的时候，玄宗还能大度地说出"吾貌虽瘦，天下必肥"这样的经典名句，可是，随着唐玄宗年龄越来越大，统治时间越来越长，他也越来越自满，越来越懈怠，越来越听不进不同意见了。在这种精神状态下，他看到耿直刚正的张九龄就厌烦，看到柔顺谨慎的李林甫就高兴，这也就顺理成章了。

张九龄在《感遇》中写道："兰叶春葳蕤，桂华秋皎洁。欣欣此生意，自尔为佳节。谁知林栖者，闻风坐相悦。草木有本心，何求美人折？"以孤高皎洁而又坚贞自守的兰桂自喻，他真是一位理想主义者。理想主义可能有和现实脱节的地方，但是，政治也罢，社会也罢，要想良性发展，一定要有理想，要容得下理想主义。可是，到了张九龄罢相，我们悲哀地发现，唐玄宗对理想已经不那么感兴趣了。

就这样，随着开元二十四年（736）张九龄被罢相，随着唐玄宗政治理想的消磨，开元中期结束了。《资治通鉴》在总结开元年间政治的时候说过这样一段话："上即位以来，所用之相，姚崇尚通，宋璟尚法，张嘉贞尚吏，张说尚文，李元纮、杜暹尚俭，韩休、张九龄尚直，各其所长也。"这些宰相虽然各有各的问题，但是总的来说，都是正人君子，也都是有为的政治家。这些人在唐玄宗的精心安排下，扬长避短，功成身退，共同缔造了开元盛世。但是，开元二十五年（737）以后，随着最后一位开元贤相的离去，我们再也不会看到宰相们百花齐放的局面了，因为一个真正意义上的铁腕人物——李林甫已经登场。从此，他将担任首席宰相，时间长达19年之久。那么，张九龄和李林甫的交替会引起怎样的政治后果呢？

第二十五章　太子风波

开元二十五年（737），张九龄被李林甫彻底打败，被贬至荆州。

就这样，唐玄宗时代最后一任贤相下台了，这对唐王朝和张九龄来说，当然是一个政治悲剧。但是，就在张九龄被贬之后不久，一个更大的悲剧发生了，唐玄宗在一天之内杀死了自己的三个儿子，其中还包括当朝太子。这是怎么回事？在唐玄宗的宫廷里，究竟发生了什么事呢？

一、第一次风波

要说清楚这件事，我们先得了解唐玄宗太子的情况。唐玄宗的太子还是开元三年（715）立的，名字叫作李瑛，是玄宗的第二个儿子，母亲就是唐玄宗当临淄王时纳的宠妃赵丽妃。可能有人会奇怪，按照传统，太子应该由皇帝的嫡长子来当，这李瑛既不是嫡子也不是长子，为什么让他当太子呢？我们讲过，玄宗的王皇后没有儿子，嫡子根本就不存在。嫡子没有，那就应该考虑长子了，可是，玄宗的长子小时候打猎又被野兽抓伤了脸，有损国家形象，也不适合当太子。老大不行那就考虑老二吧，老二李瑛不仅排行靠前，而且母亲赵丽妃在开元初年也正得宠，以长以爱都占优势，所以，他就顺理成章地成了太子。如果没有变故，这个太子就安心等着接皇帝的班了。但是，变故还是出现了。

武氏横空出世了，而且很快就成了后宫专宠，赵丽妃靠边站了。有一句话叫作"母色衰则子爱弛"，不过，李瑛的地位暂时倒没有受到威胁。因为武氏虽然专宠，也不停地生孩子，但是不知道怎么回事，她生的孩子都活不长，连着三个孩子都夭折了。接连的打击让武氏都没自信了，所以，生到第四个孩子的时候，她再也不敢自己带了，干脆送给李隆基的大哥宁王去带，对外都谎称是人家的儿子。这样一来，虽然唐玄宗对赵丽妃的感情淡了，但是李瑛的地位倒没有动摇。

可是，到了开元十二年（724）之后，接连发生三件大事，使得情况又发生了变化。第一件事，开元十二年，武氏动用种种手段，终于扳倒了王皇后，眼看就要成为新一任皇后了。第二件事，开元十三年（725），武氏的儿子李琩（当时叫李清）已经7岁，过了儿童危险期，从宁王那里回到了唐玄宗和武氏身边，被封为寿王。第三件事，开元十四年（726），李瑛的亲妈赵丽妃死了。这三件事叠加到一起，李瑛的地位可就危险了，失去了亲妈的庇护，又多了一个强大的竞争对手，他这个太子还能继续当下去吗？果然，就在开元十四年（726），李瑛人生中第一个考验终于到来了。这一年，唐玄宗跟大臣提出，要立武氏当皇后。可以想象，如果这个动议通过，武氏变成武皇后，李瑛马上就得给她的儿子让位。这可是千钧一发的时刻，好在大臣出来说话了。大臣说：太子已立，武氏又有儿子，如果让她当皇后，难道太子也要跟着换吗？当时玄宗还比较明智，想想政治成本太大，终于放弃了这个想法，只给了武氏惠妃的头衔。武氏几乎到手的皇后之位随风飘散，李瑛的位子才算保了下来，李瑛政治生命中的第一波惊涛骇浪算是通过了。

可是，就像谚语说的那样，女人柔弱，为母则强。只要是为了孩子好，母亲什么事都做得出。武惠妃也是如此。虽然没能当上皇后，但她还是想让儿子当太子。可是，面对着明智的丈夫和对她并不友好的朝廷，武惠妃势单力孤，一时也想不出什么办法。就这样，将近10年的时间就过去了。开元二十三年（735），寿王已经17岁，该娶妻了。他娶了大美女杨玉环，就是后来的杨贵妃。眼看儿子长大成人，武惠妃更着急了。

二、第二次风波

就在这时候，事情出现了转机，武惠妃一下子觉得又有希望了。什么转机呢？首先，李林甫悄悄让宦官带话，许诺要帮助寿王，武惠妃在朝廷终于有了支持者。另外，武惠妃的女儿咸宜公主也长大了，嫁了人，武惠妃又多了两个帮手。咸宜公主嫁的人叫杨洄，说起来也是亲上加亲。当年唐中宗和韦皇后不是生了两个女儿吗？一个是长宁公主，另一个是安乐公主。安乐公主被唐玄宗杀了，但是，长宁公主活了下来，杨洄就是她的儿子。杨家在唐朝可是太出人才了，武则天的母亲杨夫人，还有后来大名鼎鼎的杨贵妃都出身于这个家族。

杨洄出身于政治世家，可想而知，对政治也非常敏感。小夫妻两个都表态，愿意帮助母亲给哥哥争个太子当。这样一来，武惠妃的势力一下子增强了。这些资源怎么利用呢？武惠妃不愧是武则天的侄孙女，她马上做出了部署。她专心致志地在后宫给玄宗灌迷魂汤，李林甫在外廷暗中相助，至于杨洄嘛，就利用青年公子哥的身份，专门负责盯着太子的一举一动，随时举报他的不法行为就好了。

开元二十四年（736），机会终于来了。这一年的十月，杨洄向武惠妃汇报，最近，太子李瑛总和两个弟弟混在一起，一个是鄂王李瑶，另一个是光王李琚，三个人经常发表对皇帝的不满言论。

这三个小伙子为什么对皇帝不满呢？其实很简单。他们三个人的母亲当年都曾经得过宠，后来因为武惠妃又都失宠了。母亲们同病相怜，孩子们自然就走得近一些，三个小伙子所谓的不满，也就是不满意父亲对自己的母亲太薄情。这本来也算不上什么大事，可是，武惠妃有本事把它做大。怎么做呢？武惠妃对着玄宗哭了个梨花带雨，说：太子和两个王爷结党，说是妾身夺了他们母亲的宠爱，想要害死妾母子！请陛下千万为我们母子做主啊！另外，他们还说了好多关于您的恶毒的话，我都不敢跟您说！唐玄宗一听就怒了，他生气的倒不是太子对武惠妃不敬，而是太子居然敢对他不满！要知道，中国古代的皇帝跟太子的关系最微妙了，太子虽然是自己的儿子，但毕竟也是未来的接班人，试想，要是有这么一个人，职业就是等着你死了好去接你的班，任何人都会觉得不舒服，何况是梦想自己统治千秋万岁的皇帝！本来心里就别扭着呢，你再说太子对他不满，他能不生气吗？所以，唐玄宗听武惠妃这么一说，马上血往上涌，第二天一上朝就跟宰相提出来了，太子和两个兄弟结党，擅自议论皇帝，应该废掉！皇帝这么一说，李瑛政治生命中的第二个大浪可就又打过来了，而且来得比上次还猛，这一次他能顶住吗？能，因为又有贵人来搭救了。谁呢？张九龄。

开元二十四年（736），这时的首席宰相还是张九龄。张九龄刚正不阿，喜欢跟皇帝叫板，一般小事尚且要争个是非曲直，何况是废太子这样的大事。张九龄说："陛下践祚垂三十年，太子诸王不离深宫，日受圣训，天下之人皆庆陛下享国久长，子孙蕃昌。今三子皆已成人，不闻大过，陛下奈何一旦以无根之语，喜怒之际，尽废之乎！且太子天下本，不可轻摇。……陛下必欲为此，臣不敢奉诏。"表明态度之后，张九龄还给唐玄宗上起了历史课，讲了一大堆历史上因为听了女人的话，改换太子引发的祸害，矛头直指武惠妃。要知道，唐玄宗当时已经被感情所左右了，哪里听得进这些呀，越听眉头皱得越紧。可是，废太子也是国家政治生活中的大事，没有宰相认可，玄宗不敢也不能贸然行动，怎么办呢？

这时，李林甫为了当宰相，已经开始为武惠妃效力了。他得发挥作用呀，怎么发挥呢？李林甫用起了自己的经典招数，退朝之后悄悄嘀咕。这一次，他对着玄宗身边的宦官嘀咕了一句："此主上家事，何必问外人！"他知道，宦官肯定会把他这句话报告给玄宗。那么李林甫这句话厉害不厉害呢？太厉害了，这可是中国历史上宰相怂恿皇帝违规时最经典的说法了。当年，唐高宗想立武则天当皇后，长孙无忌他们反对，李勣不就说了这么一句，帮高宗下了决心吗？时隔八十多年，李林甫又拿这句话来蛊惑皇帝了。唐玄宗一听李林甫这么说，心里也颇有点豁然开朗之感，是啊，跟国家有关系的事情我听你宰相的也就罢了，可是，让哪个儿子接班，这是我们李家的私事，你张九龄管得着吗？干脆抛开宰相算了！可是，转念一想，唐玄宗又有点负罪感，毕竟，在内心深处，他觉得张九龄还是对的。到底听谁的呢？唐玄宗心里的天使和魔鬼各占一半的位置，反复斗争，哪边战胜都有可能。

张九龄据理力争，李林甫小声嘟囔，在这个时候，什么结果都可能出现，废立就在唐玄宗思想的一念之间。

就在这个时候，武惠妃沉不住气了，她走了一步臭棋，一下子让自己陷入不利的局面了。怎么回事呢？当时废不废太子，关键不就在张九龄这儿吗？武惠妃想，干脆去他那里疏通疏通关系好了，告诉他，只要在这个问题上高抬贵手，我武惠妃绝对亏待不了你！于是，武惠妃就派了一个心腹宦官牛贵儿去找张九龄了，牛贵儿跟他说：

"有废必有兴，公为之援，宰相可长处。"武惠妃这样做好不好呢？大大的不好。她太低估张九龄的政治操守了。她以为宰相都像李林甫那样，只知道固权保位，她不知道张九龄是有原则的人，这样的人可能被打倒，但是绝不能被收买。果然，张九龄一听，鼻子都气歪了，你武惠妃居然想收买我，这不是侮辱我吗？索性对着牛贵儿一顿臭骂，把他给骂走了。这还不算，第二天一早，张九龄就把这件事原原本本汇报给了唐玄宗。唐玄宗一听，一下子清醒了。本来，武惠妃梨花带雨一番哭诉，他还觉得武惠妃楚楚可怜，引起了他保护弱者的冲动，但是，现在看来，这个女人的心机不简单啊！更不能容忍的是，她居然想对外廷插手，跟宰相勾结，这可就触犯了唐玄宗的底线。要知道，唐玄宗可是在武则天、韦皇后和太平公主时代历练成长起来的，他太知道后宫和外廷勾结的威力了。他可以宠爱一个有政治头脑的女人，但是，绝不能接受一个有政治野心的女人！就这样，因为武惠妃的失策，也因为张九龄的保护，李瑛的太子之位又保住了。

三、一日杀三子

李瑛的命运真是一波三折。这一次他的太子之位虽然保住了，但他在唐玄宗心目中的位置可是越来越边缘了。更糟糕的是，开元二十四年（736）年底，他的保护人张九龄被罢相了，而且在开元二十五年四月被远贬至荆州，彻底离开了长安城的政治舞台。失去宰相强有力的保护，太子的地位就岌岌可危了，风浪随时会再次袭来。果然，就在此时，一个更大的灾难降临在太子头上。

就在张九龄离开京城之后第二天，唐玄宗再次召集宰相，商量要把太子李瑛废掉！大家可能要疑惑了，唐玄宗为什么再次提出废掉太子呢？史书中有两种不同的记载。第一种记载出自《旧唐书》和《资治通鉴》，说武惠妃的女婿杨洄又在唐玄宗面前打小报告了，说太子李瑛和他的两个弟弟鄂王李瑶、光王李琚一起图谋不轨，唐玄宗这才再次发威，旧事重提。第二种记载出自《新唐书》，说太子李瑛误入了武惠妃的圈套。什么圈套呢？《新唐书》记载：就在头一天夜里，武惠妃派人向太子兄弟传旨，说是内宫有盗匪，请太子立即领兵护驾！事情紧急，哪里容人多想啊？再说了，太子兄弟早就在玄宗面前失宠了，正想找机会挽回，所以，太子李瑛，还有李瑶、李琚赶紧带着自己的卫队去了。一看三兄弟真的带兵进宫了，武惠妃装得比谁都紧张，大叫太子谋反！玄宗自己就是个搞政变的高手，对政变最敏感了，他马上采取行动，把三个儿子给抓了起来。李瑛他们这才知道，上了武惠妃的当。总之，大体情节跟林冲误入白虎堂差不多。

这两个记载都出自正史，到底哪个是真的呢？我个人觉得，虽然《新唐书》的记载更加活灵活现，但是它恐怕不是真的。为什么呢？三点理由。

首先，太子及其兄弟都是成年人，他们和武惠妃的矛盾由来已久，武惠妃派人让他们带兵进宫，他们岂能那么轻易相信？这也太低估太子和他兄弟的智力了。其次，如果太子带兵入宫被抓，审问的时候必定说出武惠妃假传圣旨的事情，虽然武惠妃可以否认，但唐玄宗也不是傻子呀！那样武惠妃冒的政治风险可就太大了。最后，如果真是太子及其兄弟带兵入宫的话，事后牵连的人必定不少，可是，从后来处理的情况来看，被牵连的都是三兄弟的亲戚，这也不符合处理政变的惯例。这样看来，我觉得，还是《旧唐书》和《资治通鉴》的记载更有道理。三兄弟并没有吸取上次的教训，还是经常混在一起，搞小集团，乱发牢骚，被杨洄抓住了把柄。唐玄宗对这个儿子早就不感兴趣了，一看他屡教不改，就又动了废太子的念头。

上一次玄宗要废太子，被张九龄劝阻了，那么，这一次玄宗跟宰相商量，宰相又会怎么表态呢？这时候的首席宰相已经是李林甫了，他当然是支持废太子的。那他会怎么说呢？说陛下，我早看太子不顺眼了，废掉算了？不可能，那可不是李林甫的风格。李林甫以柔顺著称，他做任何事情，都要让皇帝感觉到，是皇帝自己在拿主意。所以，李林甫还是那句话："这是陛下的家事，我们当大臣的不宜过问，您就按照自己的意思来吧。"这种说法貌似不表态，其实就是支持！一看宰相没有意见，唐玄宗的决心也就定了。李林甫不是说这是家事吗？那就按家法处理吧，不用在朝廷里宣布了。他直接派了一个宦官到宫里宣制，把太子李瑛、鄂王李瑶、光王李琚都废为庶人。废黜的皇后通常没有好结果，倒台的太子也一样。十五天之后，太子李瑛及其兄弟三个人被赐死在长安城东的驿站里。

一日之内杀三子，这可是唐玄宗当皇帝以来制造的最大的冤案。李瑛当太子已经二十多年了，从来没出过什么大错，李瑶和李琚更是以博学多才著称，三个人就这么不明不白地死了，好多人都替他们惋惜，觉得唐玄宗心太狠了。

一天之内杀死三个儿子，这是唐玄宗统治时期最让人震惊的人伦惨剧。那么，既然太子已死，谁来接替太子之位呢？当时人都觉得肯定是武惠妃的儿子寿王李瑁。武惠妃这么上蹿下跳，不惜害人，不都是为了这个儿子吗？现在，障碍已经扫除，她苦心经营了多年的目标终于就要实现了！可是人算不如天算，尽管武惠妃费尽心机，事情却并没有像她想象的那样发展。因为就在这个关键时刻，武惠妃生病了。什么病？精神病。武惠妃虽然是武则天的侄孙女，但是，精神的坚强程度可比武则天差远了。自从李瑛兄弟死后，武惠妃就出现了幻觉，整天觉得三个人冤魂不散，缠着她，向她索命。请医问药、抓鬼跳神统统没用，开元二十五年（737）年底，武惠妃竟然一命呜呼。

面对这个陪伴了自己二十多年的爱妃，唐玄宗悲痛欲绝，他下制追赠武惠妃为"贞顺皇后"，也算是了却了爱妃多年的心愿。死后的武惠妃终于得到了一顶皇后的凤冠，那还要不要立活着的寿王李瑁为太子呢？唐玄宗一下子拿不定主意了。本来，如果武惠妃不死，他是打算让李瑁接班的。可是现在，爱妃死了，唐玄宗被爱情蒙蔽的双眼也就睁开了。从武惠妃病死这件事上，唐玄宗也明白了，太子李瑛之死，绝对是武惠妃阴谋陷害的结果，现在如果让李瑁接替李瑛当太子，那不就成了鼓励大家靠阴谋诡计争位子吗？

四、忠王得立

可是，如果不选李瑁，又该让谁当太子呢？唐玄宗左思右想，厘不出头绪。三个成年的儿子让自己给杀了，爱妃也死了，眼看自己都50多岁了，继承人还搞不定，唐玄宗一时间真觉得活着都没意思了，他整天闷闷不乐，吃不下饭，睡不着觉。

这时候，一个关键人物看出问题来了。谁呢？高力士。高力士找了个空闲时间，问唐玄宗：陛下最近怎么这么没精打采的？唐玄宗看了他一眼，说：你是我家的老奴才了，你还不明白为什么吗？高力士心想，我要真不明白就不问你了！他说：是不是因为太子定不下来呀？唐玄宗说是啊。高力士说：这件事哪用得着这么费心呢？推长而立，不就谁也说不出什么了吗？玄宗一听，连声说：你说得对呀，你说得对呀！就这么一句话，新任太子决定下来了。不是排行十八的寿王李瑁，而是唐玄宗的三儿子，忠王李玙，也就是后来的唐肃宗李亨。老大破相失去了候选资格，老二已死，这老三不就是最大的儿子了吗？就这样，武惠妃辛苦半生，全给他人做了嫁衣。相反，忠王李玙倒是不经意间吃到了天上掉下来的馅饼，荣登太子宝座。这就叫人算不如天算，鹬蚌相争，渔翁得利。至此，太子风波历经十多年，终于尘埃落定。

玄宗在最后关头立忠王李玙为太子，我觉得，这里有三个原因。

第一，唐玄宗属意李瑁，完全是因为宠爱武惠妃，子以母贵的结果。现在武惠妃去世了，李瑁也就失去了保护伞，露出了本来面目。《旧唐书·李瑁传》提到他的唯一优点，就是从小就能把复杂的宫廷礼仪演习得明明白白。有人说，这也不错啊，可见是个聪明乖巧的孩子。但是别忘了，他是在玄宗的大哥宁王家里长大的，面对着这么一个出身高贵的养子，宁王夫妇敢管吗？整天就知道顺着孩子说好话，李瑁就算天资有点峥嵘，也逐渐被大人过度的宠爱泡软了，泡没了。成年后的李瑁一无所长，怎么能引起玄宗真正的兴趣呢？如果武惠妃活着，玄宗为了讨好她固然可以接纳这个不怎么优秀的儿子，可是，惠妃已经死了，那玄宗就没必要再委屈自己了。

第二，也是更重要的原因，是唐玄宗不想立一个跟宰相关系过于密切的太子。众所周知，李林甫一直是李瑁的铁杆支持者。可是，玄宗既然已经把朝政交给了李林甫，他就不希望这位宰相再去拥立一个太子。因为一旦太子和宰相勾结，就可能形成对自己皇位的威胁。在这个问题上，忠王李玙就让人放心多了，他的母亲姓杨，早就去世了，既谈不上后宫势力，也谈不上外戚势力；他又排行老三，本来就不引人注目，所以无论在后宫还是在朝廷都没有任何支持，对于唐玄宗这样一个强势的皇帝而言，这就是最好的太子人选。

第三，忠王得立，也是高力士的功劳。高力士是一个忠心耿耿为玄宗着想的人。在当时政治斗争纷繁复杂的情况下，他所说的立长原则无疑最不会引起争议，也最有利于政治的稳定。虽说是宦官，但是能够在关键时刻发挥正面作用，这就是一个合格的政治家。同样，唐玄宗虽然在太子问题上犯过重大错误，但是能够在事后听取意见，尽量挽回损失，也反映了他的清醒和明智。

随着太子问题的解决，开元时代也就基本结束了。开元时代虽然以李林甫拜相和唐玄宗一日杀三子黯淡收场，但是总的来说，唐玄宗君臣锐意进取、励精图治还是时代的主流，也正因为如此，才会出现中国古代封建社会的盛世巅峰。

那么，接下来，唐玄宗的统治又会进入怎样的历史时期，他和杨贵妃的浪漫爱情里又隐藏着怎样的真相，"安史之乱"为什么会突然爆发，历尽繁华的风流天子唐玄宗又会面临怎样的结局呢？

第四部分

物华天宝

"天宝",是一个美妙的词。

写下这两个字的同时,丰收、富足的感觉也已跃然纸上。

但是,就像金秋不仅仅意味着收获的喜悦一样,天宝给人的印象,又岂止杨贵妃的娇姿和李太白的醉吟?

一个"口蜜腹剑"的成语,已经足够令天下人胆寒;而一个沉醉于温柔乡中的天子,更让人对国家前途产生了深深的忧虑。

也许,天宝才真是一袭华美的袍,上面爬满了虱子。

第二十六章　天宝繁华

　　唐玄宗即位以来，锐意进取，到开元二十九年（741），唐朝在各个方面都达到了前所未有的繁荣，创造了中国历史上著名的黄金时代——开元盛世。

　　然而就在这一年，唐玄宗忽然决定来年改元天宝。那么，唐玄宗为什么要改元呢？改元天宝又意味着什么呢？

　　唐玄宗一共在位了44年，换了3个年号。第一个叫先天，用了不到2年；第二个叫开元，用了29年；第三个叫天宝，用了15年。如果说开元时代的特征是锐意进取的话，那么，从公元742年开始，唐玄宗的统治要进入一个新的时代了。这个新的时代名字叫作天宝，其最重要的特征之一就是奢侈享乐。

一、改元天宝

　　可能有人会问，唐玄宗"开元"年号用了29年，用得好好的，为什么要改元呢？根据《唐大诏令集》第四卷《天宝改元制》以及新旧《唐书》等史书的记载，是因为当时天降宝符了。

　　开元二十九年（741）正月，唐玄宗声称自己梦见了始祖老子。老子告诉他，他有"无疆之体"，还有"非常之庆"。怕唐玄宗不信，老

285

子还透露了一个天大的秘密："吾有像在京城西南百余里，汝遣人求之，吾当与汝兴庆宫相见。"长安城西南百余里是道教名山——终南山。唐玄宗派人到终南山一找，果然找到了一尊老子像，赶紧恭恭敬敬地捧回兴庆宫供上了。这不是天降宝符吗？俗话说"上有所好，下必甚焉"，唐玄宗喜欢这一套，全国上上下下就跟着造假。当时有个叫田同秀的小官说，他上班的时候，居然在大明宫丹凤门的上空看见老子了，而且老子在空中对他喊话，说："我藏灵符，在尹喜故宅。"尹喜故宅又是怎么回事呢？传说当年老子出关，函谷关的关令尹喜恳求老子留点文字材料。老子大笔一挥，写了五千个字给他，这就是后来道家的经典《道德经》。现在老子在天上说了，我还藏着一个宝符在尹喜当年的宅子里。田同秀一汇报，唐玄宗又赶紧派人去找，果然，这个宝符也找到了。这是天降祥瑞，因此就改元天宝了。

不过，我们也知道，中国古代看重祥瑞，唐朝每年的祥瑞多了去了，可为什么这几个祥瑞一出就改元呢？我个人觉得，这时候改元，除了祥瑞事件外，应该还有两个原因。

第一个是消极原因，除除晦气。开元二十九年（741）年底，李唐皇室接连死了两个重要人物，一个是玄宗的大哥李成器，另外一个是玄宗的堂兄，章怀太子的儿子李守礼。这两个人一死，就意味着唐玄宗的同辈兄弟都死光了，就剩他一人了。这对于年近60岁的玄宗当然是个不小的打击。据《旧唐书·睿宗诸子传》记载，听到大哥李成器的死讯后，唐玄宗"号叫失声，左右皆掩涕"。为什么唐玄宗这么难过呢？除了手足情深之外，恐怕也有对人生无常深深的恐惧。哥哥死了，弟弟也死了，什么时候轮到他呢？这么一想，心里不大自在。反正这时候也是年底了，干脆来年改元，除除晦气吧。

第二个原因相对来讲就算积极了。到这个时候，唐玄宗觉得一生中所要办的大事，基本都办好了。太子已经确定了，就是原来的忠王李玙，后来改名李亨，他符合推长而立的原则，为人忠厚老实，唐玄宗对他基本满意，也不想再换了。另外，首席宰相也确定了，就是李林甫，既精明又柔顺。自从任用了李林甫，很多事情都不用玄宗亲力亲为了，让玄宗觉得顺手顺心。内廷里的心腹也确定了，就是宦官高力士，此人生性忠诚谨慎，考虑问题周详，唐玄宗也很满意。还有，宠妃也确定了，就是绝色美女杨贵妃，这个我们后边还会讲到。总之，最让人操心的重大问题都处理得差不多了，人生创业时节似乎已经告一段落，国家已经空前繁荣，剩下的时间该用来享受生活了。既然要开始人生新阶段了，那改个年号也顺理成章。事实上，当时唐玄宗不仅改了年号，还加了一个尊号，叫作"开元天宝圣文神武皇帝"。可以想象，玄宗当时是何等的志得意满。

经过唐玄宗近30年的励精图治，大唐王朝出现了空前的繁荣，唐玄宗也表现得志得意满。他这样又改年号又加尊号，是不是太骄傲了呢？当时的唐朝到底达到怎样的状态了呢？

二、物华天宝

唐玄宗这么志得意满是骄傲了一点，不过，他当时的骄傲也并非没有道理。因为唐朝当时确实已经进入了全盛时期。

首先就是这个时候经济发展达到了极盛。就拿古代非常重要的人口数字来说，武则天统治结束的时候，唐朝一共有3700多万人，到天宝元年（742），已经达到4890万人了，天宝末年更是达到了5288万人，这已经是唐朝人口数字的最高点了。特别是关中、河北和江南地区，人口密度都达到了每平方公里60人，与现在的欧洲基本相同。要知道，唐玄宗时代还在实行以租庸调制为基础的税收政策，所谓"租庸调制"，简单地说，就是按人头纳税。人口数字上去了，国家的财政收入也就自然提高了。

国家有钱，玄宗当然高兴，不过，当时最让他高兴的还是长安城的粮食问题解决了。唐玄宗时代虽然粮食总产量不少，但具体落实到长安城，反倒经常闹粮荒。为什么呢？长安是首都，政府所在地，官多、兵多、老百姓也多。虽然关中地区号称八百里秦川，土地比较肥沃，但是面积毕竟有限，粮食供应是一个大问题。丰年的时候已经紧巴巴的了，每次一有自然灾害，粮食马上就不够吃。所以，开元年间，每次一闹粮荒，唐玄宗就得带着政府班子往洛阳跑。

长安和洛阳之间相距八百里，按照唐朝的走法，单程就是一个月，而且为了不打扰百姓，往往还要在冬天走，冰天雪地、人困马乏，唐玄宗越来越觉得吃不消。怎么办呢？开元中期的时候，有一个叫裴耀卿的大臣想了一个远程运输法。他说，关中地少人多，自身能量有限，而江南经过这么多年的开发，已经发展得很好了，粮食绰绰有余，干脆，从江南调运粮食来长安。怎么调运呢？裴耀卿提出，利用隋朝开凿的大运河，在每两条水道的连接处设立仓库，储存粮食，然后各段水道根据本地水文、天气情况，在合理的时间组织船队分段运输，一直运到长安。裴耀卿的分段运输法实行了一阵子，效果不错。可惜从江南到长安还是太远，运输成本过大。

天宝年间，又有新人来支招了。谁呢？就是张九龄曾经极力反对的宰相牛仙客。别看牛仙客文化水平不高，但实际工作能力强，在边疆的时候就以善于解决粮食问题著称，当了宰相之后，他又把边疆经验推广到了长安。牛仙客建议用"和籴法"，就是政府在丰收的年头，除了收租之外，还向老百姓购买余粮，储备起来，等着荒年用。这样，既可以解决荒年的粮食供应问题，又避免了丰收年景谷贱伤农的弊端，可谓两全其美，一举两得。果然，这个方法一起用就见效，直到"安史之乱"，唐玄宗再没出过长安。长安和籴既然成功了，那就马上向全国推广。天宝年间，全国储备粮有一亿石之多，相当于全国四年的粮食总量。至此，粮食问题算是彻底解决了。

粮食是基础，但是一个社会真想繁荣，还得靠物资流通。当时全国物资流通主要靠驿站。不过，驿站主要是供官员往来和公文传送用的，老百姓不能用。在这种情况下，私人经营的驿站就如雨后春笋般地应运而生了。当时，东到宋州、汴州，西到岐州，南到荆州、襄州，北到太原、范阳，沿路客店林立。这些私人驿站不仅能给旅客提供食宿方便，更有趣的是，他们还搞起了连锁经营，每个驿站都向客人提供驴子供拉人拉货用。驴子在各个驿站之间往来穿梭，一会儿工夫就跑几十里路，也算是当年的出租车了。这是陆路交通。不过我们也知道，少量的货物可以靠驴子驮，走陆路，大规模的运输主要还得依靠水路。当时，江南经济发展起来了，像丝织品、铜器、珍珠，都是江南的好。长安是全国物资流通的中心，对奢侈品的购买力也最强，怎么才能把江南的特产运到长安呢？有一个财政专家叫韦坚，他干了一件大事。他把从江南到长安的运河全线疏通了一遍，然后在长安城的禁苑里挖了一个大人工湖，起名广运潭。这样，江南的货船就可以一直开进长安了。

天宝二年（743）三月，经过长途跋涉，第一批货船终于从江南过来了。眼看着如此大的工程要见效了，韦坚心里非常高兴。他想表功，于是就邀请唐玄宗来亲自检阅货船入港。玄宗站在广运潭边的望春楼上放眼望去，只见两三百只新船浩浩荡荡地开过来了，除第一只船外，每只船上都写着江南的一个地名；船的中间装着大米，两边则陈列着各地的特产；驾船的人都戴着大斗笠，穿着宽袖衫，一副江南水乡的打扮。整个船队绵延了好几里。第一只船的船头站着一个年轻小伙子，穿着露出一条胳膊的绿衫子，披着织锦半臂（相当于今天的小坎肩），头上还系了一条红巾。小伙子身后是100多个美女，也都身穿盛装，打扮得跟仙女一般。玄宗对此亮丽的风景正赞叹着，小伙子忽然开口唱起来了。他唱道："得宝弘农野，弘农得宝耶？潭里舟船闹，扬州铜器多。三郎当殿坐，听唱得宝歌。"什么意思呢？"得宝弘农野"，是指前一年玄宗在弘农得宝符的大喜事。在弘农有没有得到宝贝呢？当然得到了。但是，玄宗得到的宝贝可不只是宝符。今天，船队运来的铜器等货物不也是宝贝吗？三郎陛下既然当殿而坐，您就听听我唱《得宝歌》吧。他唱一句，后面的美女就和一句，真是又热闹又快活。能把皇帝直接叫成三郎，这不正是皇帝与民同乐最好的体现吗？玄宗一听小伙子唱得这么亲切，哈哈大笑。再仔细一看，这小伙子可不是普通歌手，他是当时陕县的县尉。大家想想，一个平时穿着官服，一脸严肃的父母官居然一身歌手的打扮唱流行歌曲，这是何等的轰动效应啊！两岸老百姓的欢呼声一浪高过一浪，这就是唐朝历史上赫赫有名的广运潭盛会。就是通过这次盛会，开元天宝时期社会的繁荣富庶展现得淋漓尽致。谁能说这不是物华天宝、盛世风流呢？

有历史学家认为，开元天宝时期，唐朝的繁荣是中国古代历史上任何朝代都不能比拟的，它是继汉武帝之后，中国古代社会的第二次繁荣，也是中国古代社会发展的巅峰。那么，盛唐气象还表现在哪些方面呢？

因为经济繁荣，老百姓生活好了，犯罪率自然就降下来了，社会秩序特别稳定。开元二十五年（737），主管刑狱的大理寺曾向玄宗汇报，本年全国一共判处死刑58人。因为处决的犯人少了，大理寺也就出现了一种清平之气。过去都说大理寺杀气重，连鸟雀都不敢来，今年喜鹊已经在树上做窝了。犯罪率低了，商旅出行都特别放心。当时，各路商人整天带着大宗货物在路上奔波，一走就是几千里，居然连一把防身的刀子都不带。因为社会风气好，没有拦路抢劫的！

其实，当时不仅是经济繁荣、社会安定，经过玄宗几十年的治理，连边防问题也基本解决了。怎么解决的呢？玄宗在沿边地区设立了十个节度使，招募士兵做常备军，专职戍守边疆。整个边防前线一共布置了将近50万兵力。这些士兵中，很多就是归附唐朝的少数民族，他们从小就生活在马背上，在战争的环境中长大，骁勇善战，比从中原调过去的府兵作战能力强多了。有了这样的钢铁长城，唐朝的边疆相当安定，内地老百姓再也不用丢下锄头，到边疆去打仗了，整个社会其乐融融，呈现出一派和平景象。

既然社会安定，人民生活富裕，那大家就都安心享乐吧。当时整个社会歌舞升平，各种娱乐活动都很有市场。其中，最流行的娱乐活动是斗鸡。因为玄宗是属鸡的，喜欢斗鸡，所以上行下效，人人跟风，真是举国若狂，好多人宁可倾家荡产也要买鸡来斗。

唐玄宗是皇帝，自然有条件优中选优。他在宫里专门设了一个鸡坊，养了1000只鸡，据说只只都是金毫铁距，比人还值钱。为了伺候这些鸡，玄宗在禁军子弟中选了500个青少年，专门给斗鸡当保姆。有钱人玩好鸡，没钱人玩坏鸡，还有更穷的，根本买不起活鸡，就玩木头鸡。可是，就在玩木头鸡的穷人中，涌现出斗鸡人才了——一个叫贾昌的小孩。贾昌是个军人的孩子，每天弄个木头鸡在路边玩，有一次，正好被出游的玄宗看到了。玄宗一看这小孩玩木头鸡都玩得有模有样，就亲自把他安排进了鸡坊。这一年，贾昌才7岁。别看只是个黄口小儿，贾昌对鸡可是天生的内行，每只鸡是什么性格、什么级别，他一眼就能看出来。没过多久，贾昌就成了这500个斗鸡小儿的领袖。经过他的调理，鸡比人都规矩，每次一斗完，这些参赛的鸡选手都主动自觉地按照名次排队，强者在前，弱者在后，像士兵一样列队回到鸡舍。天下人因此都管贾昌叫神鸡童。贾昌13岁那年和父亲一起随玄宗出行，父亲在半路上病死了，玄宗非常宠幸贾昌，就立刻下令，由国家负责给贾昌的父亲办理丧事，这真是风光无限。当时人看到贾昌斗鸡斗出了名堂，羡慕得不得了，就编了一首诗到处唱："生儿不用识文字，斗鸡走马胜读书。贾家小儿年十三，富贵荣华代不如。"这么狂热自然有点过分，但是娱乐业发达，本身也是社会繁荣的重要标志之一，真可谓："花萼楼前雨露新，长安城里太平人。龙街火树千里焰，鸡踏莲花万岁春！"

俗话说，"月圆则亏，水满则溢"，在大唐盛世繁华的背后，也隐藏着种种危机。有很多历史学家认为，天宝时期，也正是唐玄宗统治由盛转衰的时期。

三、气盛而微

尽管天宝年间看起来到处都是花团锦簇、盛世繁华，但让人担心的情况还是出现了。什么情况呢？

第一个问题是唐玄宗本人对政务没那么热心了，按照当时的说法，叫作"倦于万机"。我们说过，开元盛世的出现和唐玄宗的励精图治分不开。开元初年，唐玄宗为了选一个好宰相，常常是夜不能寐，任用苏颋和张嘉贞的决定不都是在半夜做出的吗？可是，到了天宝年间，唐玄宗再也没有那么勤政了。天宝三载（744），他曾经对高力士讲："朕不出长安近十年，天下无事，朕欲高居无为，悉以政事委林甫，何如？"别看高力士是个宦官，但还是比较有政治眼光的，他并不想怂恿天子荒疏政事。听了玄宗的论调，高力士马上说："天子巡狩，古之制也。且天下大柄，不可假人；彼威势既成，谁敢复议之者！"意思就是，天子出巡可是自古以来的规矩，非如此不足以了解民情。所以，陛下绝不能不出长安。另外，天下的权柄，可不能交给别人。一旦交给别人，就会养成别人的权威，到那个时候，陛下想收回来都困难了！按说，高力士说的可都是好话，按照玄宗从前的做法，应该痛痛快快地接受，甚至当成至理名言贴在御座旁边才是。可是，这一次，唐玄宗不但没有听进去，反而非常不痛快，脸色当即就变了。高力士是一个谨小慎微的人，一看主子的脸色变了，赶紧跪下来磕头说："臣狂疾，发妄言，罪当死！"玄宗一看高力士吓成这样，赶紧安慰他，还赐了他一杯酒。可是，虽然喝了酒，也喊了万岁，高力士还是明白了伴君如伴虎的道理，从此再也不敢在玄宗面前议论政事了。

开元初年的时候，宋璟曾经送给唐玄宗一幅画，画的是《无逸图》，取的是《尚书》里的故事，提醒皇帝随时勤政，不要懈怠。这幅画玄宗在内殿一挂就是20多年，但是，就在开元末年，玄宗忽然说这幅画旧了，得换一换了，于是，他换了一幅山水图。其实，我们一看就明白了，不是画旧了，而是唐玄宗的心态变了。

不过，唐玄宗本来也不是那种事必躬亲型的皇帝，他喜欢选一个好宰相，然后委任责成。只要宰相好，政治局面也不会太坏。可是，天宝年间的第二个问题恰恰是宰相也失去了政治理想，只知道顾权保位。当年，唐玄宗任命姚崇当宰相的时候，姚崇说了，请您先答应我十个要求，答应了我就干，不答应我就不干。姚崇为什么那么硬气呢？因为他有政治理想，当宰相，就是要为国家谋发展、为天下人谋福利。如果不能做到这一点，那么，宰相这个位子不要也罢。可以说，对于姚崇而言，那是社稷为重，官位为轻。

可是，天宝年间的宰相李林甫的想法跟姚崇可不一样。对于李林甫来说，只要能保住宰相的位子，做什么都可以。那他是怎样保住位子的呢？首先当然是讨好唐玄宗。李林甫花重金把皇帝身边的宦官、妃子都买通了，这些人整天负责向他传递情报。所以唐玄宗有什么想法，李林甫总能预先知道。每次一上朝，玄宗还没开口，李林甫就抢先把玄宗要说的话说出来了，玄宗十分高兴，心想，从来没有哪个宰相能跟我这么保持高度一致啊，莫非这就是"心有灵犀一点通"？当然，要保住位子，光靠巴结皇帝也不行，李林甫还得防备别人在皇帝面前说他坏话。谁有可能乱说话呢？李林甫觉得，谏官最有可能了，这是他们的职责所在呀！那怎么才能封住谏官的嘴呢？就在当上中书令之后不久，李林甫专门给谏官训话了。他说："今明主在上，群臣将顺之不暇，毋用多言！诸君不见立仗马乎？食三品料，一鸣辄斥去，悔之何及！"意思就是威胁这些谏官，告诉他们要像仪仗队里的马一样，做做摆设就可以了，千万不要乱说话，否则，他就有本事把他们赶出朝廷。谏官一看，宰相都说这样的狠话了，谁还敢在皇帝面前轻易说话呢？就这样，皇帝已经不勤政了，宰相再一味地巴结皇帝、排斥不同意见，政治自然就混乱了。

第三个问题就是，开元后期直到天宝年间，不光是政治出问题，社会也出问题了。什么问题呢？上层人物奢侈腐化，社会贫富差距拉大了。开元初年的时候，整个社会崇尚艰苦奋斗。开元二年（714），唐玄宗为了表明自己不追求奢侈享乐，把后宫的金银器都熔化成金银块放进国库了；珠玉锦绣更惨，都被堆到殿庭前面，放火烧了，场面简直跟"虎门销烟"一样。在皇帝的感召下，上层人物也纷纷作出节俭的表示。最极端的是宰相卢怀慎，死了之后都没钱买棺材下葬，还要靠老仆人自卖自身才买了一口棺材。可是，到了开元后期乃至天宝年间，随着整个社会经济的繁荣，上层人物奢侈腐化蔚然成风。当时管财政的大臣们为了讨玄宗高兴，专门给他在国库之外设了两个内库，一个叫琼林，一个叫大盈，还跟玄宗说凡是放在这两个仓库里的都是额外收入，随便花。唐玄宗有了自己的私人仓库，那就阔绰了，赏赐起人来就大方得没边了。

唐玄宗以友爱著称，虽然不许兄弟从政，但在经济上从不小气。所以，玄宗的兄弟都特别奢侈。举个例子，玄宗的大哥宁王李宪因为当年把太子之位让给玄宗，身份敏感，所以从来不乱说话，玄宗对他非常满意，经常从宫里给他送去美酒佳肴。李宪一一记录下来，每年都有好几百次，差不多天天都有。吃喝方面精致一点还算不了什么，李宪玩得也特别精致。他喜欢花，后花园里种满奇花异草，就怕鸟雀落在花上，把花糟蹋了。怎么办呢？李宪想了个主意，在花园的上空拉上红丝线，密密麻麻跟蜘蛛网似的，丝线上面再挂上金铃铛，小鸟稍微一碰丝线，金铃铛便叮当乱响，鸟就被吓飞了。当年宫里的金银器都贡献给了国库，而现在金铃都挂在花园里，可想而知，差别有多大。兄弟如此，女儿也不甘落后。

开元初年的时候，唐玄宗说了，公主们于国无功，不能太奢侈，所以只给每个公主五百户的实封，公主日子过得紧巴巴的，有时候连车马都备不齐。但是到了开元后期可不一样了，公主的实封涨到一千户，平时的赏赐更是不计其数。日子轻松了，宽裕了，公主们就开始攀比了。既然她们的一切都是父亲给的，那就攀比孝心吧。玄宗不是每天从宫里给宁王送饭吗？她们就从家里给玄宗送饭。当然，给皇帝送饭不能叫送饭，得叫进食。具体进的是什么没留下菜谱，不过根据司马光的说法，每一盘就相当于中等人家十家的产业，真是穷奢极欲。公主送吃的，玄宗也不能不理会啊，还得派人迎接。这一来一往，场面可就大了。

有一次，一个中书舍人下班正赶上了公主进食。只见好几百个小宦官拿着棍子在前面开路，路人躲避得稍稍慢了一点，棍子就打在身上了。这个中书舍人平时运动量也不够，笨手笨脚的，没少挨棍子。

有道是上行下效，皇室这么奢侈，民间的富人看着也眼热了，开始斗富。当时长安城有著名的四大富人，其中有一个叫王元宝。光听这名字就像个有钱人。有钱没处花，怎么办呢？宁王不是在花园的上空挂金铃铛吗？王元宝就在花园的地上砸铜钱。他家的花园里，每一条路都是用铜钱夯实铺成的，据说是为了下雨的时候鞋上不沾泥。其实还不是钱多了烧的？

可是，社会财富的总量在一定阶段是恒定的，有人多拿多用，有人就得少拿少用。虽然整个社会都在发展，但是上层社会的穷奢极欲，还是反衬得老百姓可怜了。大诗人杜甫写的诗最贴近社会现实，他有两首诗非常经典，一首是讲开元的："忆昔开元全盛日，小邑犹藏万家室。稻米流脂粟米白，公私仓廪俱丰实。"（《忆昔二首·其二》）这是一派多么和谐的景象！另一首则是讲天宝的："朱门酒肉臭，路有冻死骨。"（《自京赴奉先县咏怀五百字》）达官贵人家里终日飘出酒肉的香气，而路边的穷人却无衣无食，冻饿而死了！虽然"路有冻死骨"夸张了一点，但是古人说得好，不患寡而患不均，这样强烈的反差，谁不愤慨呢？正因为有这么多问题，所以，中唐诗人和政治家元稹在回顾这段历史时期的时候说过一句话："天宝之际……气盛而微。"所谓"气盛而微"，是说社会还在向前发展，但是精气神已经衰落下来了。那么，这样一个繁华与腐朽并存的时代，还会发生哪些事情呢？

第二十七章　父纳子妻

说起天宝繁华，有一个著名的美女可以作为时代的标志，她就是杨贵妃。杨贵妃和唐玄宗的爱情故事在中国可以说是家喻户晓。从白居易的《长恨歌》到洪昇的《长生殿》，从梅兰芳的《贵妃醉酒》到坊间的无数传说，各种版本的故事应有尽有。

只要一提起杨贵妃，大家脑海里马上会产生丰富的联想。她貌美如花，是中国古代四大美女之一；她奢侈享乐，为了让她吃到新鲜荔枝，官员居然从岭南千里迢迢搞特快专递运送；她结局悲惨，最后在乱军之中以三尺白绫结束了性命。

可以说，她的传奇一生恰恰就是唐朝由盛转衰的缩影。那么，杨贵妃是如何来到唐玄宗身边的呢？杨贵妃和唐玄宗的爱情故事中，又隐藏着怎样不为人知的秘密？

一、寿王纳妃

好多人都能背诵白居易的《长恨歌》："汉皇重色思倾国，御宇多年求不得。杨家有女初长成，养在深闺人未识。天生丽质难自弃，一朝选在君王侧。"听起来好像是一个正常版本的灰姑娘的故事。一个娇养深闺的小女孩，因为天生丽质，被选入后宫，从此受到皇帝的宠幸。是不是这样呢？完全不是。杨贵妃出现在唐玄宗面前的时候，早就不是个小姑娘，而是个小媳妇了。而且，她的丈夫不是别人，正是唐玄宗和武惠妃的儿子，寿王李瑁。儿子的妃子怎么能转到父亲的门下呢？

要把这个问题说清楚，我们还得先来交代一下杨贵妃的基本身世。根据《明皇杂录》的记载，杨贵妃小名叫玉环，出身于弘农杨氏家族，和隋朝皇室也算是远亲。虽然祖上显赫，但是到她父亲这一辈已经没落了。杨玉环的父亲叫杨玄琰，只当了一个七品的蜀州司户，所以，杨玉环就生在四川。杨玉环是杨玄琰最小的女儿，上面已经有三个姐姐了，而且一个比一个漂亮，所以这个小女儿并不显得特别突出。按照一般的想象，这个杨四小姐的命运平常得很。但是，人生就是由一连串的变故组成的。到杨玉环差不多10岁的时候，她的父母双双去世。她的叔叔杨玄璬收养了她。杨玄璬在洛阳当个小官，杨玉环也就从四川到了洛阳。失去父母，背井离乡，寄人篱下，这些事听起来很悲惨，其实也不尽然。首先，叔叔当时还没有孩子，所以对玉环相当珍爱，不仅尽心抚养，还教她唱歌跳舞。其次，洛阳是东都，花柳繁华地，温柔富贵乡，达官贵人多如过江之鲫，在这里见的世面可比在四川大多了。就是在洛阳，杨玉环迎来了人生的第一次转机。她嫁给了唐玄宗和武惠妃的儿子寿王李瑁，从一个七品芝麻官的女儿变成寿王妃了。

唐玄宗在开元二十二年（734）到二十四年（736）之间最后一次巡幸东都洛阳，就在洛阳，他把武惠妃一双儿女的婚事解决了。先是把女儿咸宜公主嫁给了杨洄，紧接着，给儿子寿王选妃的事情也就提到议事日程上来了。要知道，寿王可不是一般的王爷，他是武惠妃的儿子，自幼就宠冠诸王。当时武惠妃已经在暗中使劲，要给儿子谋划太子的位置了，而且看起来胜算很大。在这种情况下选妃，说是选一个王妃，其实和给太子选妃差不多，绝对要千里挑一，优中选优。

寿王选妃为什么会选到杨玉环头上呢？第一个原因当然是杨玉环长得漂亮。大家都知道，杨玉环是出名的美人，那到底美到什么程度呢？《唐大诏令集·册寿王杨妃文》说她是"含章秀出"，而《新唐书·杨贵妃传》则说她是"资质天挺"。这些说法都比较笼统，没法形成具体的印象。我们还是举几个感性的例子让大家体会一下，杨玉环到底有多美。

大家都知道环肥燕瘦这个说法，杨玉环的美是比较丰满的美，丰满到什么程度呢？有人说是身高164厘米，体重69公斤，这数据真不知是从哪儿来的。不过，《杨太真外传》里倒是记载了一个说明杨玉环丰满的故事。有一天，杨玉环和唐玄宗一起看书，看到汉成帝为赵飞燕造了一座七宝避风台，免得她被大风吹走，这时候，唐玄宗就开玩笑，说："尔则任吹多少？"可见她确实比较丰满。但是，这个丰满可不是臃肿，而是《旧唐书》所说的"丰艳"，像牡丹花一样，雍容华贵。唐朝国力强盛，所以审美观也相当健康，喜欢胖美人，杨玉环的体态，在当时来看，那就是国标。还有就是，杨玉环的身体有自然的香味。《开元天宝遗事·红汗》记载："贵妃每有汗出，红腻而多香，或拭之于巾帕之上，其色如桃红也。"这不就是传说中的香妃吗？

第二个原因，她出身好。有人说，她的生父和养父都不过是七品小官，这也叫出身好吗？杨玉环的爸爸虽然官职不大，但是弘农杨氏这个门第好。要知道，寿王是武惠妃的儿子，而武家和杨家是世代通婚。当年，武则天的母亲不就出身于弘农杨氏吗？所以，在武周时期，杨家一直被高看一眼。武惠妃给女儿咸宜公主选驸马，选的就是弘农杨氏出身的杨洄；现在给儿子选妃，弘农杨氏的姑娘仍然是她优先考虑的对象。杨玉环既漂亮又是弘农杨氏之后，这两个优势凑在一块儿，杨玉环就在众多佳丽之中脱颖而出，麻雀变凤凰了。开元二十三年（735）年底，两个人举行了隆重的婚礼。这一年，杨玉环和寿王李瑁都是17岁。

这对小夫妻应该说太般配了。寿王李瑁是武惠妃的儿子，按照史书的记载，武惠妃的孩子基因优秀，个个俊美优雅，李瑁当然也不例外；而杨玉环则像一枝初开的牡丹花一样，光彩照人。从外形上看，两个人简直就像偶像剧的主角一样，男俊女靓。另外，从性格来看，李瑁比较文静，而杨玉环则活泼好动，喜欢唱歌跳舞。两个人结合，在性格上也是不错的互补。

这样的婚姻，放在古今中外任何时代，应该都算无可挑剔了，用一句俗语说，就是"郎才女貌，天造地设"。但是生活总是充满了各种各样的变故，在他们结婚五年之后，这对小夫妻就劳燕分飞了。而原因居然是杨玉环被丈夫的父亲唐玄宗给看中了。在任何年代，公公看中儿媳妇，这都是人伦丑事，那么，唐玄宗作为一代明君，为什么会做出这样的事情呢？

二、骊山相见

这件事的直接起因就是武惠妃死了。武惠妃陪伴了唐玄宗20多年，辅佐玄宗成就开元盛世的伟业，早已成为玄宗生活中的一部分了。她这一死，对玄宗打击相当大。当时已经是开元后期，唐玄宗在政治上已经懈怠了，没有了事业上的追求，再失去生活上的伴侣，人就会格外寂寞。那要怎么排遣寂寞呢？第一反应肯定是在后宫里找接班人。毕竟皇帝有后宫佳丽三千，千里挑一还不容易吗？可是，真要挑的时候才发现，没那么容易。俗话说得好，"情人眼里出西施"，如果没有缘分，即使西施出现在眼前，也会觉得不过如此。眼看着那么多美女从眼前走过，唐玄宗就没有一个中意的。他也想过各种各样荒唐的法子。比如说，鲜花盛开的时候，让后宫的妃子们都头戴鲜花，他放飞粉蝶，粉蝶停在哪朵花上，他就临幸哪个妃子；或者，让妃子们彼此赌钱，谁赌赢了，他就临幸谁。简直就像后来金庸笔下韦小宝的作为。这样的生活倒是过得挺热闹，可是，这些荒唐的法子只能起一时的麻醉作用，不能真正填补感情的空白。相反，表面越是喧闹，内心深处就越寂寞。可是，到开元二十八年（740）十月，唐玄宗这种郁闷的状态终于结束了。因为，杨玉环终于出现在他的眼前了。

按照《长恨歌传》的说法，杨玉环是大宦官高力士淘宝淘来的。高力士心疼唐玄宗，眼看玄宗如此寂寞，就开始到处给他淘宝了。淘来淘去，最后淘到寿王府里。一看见杨玉环，高力士眼睛马上一亮，回去就推荐给唐玄宗了。这个说法流传很广，但是我觉得这恐怕是后人栽赃给高力士的。为什么呢？

第一，高力士胆子没那么大。作为心腹宦官，给皇帝选美可以，但是如果没有皇帝暗示在先，谁敢跟人家公公说：我觉得你儿媳跟你挺合适的。如果人家是个正人君子，你这不是找死吗？高力士可是个谨小慎微的人，他绝对不会主动冒这个险。

第二，高力士也没这么坏。高力士曾经受恩于武三思，跟武家渊源很深，对武惠妃也并没有什么特别的成见。虽说在立太子的问题上，他劝唐玄宗放弃寿王李瑁，改立年长的忠王，但那主要是出于维护政治稳定的考虑，绝不是因为和武惠妃母子有个人恩怨。在这件事情上，他已经对不起寿王了，怎么可能再去谋夺人家的妻子，害得人家妻离子散、家破人亡呢？

第三，杨玉环是唐玄宗的儿媳妇，两个人之前在各种宫廷活动中早就见过面，杨玉环长得什么样唐玄宗清楚得很，用不着高力士再来发现新大陆。

高力士不可能是唐玄宗和杨贵妃的牵线人，唐玄宗也不可能没有见过杨贵妃，所以不需要高力士满世界地去寻找美人。既然杨贵妃不是高力士找来的，那么，她究竟是如何来到唐玄宗身边的呢？

我觉得，既然史书记载杨玉环得幸是在开元二十八年（740）十月，那么，这件事很可能跟当时唐玄宗到骊山泡温泉有关系。泡温泉是唐朝皇帝非常喜欢的活动，也是玄宗每年冬天的固定节目。而且，每次去的时候并不是只有皇帝一个人去，而是把王子皇孙、内外命妇全都带上，算是皇室集体度假。泡温泉的气氛自然是轻松愉快的，不像平时那么讲究长幼尊卑秩序；而且，泡温泉也是舒筋活血的事情，人泡过温泉之后，肯定是脸色红润，越发娇艳动人。恐怕就是在这次集体泡温泉的过程中，唐玄宗不知触动了哪根神经，忽然看中了杨玉环，有她"回眸一笑百媚生"，其他人就都是"六宫粉黛无颜色"了。这不就是自己要找的人吗？白居易在《长恨歌》里写道："春寒赐浴华清池，温泉水滑洗凝脂。侍儿扶起娇无力，始是新承恩泽时。"白学士为了突出审美效果，把泡温泉的时间从冬天改为春天，犯了一个时间上的错误，但是大体情境倒是描摹得相当传神。就在骊山，唐玄宗重新找回了心跳的感觉。这对他来说当然是件乐事，可是，这种快乐也有麻烦，毕竟，杨玉环的身份可是寿王妃，是自己的儿媳妇。公公要娶儿媳妇，无论在哪个年代都是丑闻。但是以唐玄宗的性格，既然感情已经发生，他就要追求到底了。丑闻看来已经不可避免，那么，怎样才能遮掩一下呢？

三、玉环入道

这一点，李唐皇室的人可是太有经验了。当年，唐高宗要娶老爸的妃子武则天，不是先让她在尼姑庵里过渡了一下吗？这招很经典，继续使用好了。高宗时佛教很流行，武则天自己又信佛，所以当尼姑；可是到玄宗时，道教正火得不得了，唐玄宗整天听见太上老君在各种地方给他留条子、喊话的消息，所以杨玉环就别当尼姑了，改当道姑吧。当了道姑，不就跟寿王撇清关系了吗？可是，好好的寿王妃忽然改当道姑，总得有个理由吧。这个理由怎么找呢？利用完了宗教，唐玄宗又去利用孝道了。骊山温泉浴发生在开元二十八年（740）接近年底的时候，转过年来就是开元二十九年（741），唐玄宗的母亲窦太后去世50周年了。

长寿二年（693），窦妃在正月初二去给婆婆武则天拜年，然后就神秘失踪了，尸骨无存。所以，正月初二就是窦太后的忌日。玄宗是个大孝子，当皇帝之后，每年正月初二，都要祭祀惨死的母亲。可是，开元二十九年（741）这次祭祀，唐玄宗的心情可不一样，他怎么也悲痛不起来，反而高兴得直想笑。因为就在这次祭祀活动之前，玄宗刚刚颁布了一道敕文，把寿王妃杨玉环度为女道士。这道敕文现在还保存在《唐大诏令集》中，是这样写的："圣人用心，方悟真宰，妇女勤道，自昔罕闻。寿王瑁妃杨氏，素以端懿，作嫔藩国，虽居荣贵，每在精修。属太后忌辰，永怀追福，以兹求度，雅志难违。用敦宏道之风，特遂由衷之请，宜度为女道士。"说是寿王妃杨玉环素来崇道，又非常有孝心，因为要给祖婆婆窦太后追福，自愿放弃王妃身份，当一个女道士。女道士可是一个宗教身份，已经超凡脱俗了，杨玉环当女道士就等于和寿王离婚了。

可能有人会说了，这杨玉环肯定是"被自愿"了。从骊山温泉回到长安城后这两个月里，谁有本事让她"被自愿"成为女道士呢?《长恨歌传》既然提到高力士，恐怕也不是无中生有，高力士可能是在这个问题上发挥了作用。既然皇帝已经看上寿王妃，那高力士作为奴才，只能忠实执行皇帝的旨意，把后续工作给皇帝做好了。就在玄宗从骊山温泉回来之后不久，高力士到寿王宅，跟寿王暗示，皇帝喜欢上杨玉环了，你要识趣。要知道，当时高力士也是赫赫有名的大人物，"太子亦呼之为兄，诸王公呼之为翁，驸马辈直谓之爷"，他的话可是有分量的。再说了，高力士这话根本也不代表他自己，而是代表唐玄宗。寿王也好，杨玉环也好，谁能跟皇帝叫板呢? 说到这里，我们对寿王真是充满了同情，大家经常说一句俏皮话，叫作"赌场失意，情场得意"，寿王李瑁可倒好，自从母亲武惠妃一死，他的倒霉事就一件连着一件。先是赌太子的位子赌输了，现在又输掉了王妃，赌场、情场双双失意，人生还有比这更悲惨的吗? 其实，不光是寿王可怜，杨玉环也可怜。当年刚嫁给寿王时，杨玉环肯定是把寿王妃的身份看作人生的顶点了。当然，因为武惠妃当时正在为寿王争取太子之位，她也未必没有幻想过有一天当皇太子妃，甚至当皇后，但那都是建立在寿王步步高升的基础之上的。可是，命运却跟这对小夫妻开了个大玩笑，现在寿王还是寿王，杨玉环却要到皇帝身边去了，这不是做梦都想不到的吗? 好歹杨玉环和寿王也做了五年的夫妻，人非草木，孰能无情? 她又怎么能够无动于衷呢? 那可能有人要八卦一下了，杨玉环和寿王有没有孩子呢? 幸好没有。史书记载，寿王李瑁有两个儿子，但是都生在天宝年间，显然跟杨玉环没什么关系，否则母子分离，岂不是一场更大的人伦悲剧?

四、荣升贵妃

　　为了掩人耳目，唐玄宗让杨玉环先当女道士过渡一下，当然这只是掩人耳目，岂能真去修行。所以这个过渡期自然不会太久。根据史书的记载，不到一年的时间，杨玉环就结束了她的道姑生活，开始出现在唐玄宗的后宫。但是，即使作秀，最开始的时候也得有个基本模样，所以，杨玉环还正正经经地起了一个道号，叫"太真"，她修行的道观就叫太真观。"太真"这个道号在当时应该不算特别标新立异，但是自从杨玉环使用之后，就成她的专称了。

　　太真观建在哪里呢？就在宫里。这样她和玄宗往来不就方便了吗？人在热恋的时候就是这样，二十四小时在一起都嫌不够，正所谓"一日不见，如隔三秋"。唐玄宗当时就处在这样的状态中。虽然道观就在宫里，但毕竟两个人还是不在一处。好歹熬过了大半年，玄宗终于忍不住了。就在开元二十九年（741）十一月，唐玄宗又带着大队人马去骊山泡温泉，当然，随行的人员中也有女道士杨太真。从骊山回来以后，杨太真索性脱去了道姑的冠带，直接就住进唐玄宗的后宫了。

　　唐玄宗当然高兴，可是，这么一个特殊的人，该给她一个什么身份呢？怎么做才能让人觉得这个事情很自然呢？底下的人为难了。怎么称呼呢？管她叫妃子吧，没有名分；管她叫太真道长，那不是故意让人尴尬吗？非常难办。可是，人的创造力是无穷的，宫里人很快就想出合适的称呼来了。叫什么呢？叫娘子。这称呼是从民间借用过来的。咱们看过去的戏，不是经常听见管丈夫叫相公、管妻子叫娘子吗？"娘子"这个称呼太高明了，这么一叫，就等于承认杨太真和唐玄宗的夫妻关系了，而且还透着亲切，皇帝和太真能不喜欢吗？到这一步，杨玉环的实际地位已经和当年的武惠妃一样了，也是宠冠六宫，享受皇后的待遇。至此，武惠妃那一页终于在玄宗的心里翻过去了。

武惠妃若泉下有知，不知作何感想，当年煞费苦心给儿子选妃，没想到却给自己选了一个接班人！真是世事无常啊！

可是，尽管实际待遇已经跟皇后一样了，但杨太真毕竟在宫里还没有任何名分，也不能一直当这地下夫人啊！天宝四载（745），这个问题终于解决了。这一年的七月二十六日，唐玄宗又给寿王李瑁娶了一个王妃，姓韦，也是高门大族，门当户对。这等于宣布，寿王以前的婚姻经历一笔勾销了。十天之后，八月初六，唐玄宗又册立杨玉环为贵妃。从此，"杨贵妃"这个名号闪亮登场了。父子俩一前一后办喜事，真是既高明，又讽刺。不过，更有趣的事情还在后头呢。当年，杨玉环嫁给寿王的时候，在册立的文书里写的是杨玄璬之长女，因为既然已经被叔叔收养，那就是叔叔的女儿了。现在当了贵妃，该推恩父母了，养父杨玄璬的名字却神秘地消失了。相反，杨玉环的亲生父亲杨玄琰又出现了。他虽然早已去世，但还是被追赠为太尉、齐国公。生前只是一个默默无闻的七品芝麻官，死后却因为女儿而大红大紫。那唐玄宗和杨贵妃为什么要这样做呢？不是他们对杨玄璬薄情，而是掩人耳目的需要。这等于玩起了文字游戏，当年嫁给寿王的是杨玄璬的大女儿，现在嫁给皇帝的是杨玄琰的小女儿，不就可以混淆视听了吗？

唐玄宗和杨贵妃的爱情故事就是这样以父纳子妻的方式开场了，那么，我们应该怎样评价这段不伦之恋呢？我想，有三方面的问题值得注意。

第一，唐玄宗能做出这样乱伦的事情，在很大程度上是受胡人风气的影响。李唐王朝建立之前，中国经历了长达几百年少数民族入主中原的时代，整个中原地区胡风蔓延。而父纳子妻、子纳父妾这样的事情在北方少数民族中并不罕见。这是时代背景。再从家族背景看，李唐皇室本身就有鲜卑族血统，这就使得他们的行为方式深受少数民族影响，而和中原正统观念有许多抵触的地方。当年，唐高宗把父亲的才人纳为皇后，现在，唐玄宗把儿子的媳妇收为贵妃，这又有什么不可以的呢？

第二，所谓的李杨之恋，其开始的方式并不光彩，是专制皇权荒淫无道的集中体现。一个父亲，凭借手中的专制权力强娶儿媳，无论如何都要受到批判。事实上，不光我们今天这样想，唐朝人对此也是极尽讽刺。大诗人李商隐曾经为此写过一首诗，名字叫《龙池》："龙池赐酒敞云屏，羯鼓声高众乐停。夜半宴归宫漏永，薛王沉醉寿王醒。"什么意思呢？唐玄宗在兴庆宫的龙池召开家宴，因为都是家人，所以屏风也都敞开了，后妃和子女都能互相看见。在喜庆热闹的气氛里，玄宗还亲自打羯鼓助兴，直闹到半夜才散去。可是，曲终人散之后，没有心事的薛王沉沉入睡，而可怜的寿王却因为看见了自己的前妻而满腹辛酸，辗转反侧，彻夜难眠。开元二十九年（741）年底，曾经抚养过寿王李瑁七年的大伯宁王李宪去世了，寿王主动提出，要用父子之礼，给宁王服丧。也许，经过这次打击后，再追忆自己半生的经历，李瑁觉得还是在宁王那里有点真情吧。

第三，唐玄宗和杨贵妃的爱情故事起步于强权，但是从宫里人称呼杨贵妃为娘子这件事上，我们还是可以感觉到，他们之间的感情似乎也在逐渐培养。那么，这段感情会面临着怎样的前景呢？李、杨二人之间的关系是否能摆脱强权的影响，走上真正的爱情轨道呢？

第二十八章　六宫专宠

　　在古代帝制社会下，一般人要是被选进宫里当妃子，基本上就不可能再出来了。可是，杨贵妃就打破了这个定律。她在天宝年间曾经两次被赶出后宫，但是，她不但能两次再回去，而且更加难得的是，还因此奠定了六宫专宠的地位。

　　对于这个费了那么多周折才得到的妃子，唐玄宗也是宠爱有加。

　　有一次，唐玄宗在宫里赏着名花，喝着美酒，再看看贵妃，心满意足地说了一句：我得到贵妃，就好像得到一个宝贝一样。他还因此谱了一首曲子叫《得宝子》。但是，日子过久了，再好的伴侣也难免会有磕磕碰碰，就在天宝五载（746），也就是玄宗册立杨贵妃之后不到一年，他们两人之间的第一次感情风波发生了。

一、第一次出宫

　　这一年的七月，唐玄宗因为杨贵妃"妒悍不逊"，一怒之下，把杨贵妃打发回娘家了。谁都知道，皇帝后宫美人无数，彼此嫉妒也是后妃的常态。那么，让杨贵妃如此嫉妒的人是谁呢？依从小看戏听故事的经验，好多人肯定会说，是不是那个叫梅妃的女人呢？这个梅妃又是何许人呢？根据《梅妃传》的记载，梅妃姓江，叫采苹，是福建人。她入宫比杨贵妃还早。当年武惠妃去世，唐玄宗闷闷不乐，高力士就到全国给他海选美女，还没选到杨玉环，先在福建发现江采苹了。江采苹不光长得漂亮，也是个才女，9岁就能背《诗经》，长大了更是擅长诗赋。因为有文化，所以比较风雅，特别喜欢清丽脱俗的梅花，把自己屋子周围都种上了梅树，所以唐玄宗才管她叫梅妃。梅妃刚入宫的时候也特别得宠，但是，后来杨贵妃来了，一山难容二虎，两人之间难免就彼此嫉妒起来了。这两个美女长得一肥一瘦，就开始互相进行人身攻击，杨贵妃管梅妃叫梅精，梅妃管杨贵妃叫肥婢。当然，斗到后来，杨贵妃逐渐占了上风，梅妃也就逐渐被冷落。可是，唐玄宗毕竟是风流天子，偶尔旧情难忘，又去私会梅妃，结果让杨贵妃抓了个正着，她对唐玄宗连损带挖苦，这才把玄宗惹恼了。

是不是这么回事呢？尽管有无名氏的《梅妃传》传世；尽管《全唐诗》里还收录了一首诗，叫《一斛珠》，号称是梅妃所作；尽管梅妃的故事在民间流传很广，但我还是要说，它恐怕不是真的，梅妃这个人根本就不存在。为什么呢？

首先，从文献上来讲，无论是《旧唐书》《新唐书》《资治通鉴》等官方文献，还是唐朝的笔记小说，都没有关于梅妃的只言片语。所谓梅妃的记载最早出现在南宋，这时候距离唐玄宗时代已经过去几百年了，编故事的可能性很大。其次，按照《梅妃传》的记载，梅妃不仅长得瘦弱，而且还特别瞧不起长得胖的，管杨贵妃叫肥婢。可是，大家都知道，唐朝人喜欢的就是杨贵妃那样丰满艳丽的女人，至于瘦弱文雅的美人是到宋朝才开始受人追捧的。梅妃要真是生在唐朝，恐怕得下功夫增肥，怎么还会有心情骂别人肥呢？最后，按照《梅妃传》的说法，武惠妃死后，梅妃得宠。可是，假如唐玄宗的感情空白已经被梅妃填补上了，那他还冒那么大的道德风险夺儿媳妇干什么呢？这样看来，梅妃的故事并不可信，她不过是宋朝人为了和杨贵妃作对比而创造的文学形象，就像有西施就有东施一样，是文学想象的产物。既然这个人根本不存在，那当然也就谈不上让杨贵妃嫉妒了。

那么，杨贵妃号称四大美女之一，她的美貌无与伦比，难道还有人压过她，在唐玄宗面前和她争宠？杨贵妃嫉妒的到底是谁呢？

我觉得，她嫉妒的恐怕并不是哪个人，而是唐玄宗的花心。唐玄宗是风流天子，他当时虽然已经有杨贵妃了，但是，得陇望蜀，还想要更多的美人。怎样才能把天下的美女都收罗到自己的后宫里呢？唐玄宗设置了一种职业，叫作花鸟使，由宦官担任，专门到民间搜罗漂亮的大姑娘、小媳妇往宫里送。眼看着美人今天来几个，明天来几个，杨贵妃可受不了了。因为如果皇帝固定喜欢哪一个，这竞争对手还比较单一，可以研究战略战术进行防范打击。可是，如果每天来这么几个，这就等于所有人都成了潜在的敌人，天天防贼比天天做贼还累，这才让杨贵妃发脾气了。

杨贵妃发火了，玄宗也生气了：我好歹也是皇帝，后宫佳丽三千是应该的。当年武惠妃那么得宠，唐玄宗不是照样生了30个儿子、30个女儿吗？可见没少寻花问柳。怎么到你杨贵妃这里就不行了呢？你一个妃子，难道还敢管皇帝不成？唐玄宗生气了，他下令，把杨贵妃送回娘家！可是，杨贵妃的亲生父亲和养父都早死了，哪里算是娘家呢？杨玉环还有一个堂哥叫杨铦。既然父亲死了，那么长兄如父，哥哥家就是娘家，送他家去了。自从杨贵妃得宠之后，哥哥杨铦可没少沾光，官至三品，现在看妹妹被送回来了，杨铦可傻眼了，这是什么意思啊？皇帝休妻了？

杨家慌成一团，唐玄宗那里呢？他也慌了。气头上把杨贵妃送走了，可是送走之后呢？唐玄宗一下子又觉得身边空下来了。杨贵妃在的时候，他背着贵妃跟那些宫娥偷偷调情，倒是充满了冒险的刺激感；现在杨贵妃一走，他可以大大方方地宠幸任何一个美人了，反倒觉得没意思了。武惠妃刚死的时候那种凄凉孤寂的感觉又回来了，他受不了了。人不是早晨送走的吗？眼看到了中午，该吃饭了，宦官把御馔端上来，唐玄宗哪里吃得下去啊！不吃饭还不要紧，要命的是，他看周围谁都不顺眼了。这可苦了身边伺候的宦官，也不知哪句话、哪个动作就会惹恼皇帝，怎么做都不对，一会儿就挨一顿鞭子，吓得小宦官都不敢到皇帝身边来了。

　　高力士是老奴才，最明白玄宗的心意了。眼看着皇帝如此烦躁不安，他知道，皇帝这是后悔了，但是碍于面子，又不好意思说出来。这时候就缺一个人来转圜。于是，高力士就上奏唐玄宗：贵妃刚打发出去，她哥哥家肯定也没有来得及预备接待，这一回家肯定是衣食不周啊，不如把贵妃院里的所有陈设、玩物都送到杨锸家吧？算是投石问路，探探皇帝的口风。唐玄宗心里正惦记着杨贵妃呢，听高力士一说，正中下怀，马上同意。一共送了多少东西过去呢？《资治通鉴》记载，足足送了100多车。这还不算，唐玄宗当时不正吃午饭吗？他对高力士说了，光送用的东西哪行啊，把我的御馔分一半，也给贵妃送去吧。高力士一看唐玄宗就这点出息，心里简直笑翻了。既然皇帝的态度已经清清楚楚了，那接下来高力士就知道该怎么办了。

　　吃完饭，再磨蹭一会儿就到晚上了，皇帝今天已经没吃好饭了，总不能再睡不好觉吧。这时候，高力士又上奏了，说贵妃在家闭门思过已经一天了，想来对自己的错误已经有了深刻的认识。惩罚不是目的，教育才是目的，既然教育的目的已经达到，还是请皇帝把贵妃迎回来吧。别看唐玄宗当时在朝廷里听不进意见，对高力士这个提议他可是马上采纳。那怎么接回来呢？唐朝可还是实行宵禁制度的，一到晚上，宫门也关了，各坊的坊门也关了，没有特别通行证，谁也不许到处走动。这难不倒唐玄宗，他亲自批条子，让禁军去接，皇帝的禁军执行公务，什么人敢不给开门呀？可能有人要说，这么兴师动众干什么，等第二天早晨再接不也一样吗？可是，唐玄宗当时是度日如年，一分钟也不想多等了，再说了，他也害怕等到天亮。趁着天黑迎回来，就算是丢脸，也只有宦官、禁军这些自己人知道；要是大白天去迎，不是天下人都知道了吗？刚刚把人送回去就又迫不及待地接回来，唐玄宗也丢不起这个面子。

皇帝派人去接，就等于已经先认错了，杨贵妃怎么表示的呢？根据《旧唐书·杨贵妃传》的记载，她回宫之后，"伏地谢罪"，也主动认错了。玄宗一看，这不是给我面子吗？更加高兴了，赶紧一把拉起来，安慰了好半天。杨贵妃除了有堂哥之外，还有三个姐姐，眼看着皇帝和妃子和好如初，第二天，这三个姐姐作为娘家人，赶紧跑来祝贺。玄宗一看更是高兴得不得了。当即下令，赏赐杨贵妃的三个姐姐每年100万钱买脂粉。

不光是娘家姐姐沾光，身边的宦官也跟着沾光了。按照《旧唐书》的记载，"帝骤赐左右不可赀"。头一天看左右谁都不顺眼，没事就暴打一顿；今天倒好，看谁都高兴，撒钱都撒到手软了。这还不算，杨贵妃不是因为皇帝整天从民间往宫里海选美女才吃醋的吗？玄宗也认识到自己的错误了，从此痛改前非，眼睛只看贵妃一个人，再不拈花惹草了。按照《资治通鉴》的说法，就是"自是恩遇愈隆，后宫莫得进矣"。这一下，后宫里其他的妃嫔可就倒霉了。本来，虽然后宫得宠比中彩票还难，但至少还有个盼头。现在杨贵妃专宠，她们连希望都没有了。最可怜的是那些刚刚被花鸟使选进来的美人，连皇帝长什么样子都不知道，直接就给打发到各处行宫看房子去了，一生再也没有出头之日。但是，杨贵妃也好，唐玄宗也好，他们可不管这些。对他们来说，这次吵架只是感情升温的一支催化剂罢了。两个人吵架谁赢了？表面上看玄宗和妃子是对赔不是，平分秋色，但其实明眼人一眼就看出来了，是玄宗更离不开杨贵妃，面子也不要了，钱也赏了，错误也改了。为了讨妃子一笑，玄宗容易吗！

杨贵妃与唐玄宗的第一次感情风波，不但没有影响两个人的感情，反而让两个人更加离不开对方。但是俗话说，"好了伤疤忘了疼"，四年之后，就是唐玄宗天宝九载（750）二月，玄宗又一次把杨贵妃给送回娘家去了。

二、第二次出宫

对于这次事件，《资治通鉴》只写了简单的六个字："杨贵妃复忤旨。"到底什么才叫忤旨呢？有两种说法。一种说法认为，这一次，不是唐玄宗花心，而是杨贵妃出轨了！据《杨太真外传》记载，说天宝九载（750）二月的一天，杨贵妃偷偷地吹唐玄宗大哥宁王的紫玉笛，被唐玄宗看见了。可能有人不明白，认为吹宁王的笛子没什么了不起的。其实，这吹笛子不过是古代人一种含蓄的说法，它的真实意思就是杨贵妃和宁王的关系不寻常！关于这一点，唐朝诗人张祜写得就更露骨了。他有一首诗叫《宁哥来》："日映宫城雾半开，太真帘下畏人猜。黄翻绰指向西树，不信宁哥回马来。"意思是，雾气蒙蒙的后宫里，杨贵妃站在珠帘之下想心事，但是又怕被人猜到。可是，越怕人知道的事情越瞒不住。这时候，一个宫里的小丑黄翻绰就跟杨贵妃开玩笑，往西边一指，说：宁王来了！杨贵妃虽然不信，但还是忍不住往西边看宁哥是不是真的又回来了。要知道，宁王李宪可是唐玄宗的大哥，要是爱妃居然和他有染，唐玄宗当然无法忍受。但是，这件事是不是真的呢？根本不可能。因为到天宝九载（750），宁王李宪已经死了10年。宁王是开元二十九年（741）年底去世的，杨贵妃的前夫寿王李瑁小的时候曾经被宁王抚养，所以李瑁还特地打报告要求给宁王服丧。这些都是有据可查的信史。现在，时隔10年，杨贵妃怎么会跟一个死人有染呢？

另外一种说法认为，这次杨贵妃忤旨，纯粹是她姐姐惹的祸。杨贵妃有三个姐姐，个个长得美艳绝伦，可惜没有妹妹这样的好运气，都年纪轻轻就嫁了人，又年纪轻轻就守了寡。杨贵妃得宠之后，可怜三个姐姐，就把她们接到长安来了。唐玄宗宠爱杨贵妃，爱屋及乌，对三个大姨子也都高看一眼，特许她们随便出入宫门，还把三人都封为一品国夫人。其中，老大被封为韩国夫人，老二被封为虢国夫人，老三被封为秦国夫人。这三位夫人之中，虢国夫人最漂亮，也最放荡。当时一般贵夫人出门都是坐车，只有她与众不同，偏要骑马。唐玄宗也是个有豪情的皇帝，一个美人"不爱红装爱武装"，在他眼里也就有了独特的魅力。

诗人张祜不是写了一首诗讽刺杨贵妃和宁王有染吗？其实，他还写过一首诗，暗示唐玄宗跟这个大姨子关系不一般。这首诗的名字叫作《集灵台》："虢国夫人承主恩，平明骑马入宫门。却嫌脂粉污颜色，淡扫娥眉朝至尊。"玄宗皇帝见惯了浓妆艳抹的美人，虢国夫人偏偏不施脂粉，素面朝天，要是对自己的魅力没自信，谁敢这么做呢？所以，张祜暗示，唐玄宗对大姨子有了非分之想。这个说法有没有合理性呢？恐怕也没有。

首先，这种说法的直接源头就是张祜那首诗。而张祜一会儿说杨贵妃跟宁王有染，一会儿又说唐玄宗跟虢国夫人关系不一般，简直就像个小报娱记，专门制造绯闻，唯恐天下不乱，他的话可信度不高。其次，如果这个事情可靠，事后虢国夫人的地位肯定非常尴尬。当年武则天发现自己的外甥女和丈夫唐高宗关系密切，就把外甥女给毒死了。杨贵妃虽然未必像武则天那样毒辣，但是也一定会有所表示。可是事实上，整个天宝期间，杨贵妃姐妹之间的关系一直非常亲密，这也反证出虢国夫人和玄宗之间的清白。最后，虢国夫人确实有情夫，只不过不是唐玄宗，而是杨国忠，我们以后还要说到。这样看来，所谓虢国夫人夺爱的说法也不成立了。

史书的记载很少，野史又不可靠，那贵妃被赶出宫真正的原因到底是什么呢？这一次，唐玄宗还会像上一次那样主动妥协吗？

我想，宫闱秘事的神秘性就在这里，真实原因可能永远是个谜了，但是有一点可以肯定，就是这次杨贵妃的过错比较大。因为从唐玄宗的态度就可以看出来了。上一次出宫的时候，玄宗不是吃不下饭、睡不着觉，当天就把杨贵妃接回来了吗？可是这次，唐玄宗似乎很沉得住气，送回去之后，再没什么表示了。这下，杨家可着急了。要知道，当时杨家满门富贵，就靠着贵妃，如果贵妃失宠了，他们不也得树倒猢狲散吗？眼看皇帝在气头上，娘家人不好出面，找个说客吧。找谁呢？当时有一个户部郎中叫吉温，伶牙俐齿，心机深沉，是个八面玲珑的家伙。杨家就托他去游说唐玄宗了。吉温对唐玄宗说："妇人识虑不远，违忤圣心，陛下何爱宫中一席之地，不使之就死，岂忍辱之于外舍邪？"意思就是，杨贵妃是个女人，头发长，见识短，陛下想杀就杀，没有问题。但是，她毕竟是一个妃子，你就是让她死也得在宫里死，怎么忍心让她在外面忍受羞辱呢？吉温这话说得有没有水平呢？太有水平了。一下子就把内外的界限划出来了。杨贵妃相对你唐玄宗是内人，就算处理也要在内部处理，怎么可以让她流落在外面呢？果然，唐玄宗一听吉温这样说，大为感动，又绷不住了。他赶紧派一个宦官去看杨贵妃，而且，和上次一样，还是把御馔分了一半给杨贵妃送去。可能有人会说，唐玄宗是不是上辈子没吃过饭呢？怎么总是把吃饭看得那么重？其实，这就是不懂唐玄宗的心了。吃饭是生活最基本的内容，所谓"甘苦共尝"，不也是从吃饭引申出来的情感吗？一个人要是许诺一辈子跟你一起吃饭，可比许诺你九千九百九十九朵玫瑰实在多了。

唐玄宗派宦官看杨贵妃去了，杨贵妃什么反应呢？她哭得像泪人一般。本来，玄宗这次把她赶出宫，几天都没搭理她，杨贵妃也知道问题的严重性了。现在一看见宦官，知道皇帝还在想着她，杨贵妃能不哭吗？光哭还不够，杨贵妃当场剪下一缕头发，交给宦官，说："妾罪当死，陛下幸不杀而归之。今当永离掖庭，金玉珍玩，皆陛下所赐，不足为献，唯发者父母所与，敢以荐诚。"古代人讲究"身体发肤，受之父母"，头发非常重要，所以，古代管男女结婚叫结发；男女定情，信物也往往是一缕头发。现在杨贵妃是拿这缕头发跟玄宗诀别了。唐玄宗一看见杨贵妃的一缕青丝，所有的怨气、不满、矜持全都跑到爪哇国去了，他哪里真舍得跟贵妃诀别啊！没办法，还是高力士出面，又把杨贵妃给接回来了。光是接回来还不算，自从这次风波之后，两个人都深刻地意识到对方在自己心目中的分量，从此更加恩爱了。按照《资治通鉴》的记载，就是玄宗对杨贵妃从此"宠待益深"了。这个"宠待益深"怎么理解呢？《长恨歌传》里有一段话，说天宝十载（751），唐玄宗和杨贵妃在骊山并肩而立，仰望着天上的牵牛星和织女星，不禁感慨万端。就在这天晚上，他俩偷偷立了一个誓言，这也就是白居易《长恨歌》所写的"在天愿为比翼鸟，在地愿为连理枝"。虽然学者们都提到，唐玄宗去骊山是为了避寒而不是避暑，因此七月七日他们不可能在骊山，所谓"七夕密誓"纯属艺术虚构，但是诗人为什么虚构成天宝十载（751）而不是其他时间呢？这正说明，当时的人都认定，经过天宝九载（750）的出宫风波，两个人的感情更深了。这样看来，第二次出宫风波又像第一次那样，以闹剧开始，以喜剧收场了。

　　杨贵妃是幸运的，她没有像其他后妃那样，一旦和皇帝闹翻，就被打入冷宫，永世不得翻身。杨贵妃两次被赶出后宫，不仅没有损失什么，反而因此获得了更多的宠爱，这是为什么呢？在他们的两次感情风波中，隐藏着什么问题呢？我们又该怎样评价这两次出宫风波的意义呢?

　　我想,有三方面的问题值得注意。第一,经过这两次风波的考验,唐玄宗和杨贵妃的感情得到了升华。我们说过,唐玄宗把儿媳纳入后宫,不过就是一出人伦丑剧,但是随着两次出宫风波,他们在彼此心目中的形象都变了:本来,在唐玄宗看来,杨贵妃就是一个漂亮女人;现在,他发现,贵妃最大的优点还不是漂亮,而是单纯。她身在皇宫,居然不懂服从,不计后果,这样的性格在后宫太少见了,对于晚年的玄宗来说不啻是一缕清风。有了这样的认识,玄宗对贵妃的感情一下子上了一个台阶。而在杨贵妃心中,玄宗的形象也变了。本来,她只知道玄宗有权力,可以左右她的生活,现在她发现,这个皇帝也有正常人的感情,他是真的在乎她,离不开她。感情变了,彼此的关系也就变了。以前我们提到皇帝和后妃的关系,往往说得宠和失宠,这其实意味着皇帝是绝对的主宰,而后妃只是被动者。但是,到唐玄宗和杨贵妃这里就大不一样了,他们会像平常夫妻一样吵架,吵架之后,妃子会回娘家,而不是被打入冷宫;分开之后,他们会彼此思念,也会努力和好。总之,皇帝并不总是高高在上,妃子也并不总是低眉顺眼,他们看起来更像是平常的一对夫妻。一千多年以来,人们之所以忽略了他们关系中的人伦污点,而同情甚至歌颂他们的爱情,不就是因为在这里看到了身居高位者的平常心吗?

　　第二,不可否认的是,因为杨李之间的爱情,中国古代社会一直难以避免的外戚问题又出现了。仗着杨贵妃受到专宠,她的哥哥姐姐都骄横跋扈。《资治通鉴》记载了一个故事,说杨贵妃的二姐虢国夫人最霸道了,只要自己想做的事情,就一定要做到。天宝年间,她想要修豪宅,选中了长安城里的一块风水宝地,可当时这块宝地并不是块空地,而是老臣韦嗣立的宅子。虽然韦嗣立已经死了,但是他的后人还住在那里。虢国夫人可不觉得为难。有一天,她忽然指挥一批工匠冲入了韦嗣立的宅子，把韦家人都给赶了出来。随即就把房子夷为平地，然后宣布：这块地皮是我的了！那韦家人怎么办呢？虢国夫人随便指给他们十亩空地，说：你们就到那儿重建家园吧。这不是比强盗还厉害吗？欺负官僚也就罢了，杨家人连公主也敢欺负。就在天宝九载（750）正月十五，杨家兄妹夜游，正好碰上玄宗的女儿广平公主也出来观灯。两家在长安城的西市门口碰见了。西市的大门不是窄吗，容不下两家同时进去，怎么办呢？杨家的一个奴才想争道，就使劲打马，没想到一鞭子抽到了公主的衣服上。公主受到惊吓，一下子就滚下马去了。驸马赶紧去扶，按说闹成这个样子，杨家人该收敛了吧？根本没有，他们的奴才又连抽了几鞭，连驸马都被打伤了。第二天，广平公主找唐玄宗诉委屈，唐玄宗倒是把那个行凶的奴才打死了，但是与此同时，倒霉的驸马也被免官了，谁让你得罪杨家人呢？杨家人在皇帝心目中的地位那么重要，谁不巴结他们呀？按照《资治通鉴》的说法，就是"四方赂遗，辐辏其门，唯恐居后，朝夕如市"。杨家人也要逐渐在政治上发挥影响了。

第三，因为杨贵妃受到专宠，唐玄宗的宫廷也越来越腐化了。当时，专门为杨贵妃做衣服的纺织和刺绣工人就有700个。光穿得好不行，还得吃得好。杨贵妃是南方人，喜欢吃荔枝，可长安不产荔枝，怎么办呢？那就从南方运吧。可是，荔枝是最难保存的水果了，号称一天色变，两天香变，三天味变。怎么才能让妃子吃上新鲜的荔枝呢？唐玄宗下令，沿途驿站都备好快马，昼夜兼程，以最快的速度传递。结果好多的人和马就在传递过程中累死了。杜牧在诗中写过："长安回望绣成堆，山顶千门次第开。一骑红尘妃子笑，无人知是荔枝来。"（《过华清宫绝句三首·其一》）为了博得美人一笑，多少人付出了生命的代价啊！

那么，你侬我侬、忒煞情多的玄宗和贵妃还会玩出什么新花样呢？

第二十九章　文士风流

　　唐玄宗虽然年过花甲，但是自从宠幸杨贵妃之后又重新焕发了生机。有着文艺天分的唐玄宗从此更加追求浪漫风流的宫廷生活，在求才方面也更加偏好文士。

　　天宝元年（742），在唐玄宗颁布了一道求贤诏令之后，大诗人李白踌躇满志地走进了唐玄宗的生活中。和唐玄宗、杨贵妃一起演绎了一段千古帝王、绝代佳人和旷世才子的浪漫佳话，也为大唐盛世、物华天宝、人杰地灵做了一个最好的注脚。然而这段佳话虽然以喜剧开场，却并没有以喜剧告终。

一、奇人李白

　　串起这段佳话的李白是个奇人。怎么个奇法呢？

　　第一，身世奇。讲身世得从祖宗说起。李白的祖宗是谁呢？不清楚。李白自称是陇西成纪人，和李唐皇室是一家子，《旧唐书·李白传》也是这么写的，而且按照辈分算，他还是唐玄宗的爷爷辈。但是，在李唐王朝的族谱中，始终没有李白的名字。更要命的是，还有人干脆说他是个华侨。为什么这么说呢？因为李白的出生地不明，有四川、长安和中亚的碎叶几种说法，但是，以中亚碎叶说最为有力。

这个说法来自中唐文人范传正给李白写的墓碑。说他们家本来是陇西人，但是到隋朝末年，因为战乱迁到了碎叶。碎叶即今天吉尔吉斯斯坦的托克马克市，有人可能会想，这不等于说李白是华侨了？其实，华侨一说是今人的误解。因为碎叶虽然今天不属于中国，但是在唐朝，那儿还在安西都护府的管辖之下，是大唐的领土。但是无论如何，碎叶城离唐朝的核心区太远了，李白又拿不出一个像样的家谱来，所以始终没能得到李唐皇室的真正认可。换句话说，祖先是谁不明朗，说是陇西李氏，但是有可能是假冒的。

祖先不明朗也就罢了，李白的父亲也不明朗。一般有关李白的传记都会写，李白的父亲叫李客。可是，这李客的"客"字可不是一个名字，而是一个称呼。因为李白小时候，他爸爸带着他从中亚迁到了四川江油，那在当地人的眼里他爸爸不就是个外来客吗？所以叫作李客，真实的名字倒没人知道了。不仅名字没人知道，职业也没人知道，有人说是商人，有人说是侠客，还有人说是隐士。祖先不清不楚，父亲也身份不明，又来自那么遥远的边陲，居然能够成长为彪炳中国文学史的大诗人，这身世够传奇了吧！

第二，长相奇。李白长得什么模样呢？有人马上想到他自己说的那句话"长不满七尺"。不到一米七的个头，好像有点其貌不扬。这样想可就大错特错了，因为李白的自我评价可不只这一句。他还说过自己是"天为容，道为貌"，换个通俗的说法就是仙风道骨。当然，碰上自我感觉良好的，自我评价有时候只能作个参考。再看看别人的评价吧。唐朝有个文人叫魏颢，也算是李白的粉丝，说李白是"眸子炯然，哆如饿虎"。意思是目光如电，张开嘴像猛虎一般。一方面仙风道骨，另一方面又精光四射，这样的相貌也够神奇。

第三，才华奇。一个中国人，只要稍稍有点文化，谁不知道诗仙李白？"床前明月光，疑是地上霜"也好，"飞流直下三千尺，疑是银河落九天"也罢，都是我们儿童时代就耳熟能详的名句。杜甫号称"诗圣"，对李白可是佩服得五体投地，说他"笔落惊风雨，诗成泣鬼神"。这哪里是一般人能达到的境界啊！因为李白的才华太高了，人们都觉得不可思议，所以就编了不少传奇故事。

比如，有故事说李白的妈妈生他的时候，梦见长庚星，也就是太白金星进入了自己的怀抱，所以才给他起名李白，字太白。这不就等于说李白就是太白金星转世吗？还有故事说他小的时候梦见笔头开花，所以写作如有神助。"梦笔生花"这个成语就是从这儿来的。当然，这两个故事都太离奇了，令人难以置信。但是，有一个故事可是真的。谪仙人的故事。李白刚到长安的时候，有一次在紫极宫，也就是老子庙，碰到了贺知章。贺知章可是诗界前辈，当时都80多岁了，我们上小学的时候，都背过他的"少小离家老大回，乡音无改鬓毛衰"。（《回乡偶书二首·其一》）贺知章在当时也算大名鼎鼎，而李白那时才40出头。作为后生晚辈，李白赶紧拜见贺知章，然后就把自己的诗作拿出来，向贺知章讨教。他拿出的是哪首诗呢？据说是《蜀道难》。贺知章一看："噫吁嚱危乎高哉！蜀道之难难于上青天！蚕丛及鱼凫，开国何茫然。尔来四万八千岁，不与秦塞通人烟。"连连惊呼，说：能写出这样的诗，哪里是凡人啊，你肯定是天上的谪仙人！从此，"谪仙人"就成了李白的专称。

第四，性格奇。李白是什么样的性格呢？第一个性格特点是慷慨。李白年轻的时候漫游扬州，不到一年，散尽30余万钱。这30余万钱干什么了呢？"有落魄公子，悉接济之"，都拿去扶危济困了。当然，慷慨不光指乐善好施，还指意气昂扬。《新唐书》讲，李白可不是个手无缚鸡之力的文弱书生，他"喜纵横术，击剑，为任侠"。李白写的《侠客行》说得好："十步杀一人，千里不留行。事了拂衣去，深藏身与名。"这样意态纵横的侠客既是李白心目中的英雄，恐怕也是李白的自我写照。李白性格的第二个特点是浪漫。他总想当神仙。那怎样才能当神仙呢？那就学道吧。他遍访名山大川，修道、炼丹样样不少，虽然没能真的当上神仙，但是仙风道骨可修炼出来了。李白性格的第三个特点是自负。自负到什么程度呢？李白自己说得好："若日试万言，倚马可待。"对自己的文学才华自负也罢了，李白更自负的是他的政治能量。他一直觉得自己有王佐之才，只要给他一个机会，他也能成为管仲、乐毅、姜太公一流的人物。因为对自己的才华自负，李白当然希望能有一个施展的机会。怎样才能施展才华呢？这样的一个奇人不愿意走寻常路。让他规规矩矩地参加科举考试，然后一步一个脚印往上走，李白可没有这个耐心。他想"一鸣惊人，一飞冲天"。怎样才能一鸣惊人呢？李白走的是一条所谓"干谒"的道路，就是找大人物推荐，直接登上领导岗位。可是，李白心高气傲，求人也不肯低声下气。

有一次，他想请一个姓裴的长史推荐工作，就写了一封《上安州裴长史书》。在信的最后，李白说，如果这个裴长史不理他，他就"西入秦海，一观国风。永辞君侯，黄鹄举矣。何王公大人之门，不可以弹长剑乎？"这哪里是求人，分明是要挟！可想而知，这样求人，成功的概率不大。所以，直到40岁，李白虽然名气越来越大，但是要论实现理想，那还是书剑两蹉跎，都没有发挥的地方。

中国古代文人都有学而优则仕的心理，才华出奇的李白更不例外，他也想把自己的文学成就转化为政治资本，实现辅佐帝王、安定天下的政治理想。李白不愧是奇才，他做官也不走寻常路，那么李白究竟是如何登上唐朝政治舞台的呢？

二、召入长安

天宝元年（742），唐玄宗颁布了一道求贤诏，李白的人生终于出现重大转机了。在众多知己的推荐下，唐玄宗下诏，要在金銮殿接见李白。谁推荐的呢？三方面的力量：第一，道士吴筠；第二，唐玄宗的妹妹玉真公主；第三，大诗人贺知章。这三个人为什么要推荐李白呢？

先说吴筠。吴筠是李白的好朋友，也是个著名的道士。唐玄宗进入晚年之后崇尚道教，所以，就召吴筠到长安见面。刚好当时吴筠正和李白一起在剡中隐居，他也不能抛下朋友自己走，于是，就把李白带到了长安，想把他推荐给皇帝。

那玉真公主又是怎么回事呢？玉真公主可是个了不得的人物。她是唐玄宗的妹妹，当年玄宗的父亲睿宗好道，就让女儿当了女道士。到这时候，玉真道龄已经30多年了，级别很高。在道教界级别高也就罢了，玉真公主在皇室中级别也很高。当时玄宗活着的兄弟姐妹只剩下她一个了，玄宗对她百般呵护，言听计从。正因为有这样的皇室背景，所以，玉真公主跟一般道士可不一样，她社交特别活跃，和宗教界、政界以及文艺界名流都过从甚密，俨然是沙龙女主人。那她为什么推荐李白呢？她和李白之间可算是未曾见面而神交已久的典型了。李白到处找人写推荐信，十多年以前他第一次到长安的时候就找过玉真公主，还给玉真公主写过诗，恭维她以后能当神仙。可惜那次玉真公主正在云游四方，没能见李白一面。这次李白又到长安了，当然也不会忘记再次拜见玉真公主。两个人有共同的修道爱好，李白的诗又写得那么漂亮，玉真公主能不向上推荐吗？

再看贺知章。贺知章为什么要推荐他呢？李白一到长安，就在紫极宫巧遇贺知章。两个人谈起诗来，真是越谈越投机，很快成了忘年交。贺知章也是个豪爽的人，两人既然成了知己，怎么能不喝酒呢？于是他就拉着李白进了一个小酒馆。酒逢知己千杯少，一杯一杯复一杯，喝到人家酒馆都要关门了，该结账了，两个人争着付，结果一看，谁也没带钱。这怎么办呢？贺知章把身上戴的金龟拿出来抵酒钱。金龟是唐朝三品以上官员才有资格佩戴的一种装饰品，是身份的象征。贺知章能拿出金龟来，说明他的身份不一般。贺知章也是集贤院学士出身，当时是秘书监，三品大员，素来为玄宗所敬重。他想要推荐一个知己，又有何难？

有了这样三个重量级人物的推荐，唐玄宗对李白非常感兴趣，马上下诏，要接见李白。皇帝亲自接见，这是千载一遇的美事，李白激动得都快发狂了。他到长安之前曾经赋诗一首："仰天大笑出门去，我辈岂是蓬蒿人。"（《南陵别儿童入京》）这一回，真是要一飞冲天了！李白对见玄宗一事充满了期望，唐玄宗也表现得求贤若渴。李白的族叔李阳冰在《李翰林草堂集序》里讲：玄宗对李白"降辇步迎，如见绮皓；以七宝床赐食，御手调羹以饭之"。而且还对他说："卿是布衣，名为朕知。非素蓄道义，何以及此？"接见完了，玄宗马上降旨，让李白待诏翰林。后世称李白为李翰林，就是从这儿来的。这一年，李白42岁，正是人生最美好的年华。那么，李白辅佐帝王、安定天下的理想是否能够实现呢？

三、翰林待诏

李白在翰林院的所作所为，有两件事知名度最高。第一，醉草吓蛮书。这个事情因为被写进明代通俗小说集《警世通言》，所以流传特别广。说李白在翰林院的时候，东北的渤海国给唐朝下战书，是用少数民族文字写的，谁也不认识，大家非常着急。最后把李白召来了，李白一看，马上朗朗读出。光读出来还不算，李白还对玄宗说了，朝廷根本不用派兵去打，我写一封答书给他们，肯定把他们吓住，绝不敢兴兵。但是，我得先喝足了酒，才有状态写这个东西。唐玄宗一听李白有这么大本事，当然奉若神明，赶紧伺候他喝酒。李白喝到晕晕乎乎的时候，拿过笔来，一挥而就，而且还是用少数民族文字写的。写好之后，李白用渤海语对着使者念了一遍，渤海的使者果然吓得六神无主，赶紧回去禀报国君，不敢打仗了。这就是所谓的李太白醉草吓蛮书。这个事情如果真的存在，那可不光是李白的骄傲，也是大唐外交的光荣。但问题是，这小说家的说法能不能信呢？

李白凭借自己的豪气和文才，不费一兵一卒，很好地解决了唐玄宗的外交难题，这理应成为李白登上政坛后最值得大书特书的一笔，然而大量证据表明，李白的"醉草吓蛮书"并不可信。

第一，如果这个事情真的存在，那么在唐朝史书中就会有记载，至少会留下蛛丝马迹。但是，翻遍了唐朝文献，也找不到跟这件事有关的只言片语。唯一有点沾边的是范传正《唐左拾遗翰林学士李公新墓碑并序》，里面有一句话，说李白见到唐玄宗后，"论当世务，草答蕃书，辩如悬河，笔不停辍"。有人说，这"答蕃书"不就是吓蛮书吗？是不是就要看范传正这段话的语境了。范传正是说，李白一见到唐玄宗，为了表现自己多方面的才能，就又议论朝政，又草拟诏书，口若悬河，文不加点，唐玄宗都非常满意。这样看来，所谓的"草答蕃书"不是实指，而是虚指，代表李白的文字能力而已，所以，根本不能作为证据。第二，李白汉语言文字掌握得是好，但是，没有任何证据表明他还会少数民族语言文字。更重要的是，渤海政权一直积极学习汉文化，使用汉字，当时就有"疆理虽重海，车书本一家"的说法，根本就没有创造过本民族文字，怎么会有所谓的蛮书呢？

这件事不是真的，那李白在翰林院有没有真实的业绩呢？也有。李白做的知名度很高的一件事是给杨玉环写赞美诗。这件事唐朝的笔记小说《松窗录》有很详细的记载："禁中初重木芍药，即今牡丹也。得四本，红、紫、浅红、通白者。上因移植于兴庆池东沉香亭前。会花方繁开，上乘照夜白，太真妃以步辇从。诏特选梨园弟子中尤者，得乐十六部。李龟年以歌擅一时之名，手捧檀板，押众乐前，将欲歌之。上曰：'赏名花，对妃子，焉用旧乐辞为？'遂命龟年持金花笺宣赐翰林供奉李白，立进《清平调》词三章，白欣然承旨。由若宿醒未解，因援笔赋之。"大意是说，当时长安刚兴起赏牡丹之风，宫廷里种了四种牡丹花，一红、一紫、一浅红、一洁白。春天鲜花盛开之际，唐玄宗和杨贵妃一起来赏花。为了助兴，特地命最好的梨园弟子前来演唱，可是，当梨园领班李龟年把歌谱报上后，唐玄宗却嫌这些歌都太老了，不应景。怎么办呢？翰林院不是现放着一个大诗人李白吗？唐玄宗赶紧让李龟年拿着金花笺找到李白，让他填新词。李白大笔一挥，立刻写出三首《清平调》。

这三首诗是怎么写的呢？

第一首："云想衣裳花想容，春风拂槛露华浓。若非群玉山头见，会向瑶台月下逢。"这是赞美杨玉环长得漂亮，说我看见云彩就想起了你的衣裳，看见花朵就想起了你的容貌。在春风吹拂之下，你像一朵花一样绚丽绽放，如果我不是在王母娘娘的群玉山头见过你的话，那肯定是在瑶池那儿见过你，因为你长得就像仙女一样漂亮。

第二首："一枝红艳露凝香，云雨巫山枉断肠。借问汉宫谁得似？可怜飞燕倚新妆。"意思是说，贵妃像一枝红艳的鲜花一样，吐露芳华，和她相比，跟楚襄王巫山云雨的仙女又算得了什么呢？那么在历史上，有没有谁可以和贵妃比美呢？恐怕只有汉朝的赵飞燕盛装之后才可以比拟一二吧。

第三首："名花倾国两相欢，长得君王带笑看。解释春风无限恨，沉香亭北倚阑干。"名花和花一样的美人出现在君王面前，君王也微笑地看着她们，希望君王能够长长久久地看着这样的美景。如果说人世间还有什么景象让人一看之下万恨全消的话，那就是我们在沉香亭畔看到的这一幕吧。

这三首诗写得太漂亮了，按照《杨太真外传》和《松窗录》的说法：当宫廷乐师李龟年把这三支歌唱出来之后，"太真妃持玻璃七宝盏，酌西凉州蒲桃酒，笑领歌，意甚厚。上因调玉笛以倚曲，每曲遍将换，则迟其声以媚之。上自是顾李翰林尤异于诸学士"。其实，不光妃子和皇帝满意，千年之后我们读起来照样觉得春色满眼，春风满纸。按照清朝人沈德潜的说法，真是"风流旖旎，绝世丰神"。短短三首绝句，把对杨太真美貌的赞叹、对唐玄宗功德的称颂，以及对自己躬逢其盛的庆幸，表现得淋漓尽致，除了谪仙人李太白，谁能有如此的手笔？旷世才子、绝代佳人和千古明君的风流雅集就在这三首诗中得到集中的体现，而且得到了艺术的升华，这件事不愧为李白翰林生活中最为华彩的一笔。

四、赐金还山

按照我们的想象，李白获得了皇帝和妃子的青睐，他是不是应该步步高升了呢？根本没有。非但没有高升，李白反倒辞职了。天宝三载（744），就在写《清平调》之后几个月，李白坚决要求辞职还山了。三年之前，李白进入翰林院的时候可是抱了无限的期望，现在圣眷正浓，怎么忽然要辞职呢？传统说法认为，李白受到了排挤。受谁的排挤呢？高力士和杨贵妃。

这两个人为什么要排挤他呢？据说，高力士是因为李白让他脱靴子，觉得侮辱了他；而杨玉环则是因为李白写《清平调》，把她比成赵飞燕，她也认为受到了侮辱。所以，两个人就在玄宗面前说李白的坏话，不让李白升官。李白面对这个情况，只好辞职。是不是呢？

　　我们先来看看所谓的高力士脱靴事件。关于李白让高力士脱靴的最早记载是唐代笔记小说《酉阳杂俎》："李白名播海内，玄宗于便殿召见，神气高朗，轩轩若霞举。上不觉忘万乘之尊，因命纳履。白遂展足与高力士，曰：'去靴！'力士失势，遽为脱之。"这个故事讲得活灵活现，戏曲、小说反复宣传，逐渐无人不知，无人不晓。如果真有此事，高力士生气也是理所当然。

　　可是，这个故事有几个重大疑点。第一，李白最喜欢宣传自己的傲岸情怀，如果曾经让高力士脱靴的话，他肯定会在诗文之中提到。但是现在翻遍了李白的诗歌，我们也没看见任何蛛丝马迹。这岂不是不太正常吗？第二，高力士是正三品的左监门卫大将军，玄宗的心腹。玄宗不是说过"力士上直，吾寝乃安"吗？如果李白敢羞辱高力士，恐怕玄宗就第一个不愿意，怎么还会想要提拔李白呢？第三，高力士有政治眼光，为人谨慎谦虚，在当时口碑不错。李白虽然傲岸，但是并不荒唐，他有什么必要去得罪高力士呢？

　　那么，拨开历史迷雾，李白跟高力士之间关系的真相到底如何呢？我认为《唐左拾遗翰林学士李公新墓碑并序》中有一则记载比较靠谱："他日泛白莲池，公不在宴，皇欢既洽，召公作序。时公已被酒于翰苑中，仍命高将军扶以登舟，优宠如是。"玄宗召见，恰逢李白醉酒，怕李白掉进水里，玄宗就命令高力士搀扶着他。在这条记载中，李白有天真之情，唐玄宗有怜才之心，高力士有顺从之志，每个人的做法都合情合理，这恐怕才是两人交往的真相。这样看来，所谓李白让高力士脱靴的说法并不靠谱，肯定是唐后期宦官专权以后，人们为了表达对宦官的愤恨才编出来的故事。既然高力士没有受过侮辱，那么说他排挤李白也就不成立了。

那么杨贵妃因为李白写"可怜飞燕倚新妆"而痛恨他是不是真的呢？也不是真的。因为杨贵妃并不会觉得把她比成赵飞燕有什么不好。赵飞燕是汉成帝的皇后，因为美貌和擅长歌舞得宠，把杨贵妃比作她相当贴切，甚至还有点高攀的意思。另外，赵飞燕的形象在唐朝还是相当正面的，就是大美女的代名词，不像宋朝以后一说到赵飞燕就先想起红颜祸水。既然如此，李白拿杨贵妃比赵飞燕，她高兴还来不及，怎么会怀恨在心呢？

那既然没有人真正进谗言，为什么李白还会辞职呢？我觉得，李白辞职的真正原因是无法实现政治理想。可能有人说，都让他进翰林院了，怎么会实现不了政治理想呢？唐朝翰林院本来是人才与杂流并处的地方。所谓"人才"，是指翰林学士，专门负责替皇帝起草诏书，因此政治地位非常重要。所谓"杂流"，是指翰林待诏，这个头衔可就复杂了，有诗待诏、棋待诏、画待诏甚至是方术待诏，这些人的身份说白了就是天子弄臣，陪着皇帝玩儿的。李白到底是翰林学士还是翰林待诏呢？别看范传正给他写的墓碑上大书"翰林学士"，其实，据学者考证，李白就是一个翰林待诏。正因为他这种身份，所以写诗赞美贵妃的事我们相信，给天子写诏书我们就不信了，因为草诏是翰林学士的活儿，不是翰林待诏的活儿。李白就任翰林待诏期间，玄宗确实是看好他，但是，只是把他当成一个诗人，而不是大臣。可是，李白是抱着"济苍生、安黎元"的政治理想来到翰林院的，他怎么能接受这种弄臣的生活呢？

唐玄宗既是政坛高手，又是文坛行家，文人的素质使他和李白一拍即合、相见恨晚，那么当李白毅然辞职的时候，唐玄宗究竟是怎样一个态度呢？

李白提出辞职，唐玄宗马上批准了。玄宗为什么不挽留他呢？很简单，还是因为李白翰林待诏的身份。他不是一个不可或缺的大臣，而不过是一个陪皇帝写诗的弄臣。有他在身边固然风雅，但是没有也无所谓。另外，李白的性格也不适合待在皇帝身边。他太喜欢喝酒了。李白喜欢喝酒是出了名的。按照他自己的说法是"三百六十日，日日醉如泥"。特别是到了长安以后，他又结交了一帮酒友，喝酒就更没有节制了。

　　他的这帮酒友是谁呢？诗人杜甫给他们总结了一下，叫作"饮中八仙"，像我们熟悉的诗人贺知章、草圣张旭都榜上有名。在杜甫的笔下，这八位酒仙喝酒各有特点，李白是什么特点呢？杜甫说："李白一斗诗百篇，长安市上酒家眠。天子呼来不上船，自称臣是酒中仙。"（《饮中八仙歌》）玄宗召见李白，李白总是醉醺醺的。按照《松窗录》的说法，即使是写《清平调》那次，李白也不清醒，还是李龟年拿凉水浇他的头，把他浇醒，才完成了玄宗的任务。这样的事一次两次是浪漫，再多了不就是怠工了吗？

　　另外，人喝了酒就管不住自己的舌头，万一把大内秘事到处乱说怎么办？当年，西汉的大臣孔光回到家里，家人问他皇帝的温室种了什么树，孔光都装聋作哑，这才是皇帝身边工作人员应有的风范。但是李白这样的酒仙，可没有这种保密精神。如果把大内秘事到处乱说，这不是很危险的吗？所以，他一提出辞呈，玄宗马上顺水推舟，答应了。不过，玄宗虽然批准李白辞职，可不是简简单单地让李白走人，而是赐金还山，赏了李白一大笔钱，让他继续过求仙学道的神仙生活去了。从这一点看，唐玄宗做得也算潇洒大方，风度翩翩。诗人辞职，辞出了风骨，天子赐金，赐出了温情，也算是最体面的收场了。这一时间，距离李白进入翰林院，还不到三年。

　　那么，我们究竟应该怎样评价李白和唐玄宗这一段风流佳话呢？

我想，应该承认，玄宗此刻确实是求才的。唐玄宗本身是艺术全才，他的红颜知己杨贵妃也是音乐歌舞专家，他们对于文化艺术人才，确实有赏识之心，也有知遇之恩。正因如此，天宝年间，长安的文化艺术界真是群星闪耀，不仅有"诗仙"李白，还有"诗圣"杜甫、"诗狂"贺知章、"诗佛"王维、"草圣"张旭、"画圣"吴道子、音乐家李龟年、舞蹈家公孙大娘，等等。但是，玄宗仅仅是把他们作为文艺侍从来赏识，他并不希望这些人成为张说那样的文人型政治家，这对于像李白这样胸怀大志的文人来说，当然是一场悲剧。另外，我们也要看到，此时以李白为代表的这些文人，虽然有理想、有抱负，但是就其实际的性格、素质和经验而言，其实他们也无法承担真正的政治责任。一代文人都向文士而非政治家的方向发展，这又不得不说是政治的悲剧了。

这样看来，天宝年间诗人、妃子和皇帝之间所演绎的，是宫廷佳话，也是文坛佳话，但绝不再是政坛佳话。那么，当时的政坛又由谁来把持呢？

第三十章　宰相弄权

　　天宝初年，已经为国事日夜操劳长达30年之久的玄宗，面对取得的辉煌成就，产生了难以言喻的满足感，也滋长了无法遏制的奢侈享乐之心。为了方便自己享受生活，他就把国家政务都交给了宰相李林甫。

　　李林甫不仅权力超过了历任宰相，任期也超过了历任宰相，在宰相的位子上一待就是19年。然而在历史上，李林甫以奸诈著称，不仅在朝廷上打击异己，甚至连玄宗的太子也不放过。

　　那么，唐玄宗为什么会让歹毒的李林甫执掌国政长达19年呢？此刻的玄宗是不是有些老糊涂了呢？

一、异己势力

　　很多人都知道杨贵妃养哈巴狗的故事。杨贵妃和唐玄宗琴瑟和谐，两个人经常在一起玩各种各样的游戏，其中之一就是下棋。可是，杨贵妃水平不高，又怕输棋，怎么办呢？她就抱着小狗下棋。每次一看到自己快输了，她就把小狗放开，让它在棋盘上一通乱跑，棋子乱了，就分不出输赢了。眼看着天真、娇媚的妃子，唐玄宗哪还会再把输赢放在眼里？哈哈大笑罢了。

有杨贵妃这么一枝解语花陪伴，60多岁的唐玄宗真是找回了人生第二春，每天就在后宫享乐，按照诗人的说法就是"春宵苦短日高起，从此君王不早朝"了。

可是，就在玄宗沉浸在后宫温柔乡里的时候，朝廷上却硝烟弥漫。引起这场硝烟的就是中书令李林甫，也是天宝年间真正的政坛主宰者。李林甫为什么要把朝廷变成一个战场呢？原因就在于他想固权保位。而要想保住自己的宰相位置，就得不断打击异己。

李林甫都有哪些异己势力要打击呢？粗略说来，李林甫有四类敌人。

第一类是文人型政治家，就是像张九龄那样的人。因为文人参政本来就有高瞻远瞩、富于理想道德等优势，这些都是李林甫所不及的。另外，唐玄宗禀性风雅，对这类人物也颇有偏爱，即便是在张九龄罢相之后，每次谁要是推荐人才，唐玄宗都要问一句"风度得如九龄否"？这让李林甫非常不自在。这类人物当然要防范。

第二类是财政官员。开元中期以后，因为官制、兵制的一系列变革，再加上上层社会奢侈腐化的风气盛行，财政的压力越来越大。在这种情况下，擅长理财的大臣逐渐成了香饽饽，像宇文融、裴耀卿都因为财政搞得好当了宰相，这对李林甫当然也是个威胁。要想治理好国家，财政大臣当然不能不用，但是，在用的同时也不得不防。

第三类是武将。唐朝一直有出将入相的传统，唐玄宗又是个有雄才大略的皇帝，尤其重视边功。张说也好，杜暹也好，萧嵩也好，都是从边疆节度使升任宰相。这对于文职出身的李林甫当然也是威胁。

第四类是太子。可能有人要质疑，李林甫跟太子有什么可争的？李林甫之所以把太子视为敌人，关键是当时的太子李亨不是李林甫拥立的。当年李林甫一心支持武惠妃的儿子寿王李琩，没想到最后唐玄宗立了李亨。这对李林甫是一个打击。唐玄宗的年龄越来越大了，谁也不知道他还能活多久。太子是未来的统治者，如果太子不出于自己门下，这不是也不利于自己长期把持大权吗？所以，李林甫把太子也列为敌人，整天琢磨着换一个。

那么，面对这些有可能对他专权造成威胁的异己势力，李林甫又是怎样打击的呢？他采取了两种方法。

二、口蜜腹剑

第一种方法可以用一个成语总结，那就是"口蜜腹剑"。天宝年间，好多人都吃过李林甫的暗算。其中，有三个人的经历非常有名。

第一，严挺之。严挺之是当年张九龄手下的得力干将。张九龄罢相之后，严挺之也被贬官到地方做刺史去了。可是，有一天，唐玄宗不知怎的又想起他来了，就问李林甫，严挺之这个人还在吗？他倒是个人才，还可以用。李林甫心想，这还了得？我好不容易把张九龄扳倒了，岂能再来一个张九龄第二？于是，他表面上对皇帝唯唯诺诺，可是，一退朝就去想办法了。他把严挺之的弟弟找来，对他说：我看陛下还颇有点惦记你哥哥。要是能让他回朝廷一次，面见一下皇帝，叙叙旧情，没准陛下还会重新起用他。严挺之的弟弟说了：那敢情好，可是，我哥哥在绛州当刺史，没什么机会回朝廷呀！李林甫就出主意：要不你打个报告，说你哥哥风瘫了，需要回京治病，这不就能回来了吗？严挺之哥儿俩一商量，觉得这个主意不错，弟弟马上就打了个报告，说哥哥得了风瘫，地方医疗条件不好，请求让他回长安治病。拿到这份报告，李林甫直接找唐玄宗，跟他说，陛下不是前些天还说要用严挺之吗？我还没来得及办呢，今天就接到了这份报告。看来是人老多病，不中用了，不如给他个闲职，让他好好养病吧。唐玄宗看看那份报告，连连叹气，说：那就让他当太子詹事吧，也不用回长安了，东都洛阳生活条件挺好的，又清静，就让他分司东都，到洛阳养病算了。调令一下，严挺之这才明白，原来李林甫安的不是好心，可是，他也不能再把报告收回来，那不成了耍弄皇帝了吗？结果就只能是哑巴吃黄连。

第二，卢绚。天宝元年（742）三月的一天，风和日丽，玄宗心情舒畅，在勤政楼上垂着帘子，听乐工在楼下演奏乐曲。过了一会儿，兵部侍郎卢绚骑着一匹白马路过勤政楼。眼看挂着帘子，卢绚还以为皇帝不在，就没有下马，只是把马鞭垂下，就从楼下缓缓地骑过去了。卢绚出身于范阳卢氏大族，骨子里就有贵族的优雅气质，人长得又清俊风流，唐玄宗一看，简直惊为天人，对着身边的宦官连连赞叹，这不活脱脱是张九龄再生了吗？我们说过，李林甫早就花重金把玄宗身边的人都买通了，所以，这句话也立刻就传到李林甫的耳朵里了。李林甫一听很生气，这张九龄怎么就阴魂不散，又附体到卢绚身上了！怎么对付卢绚呢？李林甫找到了卢绚的儿子，一番嘘寒问暖之后，对卢公子说："令尊素有清望，如今交州和广州一带缺乏有才干的官员，圣上打算派他去呢！"卢绚的儿子一听就傻眼了，交州和广州，那不都是岭南瘴疠之地吗？父亲都60岁的人了，保不齐就有去无回啊！一看卢公子面有难色，李林甫说："如果怕去偏远的地方，就是违抗圣命，难免要被降职啊。依我看，还不如以年纪大为由，主动请求调任太子宾客或太子詹事之类的闲职，去东都洛阳就任。这也不失为优礼贤者的办法，你看怎样？"说得卢公子连连点头。第二天，卢绚果然打报告，要求去当太子宾客或太子詹事之类的闲职了。

第三，李适之。李林甫刚当上中书令的时候和牛仙客搭班子。后来牛仙客死了，换了一个搭档，叫作李适之。李适之也是宗室，而且建立过边功，所以，玄宗让他当兵部尚书同平章事，属于出将入相式的人物，这让李林甫觉得很危险。怎么才能把李适之打击下去呢？

有一天，李林甫就对李适之讲：华山里面有金矿，要是开采的话，国库里可就有钱了。李适之听了这话，马上动了私心。心想，皇帝现在正缺钱花，我要是把这件事汇报上去，他肯定更看重我。于是，第二天一上朝，他就急不可耐地跟玄宗说："华山有金矿，采之可以富国。"而且，说的时候根本没提李林甫的名字，好像是自己的情报一样。玄宗一听当然很感兴趣，马上问李林甫，真有这样的事吗？这时候，李林甫不紧不慢地说了：这个事情，我已经知道很久了，但是华山是陛下的本命山，要是开凿，恐怕对陛下不利，所以我一直没提。唐玄宗一听，心想还是李林甫想得周到，和我的性命相比，金钱算得了什么呢？于是，马上对李适之说：你看看，人家李林甫想得多周到！以后有什么事，多跟他商量，别再这么冒冒失失地上奏了！这时候，李适之才知道，自己被李林甫耍了。

这样的事情李林甫干了好多，大家也就总结出一句话，说李林甫"口有蜜，腹有剑"。"口蜜腹剑"这个成语就是这么来的。

那我们分析一下，口蜜腹剑这一招为什么能成功呢？关键在于他利用了人们的私心，用利益引诱你，让你自己走到陷阱里，真是把心理学学到家了。

李林甫凭借口蜜腹剑这温柔一刀，清除了不少德高望重、地位接近自己的对手，可是这一招只适用于那些心思比较单纯、政治斗争经验不太丰富的人，而且这一招虽然效果不错，但震慑力不大，不足以树立李林甫的权威。那么，为了增加自己对对手的震慑力，李林甫还会使出怎样的招数呢？

三、罗钳吉网

　　李林甫的第二个办法可就不是温柔一刀了，而是残酷斗争、无情打击。如果我们也用一个成语来概括的话，就叫作"罗钳吉网"。这怎么理解呢？因为李林甫用了两个得力干将来帮他，这两个人一个叫罗希奭，一个叫吉温。他们有一个共同的身份，叫作酷吏。一听到"酷吏"两个字，大家可能马上想起了武则天，武则天时代不是以酷吏政治著称吗？没错，玄宗时代的酷吏跟武则天时代的酷吏颇有瓜葛，吉温就是当年武则天手下酷吏吉顼的侄子。

　　李林甫是怎么发现吉温的呢？说起来还和宰相李适之有关系。李林甫不是成功地让玄宗冷落了李适之吗？但是，要想把一个宰相打击下去，光靠这一点小事可不够。怎么办呢？李林甫又想了一个法子，告李适之渎职。李适之是兵部尚书，李林甫就让人告发，说兵部铨曹，也就是负责铨选武官的部门有受贿行为，一下子就抓了60多个所谓的涉案人员，让京兆尹和御史台协同审理。可想而知，如果下属部门集体腐败案成立，那长官肯定也要负连带责任。可是，这60多个官员无论如何也不承认，怎么办呢？当时，吉温正在首都长安所在的京兆府主管司法，很得京兆尹的赏识。现在碰到这么一件棘手的案子，京兆尹就把他召来了，让他负责审理。吉温是怎么审的呢？他把这60多个人都集中到御史台的院子里，然后从监狱里提了两个重犯在大厅里审。审的时候一会儿压沙袋，一会儿坐老虎凳，把各种刑具用了一个遍。两个犯人被折腾得鬼哭狼嚎，让说什么就说什么。院子里的兵部官员哪见过这阵势啊，吓得魂飞魄散，马上哭着喊着索要纸笔，纷纷招认。案子审出来了，而且人犯身上一点伤都没有，谁也别想说是屈打成招。就这样案子办好了。李林甫一看，觉得吉温是个难得的人才，马上把吉温提拔到御史台了，让他给自己当打手。吉温当年不得志的时候曾经说过一句："如遇知己，南山白额虎不足缚也。"现在知己来了，就是李林甫，吉温马上就要施展才华，开始他的打虎行动了。

罗希奭又是何许人呢？他是李林甫女婿的外甥，这个人虽然没有吉温那么精明，但是要论心狠手辣，一点都不逊色。那么，李林甫要用这两个人干什么呢？就是让他们张开钳子，支起大网，把政敌都网罗进去。

四、天宝三大案

李林甫组织起酷吏队伍之后，更加雄心勃勃，他不仅把有能力、有威望的大臣当作自己的对手，而且还把太子李亨当作自己的眼中钉，一直处心积虑地想废了他。于是围绕着换太子，李林甫制造了三起大案。

第一个案子是韦坚和皇甫惟明结党案。韦坚是什么人呢？他有三个身份。第一个身份是李林甫的表小舅子。韦坚是姜皎的女婿，李林甫是姜皎的外甥，所以二人有郎舅之亲。因为这种关系，韦坚最初跟李林甫的关系很是亲密。但不幸的是，韦坚还有第二个身份，就是财臣，主管漕运。赫赫有名的广运潭盛会就是他主持的。我们不是说财政官员也是李林甫的猜忌对象吗？这样一来，韦坚当然要受到李林甫的猜忌了。更要命的是，韦坚还有第三个身份，就是太子李亨的大舅子。韦坚的妹妹正是李亨的太子妃。我们说过，李林甫对李亨当太子一直耿耿于怀，必欲除之而后快。有这后两个身份，李林甫和韦坚的关系也就逐渐由亲变疏了。为了打击韦坚，李林甫把他从财政部门调离，让他担任刑部侍郎，算是明升暗降了。韦坚当然不满意。当时李适之还是宰相，韦坚就逐渐向李适之靠拢了。到这一步，李林甫马上把他列入黑名单，每天派人盯着他的一举一动。

那皇甫惟明又是何许人呢？他早年曾经是太子李亨的部下，后来逐渐靠军功起家，当时担任河西节度使兼陇右节度使，一人统领两军。唐玄宗时代在边疆地区设立节度使制度，共有九个节度使和一个经略使，而皇甫惟明一人就统领两大军区，绝对炙手可热。太子故人和边将这两个身份已经够让李林甫不自在了，更要命的是，天宝四载（745），皇甫惟明从西部边陲回到长安后，居然跟唐玄宗讲，李林甫不是好人，希望皇帝能考虑其他宰相人选。这可把李林甫气坏了，当然，皇甫惟明也就上黑名单了。

怎么把这两个人拿下呢？天宝五载（746）正月十五，元宵节到了。举国同庆，太子李亨也到街上来赏花灯，与民同乐。这地球真的很小，李亨走着走着，就碰上了大舅子韦坚。两个人说了一会儿话，各奔东西了。太子李亨是回宫了，韦坚却跑到一个道观，屏退道士，偷偷地会见了一个人。谁呢？皇甫惟明。韦坚会见皇甫惟明都说了些什么，今天已经没人知道，不过，既然他们都对李林甫不满，很可能是私下议论到了李林甫。要知道，韦坚和皇甫惟明周围早就布满了李林甫的眼线，所以马上就有人向李林甫汇报了。李林甫一听眼睛都亮了，韦坚和皇甫惟明是否在议论他并不重要，重要的是，太子、外戚和武将居然串联在一起了，这简直就是一个完美的政变三人组。只要把这个事情往政变这个思路上一引导，不怕皇帝不收拾他们，我的政敌不就一网打尽了吗？

怎么操作呢？第二天，李林甫就派人上报玄宗了，说韦坚和皇甫惟明乘元宵佳节，在宫外道观私下聚会。要知道，唐玄宗也是搞政变起家的，一听见"外戚""武将""道观"这些敏感词，马上就警觉起来了。心想，他们鬼鬼祟祟想干什么？是不是太子等接班等不及了？听听宰相的意见吧。李林甫说：这个事情我不知道，不过，韦坚和皇甫惟明都是太子的人，外面风传他俩有意拥立太子。而且，韦坚在当天晚上也跟太子见过面。李林甫这么一说，正好暗合了玄宗的心事，玄宗一下子就火了。这还了得！马上让人把韦坚和皇甫惟明抓了起来。谁审呢？当然是吉温了。吉温可是酷吏，从来只怕案子小，不怕案子大。当年韦坚整治过漕运，吉温就大肆株连，把那些挖河的民夫都给抓起来了，硬让他们承认跟韦坚通谋。这些民夫根本没见过韦大人，能招出什么来啊？好多人因为招的不得要领，就被打死了。就这样，虽然没有抓住任何谋反的证据，韦坚和皇甫惟明还是都被贬到岭南去了。朝廷里受到牵连的官员就有几十个。那太子怎么样呢？虽然没下台，但是也吓得魂飞魄散，为了自保，赶紧主动跟韦妃离婚了，大义灭亲。可怜韦氏妃子，已经和太子生了两男两女，算是老夫老妻了，现在也只好离开皇宫，削发为尼，伴随青灯黄卷了此一生。照理说，这个案子已经打出了李林甫的威风，他应该满意了吧？不可能。因为虽然政敌去掉了不少，但是并没有把太子扳倒，太子以后还是威胁。

太子李亨虽然是未来的皇位继承人，但是面对咄咄逼人的李林甫，也只得忍气吞声，因为任何小小的差错，都可能让他无法顺利接班，甚至招来杀身之祸。然而太子李亨自己可以谨小慎微，却无法保证周围的人不给他惹祸上身。天宝五载（746），太子李亨岳父家的一次家庭纠纷，竟然又把李亨引入了一件诽谤皇帝案。那么，这究竟是怎么回事呢？太子李亨最终又是如何应对的呢？

韦坚和皇甫惟明案后不久，李林甫又制造了一起大案，叫作杜有邻案。杜有邻又是何许人呢？他是太子的丈人，他的女儿嫁给了太子做良娣。所谓"太子良娣"，身份相当于太子的妃子。杜有邻除了有一个女儿嫁给太子之外，还有另一个女儿嫁给了一个叫柳勣的人。柳勣也是当时的一个名士，交游特别广，和好多著名的文人、官员都有交情。不过，既然是名士，也就有名士的脾气。柳勣为人轻狂，做事冲动，不知道为什么就和岳父杜有邻闹翻了。按照一般人的做法，闹翻了，以后别来往不就得了？柳勣偏不。他想好好整一整杜有邻。怎么整呢？柳勣知道，自从出了韦坚的案子，太子问题非常敏感。杜有邻不也是太子的老丈人吗？他就到处散播流言蜚语，说杜有邻交结太子，诽谤皇帝。流言蜚语有点像如今的网络谣言，传得快，影响面也大，让他这么一传，杜有邻交结太子马上就成了长安城里的一个热门话题。李林甫一看，真是天助我也！正愁找不到机会呢，机会居然自己来了。马上，李林甫又让吉温调查去了。结果一调查，发现这一切原来都是柳勣策划的。按说，查到这一步，顶多法办柳勣，治他一个诽谤罪也就罢了。可是，如果那样，李林甫哪能满意，他就授意吉温劝柳勣：你这个事情又牵涉太子，又牵涉皇帝，是个重罪，难免一死。但是，如果你能多牵扯一些人，证明他们跟你岳父有关联，确实曾经诽谤皇帝，你就可以立功赎罪，得以减刑。柳勣别看平时轻狂，到这时候，骨头都软了，就把平时跟他有过交往的那些名士都供了出来，说他们都曾经诽谤皇帝。按他的想法，供出的这些人里头有中央官员，也有地方官员，而且都是名士，社会影响力那么大，还真能把他们都杀了不成？

那吉温到底是怎么处理的呢？等到柳勣招供得差不多了，吉温就凶相毕露。杜有邻也好，柳勣交代出来的那些名士也好，统统被打死在大理寺了，尸体就堆在大理寺的院子里，让人毛骨悚然。而柳勣出卖了这么多人，也没能躲过一死。吉温说，别看他揭发别人，这阴谋里面也有他一份，于是把他也给打死了。按说，到这一步，李林甫也该收手了吧？没有。结案之后，李林甫向玄宗汇报说，通过杜有邻这个案子，我发现那些被贬到外地的大臣往往对陛下不满，不如派个御史去排查一下他们的情况。派谁去呢？派罗希奭去。罗希奭哪里是排查呀，他就一路杀过去了。韦坚、皇甫惟明不是上一次案子被贬官了吗？这时候也活到头了。杀到后来，那些被贬官的人也就知道了，反正罗希奭一来自己就是个死，而且死得很惨，还不如索性自杀呢。包括前宰相李适之在内的好多官员因此就自杀了。

在自杀的官员里，最令人遗憾的就是王琚了。我们讲过，王琚可是唐玄宗先天政变的功臣，开元初年被贬到地方去了。贬官之后，王琚也就把政治看淡了，只知道纵情享乐。他历任15个州的刺史，基本上就没干过什么正经事，每到一个地方就知道赌钱喝酒，贪污纳贿，所以，每次调动工作，他的随行物品都要装满无数辆马车，绵延好几里路。按照《旧唐书》的说法，就是"每移一州，车马填路，数里不绝。携妓从禽，恣为欢赏，垂四十年矣"。虽说干了很多出格的事，但是，念及王琚昔日的功劳，唐玄宗一直对他优容有加，从来没有追究过他。但是，这次可不行了。唐玄宗已经委政于李林甫，而李林甫最恨王琚这样负才使气的人了，岂能饶过他？

王琚本来就是个政治敏感度非常高的人，听说罗希奭要来，自知难免一死，当即就喝药自杀。没想到剂量没掌握好，没死成。按说，人经历过一次死亡，总会更加珍惜生命，可是，罗希奭制造的恐怖效应太厉害了，完全压倒了王琚的求生之心。王琚一次没死成，就又换了一种方法，悬梁自尽了。

一代功臣，在垂老之年，就这样死于非命。这样，李林甫借助吉温和罗希奭，把有可能乱说乱动、威胁他地位的文人也杀了个差不多。到这一刻，开元年间政坛上曾经洋溢着的和谐宽仁之气已经荡然无存。当然，我们也知道，当初李林甫盯上这个案子，主要的原因不是牵涉到太子吗？所以太子又被迫和杜良娣离婚了。一年之间，太子接连损失了两位夫人。

李林甫对太子李亨身边的亲信接二连三地出击，让李亨大伤脑筋。据史书记载，他因为整天忧心忡忡，在很短的时间内就鬓发斑白。看到太子心力交瘁，连唐玄宗也非常感慨，对这件事也就没再追究下去。

然而好景不长，天宝六载（747），李林甫第三次出击了。这一次，他利用的是王忠嗣案。王忠嗣是当时著名的将军，本名王训，出身武将世家，父亲也是一个将军，开元初年，王训9岁的时候，父亲战死疆场。玄宗可怜烈士遗孤，授予他尚辇奉御。王训入见玄宗，伏地痛哭。玄宗见此情景，也忍不住流下了眼泪，说："此（霍）去病之孤儿，须待壮大后为将。"这是将门之子啊，长大了还是要当将军的！玄宗给这个孩子改名忠嗣，从此就养在了宫里，让他和自己的儿子李亨一起长大，因此，王忠嗣和李亨交情相当好。

王忠嗣长大之后，果然继承父亲遗志，也成了一个赫赫有名的将军，在西北战场屡立战功。皇甫惟明被贬官之后，王忠嗣就接替他担任河西、陇右节度使，且颇受唐玄宗的倚重。唐朝有出将入相的传统，王忠嗣战功卓著，又和玄宗父子有这么深的渊源，拜相的呼声很高。这是李林甫的心腹大患。

怎么解决他呢？正好，这时候，王忠嗣和唐玄宗的战略思想发生了冲突。我们说过，自从开元中期以后，唐玄宗热衷边功，最喜欢听将领们报捷了。而王忠嗣别看是个将军，却有人文精神，认为和平年代，将军能谨守边疆就是胜利，他不愿意拿战士的生命去博取功名。

传说王忠嗣有一张重达150斤的漆弓，自从当了节度使之后，他就把这张弓藏起来了，以示不轻易使用武力，这不就是他军事思想的最好证明吗？皇帝想积极进取，将军却要老成持重，这当然就有矛盾了。特别是天宝六载（747），唐玄宗命令王忠嗣协助攻打位于青海的战略要地石堡城，而王忠嗣根本不认可这次军事行动，所以在战场上消极怠工，结果导致了攻城计划的失败。这下可把玄宗给惹恼了，他马上召王忠嗣入朝，想要治他的罪。李林甫一看，机会又来了！这一次，不仅要扳倒王忠嗣，连太子也休想逃脱！

怎么操作呢？李林甫赶紧指示一个手下去告状了，说王忠嗣曾经说过，我是和太子一块儿长大的，我想兴兵拥立太子。这是说，王忠嗣之所以不肯执行皇帝的命令，是因为他已经不把皇帝放在眼里了，他的兵不是打仗用的，而是拥立太子用的！要知道，太子李亨当时已经40多岁了，说他急于接班，合情合理。唐玄宗当时已是花甲老人，整天就害怕大臣们抛弃他，提前拥立太子。而王忠嗣和太子私交好又是人所共知的事实，说王忠嗣想拥立太子，他能不信吗？另外，自节度使制度建立以来，唐朝的精兵可都集中在边疆了，王忠嗣统领河西、陇右两道，兵强马壮，说他想兴兵作乱，玄宗能不怕吗？既怕太子夺权，又怕边将造反，有这么两个心理前提，玄宗能不追查吗？

眼看着玄宗露出了警觉的神色，李林甫觉得到火候了。他在旁边适时地加了一句：这次王忠嗣违抗陛下的命令消极怠工，太子恐怕也是知道的。一听到这个消息，太子李亨头发都竖起来了。这次是不是真的在劫难逃了？没有，紧要关头玄宗发话了，他说："吾儿居深宫，安得与外人通谋，此必妄也。"就这么一句话，把案子的性质就定了。这就是一个军事问题，跟太子没有关系。最后，王忠嗣被贬官了，太子还是毫发无伤。

李林甫虽然整大臣们是百发百中，几乎无一失手，但是在打击太子李亨这个问题上却彻底失败了。为什么会出现这样的局面呢？传统史学观点一般认为，是太子李亨小心谨慎行事才最终保全了自己。那么，到底是不是这样呢？

我觉得，太子夹着尾巴做人固然能起一定的作用，但是关键问题不在这里。关键是，唐玄宗可以容忍宰相打击异己，但是他绝不想让宰相废了太子。

玄宗为什么能容忍宰相打击异己呢？因为玄宗当政的一贯原则就

是用人不疑。他既然已经委政李林甫了，那么，朝廷就算是李林甫的势力范围。李林甫只要能维系政府有效运转就行，至于政府内部的人事安排，玄宗宁可睁一只眼，闭一只眼。正因为玄宗的这种态度，李林甫打击对手才能屡屡得手。

但是，在太子问题上就不一样了。唐玄宗对太子是什么态度呢？一方面，唐玄宗不愿意让太子形成自己的势力，所以他才会默许李林甫陷害太子，剪除太子的羽翼。但是，另一方面，唐玄宗也不愿意更换太子。这除了是维护政治稳定的需要之外，他也要用太子制衡李林甫。玄宗已经把朝政交给李林甫了，如果再让他左右太子的人选，那么，李林甫的势力就会无限膨胀。到时候，李林甫和他拥立的太子一起算计玄宗怎么办？相反，只要现任太子不倒，李林甫就会始终感受到威胁，只能死心塌地为玄宗服务，而只要李林甫能够经常给太子找点麻烦，太子也会惊恐不安，只能寻求父皇的保护。这才是唐玄宗真正的如意算盘。就这样，唐玄宗一方面纵着李林甫打击太子，让太子战战兢兢；另一方面又在关键时刻保护太子，不让李林甫最后得逞。这样一来，太子也好，宰相也好，要想立足，都只能是全心全意投靠玄宗，这就是玄宗的政治艺术，也是他的高明之处。

这样的政治艺术虽然有利于维护玄宗的统治，但是，对国家来说可就没那么有利了。首先，正是在残酷的政治斗争中，开元初年已经销声匿迹的酷吏又重新登上了政治舞台。就拿吉温来说，当年，曾经有人推荐吉温，说他精明能干，玄宗就召见了他。可是，谈了几句话之后，玄宗感觉这家伙人品不好，就对推荐者说："是一不良人，朕不用也。"但是，此一时，彼一时，当年玄宗眼中的不良人，现在居然成了宰相的得力助手。他的命运变迁，不正好折射出玄宗由明到昏的变化吗？《新唐书·酷吏传》曾经说过："非吏敢为酷，势使之为酷。"换句话说，真正残酷的不是酷吏，而是天宝政局。

其次，唐玄宗放任李林甫专权固宠，对当时的政治空气也造成了很大的破坏。开元年间，宰相固然也很有权威，但远没有达到一手遮天的地步。宋璟名声那么大，乐工不是还演小品讽刺他吗？但是，到李林甫时代就不一样了。在李林甫残酷打击政敌的气氛之下，百官逐渐唯他马首是瞻。最明显的例子就是李适之了。他刚被李林甫赶下相位，马上就感受到了世态炎凉。李适之也是当时"饮中八仙"之一，一家人都性格豪爽，最喜欢请客喝酒了。就在李适之罢相之前，他的儿子刚刚准备请一桌客，没想到，到了正式请客的日子，李适之已经罢相了。李家父子也没把这太当回事，照样准备了丰盛的酒宴。可是，父子俩眼巴巴地从下午一直等到晚上，竟然没有一个人胆敢赴宴。昔日熙来攘往的丞相府如今门可罗雀，李适之不禁大为感慨。他写了一首诗，名字就叫《罢相》："避贤初罢相，乐圣且衔杯。为问门前客，今朝几个来？"在这样的政治空气下，开元年间君子满朝、人才济济的喜人局面消失了，很多优秀人才离开了朝廷，甚至离开了人世。李唐王朝的人才储备出现了青黄不接的现象。正是在这种人才凋零、皇帝昏庸、政治斗争残酷的情况下，一个新的政治力量登上政治舞台了。

第三十一章　国忠发迹

　　唐玄宗天宝四载（745），有一天，玄宗正跟杨贵妃和她的三个姐姐一块儿玩游戏。什么游戏呢？樗蒲。这是一种博彩类的游戏，有点像今天的掷骰子。每一轮赌完，边上一个满脸堆笑的中年人马上就报出各家输赢的点数和钱数，算得分毫不差，比电脑还灵。

　　赌了几轮下来，唐玄宗看了看记得干干净净、明明白白的账本子，笑眯眯地对这个人说：真是个好度支郎！一听这话，中年人赶紧跪了下来，说：谢陛下夸奖，以后还请陛下多多栽培！

　　这个人是谁呢？他本名叫杨钊，后改名杨国忠。一提起这个名字大家就知道了，那是唐玄宗时代最著名的奸相。好多人都认为，他什么本事都没有，就因为是杨贵妃的哥哥，靠着裙带关系才受到玄宗重用。然而事实却不是人们想象的那么简单，杨国忠并不是杨贵妃的亲哥哥，与杨家的关系也比较疏远，杨贵妃也并没有主动关照过他。

　　那么，杨国忠的发迹到底靠的什么呢？善于用人的唐玄宗为什么会起用杨国忠呢？

一、江湖混混

杨国忠并不是杨贵妃的亲哥哥，而是贵妃的从祖兄，关系比较远。他的老家在蒲州永乐，也就是今天的山西。父亲一辈子就当了个小官；母亲姓张，很早就死了。虽然他的父母没什么名气，但是说起他的舅舅，那可就无人不知，无人不晓了，那就是武则天的男宠张易之。按说，以他舅舅当年的影响力，应该对杨钊的成长有很大的帮助吧？非常遗憾，张易之得宠的时候杨钊还小，等他长大的时候，张易之早就在神龙政变中死于非命，成了人们嘲笑的对象了，杨钊别说从他那儿得到什么帮助，不吃挂落儿已经不错了。

杨钊没能从父母那里继承什么遗产，倒是继承了美貌的基因。从父亲这边说，杨家人个个漂亮，要不也不会诞生杨贵妃；从母亲这边说，张易之的妹妹当然更是错不了。所以，杨钊也长得高大白皙，很符合唐朝美男子的标准，而且他从小就能说会道。

一个一表人才又伶牙俐齿的孩子，如果多受点教育，那在任何时代都会成为弄潮儿，可惜，杨钊缺的就是教养。因为父母早死，他没正经受过什么教育，长大之后就成了一个小混混。他能干的事就两样：一是喝酒；二是樗蒲。喝酒靠基因，靠练；樗蒲要想赢，一靠算计，二靠运气。杨钊在牌场子里摸爬滚打，算计能力倒是不错，可惜运气一直不怎么样，渐渐地就把家底输光了。亲戚朋友谁愿搭理这样的浪子啊？大家都疏远他。在家乡混不下去了，怎么办呢？在中国古代要想发迹，无非是两条道：文的是考科举，武的就是当兵。杨钊不学无术，胸无点墨，科举当然没什么希望，索性一咬牙，当兵去了。到哪里当兵呢？四川。不过，杨钊虽然当兵了，但是，似乎并没有直接参加战斗，而是去负责屯田了。

屯田自然是为了解决军队的经济问题，在这个岗位上，杨钊做赌徒时候练就的算计本领有了用武之地，把屯田工作干得有声有色。按说，工作出色应该被提拔，可是，杨钊点儿背，节度使不待见他的为人，不仅没给他升官，反倒打了他一顿鞭子。不过，毕竟他的业绩在那儿摆着呢，虽然挨了一顿打，但是几天之后，杨钊还是混上了一个新都县的县尉。

当了县尉，该苦尽甘来了吧？还没有。中国古代每个官职都有任期，任期满了之后，如果不能升迁或者调动，那就得下岗了。下岗的官员每年还可以凭任职资格到吏部继续参选，等候新的任命，但是，在等待期间，工资可就没了。杨钊这个新都尉干满一届之后就下台了，只能靠积蓄活着。

可是杨钊好赌，挣点钱都贡献给赌场了，所以也没什么积蓄，坐吃山空，很快日子就过不下去了。怎么办呢？想回家乡，连路费都没有；留在四川，也没什么出路。可能有人会说，杨贵妃的父亲不就在成都当官吗？杨钊可以找他呀。杨贵妃的父亲当时确实在四川，可是，不知是他本身也不富裕，还是懒得搭理这个不成器的堂侄子，反正从现存的史料来看，杨钊没能从他那儿得到什么帮助。求亲不如靠友，亲戚指望不上，倒有个朋友来帮忙了。谁呢？鲜于仲通。鲜于仲通本来是渔阳人，进士出身，但是，也没当什么官，就在四川当寓公，很有钱，也算是当地的一霸。这个鲜于仲通也不知怎么回事就看中了杨钊，总觉得这个小伙子有前途，只是目前时运不济罢了，不会潦倒一辈子。再说了，自己又不缺钱，就经常周济他。有了鲜于仲通的资助，杨钊就又在四川住下来了。

就在杨钊流落四川的时候，杨贵妃的父亲杨玄琰去世了。虽然杨钊平时和他家没什么来往，但是，这时候按照惯例，来给堂叔料理丧事。当时，杨玉环还只是一个不满 10 岁的小孩子，根本不入杨钊的法眼，但是，她的三个姐姐可都是大姑娘了，而且个个都漂亮。杨钊是浪荡子出身，一看这几个姐妹花，眼睛都直了，整天就围着她们转。我们讲过，杨贵妃的二姐，就是后来的虢国夫人，也是风流放荡的性格，她看中了堂哥的一表人才。没过几天，两个人居然就私通起来。女孩子对心上人总是很痴情，杨家二姐看到杨钊这么落魄，就把自己攒的私房钱偷偷给了他，大概也是希望他能拿这笔钱立个门户。可是，杨钊是个赌徒，手里一有钱，他的心又痒了，拿着钱直奔赌场，结果又输了个一干二净，把堂妹的钱都输光了。

钱没了当然也就没脸再见堂妹了，杨钊干脆脚底抹油，跑到陕西去了。他不是当过新都县尉吗？这时候，吏部又任命他当陕西扶风县尉了。但是，在扶风县尉这个岗位上，杨钊还是只干了一届，又下台了，生活马上又没了着落。这时候，杨钊又想起鲜于仲通来了，这个人慷慨大方，干脆，还去投奔他吧。于是，杨钊又回到四川，继续依靠鲜于仲通生活。这时候，杨钊已经40多岁了，漂泊了半生，还是寄人篱下，看不到一点前途。

到处漂泊、寄人篱下的前半生，并没有日后发迹的征兆；而就在杨钊山穷水尽、苦度光阴的时候，有人把他推到了玄宗的身边，杨钊开始时来运转了。

二、进入长安

就在杨钊穷困潦倒的时候，天宝四载（745），宫里传出喜讯，他的小堂妹杨玉环被封为贵妃了。按照惯例，贵妃的亲戚都会加官晋爵，是不是他也能跟着沾光呢？杨钊整天打听消息。贵妃的姐姐们早都被接到长安了，贵妃亲叔叔的两个儿子也都到长安当官了，其中一个还娶了玄宗的女儿，成了驸马。但是等来等去，就是听不到跟他有关的消息。为什么杨贵妃不提拔他呢?因为杨钊仅仅是杨贵妃的从祖兄,关系太远了,杨贵妃根本就没想起他来。不过,虽然杨贵妃没想提拔他,他还是因为贵妃转运了。怎么回事呢?

当时,统领四川的剑南节度使叫章仇兼琼,跟李林甫关系不太好,老是害怕李林甫害他。章仇兼琼觉得,无论如何也要在宫里找个靠山,好罩着他点。于是他看中杨贵妃了。杨贵妃不是川妹子吗?现在正得宠,如果能巴结上她就好了。可是,怎么才能巴结到杨贵妃呢?鲜于仲通是当地豪杰,这时候已经被章仇兼琼任用,当上了剑南道节度支使,章仇兼琼很欣赏他,想让他到长安跑一趟。没想到鲜于仲通一听马上就拒绝了。他说,我虽然在四川混得不错,但是充其量只是个地头蛇的水平,没见过什么大阵仗。您要是让我去的话,不但不能成事,没准儿还会坏事。不过,承蒙您看得上我,我给您推荐一个人,此人名叫杨钊,跟杨贵妃还是亲戚,为人能言善辩,精明强干,让他去肯定不辱使命。章仇兼琼一听,赶紧召见。见面之后,没说几句话,章仇兼琼就发现,杨钊不仅长得挺拔魁梧,说起话来也口若悬河,是个人才。这下,章仇兼琼可太高兴了,就是他了!当时,节度使都有推荐任命手下官员的权力,章仇兼琼马上上表朝廷,让杨钊当了剑南节度使的推官,杨钊算是有公职了。然后,章仇兼琼整天跟杨钊混在一起,培养感情。等到两个人差不多算是朋友的时候,章仇兼琼才对杨钊说,咱们四川的丝绸特别有名,我想请你送一批丝绸到长安去。这是公事。另外,还有一件私事请你帮忙,你如果有机会,就请顺便拜访一下杨贵妃,替我向贵妃问好。告诉贵妃,如果在剑南道有什么事需要我办,我一定尽力。你这一去,路上肯定需要一些盘缠,我在郫县放了一点东西,够你路上花销的,你明天顺路拿一下。

杨钊就领命上路了。先到郫县,就是现在出产豆瓣酱的那个地方,去拿盘缠了。郫县早有章仇兼琼安排的亲信在等着他了。把东西拿出来一看，杨钊都惊呆了。这哪里是一点路上用的盘缠啊，全是四川最精美的土特产，价值百万。杨钊顿时觉得浑身都有劲了。他昼夜兼程地赶路，用最快速度赶到了长安。到了长安之后，丝绸是献上去了，可是，贵妃哪能那么轻易见到。这时候，就显出杨钊的办事能力来了。直线走不了，他走曲线。当时杨贵妃的三个姐姐不都已经到长安了吗？杨钊先到这几位堂妹家里拜访。每到一家，就拿出一部分四川的礼物，说是章仇兼琼送给她们的。这样一来，杨氏姐妹当然高兴。杨氏姐妹经常入宫，从此之后，只要一进宫，就在玄宗面前说章仇兼琼的好话，很快，章仇兼琼就被提拔到中央当了户部尚书兼御史大夫。果然应了鲜于仲通那句话，让杨钊去，肯定不辱使命。

但是光办好这些事情还只是给他人做嫁衣，杨钊当然不会满足。事实上，他此行的真正成就是把自己给推销出去了，从此踏上了升迁的快车道。这是怎么回事呢？

既然到了长安，杨钊也不能只给章仇兼琼办事，他也得给自己办事。当年，他不是跟杨贵妃的二姐私通，还把人家的私房钱都拐走了吗？现在有了钱，一定要加倍补偿。于是，杨钊把章仇兼琼准备的一半的礼物都送给杨贵妃的二姐了。正好，二姐的丈夫刚死没多久，正在寂寞之中，就又跟杨钊重叙旧情了。这次重温旧梦，对于杨钊来说，可不光是感情投资，也是政治投资。为什么这么说呢？杨家二姐最漂亮，玄宗对她也高看一眼，很买她的账。从此之后，杨家二姐就经常在玄宗面前忽悠了，说：我家堂哥杨钊也在长安，最擅长樗蒲了，陛下何不召他来一起玩呢？唐玄宗当时已经把主要精力都放在享乐上了，听说有人会玩，当然不会拒绝。让杨钊来试了几把，果然玩得好。唐玄宗一高兴，就让他当了金吾兵曹参军，是个没什么具体差事的八品小官。从这个官职就可以看出来，当时唐玄宗根本就没把杨钊当盘菜，只是让他陪自己玩。可是，谁也没想到，就是从这一刻起，杨钊踏上人生的快车道了。

三、平步青云

天宝四载（745），杨钊的仕途刚刚起步，但是到天宝七载（748），他已经被任命为给事中兼御史中丞了。这可是人生的一次重大飞跃，从名不见经传的八品芝麻官一下子跃入了五品通贵的行列。给事中和御史中丞都是五品官，而且，给事中是门下省的政务官员，负责审核政令，御史中丞是御史台的实际长官，负责司法监察，都是十分重要的岗位。在唐朝，一般来说，一个人如果没有背景的话，要爬到五品官，怎么也需要二三十年的时间，即使是权贵子弟，也需要十五六年。但是这个过程，杨钊仅用三年的时间就完成了。

官职提高了固然重要，但更重要的是杨钊的使职。所谓"使职"，按我们现在的说法，就是特派员。天宝七载（748），杨钊的使职是专判度支事，兼领水陆运及司农、出纳钱物等15种使职。这些使职意味着杨钊已经掌握了全国的经济命脉。

唐朝的财政大权原来是分成三个部门掌握的，其中一个是户部，又分为户部司、度支司、金部司和仓部司四个下属单位，主管财政预算、征收、转运等有关政令；一个是太府寺，主管钱帛的收入；还有一个是司农寺，主管粮食的贮藏。三者之间互相分权，也彼此平衡。但是现在，杨钊专判度支事，兼领水陆运，等于侵夺了原来户部度支司进行财政收支预算和物资调运的大权；兼领司农，就是侵夺了司农寺原有的粮食贮藏权；而兼领出纳钱物，则又侵夺了原来太府寺出纳财物的权力。这就等于把户部的好大一部分职权和太府寺、司农寺的职权交给一个人了，这个人不是掌握国家经济命脉了吗？这在整个唐朝的历史上可还是第一次。

那么，杨钊这样一个小混混，他有何德何能，怎么就能在这么短的时间里平步青云呢？很多人认为是杨贵妃的力量，白居易在《长恨歌》里说过，"姊妹弟兄皆列土，可怜光彩生门户。遂令天下父母心，不重生男重生女"。好像杨贵妃一得宠，她的兄弟姐妹自然都会受到重用，是不是呢？我觉得，杨贵妃得宠，固然给杨钊提供了一个升迁的机会，但是，要说杨钊得势全是因为杨贵妃帮忙，那就言过其实了。要知道，杨贵妃是一个没有什么政治心机的人，整天除了唱歌跳舞、享受生活，对强化家族势力并不怎么热衷。正因如此，她当上贵妃之后，甚至都没想起来要提拔杨钊；从史书中，我们也没有发现任何杨钊到长安以后，杨贵妃替他求官的记载。说杨贵妃对杨钊有隐性帮助可以，但是要说她让杨钊平步青云，那就是查无实据了。既然裙带关系没起那么大的作用，那杨钊为什么上升得如此快呢？我觉得，杨钊能混出来，是三个人提携的结果。

第一个就是杨家二姐虢国夫人。虢国夫人不是已经和杨钊鸳梦重温了吗？她当然关心杨钊的进步，她利用自己经常出入宫廷的特权，自愿当起了杨钊的情报员。每次入宫，二姐都把玄宗的所思所想、一举一动探听得清清楚楚，然后告诉杨钊。这样，杨钊再见到皇帝，就可以顺情说话，顺旨办事，讨玄宗喜欢了。让皇帝喜欢，这对他的成长当然有帮助。这样看来，与其说杨钊借助了杨贵妃的关系，倒不如说他是借助了虢国夫人的关系呢。

第二个人物，也是非常重要的一个人物是李林甫。李林甫看上杨钊的打手潜能了。我们前面讲过，李林甫为了专权，不停地打击政敌，其中，又数和太子的斗争尤其激烈。可是，打击太子不是一个人能办到的事，总得有人帮忙。谁来帮忙呢？李林甫看中了杨钊。杨钊有什么优点呢？第一，他是杨贵妃的哥哥，本人又得宠，让他在皇帝面前说话比较管用。第二，杨钊是赌徒性格，心狠手辣，敢说敢干，不怕事。第三，照李林甫当时的看法，杨钊也就那么点本事，只能给自己打工，不可能超过自己。就这样，李林甫也向杨钊伸出了橄榄枝，主动示好。李林甫可是权相，杨钊哪有不巴结的道理？天宝五六载间针对太子的三次大狱，杨钊统统参与了，不是告密者就是审判员，圆满完成了李林甫交给的任务，让李林甫非常满意。当时唐玄宗虽然高高在上，但是已经不怎么亲政了，国家的大事小情、人事任免都是李林甫说了算。杨钊给李林甫帮了这么多忙，李林甫能不提拔他吗？

第三个人，也是最重要的一个人其实就是唐玄宗。除了杨钊讨人喜欢之外，唐玄宗更看重的是杨钊的理财能力。我们讲过，杨钊本来是赌徒出身，特别会算计，后来在军队里主管屯田，也有不错的业绩。只可惜时运不济，没能找到合适的岗位，这个才华就被埋没了。现在来到唐玄宗身边，这个本事又被发掘出来了。杨钊不是经常陪玄宗玩樗蒲吗？有人陪玩玄宗当然高兴，不过，更让玄宗高兴的是，杨钊账算得好。按照《资治通鉴》的说法，是"计算钩画，分铢不误"。正因如此，玄宗才夸他是"好度支郎"，这正是对他理财能力的认可。要知道，天宝年间，玄宗虽然对朝政已经不太过问了，但是，他对财政可是非常关心的。因为不光国家发展需要财政支撑，他个人的享乐也需要财政支撑。现在，杨钊在陪玩的过程中不经意间显示出了理财的能力，唐玄宗也就不把他当一般外戚看待了，而是希望他能成长为一个财政大臣。正是在玄宗的亲切关怀下，杨钊进入了财政部门。

玄宗这个安排还是相当好的。这就好比让痴迷网络游戏的人去开发游戏软件一样，属于因势利导，发挥特长。果然，杨钊没费多大劲，就把工作干得有声有色，短短三年之中，就平步青云，成了举足轻重的财政大臣了。怎么才能把自己理财的本领发挥到极致呢？他是专判度支事，兼领水陆运及司农、出纳钱物，拥有统筹全国财政的权力。杨钊决定，利用这个权力，进行一次大的改革，把地方的财富都集中到中央来。就在天宝七载（748），他上书唐玄宗，说："古者二十七年耕，馀九年食，今天置太平，请在所出滞积，变轻赍，内富京师。又悉天下义仓及丁租、地课易布帛，以充天子禁藏。"唐朝为了防备荒年，在各地都设置了义仓，每年都按地征粮，储存到义仓里去。杨钊说，现在天下太平，也没什么水旱灾害，各地义仓的粮食都盛不下了，不如把陈年的粮食都拿出去卖掉，换成布帛输送到长安。另外，长安的太仓也盛满了粮食，所以，今年的租税就不要征粮食了，一律换成布帛，都输送到长安来。

　　杨钊这个主意一出，唐玄宗太高兴了。因为开元天宝时期虽然号称盛世，积累了大量财富，但是，因为藏富于民的理财方式，中央财政的增长并不特别明显。换句话说，民间有钱，地方有钱，但是中央反倒相对没钱。这满足不了唐玄宗奢侈享乐的需求。现在，如果杨钊能把各地的财富集中到中央，那唐玄宗不是就有钱了吗？于是，他马上批准执行。就这样，各地都把粮食卖了，纷纷往长安输送布帛，长安城里专门储藏钱帛的左藏库盛不下了，一下子加盖了好几百间仓库。唐玄宗一听光是仓库就增加了这么多，太震撼了。天宝八载（749）二月，他亲自率领文武百官到左藏库去参观，发现不仅左藏库内的绢帛堆积如山，新添的仓库也都堆满了。按说唐玄宗当时已经统治天下将近40年了，也算见过大世面，但是他从来没见过这么多绢帛。绝对是前无古人！既然这么有钱，那怎么花呢？放赏吧。随行的文武百官每个人都有份，按级别各自领取绢帛。不光是这次赏赐，从此之后，唐玄宗把金银财宝都看得如同粪土一般，赏赐起皇亲贵戚再也没有节制了。玄宗清楚，中央能富裕到这个地步，杨钊功不可没，怎么表彰他呢？玄宗赐给杨钊紫衣、金鱼袋，这些可是三品官员的服饰。把这身新行头往身上一穿，杨钊笑了，这意味着三品官也在向他招手了。

眼看着自己终于混出了模样，杨钊不由得回忆起辛酸的青少年时代。那时候，他因为舅舅张易之的事，受了多少羞辱。现在，自己混好了，谁也别想再来羞辱他。可是，舅舅的不光彩历史总是一块心病。怎么解决呢？否认自己有这么一个舅舅，那是不可能的。那就只能给舅舅平反昭雪了。

天宝九载（750），杨钊上书唐玄宗，说舅舅张易之和张昌宗兄弟当年让武则天传位给李家子孙有功，在神龙政变之中被误杀，请求平反昭雪。唐玄宗当时正宠着杨钊，这种陈芝麻烂谷子的事算得了什么呢？马上，他就给二张兄弟恢复名誉、恢复官职了。把家世漂白了还不算，杨钊再接再厉，把名字也改了。他说，自己的名字里有金有刀，暗合了当时的一个谶语，不好，请求皇帝给改名字。那玄宗给他改成什么了呢？天下人都知道，改成杨国忠了。这也反映出当时玄宗对他的评价：这人是个大大的忠臣！

杨国忠崛起了，那些帮助过他的人怎么样了呢？鲜于仲通当然高兴，以后上头有人罩着了；虢国夫人也高兴，心上人终于成气候了；玄宗呢？当然更高兴了，他觉得自己又发现了一个难得的人才，以后花钱不用发愁了。可是，李林甫就没那么乐呵了。他发现，杨国忠的野心和权力在一起膨胀，自己渐渐罩不住他了。那么，这两个人之间还会发生怎样的故事呢？

第三十二章　林甫败亡

在唐玄宗任用的宰相中，李林甫以19年的任期高居榜首。李林甫让唐玄宗从朝政中脱身，尽情享受生活，唐玄宗对李林甫也是信任有加，视其为左膀右臂。但让人想不到的是，就是这样一个享尽荣华富贵的宰相，却在死后被剥夺官职，草草下葬。

天宝十二载（753）初，有一个人被装在一口薄薄的小棺材里，按照普通老百姓的规格草草埋葬了。别看这个葬礼规格不高，但是，把整个大唐帝国的眼球都给吸引过来了。因为这口小棺材里装的不是别人，而是一代权相李林甫。

谁都知道，李林甫可是玄宗时代最受信任的宰相了。别人当宰相都是三两年，只有他，一当就是19年。当年，姚崇、宋璟当宰相的时候，都是一个仆人、一匹马就上街；可是，李林甫每次出行，都有金吾卫的士兵在前面100米鸣锣开道，左右两边还有好几百人护卫，威风得不得了。

正因如此，这场葬礼才显得格外潦草。所有人都在议论，李林甫怎么了？唐玄宗怎么对他这么薄情呢？

一、李杨反目

李林甫落得如此下场，说起来都是一个叫王鉷的人惹的祸。王鉷和杨国忠一样，也是唐玄宗心爱的敛财专家。可能有人会问，什么叫敛财专家呢？我们经常听到的可都是理财专家。要知道，这敛财专家和理财专家可不一样。

我们前面讲到，唐玄宗时代有一个著名的理财专家叫裴耀卿，当年治理漕运，三年为朝廷节省了30万贯。有人建议他把这笔钱献给皇上，可他却说："这是国家节余的资金，怎么能拿来邀宠？"他直接把这笔钱充公了。这就是理财专家，财富从正道上来，又往正道上去。但是，敛财专家王鉷就不一样了。他敛钱可不管正道不正道。天宝年间，国家储备丰富，玄宗宣布，免除百姓一年的赋役。当时，王鉷正在担任户口色役使，他说，这赋役免了可以，但是，适当地跟老百姓征收一点脚钱，也就是物资运输费总是可以的吧。玄宗同意了。结果，王鉷的运输费一征下来，比正常的赋役还要多，老百姓等于吃了哑巴亏。王鉷征上来的脚钱哪里去了？他跟玄宗说，这不是正税，不用交给国库，皇帝留着随便花就是了。玄宗有两个私库，一个叫琼林，另一个叫大盈，就是王鉷建立的。

玄宗天宝年间生活的主题不就是奢侈享乐吗？对能敛财的王鉷，玄宗自然爱如珍宝。几年之间，玄宗给他加了20多个使职，像和市使、和籴使、宫苑使、营田使，都是王鉷一个人担任，真是能者多劳。照理说，有一个职位就应该有一个办公室，可是，王鉷身兼这么多职位，光跑办公室不就得累死？怎么办呢？玄宗特地给他在住宅旁边建了一座使院，让他集中办公。即便是这样，王鉷的案头照样每天都是文件堆积如山，跑腿的小吏想求他签一个字，排好几天的队都排不上。

王鉷在皇帝面前得宠，自然气焰熏天。举一个他儿子的例子就知道了。王鉷的儿子叫王准，是个标准的富二代，仗着老爸有势力，比谁都嚣张。有一天，王准带着一群朋友到玄宗的女婿驸马都尉王繇家里去，王繇知道王鉷势力大，不敢得罪，赶紧跪在地上，望尘伏拜。堂堂驸马，能够做出这样的低姿态，王准该满意了吧？他可没这么容易满足。王准拿出一把弹弓，照着王繇的头巾就打，一下子就把王繇的白玉簪子打折了。王准骑在马上哈哈大笑。王繇拍拍身上的尘土站起来，跟没事人一样，恭恭敬敬地请王准到家里吃饭，还让自己的夫人，也就是玄宗的亲生女儿永穆公主给王准端茶倒水。王繇表现得这么卑微，有人觉得太过分了，就对他说：王准就算嚣张，到底只是一个大臣的儿子，你让皇帝的女儿伺候他，不怕皇帝怪罪吗？王繇苦笑着说：就算皇帝怪罪，也不过是骂我几句，没什么关系。要是得罪了王准，那就死无葬身之地了！有人可能会想，王鉷这么得宠、这么嚣张，李林甫肯定会猜忌他吧？还真没有。王鉷虽然在玄宗面前得宠，在众人面前嚣张，但是，唯独对李林甫始终毕恭毕敬，李林甫打击政敌的那些大案子，他也都积极参与，而且以心狠手辣见长，也算是李林甫的心腹。

　　那么，既然是李林甫的心腹，王鉷为什么会给李林甫惹祸呢？因为李林甫为了他把杨国忠给得罪了。天宝九载（750），御史大夫出缺了。当时，王鉷和杨国忠都是御史中丞，二者必居其一，到底让谁接任呢？李林甫把这两个人掂量来掂量去，最终推荐了王鉷。为什么呢？第一，王鉷出道早。当年王鉷当户部郎中的时候，杨国忠是他手下的判官。王鉷是杨国忠的老领导，让他先发达一步，也算公道。第二，杨国忠这几年蹿升太快，又是外戚，李林甫也开始有顾虑了，所以，打算压一压他的威风。这样综合考虑过来，李林甫就推荐了王鉷。

可是这样一来，杨国忠不干了。杨国忠也是聪明人，马上看透了李林甫的猜忌之心。此时的杨国忠也是玄宗身边的红人了，哪能随便受人欺负？他暗下决心，你李林甫既然不许我发达，我也决不让你痛快！可是，李林甫毕竟当了十几年宰相，皇帝信任，大臣畏惧，杨国忠和他根本不是一个重量级的，就算恨他又能怎么样呢？

二、王锉案

就在杨国忠冥思苦想，不得主意的时候，王锉忽然被卷入一起谋反案之中，一下子把所有问题都解决了。有人可能会说，王锉既然又得皇帝喜欢，又受宰相信任，又新近升了官，应该是志得意满，怎么还会陷入谋反案里头呢？说起来，这倒不是王锉的错，而是他弟弟把他给连累了。

王锉有个同父异母的弟弟叫王焊，从小就顽劣异常。长大后也是整天和一群不三不四的人混在一起，自以为老子天下第一。有一天，王焊居然找到一个术士，问他："我有王者之相否？"术士一听，这叫什么话？说他有吧，皇帝要我的命；说他没有吧，他要我的命。左右为难，稀里糊涂敷衍几句，连夜跑了。王焊把这个事情告诉哥哥，可把王锉吓坏了，哪能让这个术士跑掉，万一他以后乱说出去，不是给自己找麻烦吗？于是，王锉赶紧动用自己的力量到处找这个逃跑的术士，找到之后，给他安了一个罪名，杀人灭口。当时很多人都知道这个术士死得冤，可是慑于王锉的淫威，没人敢说。只有一个名叫韦会的人比较愣，有一天居然就在自家院子里议论起这件事来了。要说这韦会也是倒霉，本来在自家议论外人也不会知道，可是，他这个议论偏偏叫旁边侍奉的婢女听得一清二楚。这个婢女正好跟一个用人谈恋爱，就告诉用人了。而韦会平时对这个用人也不怎么好，用人早就怀恨在心了。现在听说韦会居然议论王大夫，马上就向王锘告密了。这样一来，韦会可倒霉了，第二天早晨就被王锘派人抓了起来，勒死在了监狱里。要知道，韦会可不是一般人物，他的母亲就是唐中宗的女儿安定公主，他的同母异父的哥哥就是王繇，是玄宗的女儿永穆公主的驸马。两代公主护持，居然还会死于非命，可见王锘势力有多大。

正因为王锘势力大，又处处关照弟弟王焊，这让王焊更加无法无天。于是一件更荒唐的事情发生了，这件事情不仅要了王焊的命，也葬送了他哥哥王锘的前程。那么，这究竟是一件什么事呢？

王焊结交了一个叫邢縡的公子哥，两人整天混在一起。王焊不是问术士自己是否有王者之相吗？邢縡比他还不自量力呢，干脆想发动政变。他结交了几十个皇帝的禁军龙武军士兵，也就是原来的左右万骑士兵，想要利用他们先杀死龙武将军，然后放火烧城门和市场，趁着混乱再把李林甫、杨国忠等有权力的人统统杀死。这个政变计划怎么样呢？有一幅漫画叫《笨贼一箩筐》，用来形容邢縡他们再恰当不过了。

这个计划哪里笨呢？第一，政变目标不明确。如果是想当皇帝，这个计划中根本没提怎么对付现任皇帝；如果是想当宰相，你把现任宰相杀了，皇帝难道就让你当宰相不成？整个思维混乱得不得了。第二，政变方式也完全不内行。要知道，所谓"政变"，一般都是要出其不意，攻其不备才可能成功。比如想要杀死皇帝，就要从玄武门直扑后宫；想要杀死大臣的话，摸到他家里是最省力的了。但是，这个行动计划居然是先攻打城门和市场，然后再趁乱杀死大臣。可是，就算市场乱了，怎么会殃及大臣呢？难道大臣都到市场看热闹不成？

这样的政变如果发动的话，可以想象，注定失败，更何况还没有发动，就先泄密了。就在邢璹预谋政变的前两天，唐玄宗就已经接到了有关报告。因为整个事情太荒谬了，唐玄宗根本就没当回事，直接把王铁叫来了，让他抓捕邢璹。为什么是王铁啊？因为王铁是京兆尹，又是御史大夫，这件事属于京城的刑事案件，由他处理很合适。本来，精明强干的王铁处理这类案件，简直是手到擒来。但是这次，王铁可没这么麻利了。唐玄宗一上朝就把这件事告诉王铁了，但是王铁磨磨蹭蹭，直到下午才派人去邢璹家实施抓捕。为什么王铁这么磨蹭呢？因为他动了私心了。他知道弟弟王焊和邢璹整天混在一起，这时候肯定就在邢璹家。不管他是否和邢璹通谋，只要抓住，不就说不清了吗？再怎么着也得先把弟弟捞出来。古代又没有手机，王铁只能是派人去邢璹家走一趟了。派去的人到那里一看，王焊果然在！赶紧编了一个理由把王焊给叫了出来。然后王铁才派手下带人去抓邢璹。这样一来，时间就耽误过去了。

　　不过，尽管迟了几个小时，倒并没有耽误事。邢璹还在家里跟一帮万骑士兵吹牛呢，忽然听见门口人声嘈杂，像是来抓人的，这下子邢璹才醒悟过来，赶紧突围。这边邢璹领着十几个士兵往外冲，对面王铁和杨国忠领兵也赶到了。这邢璹也不知是真傻还是恨王铁不提前报信，故意害他，反正就对着手下的十几个士兵大喊："勿伤大夫人！"什么意思呢？当时王铁不是御史大夫吗？邢璹叫手下不要伤到王铁的人。这不是把王铁给装进了吗？这句话一说出来，不仅王铁被雷到了，跟王铁一起来的御史中丞杨国忠也被雷到了。难道王铁和邢璹有勾连？那自己岂不是要腹背受敌啊！就在王铁和杨国忠都被邢璹这句话雷得不知所措的时候，邢璹和他那十几个人居然就跑远了。这怎么办呢？幸好唐玄宗不放心他们，又让高力士带着飞龙禁军接应来了。飞龙兵一共来了400个，对付邢璹他们十几个人还不是小菜一碟？没多久，邢璹就被砍了头，其他人或者被杀，或者被俘了。

可是，政变集团虽然被剿灭了，王鉷可倒霉了。本来，杨国忠因为王鉷当了御史大夫，正恨他呢，现在可抓住把柄了，回去就把邢璿那句话报告给唐玄宗了，再联系到王鉷故意磨磨蹭蹭，不肯及时抓捕罪犯的事实，杨国忠信誓旦旦地对玄宗讲，这件谋反案王鉷一定参与了。听了杨国忠的报告，唐玄宗并不相信。在玄宗看来，王鉷对自己一贯忠诚顺从，自己对他也宠爱有加，他怎么会谋反呢？他最大的问题就是没有个好弟弟罢了。照理说，王鉷这个弟弟就算没参与谋反，也是结交歹人，应该严惩的，可是，玄宗投鼠忌器，不仅没追查王鉷，连他弟弟王焊的事也没有深究，真是给王鉷好大的面子。

可是，王鉷兄弟得罪的人不少，很多人都巴不得他下台呢，玄宗这样处理，人们当然不服气了。朝廷里马上就有人议论纷纷。玄宗这时候就希望王鉷自己出来表一下态，主动要求处罚弟弟王焊，他先大义灭亲，玄宗也才好保他。可是，别看王鉷整起别人来心黑手狠，对自己的弟弟却很心软。他含着眼泪说："我家先人就喜欢这个弟弟，让我出卖他来保全自己，我做不到。"这样一来，可把玄宗气坏了。你既然不肯给我面子，那也就休怪我无情了。玄宗马上把王鉷兄弟给抓起来了。让谁审呢？杨国忠。杨国忠可是审案子的高手，他哪能放过王鉷啊？很快，王焊结交术士、王鉷杀人灭口等事情就都被审出来了。最后，王焊被处死了，王鉷也被迫自尽。

王鉷死了，杨国忠当然是最大的受益者。王鉷一倒台，杨国忠马上就接替了他御史大夫、京兆尹的职务，摇身一变，成了三品大员。而且，杨国忠连王鉷的使职也都继承过来了，再加上自己原有的那些使职，他基本上就掌握了全国的财权大权。

但是杨国忠还不满足，在他看来，李林甫才是他的眼中钉、肉中刺，扳倒李林甫才是他最终的目的，他还要顺藤摸瓜，把李林甫也给装进去。

三、权相之死

　　杨国忠对玄宗说，审案子的时候，李林甫曾经替王鉷说过话；当年，王鉷的御史大夫一职也正是李林甫推荐的。他俩这样休戚与共，恐怕有结党的嫌疑。那么，玄宗对此是什么反应呢？玄宗一生最讨厌大臣结党了。当年，姚崇、张说、张九龄不都栽在这个问题上吗？虽然玄宗晚年不大过问朝政了，但是，对于权力可是一点都没有放松。在他看来，李林甫奢侈腐化可以，打击对手也可以，唯独结党不可以。因为一旦臣子结党，就是分割皇权了，这可是玄宗无论如何不能容忍的。李林甫沾了结党的嫌疑，在玄宗心目中的形象马上就变了。虽然玄宗念及他任相十几年的功劳，没有立刻罢免他，但是从此也就逐渐疏远他了。

　　李林甫是个聪明人，玄宗的情绪一变，他马上就察觉到了，而且真是恨透了杨国忠。怎么办呢？李林甫可是个政治强人，他不会任由杨国忠陷害的。他马上就采取措施了。他向玄宗提出，把杨国忠从朝廷调到他的发迹之地——四川。因为杨国忠当时还身兼剑南节度使。我们讲过，当年杨国忠落魄的时候，四川的土豪鲜于仲通曾经帮助过他，杨国忠发达之后，就让鲜于仲通当了剑南节度使。当时，云南地区有个少数民族政权叫南诏，剑南节度使主要就是负责防控南诏，维护地方稳定。可是，别看鲜于仲通当个乐善好施的员外不错，当地方大员就不行了。他性格特别急躁偏狭，很快就跟南诏闹翻了。

　　天宝十载（751）四月，鲜于仲通带着8万大军在西洱河和南诏大战，大军既不熟悉地形，又不习惯气候，再加上指挥不力，最后一败涂地，8万人死了6万，剩下的兵也被打散了，鲜于仲通连滚带爬，只身逃回了四川。从此之后，剑南的形势可就紧张了，南诏三天两头来骚扰。于是，杨国忠就暗示鲜于仲通上奏皇帝，说自己能力不足，请求让杨国忠兼领剑南节度使，这是天宝十载（751）年底的事。当然，杨国忠兼领剑南节度使，只是为了在重视军功的时代给自己增加一点政治资本而已，他的工作重心可还在朝廷里，他也压根儿没想真的去剑南。

但是现在，李林甫要跟杨国忠斗法，可就拿这个说事了。天宝十一载（752）十月，李林甫跟唐玄宗说，剑南形势持续不稳，自己已经收到了无数封群众来信，强烈要求节度使杨国忠亲临指导工作，请陛下派杨国忠赴任。李林甫为什么要这么干呢？这可是一着妙棋。让杨国忠赴任，不仅能把他排挤出中央政治核心，还给他的未来也设计好陷阱了，试想，如果杨国忠不能迅速把剑南形势稳定下来的话，李林甫不就可以治他的罪了吗？这是李林甫的如意算盘。另外，除了算计杨国忠之外，李林甫也想通过这个事情探一探玄宗的底：我可是给你干了19年了，你如果还信任我，就让杨国忠走；如果不让杨国忠走，那就意味着我完了。不管结果如何，反正赌一把。

李林甫打了这么个报告，杨国忠马上找到唐玄宗，跪倒在地，号啕大哭，说我这一去，肯定要被李林甫害死啊，请陛下千万保护我。不仅杨国忠苦苦哀求，杨贵妃也在旁边替他求情。可能有人会说，杨贵妃不是不干政吗，怎么也替杨国忠求情了？杨贵妃是没什么政治主张，不过，天宝九载（750）她被唐玄宗送回娘家，毕竟是杨国忠求到吉温，一番游说，才让她重返后宫的。现在杨国忠这么紧张，她也不能装聋作哑！一边是拜相19年、帮自己处理了无数大事的老宰相，一边是惊慌失措的新宠臣，唐玄宗怎么处理呢？他对杨国忠说："卿暂到蜀区处军事，朕屈指待卿，还当入相。"什么意思呢？一方面，还是让杨国忠赴任了，这是给李林甫面子；但是，另一方面也许诺杨国忠，我很快就会召你回来，而且让你当宰相。

看起来，这个处理意见是两头都照顾到了，但在实际上，唐玄宗偏袒杨国忠了。让杨国忠去四川走个过场，这只是卖给李林甫一个虚面子，但许诺给杨国忠的可是实实在在的宰相职位。

李林甫当时毕竟已经是近70岁的老人了，听玄宗这样答复，真是气结于胸，一下子就病倒了。请医问药全不见效，越病越重，眼看就起不来床了。所谓有病乱投医，家里就给他请了一个巫师。这个巫师说："李相公这个病，吃药是不行的，只要看一眼皇帝就会好。"这个巫师灵不灵呢？太灵了，不是别的灵，而是心理学学得灵。他知道，李林甫这个病其实是心病。只要他觉得皇帝还在乎他，病就有可能好。当年唐太宗时候大将李勣生病，医生说吃龙须能好，唐太宗不是二话没说，就把自己的胡子剪下来了吗？现在，只要唐玄宗对李林甫也有这番诚意，李林甫也能好。

那么，玄宗到底会不会去探望李林甫呢？玄宗没去。自从李林甫有了结党的嫌疑，唐玄宗对他的热情就已经急剧下降了。换言之，他正等着李林甫腾位子换人呢。可是，也不能显得对老宰相太绝情。怎么办呢？当时唐玄宗正在骊山华清宫泡温泉，李林甫也在骊山的别院之中。玄宗就让李林甫的家人把他抬到院子里，面朝着华清宫，而玄宗就站在华清宫最高的降圣阁上，朝着李林甫住的院子挥舞一条红手帕。李林甫看见这条红手帕，就算是看见玄宗本人了。李林甫听说皇帝这么对待他，真是彻底绝望了，连从床上爬起来给皇帝磕头的力气都没有了，只好让人代拜了事。从这天起，李林甫知道，皇帝是彻底抛弃他了，他也只有等死的份儿了。

而杨国忠呢？差不多也就在这时候接到了玄宗让他立刻赶回长安的诏令。这样一来，杨国忠心里可高兴了，看来，拜相的事就要实现了！于是昼夜兼程往回赶。回来之后，也不知道是想示威还是想探探虚实，反正杨国忠第一件事就是去看望李林甫。这时候的李林甫已经是奄奄一息，再也没有和杨国忠争斗的勇气和力量了，他流着泪对杨国忠说："林甫死矣，公必为相，以后事累公！"真是鸟之将死，其鸣也哀！强硬了一辈子，李林甫终究对杨国忠服输了。那杨国忠会不会得意忘形呢？根本没有。可能是这句话所表现出的软弱和李林甫平时的形象反差太大了，杨国忠居然产生了一种不真实的感觉。别是这老家伙装病骗我吧。杨国忠吓得汗流浃背，连声说"不敢"。套用《三国演义》中"死诸葛吓死活仲达"的说法，这真是"死林甫吓倒活国忠"了。不过，这次吓唬杨国忠，也确实是李林甫人生中最后一次了。几天之后，李林甫病亡，杨国忠顺理成章地接替他的职位，成为唐玄宗"安史之乱"前最后一任宰相。

有句话叫作"人走茶凉"。这句话用到李林甫身上最合适不过了。他活着的时候威风八面，可是一旦死去，也只能是任人摆布了。任谁摆布呢？当然是新宰相杨国忠了。李林甫活着的时候把他吓得够呛，现在，轮到他对死人报仇了。

杨国忠诬陷李林甫曾经和一个叛乱的少数民族将领阿不思结为父子，对这个将领的叛乱负有直接责任。叛国的罪名一安到头上，李林甫可算是一败涂地了。唐玄宗下令，剥夺李林甫的官爵，查抄他的家产，把他的儿子、女婿全部流放岭南。李林甫本人不是已经躺在棺材里了吗？那就剖开他的棺材，把他嘴里含的宝珠拿出来，把身上穿的紫袍也脱下来，换上一口薄薄的小棺材，按照普通老百姓的规格草草掩埋了事。

荣辱的转化就在瞬间，真是让人感慨。当年，李林甫正赫赫扬扬的时候，有一次，和他的儿子一起在后花园散步。这个儿子是个老实人，觉得爸爸太张扬了，就指着花园里劳动的仆役说："大人久处钩轴，怨仇满天下，一朝祸至，欲为此，得乎？"李林甫看了看他的儿子，沉默了好半天，最后说了一句："势已如此，将若之何？"如今，他儿子的话果然应验了。

不过，更令人感慨的还是唐玄宗对李林甫的处理态度。我们讲开元盛世的时候，不是特地表彰过玄宗对退休的宰相都温情脉脉吗？姚崇、宋璟的生荣死哀给我们留下多么美好的印象，可是现在，看看玄宗对一个为他工作了19年的宰相做出这样的处置，我们可不觉得他嫉恶如仇，而只能说他是越来越昏聩、越来越无情了。

他如此轻易地就全盘否定了李林甫19年的业绩，真是让人不寒而栗。那么李林甫是否就真的一无是处呢？

四、难说奸臣

李林甫是唐玄宗一朝当政时间最长的宰相。他19年的任期，相当于整个玄宗朝的三分之一，因此，玄宗的统治无论是好是坏，都和李林甫有莫大的关系。那么，我们究竟应该怎样评价李林甫其人呢？传统说法都认为他是个奸相，是不是呢？在一定意义上是的。

首先，他的生活奢侈腐化。李林甫一生有三多：儿女多、姬妾多、财产多。他有25个儿子，25个女儿，数量上仅次于唐玄宗。不光在权力方面是一人之下，万人之上，在子嗣方面也是如此。这么多儿女当然大部分都是"姨太太"生的了。李林甫一共有多少个姬妾没有具体数字，只有《旧唐书·李林甫传》给了一个大致的说法，叫作"姬妾盈室"。可能有人担心了，家里人丁这么兴旺，李林甫怎么养得过来呢？这个不成问题，天宝年间，玄宗有一次率领大臣检阅全国各地的贡品，检阅完了之后说：能有这么多好东西，多亏了宰相。于是派人一股脑儿全送到李林甫家里去了，李林甫能没钱吗？把李林甫这种腐化的生活和开元初年卢怀慎的清寒自律对比一下，道德境界上的差距不就一目了然了吗？

当然，我们也知道，评价宰相主要看的还不是生活，而是政绩。李林甫在政治上有什么问题呢？最严重的问题就是嫉贤妒能。正因为整人太多，害怕仇家报复，所以李林甫的精神总处于紧张状态，睡觉都不踏实。按照《旧唐书·李林甫传》的说法，就是"常忧刺客窃发，重扃复壁，络板甃石，一夕屡徙，虽家人不之知"。俗话说，"为人不做亏心事，半夜不怕鬼敲门"，李林甫的精神如此紧张，不正说明他平时亏心事做得太多了吗？

可是，光事后整人还不够，更好的做法是事先防人。有两件事最有代表性了。

第一件是针对文人的。天宝六载（747），玄宗大概是想起了武则天时代不拘一格用人才的好处了，宣布广求民间贤才，只要有一技之长，就可以到长安来面见皇帝。李林甫一听，这哪儿行呢，万一这些人在皇帝面前说他的坏话怎么办？他就给玄宗出主意说：民间人士良莠不齐，说的又都是方言土语，恐怕污损了您的耳朵。不如让有关部门先挑选一下，合格的您再接见。玄宗同意了。过了几天，李林甫汇报说："经过我们的考试，这些人没一个合格的。陛下，这说明贤才都已经在朝廷里为您服务了，野无遗贤，可喜可贺！"

李林甫这样嫉贤妒能有什么危害呢？首先，因为他容不下持不同政见者，所以，偌大的一个政府，其实只有李林甫一个大脑在运转，这样做出的政治决策肯定会出错。其次，朝廷里的人才储备越来越少，到李林甫死后，居然只能是小混混杨国忠出山。这和开元初年姚崇罢相、宋璟接班，有着天壤之别。

第二件是针对将军的。唐朝有出将入相的传统，开元中期以后，唐玄宗热衷于边功，对将军们更是关爱有加。当年，李林甫跟张九龄斗法的时候，还怂恿过唐玄宗奖赏边功。但是，一旦当上了首席宰相，李林甫的态度马上就变了。一个有文化的将军，那就是一个潜在的对手。所以，就算任命将军，也只能任命没文化的胡人。在天宝年间，李林甫提了一个著名的建议："文士为将，怯当矢石，不如用寒族、蕃人。蕃人善战有勇，寒族即无党援。"这个建议在唐朝历史上太有名了。因为日后拦腰斩断大唐盛世的"安史之乱"的发起人安禄山就是一个寒族胡人，他的地位能够节节攀升，李林甫难辞其咎。正因为如此，虽然"安史之乱"是在李林甫死后爆发的，但是，人们仍然把责任算到李林甫头上，不也就在情理之中了吗？

但是，我们也要看到，李林甫绝非一无是处。他既务实又守法。李林甫当政的时代可是唐朝社会变革最激烈的时代，好多旧制度不适用了，好多新生事物需要规范。李林甫不拘泥于成法，踏踏实实地摸索新制度。就是在他的主持下，唐朝在财政上，逐步从按人头征税向按土地征税过渡；在军事上，完成了由府兵制向募兵制的转变；在法律上，完成了行政法典《唐六典》的修订，还全面修订了其他各种法律条文。举一个数据大家就知道李林甫的工作量了。唐朝的律、令、格、式各项法典加起来一共7026条，李林甫做了修订的就有3432条，这难道不是一项伟大的业绩吗？

再看守法。李林甫是一个谨慎的人。按照《旧唐书·李林甫传》的说法就是："条理众务，增修纲纪，中外迁除，皆有恒度。"对于政敌，李林甫固然毫不留情，但是，如果不涉及你死我活的政治斗争，在日常工作中，李林甫还是讲原则的。就连把李林甫列入奸臣传的《新唐书》也承认："（李林甫）练文法，其用人非诡附者一以格令持之，故小小纲目不甚乱，而人惮其威权。"能够不徇私情或者少徇私情，严格按照规程办事，这正是李林甫的权威所在，也是唐玄宗任用他长达19年的重要原因。正因为如此，李林甫死后被贬为庶人，很多人都为他鸣冤叫屈，按照《旧唐书》的说法就是"天下冤之"，这也多少反映出时人对他的普遍看法。

那么，我们到底应该怎样评价李林甫呢？应该说，李林甫虽然有问题，但关键问题不在他身上，而在唐玄宗身上。为什么这么说呢？清朝皇帝雍正有一句话说得好："惟以一人治天下，岂为天下奉一人。"专制体制下的皇帝，对国家是负有莫大政治责任的。他既要把握政治方向，又要妙选良才，协助自己实现政治目标。

开元初年，玄宗要拨乱反正，让国家走上正轨，这时候，他就选择多谋善变的姚崇；政治稳定之后，他需要法度，就任用为人正派、讲原则的宋璟；再后来，国力已强，民气已舒，他要文治，这时候张说就是最好的选择。也正因为玄宗的积极引导，随时调整宰相班子，人尽其才，社会才能够得到良性发展。

而到了李林甫时期，玄宗基本上就处于半退休状态了，既不关心政治的走向，也不修正李林甫的错误。这样的皇帝，如果碰上一个兼具道德修养和政治智慧的宰相还好，可是，碰到李林甫就不行了。李林甫属于吏治派官员，办事能力强，但是政治道德和政治眼界都很一般。在玄宗无所作为的情况下，他的缺点只会逐渐放大，乃至贻害无穷。因此，与其说是李林甫奸诈误国，倒不如说是唐玄宗怠政误国。但是，无论如何，李林甫还能凭借多年的政治经验和威望维系着帝国的运转。

现在这艘大船轮到杨国忠掌舵了。他能胜任宰相一职吗？

第三十三章 醉生梦死

在中国古代的皇帝中，唐玄宗算得上是最有才情的皇帝了。在事业上，他创造了大唐开元盛世；在情趣方面，他也创造了不少的佳话。

中国古代皇帝制度其实是个非常残忍的制度。一个人只要当了皇帝，就只能是鞠躬尽瘁，死而后已，基本上没有退休的可能。但是，虽然死而后已是常态，鞠躬尽瘁却是一件很难做到的事情，一代明君唐玄宗也是如此。

进入天宝时期后，有一个叫华清宫的行宫开始在唐玄宗的生活中扮演重要角色，懈怠朝政的唐玄宗一头扎进了华清宫的温柔富贵乡，与杨贵妃开始了神仙般享乐的日子。那么，唐玄宗到底是怎样享受生活的呢？他长期倦怠朝政，又会对政治造成什么样的后果呢？

一、歌舞华清

天宝十一载（752），李林甫病死，唐玄宗任命杨国忠当了宰相。这个任命是在华清宫做出的。

华清宫是在骊山上修建的一座行宫，以温泉出名，从秦汉时代起就有人在这里建别墅，泡温泉。唐太宗时候这里正式建了宫殿，当时叫温泉宫。虽然建了行宫，但是，唐朝前几代皇帝并不常到这里，只有唐玄宗对它情有独钟，自即位以后，只要在长安，几乎每年冬天必去。不过，即便是每年都去，前后情形也不一样。开元年间，唐玄宗还处在励精图治的工作狂状态，每次去都是一个星期到半个月的时间，算是工作间隙的放松；但是，自从开元二十八年（740），唐玄宗在温泉宫和杨玉环定情之后，局面就大不一样了。他在温泉宫的时间明显加长，每次去至少待一个月，最长的一次甚至待了三个多月。基本上整个冬天就在那里了。

为了配合这种新变化，天宝六载（747），温泉宫改名为华清宫，随后进行了大规模的扩建，文武百官在华清宫周围都有了办公场所，每年冬天，整个朝廷都搬到华清宫处理政事，华清宫成了一个真正的季节性政治中心。不过，说是政治中心，但玄宗在这里主要考虑的可不是朝政。

唐玄宗在华清宫的主要精力都放在三件事上。第一，温泉沐浴；第二，唱歌跳舞；第三，追求长生。

先看第一个。华清宫既然是温泉宫，泡温泉当然是重头戏。华清宫的温泉怎么个泡法？简单地说，是按等级泡。古代管热水叫汤，所以温泉就叫温汤。其中，最高等级叫御汤，也叫九龙汤，还叫莲花汤，是专门给玄宗用的。比御汤等级稍微低一点的是贵妃汤，专门给杨贵妃用，也叫海棠汤。其次还有太子汤。这都是专汤专用，闲人免进。次一等就是公共温泉了，有给后宫其他妃子的长汤、给宜春院的女艺人的宜春汤，还有给大臣准备的星辰汤。御汤和贵妃汤在唐朝人的笔记小说里经常曝光，被说得神乎其神。根据《明皇杂录》的记载，这两种汤里，都有瑟瑟这样名贵的宝石和丁香这样值钱的香料堆成的山，香气缭绕，再加上温泉的水汽氤氲，真像仙境一样。就在山水之间，还有用白香木做成的小船，上面涂着混合了银粉的漆，船桨、摇橹都装饰上了宝石。玄宗也好，贵妃也好，都可以坐在小船上扮活神仙。

到底有没有这么奢侈呢？1982—1986年，考古工作者在这里进行了发掘，经过实际测量，御汤分为上、下两层，长10.6米，宽6米，上层深0.8米，下层深0.7米，加起来也不到一个人的高度。贵妃汤还要更小更浅。这样的面积真要是摆上假山，其实也没多大，再去划船恐怕就太窄了。所以，即使有船，估计也就是个装饰。这样看来，笔记小说所记载的奢华可能就像乞丐说等他当了皇帝，面前要放两个麻袋，一个装人参，一个装吐出来的渣滓一样，包含着想象因素，不见得句句可靠。

不过，我们也要知道，奢华不奢华还要看具体的时间、地点。比如说，我们如今夏天用冰箱不叫奢侈，但是清朝末年，慈禧用天然冰冰水果就叫奢侈。唐玄宗也是一样，在当时条件下，能够把温泉泡到这个境界，就是绝对的穷奢极欲了。唐玄宗为什么这样钟情于温泉呢？因为温泉和娇艳慵懒的杨贵妃简直是绝配。白居易在《长恨歌》里说："春寒赐浴华清池，温泉水滑洗凝脂。侍儿扶起娇无力，始是新承恩泽时。"自从有了杨贵妃，唐玄宗就越来越留恋华清宫的温泉了。

不过，就算贵妃出浴是人间最美的图景，人也不能永远泡在温泉里。不泡温泉的时候，唐玄宗和杨贵妃干什么呢？干得最多的事恐怕就是唱歌跳舞了。说到音乐与歌舞，唐朝没有比玄宗更内行的了。开元年间，唐玄宗那么勤政，还忙里偷闲，创立了专门的艺术学院梨园和女子艺术学院宜春院；现在，到华清宫享受生活，更要加大创作力度了。《开天传信记》里记载说：玄宗有一次上朝，来回按肚子。高力士在旁边看到了很是担心，一退朝赶紧问，陛下是不是肚子疼呀？玄宗一听笑了，说：肚子没问题，我是夜里做梦的时候梦见一首好曲子，早晨上朝之前没来得及记下来，我怕忘了，就在衣服底下塞了一支玉笛，一边上朝一边在上边按这首曲子呢。这就叫痴迷。

　　古语说，"知之者不如乐之者，乐之者不如好之者"，唐玄宗这么痴迷音乐，自然水平很高。其中，能够代表唐玄宗谱曲最高水平的当然是《霓裳羽衣曲》。这支曲子好在哪里呢？简单地说，它是唐代外来文化和传统文化融合辉映的一个代表。这曲子本来是节度使进贡的一首婆罗门曲，是外来文化，但是，唐玄宗用传统的清商乐对它进行了改编，加进了中国风，把它打磨成了一支以民族元素为主，同时融进了异域风情的新曲子。这不就是唐朝文化多元融合的典范吗？

　　当年，唐玄宗在华清宫和杨玉环定情，奏的就是这首曲子。更妙的是，不光唐玄宗为这支曲子做出了贡献，杨贵妃也贡献了自己的才华。杨贵妃把这支曲子编成了一支舞曲，给它编上舞蹈动作。从此《霓裳羽衣曲》就成了《霓裳羽衣舞》，也成了华清宫宴会活动的保留节目，有时候，杨贵妃甚至还亲自演出。《杨太真外传》记载，杨贵妃"醉中舞《霓裳羽衣》一曲，天颜大悦"。当然，更多的时候，表演舞蹈的不可能是杨贵妃本人，而是专业的舞蹈演员。

　　据说，杨贵妃有一个侍女叫张云容，她跳得最好，杨贵妃还特意写了一首诗给她："罗袖动香香不已，红蕖袅袅秋烟里。轻云岭上乍摇风，嫩柳池边初拂水。"虽然这支曲子和舞蹈现在都失传了，但是，一读这首诗，我们还是感觉到了飘飘欲仙的境界。唐朝历史上，皇帝和后妃的佳话不少，但是，无论唐太宗和长孙皇后，还是唐高宗和武则天，谱写的都是政治佳话，因此也都不免缺少一点浪漫、多了几分心机。唯独唐玄宗和杨贵妃不是这样，艺术的纽带维系着他们的爱情，天下还有比这更浪漫的吗？

　　正因为华清宫的日子太滋润了，和杨贵妃的爱情太甜蜜了，唐玄宗才更感觉到，生命诚可贵！要是自己也能长生不老该有多好！怎么才能长生不老呢？道教有长生不老术，因此求长生之术也就成了玄宗的重要诉求。就在天宝元年（742），玄宗在华清宫里建了一个大殿，叫集灵台，又叫长生殿，专门在那儿祭祀神仙。白居易不是说"七月七日长生殿，夜半无人私语时"吗？说的就是这个长生殿。只不过白居易把长生殿的功能搞错了，长生殿是祭神的神殿，不是谈情说爱的寝殿，在那里可听不到贵妃的窃窃私语，如果听到什么，那也都是来自神仙的最高指示。

唐玄宗天天祭祀，到底听到什么最高指示没有？他还真听到了。天宝四载（745），也就是唐玄宗册立杨玉环为贵妃的那年正月，玄宗煞有介事地对宰相说："朕比以甲子日，于宫中为坛，为百姓祈福，朕自草黄素置案上，俄飞升天，闻空中语云：'圣寿延长。'又朕于嵩山炼药成，亦置坛上，及夜，左右欲收之，又闻空中语云：'药未须收，此自守护。'达曙乃收之。"真是想长生不老都想疯了。开元初年，唐玄宗对道教神仙一类的说法可并不怎么感兴趣，还曾经把洛阳宫的集仙殿改为集贤殿。但是到了天宝年间，居然又在华清宫大建集灵台，真是思想上的大倒退。唐玄宗这么痴迷神仙，他的红颜知己杨贵妃怎么样呢？杨贵妃本来就当过一阵子女道士，虽然还俗当了贵妃，但是也算半个专业人士。怎么体现这种专业素质呢？她把宗教精神和日常生活结合起来了。天宝后期，杨贵妃经常穿一条黄裙子。黄色不仅意味着皇家，也意味着道教。真是夫唱妇随。

华清宫固然是个享乐的好去处，唐玄宗和杨贵妃在那里也真算得上是神仙眷属，可是，唐玄宗毕竟是皇帝，不是神仙，他一味地沉浸在温柔乡里，政事怎么办呢？当时杨国忠已经取代李林甫当了宰相，唐玄宗还是像在李林甫时代一样，直接把政事交给杨国忠了。当年李林甫是行政经验丰富的老官僚，都出了不少差错，而杨国忠可是出道未久，他能胜任宰相这个重任吗？

二、国忠乱政

事实证明，他干不了，没过多久，就搞得官怒民怨。

当官的为什么不满意他？首先因为杨国忠工作乱来。举一个例子，官僚制度的基础就是选官制度，杨国忠当了宰相后，兼任吏部尚书，负责六品以下官员的选拔。他一上任，就把选官工作搞了个一塌糊涂。怎么回事呢？本来，按照唐朝制度规定，官员的选拔过程非常复杂。首先是吏部侍郎组织人员对候选人进行笔试和面试，对候选人的能力进行综合评判，然后是三注三唱。所谓"注"，就是根据考试的表现以及资历、声望等条件拟出官职，然后，把所有的候选人都集中到尚书都省，当众唱名公布，这就叫作"唱"。注唱之后，如果候选人对吏部拟派的官职不满，或者群众有什么意见，可以向上反映，由吏部进行调整，再次唱名公布，这就是二注二唱了。二注二唱之后，如果还有不妥，仍然可以向上反映，吏部再进行调整，第三次唱名公布。这就是所谓的三注三唱，有点像现在的官员任命公示。

三注三唱之后，吏部的名单就算确定了。但是，这还不算完，还有第三个程序，就是由吏部把最终名单提交给门下省审核，审核通过，再上交皇帝批准。因为要走这么多程序，所以每次选官都要从春到夏，用小半年的时间才能完成。这样做虽然耗时比较长，但是，因为选官一方面关系着官员本身的切身利益，另一方面也关系着国计民生，所以宁可郑重其事。也正是这样郑重其事，才能够在最大程度上保证官员的质量。

可是，杨国忠当宰相就不同了。他觉得自己比谁都精明能干。时间就是金钱，效率就是生命，以往的程序太复杂了、太慢了，必须改革。怎么改呢？就从提高效率入手。他把吏部的官员统统晾在一边，自己找来几个心腹小吏，悄悄在家里就鼓捣出一个任职名单。名单拟好之后，杨国忠把所有的候选人都召集起来，对着他们按名单顺序往下读，读一个，问一句，有没有意见？如果没有，马上进入下一个。候选人没见过这阵势，仓促之间，有的连自己被任命的官名都记不住，谁能有什么意见呢？稀里糊涂就下来了。没一会儿工夫，全部宣读完毕，一个意见也没听到。吏部审完了应该送门下省了吧。杨国忠连这道程序也免了。选官那天，他把门下省的长官侍中和具体负责人给事中也都召集来了，集体办公！宣读完任命决定，杨国忠说："左相和给事中都在座，就算经过门下省了。"这样一来，门下省的审核也省了。以前选官都要小半年，这次可好，只用一天就全部结束，杨国忠真是顾盼神飞，心里美呀！

问题是这么搞行不行呢？完全不行，简直是胡闹嘛。这些候选人有的是才高八斗的新科进士，有的是精明强干的基层能人，都指望着吏部官员能根据他们的才能授给一个合理的官职，为国家效力。没想到，他们的笔试成绩也不算数了，面试成绩也不算数了，以前的功劳业绩也都不算数了，他们能当什么官，全凭小吏一张嘴。这还有什么公正可言啊？而且，小吏能有什么见识呢？既没有道德，又没有水平，让他们拟官，他们只能遵循两个原则：一是贿赂原则；二是资历原则。先看谁贿赂的钱多，如果钱一样多，再看谁资格老。这样一来选上的或者是肯行贿的有钱人，或者是资历深的庸才，真正的才俊反倒要靠边站了。

当年李林甫选官，虽然没有什么独到眼光，但毕竟还尊重程序，按部就班。现在杨国忠在眼光上丝毫没有比李林甫高明，又不遵守制度，最后的效果只能是比李林甫还差。按照《旧唐书》的说法就是"资格差谬，无复伦序"。

面对这样不公平的选官制度，那些真正有本事的人怎么办呢？有人干脆隐居了。当时有个人叫张彖，中了进士，但是没当上官。别人都劝他去谒见杨国忠，走走后门。但是，张彖说了："吾辈依杨右相如泰山，吾以为冰山耳！若皎日既出，吾辈得无失所恃乎！"他直接隐居去了。有一句话叫"国有道则显，国无道则隐"，有本事的人都隐居了，这意味着他们对国家失去信任了。不过，光是隐居还不是最危险的，最危险的是还有人投奔边疆节度使去了。因为当时边疆节度使有一定的自主用人权，既然在中央找不到出路，那就去边疆吧。这意味着人才流失啊！

工作乱来已经很糟糕了，要命的是，杨国忠为人也特别差劲。怎么个差劲法呢？第一就是轻浮。宰相是百官之首，总得有个表率的样子。就算不像张九龄那样风度翩翩，至少也要像李林甫那样不怒自威吧。但是，杨国忠可没有这种威仪。按照《旧唐书·杨国忠传》记载，杨国忠"立朝之际，或攘袂扼腕，自公卿已下，皆颐指气使"，一副小人得志的样子。

还用选官来举例子。按照唐朝的制度，选官都是在尚书都堂进行，这才叫为国求才。可是，杨国忠一上任，改了，到他家去了。为什么到他家选官呢？他想让几个堂妹也都见识见识他的威风。于是，虢国夫人姐妹几个就都在里面就座了，挡了一层帘子，外面就是选官大厅。候选人一进去，这几位夫人可就议论开了。这个胖，那个瘦，这个傻，那个灵，欢声笑语，外面听得清清楚楚，这不是太不拿候选人当回事了吗？这是给国家选官还是给你杨家选女婿啊？侮辱候选人也就罢了，杨国忠连吏部侍郎也不当回事。两个侍郎也都是三品官了，而且年龄也比他大，做官资历就更不知强他多少倍了，可是，杨国忠对他们呼来喝去，把他们指使得团团转。眼看着两个侍郎穿着庄重的紫色官袍在自家的院子里跑来跑去，杨国忠得意扬扬地对虢国夫人说：看看我这两个紫衣小吏如何？两个人哈哈大笑，把两个侍郎差点没气死。这是轻狂。

轻狂之外，杨国忠还霸道。杨国忠不学无术，有其父必有其子。他的儿子跟他一样，也不认识几个字。本来以杨国忠当时的能量，给他安排个官不成问题，可是，杨国忠还偏偏想让他考个功名，拿个学历，算是正途出身。考什么呢？进士太难了，就让他考明经科。可是，就算明经只考背书，他儿子也不会呀，差不多交了白卷。这可让当时主管考试的礼部侍郎达奚珣犯了难，让他过吧，实在太差了；不让他过吧，哪敢啊。怎么办呢？达奚珣想来想去，决定还是让他过，但是，真实情况得和杨国忠交代一下。

　　第二天，达奚珣就让他儿子在杨国忠上朝的路上等着。看见杨国忠过来了，达奚公子就赶紧凑上前去。杨国忠一看是达奚珣的儿子，心想肯定是通报儿子高中的消息来了，就高高兴兴地停下马来。这时候，达奚公子悄悄对杨国忠说：我父亲说了，令郎的考试其实不合格，但是，也没敢让他落榜。杨国忠一听这话，勃然大怒，说：我儿子何愁不富贵，哪轮得着你们这帮鼠辈卖好！说完扬长而去。达奚珣的儿子一看这阵势吓坏了，回去赶紧跟他爸爸说：杨国忠倚仗权势，目中无人，还是给他儿子个高分算了！没过两年，杨国忠的儿子就已经升任户部侍郎了，这时候，达奚珣也从礼部侍郎调任吏部侍郎。结果，杨国忠的儿子还到处跟人说，我升官太慢了，你看人家达奚珣升得多快呀！爷儿俩都这么霸道，别的官员能服气吗？

　　杨国忠任意妄为，飞扬跋扈，把大唐王朝的朝廷搞得乌烟瘴气，广大官员无不怨声载道。那么，对于普通老百姓来说，日子是不是好过一点呢？

　　完全没有，而且民怨沸腾。老百姓为什么也怨他呢？因为他确确实实损害老百姓的利益了。其中，民愤最大的是抓壮丁打南诏。我们讲过，南诏是云南的一个少数民族政权，属于剑南节度使管辖的范围，而杨国忠正是剑南节度使。天宝九载（750），杨国忠昔日的恩人鲜于仲通贸然挑起了和南诏的战争，结果一败涂地。从那以后，南诏就脱离剑南节度使的控制了。这让杨国忠感到太没面子了！当了宰相之后，杨国忠几次命令攻打南诏，都大败而回。

天宝十三载（754），杨国忠急了，调集兵力，再次进攻南诏！兵从哪里调呢？从中原地区调。这下，中原可骚动起来了，因为中原老百姓没人愿意当兵。唐初的时候，实行府兵制，中原很多老百姓都是府兵，颇有点尚武精神，可是自从开元十一年（723）张说改革，府兵制变为募兵制，边疆普遍建立节度使防区以后，打仗就成了边疆节度使手下职业军人的事了，中原老百姓一辈子生活在和平环境之中，从生下来就没看过打仗，现在突然征兵，谁愿意去呢？再说了，古代北方人对南方特别害怕，都知道南方有瘴气，非常厉害，能够致命，所以一听说征云南，马上谣言满天飞，都说是有去无回，这样一来，更没人愿意去了。都不愿意去怎么办呢？杨国忠可不管你愿不愿意，拿来户籍，三丁抽一，抽到了就得来报到，就和抓壮丁一样。有人被抽到了，可是实在不敢冒这个险，干脆自残了。

60多年后，白居易写了一首著名的诗叫《新丰折臂翁》，里面就描述了一个自残的逃兵。这个逃兵为了不去云南，半夜偷偷用大石头把自己的右胳膊砸折了。赫赫有名的开元天宝时代竟然发生这样的惨剧，这个盛世可就要打折扣了。当然，不可能每个人都自残，好多人还是硬着头皮去了，去的结果怎么样呢？又是一败涂地。前前后后，连病死带战死，唐朝在云南损失了20万兵力，这就是20万家庭的主要劳动力啊。要知道，唐玄宗虽然尚武，也打了很多场战争，但是，基本都是在边疆地区，由职业军人进行的，而且胜多败少，对老百姓生活影响不大。可是这场战争，真真切切让老百姓感受到了妻离子散、家破人亡。

中国传统社会重男轻女，可是，眼看着儿子养大了当炮灰，老百姓又觉得生女儿好了。杜甫《兵车行》说得很清楚："生女犹得嫁比邻，生男埋没随百草。"这可是天宝年间老百姓第二次觉得生女儿好了。第一次是杨贵妃得宠，老百姓说"男不封侯女做妃，君看女却是门楣"。两次"不重生男重生女"，这可不是什么进步，恰恰意味着天宝年间社会出问题了。

按说，宰相当到这个份上，杨国忠该有压力了吧？完全没有。杨国忠过得特别快活。怎么个快活法呢？

第一，杨国忠一举贪污了三千万匹绢帛，差不多把国库都搬家里去了；第二，他和堂妹虢国夫人私通也差不多公开化了。本来唐玄宗不是给杨贵妃的三个姐姐和一个堂兄都赐了豪宅吗？杨国忠当宰相以后，也把自己的宅子和他们建到了一块儿，"昼夜往来，无复期度"。在自己家里放肆一点也罢了，两个人在大街上也公然打情骂俏。按照《新唐书·杨国忠传》的说法就是"居同第，出骈骑，相调笑，施施若禽兽然，不以为羞，道路为耻骇"。别看唐朝社会风气相对开放，但是，开放并不等于放荡，一个宰相完全无视人伦，做出这么伤风败俗的事来，老百姓还真是看不惯，都管杨国忠叫"雄狐"。不过，杨国忠可不管这些议论，每次扈从皇帝去华清宫，杨国忠都和贵妃的三个姐姐一个哥哥走在一起。前面高高飘扬着杨国忠的剑南节度使旌节，后面是五家合成一队，莺歌燕舞，一路招摇，香味飘出几里地远。这是去的时候，从华清宫回来的时候呢？唐玄宗也都要五家一块儿临幸。想当年，李林甫临死想让皇帝看一看他都做不到，现在，到杨国忠家，唐玄宗都流连忘返了！

杨国忠为什么这么放肆呢？他说得很清楚："吾本寒家，一旦缘椒房至此，未知税驾之所，然念终不能致令名，不若且极乐耳。"换句话说，他不是不知道自己有问题，恰恰是因为知道自己的问题太大了，索性得过且过。当年，武则天晚年，二张兄弟得宠的时候，不是有人在他们的弟弟张昌仪家大门上写"一两丝能得几时络"吗？张昌仪回答："一日亦足。"这样看来，杨国忠跟这个舅舅真有异曲同工之处，都信奉"我死后哪管洪水滔天"。

杨国忠治国的无能已经让很多人对大唐王朝失去了信心，但是让人不解的是，青年时代锐意进取的唐玄宗果真糊涂到了这个地步吗？

三、义士孤忠

可能有人会说，杨国忠这么差劲，难道满朝文武就没有人向唐玄宗反映吗？还真没有。自从进入天宝年间，玄宗和大臣的联系就越来越少了，凡事只听宰相的。而宰相也就利用了玄宗的不闻不问，大搞一言堂。这是从李林甫时就奠定的政治传统。杨国忠别看治国不如李林甫，打击异己可是学到家了。

天宝十三载（754）秋收的时候，阴雨连绵，下了一个月都不停。玄宗问杨国忠，老百姓的庄稼会不会受损啊？杨国忠说我调查调查吧。回去精选了两株颗粒饱满的谷穗，拿给唐玄宗，说：雨虽然大，庄稼倒是长得好。玄宗一看很高兴，说：那就不用救灾了。满朝文武谁也不敢说话。有个地方官不忍心看老百姓受苦，就上报水灾，没想到，奏疏一到杨国忠手里就给压下来了，这个地方官马上就被交给了御史台，治罪了。白白搭上了前程，皇帝还一无所知，以后谁还干这样的傻事呢？所以，杨国忠无论怎么做，官员都唯唯诺诺，谁也不肯在皇帝面前多说一句话。这样一来，官员是万马齐喑，皇帝则成了真正的孤家寡人，每天听到看到的无非都是杨国忠安排好的捷报，还怎么会怀疑他有问题呢？

但是，要说唐玄宗完全被杨国忠蒙蔽了也不尽然。因为还有一个人身份特殊，不在杨国忠的管辖范围之内，多少能说上几句话。谁呢？唐玄宗的老奴高力士。别看高力士是个宦官，可是，为人正派，头脑清醒。眼看着唐玄宗飘飘欲仙，杨国忠醉生梦死，高力士可坐不住了。就在天宝十三载（754）那场大雨中，有一天，唐玄宗看着高力士站在旁边伺候，就说："淫雨不已，卿可尽言。"这时候，高力士说："自陛下以权假宰相，赏罚无章，阴阳失度，臣何敢言！"这话说得既明白，又沉痛，唐玄宗听了这直言不讳的忠告是什么反应呢？是不是会意识到宰相有蒙蔽自己的嫌疑，该调查调查了呢？根本没有。《资治通鉴》记载得非常清楚："上默然。"玄宗什么也没说，也什么都没做。

要知道，这可不是不明真相，而是回避问题了。这可不是唐玄宗固有的态度和一贯的风格。唐玄宗一向是个雷厉风行的人，想到就要做到。当年，韦后专权，他以弱抗强，杀出一条血路；开元伊始，他迅速贬逐功臣，摆脱干扰；甚至，当他觉得三个儿子威胁自己的统治时，也会痛下杀手。这些决策有对有错，但是无论如何，只要遇到问题，他就会去解决，而绝不会无所作为。但是这一次，面对高力士的进谏，他为什么会默然不应，无所作为呢？

第一个原因就是他老了，已经失去了当年的锐气。到天宝十三载（754），唐玄宗已经当了44年的皇帝了，年龄也已经超过70岁，国家也早就进入了太平盛世。在这种情况下，他既骄傲，又怠惰。对他来说，锐意进取的时代已经过去了，现在需要的是固守承平，不求有功，但求无过。对宰相问题也是一样，只要宰相没闹出什么大乱子，唐玄宗宁可得过且过。而且，自从李林甫当政以后，唐玄宗已经慢慢从朝政中退出，对大臣的了解也相当有限，如果这时候不用杨国忠，他又能用谁呢？

第二个原因是杨国忠出身外戚，这对于从宫廷斗争中成长起来的唐玄宗是一个敏感的问题。唐玄宗固然需要杨国忠帮他处理朝政，但是，潜意识之中，他并不希望杨国忠有太高的人望和能力。换言之，杨国忠能力不强，野心也就不大，这对他未尝不是一件好事。在自身权力维护和国家利益面前，唐玄宗宁可选择自私，这真是大唐盛世的悲哀。

天宝十四载（755），唐玄宗大概已经忘了高力士忧心忡忡的进谏了，又对高力士说："朕今老矣，朝事付之宰相，边事付之诸将，夫复何忧！"高力士回答说："臣闻云南数丧师，又边将拥兵太盛，陛下将何以制之？臣恐一旦祸发，不可复救，何谓无忧也！"看来，让高力士不放心的不仅是宰相，还有边将。那么，这个边将会是谁呢？

第五部分
长恨悲歌

一篇长恨有风情。

"长恨"二字，道尽了唐玄宗与杨贵妃生离死别的辛酸与无奈。

然而，家国兴亡、世道沧替之际，"长恨"二字，又岂能仅仅属于爱情。

清朝诗人袁枚说得好，"莫唱当年长恨歌，人间亦自有银河。石壕村里夫妻别，泪比长生殿里多"。

确实，皇帝与爱妃的泪光之中，映照的其实是千千万万家庭的妻离子散，也是一代盛世的凄凉挽歌。

透过开元盛世的重重华幕，透过"安史之乱"的滚滚风烟，透过百折千回的中国历史，唐玄宗这个毁誉交加的风流天子，又会带给我们怎样的思考呢？

第三十四章　宠幸禄山

天宝十载（751），唐玄宗退朝回宫，后宫里正一片喧闹。只见一群宫女抬着一个锦缎做的大襁褓出来，襁褓里面是一个满脸胡子的大胖子，一路笑声不断。玄宗忙问是怎么回事，左右回答说，贵妃在给禄儿洗三呢。玄宗一听，哈哈大笑，说：贵妃这个当妈的辛苦了，赶紧放赏。

那么，这个被称为禄儿的大胖子是谁呢？他就是胡人安禄山，也就是我们熟知的"安史之乱"的发动者。唐玄宗的锦绣江山就是被他断送的，杨贵妃也最终因他含恨而死。不过此时，他的身份可不是叛军将领，恰恰相反，他是玄宗最宠爱的将军，同时是杨贵妃的干儿子。安禄山是怎么获得这些殊荣的呢？唐玄宗为什么会如此赏识他呢？说起来颇具传奇色彩。

一、安禄山出身

安禄山是何许人？《资治通鉴》里有这么一句话："安禄山者，本营州杂胡。"什么叫杂胡呢？就是唐朝人对粟特人的称呼。粟特人是古代中亚地区的一个商业民族，属于伊朗人种。他们沿着丝绸之路往来经商，为沟通欧亚的物质和文化出力不少，现在博物馆里那种戴着尖帽子、背着口袋、骑着骆驼的陶俑，塑造的就是粟特人的形象。

在经商的道路上，粟特人建立了一个又一个的聚居点，营州是他们在大唐境内建立的最东边的聚居点，在今天辽宁省的朝阳附近。安禄山就出生于营州。不过，安禄山并不是纯粹的粟特人，而是粟特和突厥的混血儿。他的父亲是粟特人，姓康；母亲是突厥人的巫师，姓阿史德氏。那他怎么会叫安禄山呢？据说是因为他母亲长期没有孩子，后来到阿荦山下祈祷，终于生下了他，因此给他取名阿荦山，就是突厥语"战神"的意思。如果冠上父姓的话，当时就该叫康阿荦山。可是后来，他的父亲死了，母亲带着他改嫁给姓安的粟特人，康阿荦山也就成了安阿荦山。再以后，和汉人打交道多了，又改成了比较汉化的名字——安禄山。

尽管安禄山起了个战神的名字，但是，他的第一份职业并不是军人，而是个互市牙郎，也就是边境各民族做互市贸易的中间人，掮客。为什么干了这个工作呢？因为安禄山语言能力超强，通六番语（一说九番语）。可能我们现在听了觉得特别震撼，我们就学一门英语还那么费劲呢，安禄山得多聪明啊，怎么会那么多种语言呢？其实想想也好理解。首先，粟特是商业民族，祖祖辈辈跟各色人等打交道，所以有粟特人血统的安禄山语言天分当然会比一般人强；其次，他的语言环境也好。安禄山生活在民族杂糅的地区，本身又来自国际家庭，母语至少就两种了，再多学几种语言也不特别困难。可能这样的人才在营州地区并不特别罕见吧，所以安禄山这个互市牙郎的收入也就是一般般。赚的钱不够花，怎么办呢？安禄山只好又经营了一个副业——做贼，偷羊贼。

本来，这边偷羊那边卖羊，产销一条龙，日子过得也挺滋润。可是，就在这时，他的人生出现了一次大转折。怎么回事呢？当时河北北部地区生活着两个少数民族，一个是奚，一个是契丹，经常攻打唐朝的东北边境，搞得唐朝很是头疼，朝廷就新任命了一个幽州节度使张守珪，让他镇守东北边境。

新官上任三把火，张守珪一到任就开始整肃社会风气，严厉打击小偷小摸行为。当时营州属于幽州节度使管辖之下，偷羊贼安禄山就在这个时候落入了法网，要被执行死刑，以儆效尤。就在杀人大棒举起的千钧一发的时刻，安禄山大喊了一声："大夫不欲灭奚、契丹邪！奈何杀壮士！""奈何杀壮士"，这可是中国古代的一个固定句式。当年楚汉战争时期，韩信这样说过；后来南朝梁时，周铁虎也说过；这大概就是异代不同时，而英雄所见略同吧。张守珪一听非常震撼，没想到啊，这个偷羊贼还有这样的心胸！再仔细一看，安禄山长得膀大腰圆，白白胖胖，一副虎虎有生气的样子，挺符合唐朝的审美标准，就把他放了，留在帐前，当了捉生将，也就是侦察兵。

当兵之后，安禄山仗着人熟地熟，频频立功。有一次，张守珪让他带五个骑兵出去侦察敌情，过了半天，安禄山回来了，后面用绳子绑了好几十个契丹人。这不是一个顶俩，而是一个顶十个啊！这样的下属张守珪能不赏识吗？很快就把他提拔为平卢讨击使，这可是节度使手下的高级武官了。不仅如此，张守珪还按少数民族的风俗把他收为了养子。一条金光大道看起来已经铺在安禄山眼前了。可是没过多久，一件最最倒霉，同时最最幸运的事情降临在了安禄山的头上。

二、玄宗救命

开元二十四年（736），张守珪派安禄山去讨伐奚和契丹，安禄山恃勇轻敌，盲目冒进，结果吃了大亏，唐军损失不少。按照军法，安禄山难逃一死。可是，想想这个干儿子平常也没少立功，张守珪又不忍心了，毕竟，胜败乃兵家常事，真要杀了他，还是挺可惜的。怎么办呢？张守珪想来想去，干脆把矛盾上交了。他把安禄山押解到朝廷，随人附上一封奏疏，既写着他这次失利的经过，也写着他以往的战功，让朝廷裁决。

那么，朝廷会怎么裁决呢？要知道，开元二十四年（736），首席宰相可还是张九龄。张九龄是个文人官僚，当时正忙着抑制皇帝对武功的过分热情呢，一看有武将犯了军法，这简直是往枪口上送嘛，马上大笔一挥：格杀勿论！可是眼看就要推出去砍头了，有人说话了：这人是个勇士，还是留下来吧。说话的是谁呀？唐玄宗。皇帝亲自为他求情了。

原来玄宗也和张守珪一样，被安禄山伟岸白皙的样子吸引了。要知道，唐朝最流行的就是这种又肥又白的长相。唐玄宗觉得，这小伙子长得很有气概嘛，现在东北边境正需要人才，何苦自剪羽翼呢？就主张法外开恩，特赦他。可是，张九龄是个非常自负的宰相，经常和皇帝争吵，特别是在边将问题上，几乎从来没有和玄宗意见一致过。现在一听皇帝说要放人，张九龄马上又吵起来了。他说："禄山失律丧师，于法不可不诛。且臣观其貌有反相，不杀必为后患。"一听张九龄说安禄山有反相，唐玄宗笑了，说：张爱卿，你是不是书读多了，神经过敏啦？如果你实在不放心他，就让他以普通士兵的身份到军前效力好了。

宰相和皇帝意见不一致，到底谁赢了？当然是皇帝赢了。就这样，因为唐玄宗出手相救，本来必死无疑的安禄山毫发无伤，又回到了营州。可能有人要说了，看来这宿命论不相信不行啊。你看，唐玄宗不信张九龄的法眼，非要救安禄山，最后自己栽在安禄山手上，这不都是命吗？是不是呢？

其实，所谓宿命论不过都是些马后炮，要知道，当时可才是开元二十四年（736），离"安史之乱"爆发还有20年呢，难道张九龄真的能看出什么反相不成？恐怕这只是文官对武将恃功跋扈的一种本能反感罢了。而且，唐玄宗救安禄山，在历史上也并不是没有先例可循。当年，唐高祖李渊起兵，隋将李靖拼命抵抗，李靖被俘后应当被处死，但李世民一看此人威武雄壮，便刀下留了人，李靖后来不也成了唐朝最有名的将军吗？唐玄宗此刻放了安禄山，其实也是想成就这样一段帝王慧眼识英雄的佳话。可是，谁也没想到，后来爆发了"安史之乱"，因此，这样一段佳话也就变成了神话，张九龄成了火眼金睛的神仙，安禄山成了王者不死的典范，而唐玄宗就成了命中注定的倒霉鬼。

安禄山确实是个幸运的人。虽然经历了不少的波折，但每次都能起死回生、逢凶化吉。但仅有这些还不足以让安禄山平步青云。事实上，在安禄山发迹的过程中，有一个重要人物无意之中给他帮了一个大忙，这个人是谁呢？他是怎么帮到安禄山的呢？

三、飞黄腾达

俗话说，"大难不死，必有后福"，这句话用到安禄山身上一点都不错。皇帝给了安禄山一次新的生命机会，马上，宰相又要给他一次升官的机会了。哪个宰相呢？李林甫。

开元二十四年（736）不仅是安禄山的幸运年，也是李林甫的幸运年，就在这一年的年底，李林甫取代张九龄，成为首席宰相。李林甫任相期间，曾经给唐玄宗提出过一项著名的建议。他说："文人为将，怯当矢石，不如用寒族番人。番人善战有勇，寒族即无党援。"也就是说，边将不要用会临阵脱逃的文人，而要用出身比较低但勇敢善战的胡人。另外还得用寒门，因为寒门出身的人在朝廷里不会结党营私。

李林甫为什么提这么一个用人方略呢？一句话，为了专权。李林甫是个爱权力的人，可是，他有两大劣势不利于揽权：一是没有文采；二是没有军功。正因为如此，李林甫就特别忌恨那些有文化和有边功的人，谁要是把这两个本事都占全了，那李林甫就更加恨之入骨，必欲置之死地而后快。那么，谁最有可能把这两个优势占全呢？就是那些文官出身的节度使。这些人受过良好的教育，再立功疆场，那不就等着出将入相了吗？这对李林甫可是个威胁。怎么办呢？以前我们讲过李林甫打击政敌的事情。可是，事后整人必定是有风险的，李林甫是吏治派官员，更相信制度建设，他要防患于未然。怎么防患呢？干脆，提这么一个用人建议，启用胡人将领。他们目不识丁，无论如何也当不了宰相，这不就不会撼动他的地位了吗？多自私啊！

　　当然，建议归建议，能不能形成一项政策还得皇帝说了算。那唐玄宗同不同意李林甫的这个建议呢？唐玄宗可不光是同意，他觉得这条建议简直说到自己心里去了。李林甫害怕别人抢位置，唐玄宗也害怕呀。唐玄宗晚年最害怕太子勾结武将抢班夺权了，如果任命汉人为将领的话，难保他们不和太子发生这样那样的联系，皇甫惟明、王忠嗣，不都是活生生的例子吗？可如果任命胡人为将领，那他们就不可能和太子有什么渊源，跟太子勾结的概率也就大大减少了，这是好事！

　　再说了，当时任用胡人将领也是大势所趋。为什么呀？首先是唐代的主力兵源变了。本来，在府兵制时代，士兵主要是中原老百姓，将军也主要是中原的汉人，这没有任何问题。但是，自从开元中期张说改府兵制为募兵制之后，戍边的军人就不再是中原老百姓了，而是由边疆的节度使就地招募。在边疆地区就地招募，能招来什么人？很多都是附塞的胡人，或者是胡汉混血儿，这些人逐渐成为主力兵源了。如果士兵以胡人为主了，那将军换成胡人也就是迟早的事。

　　另外，开元中期以后，随着社会的安定和繁荣，中原汉人越来越追求文雅的生活，不愿意打仗了，正所谓"子弟为武官，父兄摈不齿"。整个中原社会逐渐弥漫了一种重文轻武的风气，出身中原的将才也就越来越少，在这种情况下，由勇敢善战的胡人将领来填补空白不也是顺理成章的事吗？就这样，既是出于私心，也是出于现实考虑，唐玄宗完全同意李林甫的这个方略。

这个用人方略对安禄山可太有利了。首先，他是胡人；其次，他出身很低，这寒族胡人的条件简直就像给他量身定做的一样。有了这样的先天条件，想不出头都难啊。

皇帝扶上了马，宰相又送了一程，天时地利都对安禄山有利，在这种情况下，能不能脱颖而出可就看个人造化了。

安禄山的造化怎么样呢？超一流。开元二十四年（736）他不是回到营州，白衣效力了吗？五年之后，他已经荣升为平卢节度使了。按照玄宗时期的建制，平卢节度使有兵力三万五千多人。五年之间，从三万五千人之一上升为三万五千人之首，这个跨越可是相当不容易。我们都知道，当时符合寒族胡人条件的不可能只有安禄山一个，他怎么就能蹿升得这么快呢？毛主席说过，外因是变化的条件，内因是变化的根据，外因通过内因而起作用。安禄山快速升迁，除了外部环境有利外，在很大程度上还是因为他个人素质好。

他有两项素质非常优秀。首先，安禄山特别能打仗。我们不是讲过，当时唐朝在东北的主要敌人是奚和契丹吗？这两个民族经常联合作战，把东北地区搞得鸡犬不宁，好多节度使都栽在那里。可是，安禄山不一样，自从他当了节度使，朝廷就经常能听到捷报了。而且，这捷报可不是虚报战功，而是实打实地抓到俘虏。根据《资治通鉴》的记载，安禄山"岁献俘虏，……不绝于路。州县疲于递运"。天宝九载（750），安禄山一次就贡献奚人俘虏8000人。

安禄山打仗为什么这么牛呢？《安禄山事迹》有一段话总结得好：

"蕃人归降者以恩煦之，不伏者以劲兵讨之，生得者皆释而待，锡以衣资，赏之妻妾。前后节度使招怀夷狄，皆重译告谕夷夏之意，因人而传，往往不孚。禄山悉解九夷之语，躬自抚慰，曲宣威惠，夷人朝为俘囚，暮为战士，莫不乐输死节，而况幽蓟之士乎？"意思有两个方面。第一，恩威并重，只要投降，就既往不咎，而且让他们直接当兵，给出路。这最能有效地瓦解敌人了。第二，长于沟通。当年汉族将领当节度使的时候，就算想要恩威并施，也不容易做到；就算是一番好意，经过好几层翻译，也早就变味儿了。可是安禄山不存在这个问题，他掌握那么多门语言呢，跟谁都能沟通，奚人也好，契丹人也好，一听到将军用本民族语言跟他们谈心，能不心服口服地为他效力吗？这样一来，安禄山的优势可就显现出来了，别人打仗都是消耗自己的力量，而他打仗则是不断增强自己的力量。眼看着平卢军不断壮大，唐玄宗高兴坏了。这个安禄山，当年果然没看错，是个能人！

可是，光会打仗也不行。王忠嗣、皇甫惟明也很会打仗，最后不是也都没有好下场吗？一个将军要想混得好，除了会打仗之外，更重要的还是要让皇帝放心。这一点，安禄山清楚得很。怎么才能让皇帝放心呢？那就玩命地献忠心吧。

举个例子。一次安禄山觐见玄宗，太子也在场。拜见过玄宗之后，玄宗就让他拜见太子。可是，安禄山就是不拜。左右一看，这是严重的失礼行为啊，赶紧催他。这时候，安禄山说话了："臣番人，不识朝仪，不知太子者何官？"玄宗一看，到底是边疆少数民族，不懂行，就给他解释说：太子是储君，朕百年之后就要由他来当皇帝了。这时候，安禄山假装若有所思地说："臣愚，比者只知有陛下，不知有太子。"什么意思呢？我心里只有你一个人，不知道太子是什么概念！要知道，唐玄宗晚年最害怕的就是大臣不忠，和太子勾结抢班夺权，现在一听安禄山说心里只有皇帝，没有别人，感动得都要哭出来了，能不喜欢他吗？

再举个例子。安禄山年轻时候就不瘦，中年以后更加发福，肚子特别大，自称腹重300斤。据《安禄山事迹》讲，他乘驿马入朝，驿站得为他选最壮的马，而且马鞍前还要特别加装一个小鞍，盛他的肚子。有一次，唐玄宗打趣他，问：你这肚子里都有什么呀？怎么这么大？安禄山不假思索地说："更无余物，正有赤心耳！"唐玄宗一听哈哈大笑，这个安禄山，真是傻得可爱呀！

其实到底是谁傻呀？唐玄宗傻。安禄山那叫"外若痴直，内实狡黠"，是装傻；而唐玄宗居然相信，可就是真傻了。可能有人要说，唐玄宗一代明君，怎么就傻到这个程度呢？他难道看不出来安禄山的表演太夸张？这就是人性的弱点了。通常人只要是听好话，智力马上严重缩水，皇帝也不例外。另外，安禄山的胡人身份也给他加分了。试想，如果是李林甫或者杨国忠说什么我眼里只有皇帝，我肚子里只有一颗对皇帝的忠心，或者我连太子都不认识，唐玄宗再喜欢听好话恐怕也会觉得恶心吧？但是安禄山就不一样了。无论什么话只要配上他不太流利的汉语和敦实的大个子，都会显得真诚无比，唐玄宗没法不信呀。很快，安禄山的正面形象就建立起来了。在唐玄宗看来，此人既能且忠，是个不可多得的人才，得重用！

四、玄宗的宠儿

怎么重用呢？

首先就是加官了。天宝元年（742），安禄山担任了平卢节度使；到天宝三载（744），兼范阳节度使；天宝十载（751），又兼任河东节度使。平卢节度使治所在今天的辽宁朝阳，范阳节度使治所在北京，河东节度使治所在山西太原，三镇兵力加起来超过20万。这个数字是一个什么概念？这是全国边防军总数的百分之四十，这可是个不得了的数字。另外，安禄山还兼任河北道采访处置使，直接掌管着河北地区各级官员的升降。三镇的军政大权再加上一道人事权集中在他一个人身上，安禄山的实力不仅在当时独一无二，而且可以说是前无古人。

光给权力还不算，唐玄宗对安禄山的宠幸那是没边了。首先，评价高。唐朝不是每年考核官员吗？分为上上、上中、上下、中上、中中、中下、下上、下中、下下共九等。天宝九载（750），安禄山到朝廷来献俘，唐玄宗亲自指示考评部门给安禄山评定为上上考。"上上考"是什么概念呢？一句话，这是从没有过的殊荣。要知道，当年姚崇号称贤相，不过是考评到中上，后来李林甫谄媚，也不过考评到上下，上上考基本从来没给过任何人。换句话说，这上上考只是高悬在那里的一个理想境界，含义跟圣人差不多。现在，居然就被安禄山拿到了！这还不算，唐玄宗还赐给他东平郡王的爵位。边将封王，这在唐朝的历史上也是头一回。

其次，身份高。高到什么程度呢？高到乱套的程度了。安禄山是杨贵妃哥哥姐姐的拜把兄弟，同时是杨贵妃的干儿子。这是怎么回事呢？

天宝六载（747），有一次，安禄山陪唐玄宗家宴，玄宗一高兴，当即命杨铦、杨锜以及贵妃的三个姐姐皆与禄山叙兄弟。可能有人说，为什么不跟杨国忠叙兄弟呀？天宝六载（747），杨国忠还不过是个小毛毛虾，还轮不到他呢！既然和杨贵妃的姐姐们都认了干兄弟，安禄山就经常出入宫廷了。混得稍微熟了一点，安禄山又觍着脸上奏唐玄宗，要认杨贵妃当干妈！当时安禄山已经45岁了，杨贵妃才刚刚

29岁，安禄山比杨贵妃还大16岁，认比自己年龄小这么多的女人当干妈，无论如何也让人觉得别扭啊。更别扭的是，安禄山既然是杨贵妃姐姐的干哥哥，从辈分来讲，也应该是杨贵妃的干哥哥，现在一下子改成干儿子，按照中原汉地的风俗，这简直就是乱伦嘛！

但是，我们说过，李唐皇族本来就有北方胡人的血统，安禄山更是一个不折不扣的胡人，彼此辈分的概念都比较模糊，所以，谁也没觉得别扭。更好笑的是，自从认了杨贵妃当干妈，安禄山的礼数可就变了。每次玄宗和贵妃共坐，安禄山必定先拜贵妃，再拜玄宗。唐玄宗当了一辈子皇帝，没见过这样行礼的，就问安禄山这是怎么回事。安禄山回答说："胡人先母而后父。"又把唐玄宗逗得哈哈大笑。这孩子，多老实啊！既然是贵妃的干儿子，安禄山的身份可就不是一般大臣比得了的了。有一次，唐玄宗在勤政楼举行宴会，文武百官都坐在楼下，唯独安禄山不一样。唐玄宗专门在御座东边安了一个小屏风，让安禄山就坐在屏风后头。谁让人家是干儿子呢！

最后，待遇高。安禄山不是经常到长安觐见皇帝吗？天宝九载（750），唐玄宗发话了，在长安城给安禄山建个宅子。怎么建呢？唐玄宗对经办人员千叮咛万嘱咐，"但穷壮丽，不限财力"。有皇帝这句话，那施工人员就有底了，可劲地讲究排场吧。很快，一个精装修的豪宅就建起来了。这豪宅豪华到什么程度呢？按照《资治通鉴》的记载，那是处处都考虑安禄山的特殊需求了。安禄山不是胖吗？床就做加长加大版的，"有贴白檀床二，皆长丈，阔六尺"。跟床配套的帐子也是大号的，"帐一方一丈八尺"。人既然长得壮，吃饭必定得多。所以，厨房用具也都是大号的。大到什么程度呢？淘米盆和饭碗都能装下五斗米，不要说给人吃，就是喂狗熊也够了。型号加长加大也就罢了，更奢侈的是材料。《资治通鉴》里说得清清楚楚："厨厩之物皆饰以金银。"像我们刚才说的盛五斗米的饭碗，是用金子做的，淘米盆是用银子做的，洗菜的菜筐和笊篱都是用银丝编的。这样一来，"虽禁中服御之物，殆不及也"。连唐玄宗的排场都比不上他。为什么这么夸张？因为玄宗监督严格啊，三天两头就派宦官来监工，每次都跟他们讲："胡眼大，勿令笑我。"唐玄宗也知道，安禄山是粟特人，世代经商，什么金银财宝都见过，眼界很高，所以千万不能寒酸了，丢了面子。

在唐玄宗一生宠幸过的大臣中，安禄山可以说是独占鳌头，无出其右者。那么安禄山为什么会这么得宠呢？有人认为，就是因为安禄山常常说漂亮话，哄唐玄宗开心。

真的就是如此吗？如果我们这么想，那可就把玄宗看得太简单了。

事实上，唐玄宗之所以宠幸安禄山，最重要的原因还是想巩固东北边防。大家知道，唐朝的首都设在长安，因此，它的军事防务一向以西北为重。相对而言，东北地区没有那么重要。正因为如此，历任皇帝都在西北地区采取积极攻势，而在东北地区采取守势。但是，防守也不是一件轻松的工作。自从武则天执政以来，契丹和奚人屡降屡叛，唐朝真是不胜其扰。在这个时候，安禄山横空出世，居然就能把东北局势基本稳定下来，这让唐玄宗相当满意。在他看来，只要有安禄山，东北防务就可以放心，朝廷也就能腾出精力去开拓西北。在玄宗的心中，安禄山的定位就好比是东北的一条看家狗。只要能看家护院，多扔给他两块肉骨头又算得了什么呢？

唐玄宗的这番笼络之心谁能理解呢？杨贵妃。人家立刻就领悟了，也跟唐玄宗一起哄着安禄山。怎么哄呢？我们开头不是讲到她在安禄山生日之后三天演了一出洗三的闹剧吗？看起来很荒唐，但其实倒是忠实地执行了唐玄宗的想法。既然唐玄宗要笼络这个家伙，她身为贵妃，干吗不帮皇帝做点什么呢？当然，花容月貌的妃子给这么一个40多岁的大胖子洗澡，无论如何还是太惊世骇俗了，所以，当时就有很多人说杨贵妃和安禄山私通。宋朝以后，这方面的说法就更多了。但是，即使是宋朝以后的卫道士也不得不承认，杨贵妃这么干的时候，唐玄宗居然一点意见都没有。为什么？不是他们所分析的唐玄宗老糊涂了。恰恰相反，唐玄宗明白，这是杨贵妃在配合自己工作呢，他怎么可能再挑眼呢？

玄宗这样做有没有危险呢？当然有危险，叛乱的危险。要知道，唐朝前期，在军事方面实行的是府兵制，府兵主要集中在长安及洛阳周边地区，内重外轻，举四方之力不敌关中，因此基本不会发生边将反叛的事。但是，到了玄宗时期，随着府兵制瓦解，内地基本上就没什么军事力量了。相反，节度使率领大军驻守边疆，内重外轻一下子变成了外重内轻，边将叛乱的可能性可就大大增加了。但是，即便如此，直到开元末年，也还有两个保险栓控制着局面。

哪两个保险栓呢？第一，节度使要用忠厚名臣，希望他有自发的忠贞之心。第二，节度使"不久任，不兼统，不遥领"。不长期任职，不四处任职，不遥控任职，防止他形成个人势力。另外，当时边将既然常常怀着出将入相的梦想，自然心向中央了。有了这两个保险栓，边将反叛的可能性也就降低了不少。可是，到了天宝年间，因为皇帝怠惰，宰相自私，这两个原则在安禄山身上都突破了。他出身杂胡，对于中原文化了解有限，所谓的忠诚更多的是一种表演；另外，他任职多年，兼领三镇节度使，手下胡人众多，早就形成了难以撼动的个人势力。在这种情况下，一旦他不再忠诚于皇帝，后果将不堪设想。

那么，这样的情况会不会出现呢？唐玄宗君臣又将怎样应付呢？

第三十五章　君臣误国

安禄山凭借赫赫战功和花言巧语，受到了唐玄宗的宠信，不仅身兼三镇节度使，手下有超过 20 万的兵马，而且掌握了整个河北道所有官员的升迁处置权，形成了难以撼动的个人势力，这使得他的野心也随权力一起膨胀。

很多证据显示，天宝后期，安禄山逐渐暴露出谋反的迹象，那么，对安禄山一贯信任有加的唐玄宗和对安禄山一直心怀嫉妒的杨国忠，这对君臣又将如何应对这个情况呢？

一、国忠告状

天宝十三载（754）正月，安禄山风尘仆仆地赶到华清宫，跪倒在唐玄宗面前，泣曰："臣本胡人，陛下宠擢至此，为国忠所疾，臣死无日矣！"安禄山不是唐玄宗的宠臣吗？怎么突然说出这样狼狈的话来呢？

原来，杨国忠在皇帝面前告他的状了，说他有反心。怕玄宗不信，杨国忠还激了玄宗一句，说："陛下试召之，必不来。"玄宗就真的下了一道命令，宣安禄山入朝了。

杨国忠为什么要告安禄山谋反呢？因为他控制不了安禄山。我们讲过，杨国忠自从当了宰相，就大权独揽，把整个朝廷基本上都握在自己的手心里了。但是，杨国忠几乎是凭本能就知道，有一个人他控制不了——安禄山。安禄山得宠的程度绝不在杨国忠之下，而且对他表现得颇为轻蔑。这对杨国忠来讲可是一件难以接受的事情。怎么办呢？既然控制不了他，干脆整倒他算了。历朝历代文官要想整倒武官，差不多都找同一个理由——谋反！杨国忠也不例外，整天在玄宗面前说安禄山要谋反。不过，谋反可是一件特别严肃的事情，红口白牙地瞎说不行，总得有些证据。那么，杨国忠告安禄山谋反，有没有证据呢？他还真有一些。

第一，蓄养壮士。安禄山不是经常抓俘虏吗？抓到骁勇的俘虏，安禄山既不杀，也不放，都养起来了。按照《资治通鉴》的说法，就是"禄山养同罗、奚、契丹俘虏八千余人，谓之'曳落河'"。"曳落河"是突厥语"壮士"的意思。这八千壮士既是他的干儿子，又是他的亲兵，个个骁勇善战，一可当百。安禄山如果没有反心，养这些壮士干什么呢？

第二，招纳谋臣。我们不是讲过，李林甫和杨国忠当宰相，文人比较难出头吗？文人在朝廷找不到出路，就开始流动到边疆节度使麾下了。当时有一个人叫高尚，本名叫高不危，一听这名字大家就知道，有点水平。高不危老家就在幽州，他也颇有学问，可就是郁郁不得志。穷困潦倒中，高不危仰天长叹说：高不危当举大事而死，岂能啮草根求活邪？这话传到安禄山耳朵里，安禄山觉得有点意思，就把他召入幕府了，让他给自己出谋划策。当时，安禄山手下这样的谋士还颇有几个。如果不想造反的话，干吗养这么多谋士呢？

第三，储备物资。安禄山都储备什么了？首先就是钱。安禄山是粟特人，对赚钱最内行。安禄山自从当上了范阳、平卢和河东三镇节度使，就聚拢了一大批粟特商人，让这些人到各地贩运物资，给他赚钱。赚回来的钱买马、买兵器。安禄山手下的良马就有5万匹，足可以建立一支实力雄厚的骑兵队了。在冷兵器时代，骑兵的作用就相当于飞机加坦克，有了这么多战马，安禄山的战斗力又提高了不少。另外，他还在范阳北边又修了一座城，起名叫雄武，里面储藏了大量粮草。如果没有反心，要这么多装备干什么呢？

当然，在我们看来，这三项证据要说是谋反固然有道理，要说是为了更好地保卫边疆也行。但是，有一项证据可是无论如何也说不过去了。

那就是私做官服。我们知道，唐朝官服的颜色和品级是直接挂钩的，三品穿紫，五品穿红，不是当官的不能乱穿。可是，安禄山在河北弄了一批裁缝，私做绯紫袍、鱼袋，以百万计。这不是明摆着打算当皇帝吗？这样看来，杨国忠说安禄山谋反，也不是空穴来风。

那我们就有疑问了，唐玄宗对安禄山那么好，既给了他很大的权力，又给了他无比的荣宠，甚至还让杨贵妃认了他做干儿子，作为一个臣子，他还有什么不满足的？他为什么非要谋反呢？

首先，皇帝的生活太迷人，安禄山太羡慕了。安禄山本来就是一个边疆放羊娃出身，即使后来当了军官，也还是在塞外苦寒之地，生活还是比较质朴的。可是，自从当了节度使，经常进入长安，安禄山的眼界可是一下子就打开了。长安是大唐帝国的首都，繁华富足，特别是宫廷，到了天宝年间，因为物资丰富，唐玄宗又耽于享乐，所以富贵风流达到了前所未有的程度。

有几件事让安禄山特别羡慕：

首先，美女。安禄山不是杨贵妃的干儿子、杨贵妃姐姐们的干哥哥吗？这几位夫人，当时都是二三十岁，丰满艳丽，浑身上下散发着贵族女性的迷人气息，把安禄山都看傻了，这还是人吗？这分明是神仙姐姐嘛！安禄山也知道，后宫里这样的神仙姐姐多得不计其数，他能不垂涎吗？第二，娱乐活动。要知道，安禄山也是个舞蹈家，别看他肚子大，跳起胡旋舞照样得心应手。在这样的行家面前，一般的音乐歌舞也就罢了，安禄山最感兴趣的是舞马。唐玄宗当时训练了一支舞马队，每次举行宴会，都让这些马一边用嘴叼着酒杯，一边随着音乐节拍跳舞。这可让安禄山太震撼了，他跟马打了一辈子交道，只知道马能冲锋陷阵，从来不知道马还能跳舞！这粗鲁和优雅的差距怎么那么大呢！当年，刘邦看到秦始皇出行的排场，忍不住说："嗟乎，大丈夫当如此！"面对着宫廷生活的诱惑，安禄山心里可能也在想，当皇帝确实比当节度使好玩多了！

其次，中原武装力量水平太差，安禄山根本不把他们放在眼里。自从开元中期府兵制解体之后，兵力都集中到边疆节度使手下，整个中原地区就没有兵了，只在中央有10万左右的禁军。按说，这10万禁军如果个个精壮也可以，当年唐玄宗诛杀韦后不就用的禁军吗？可是，经过漫长的开元天宝时代，因为长期不打仗、不训练，禁军也逐渐腐化了。按照唐朝的规定，所有人都有给国家无偿干活的义务，这叫作徭役。但是，只要当了禁军，就可以免除徭役。这样一来，长安城的好多市民、商人都纷纷花钱托关系当禁军。这些人哪有什么心思当兵呀，平常该干吗还干吗，只是偶尔到军队点个名，报个到。这样一来，军队风纪特别坏。按照《新唐书》的说法就是，"富者贩缯彩、食粱肉，壮者为角抵、拔河、翘木、扛铁之戏"。有钱就吃好的穿好的，没钱但是身体好的就又玩又乐，一点战斗力都没有。安禄山往来长安，看到这些腐败的禁军，不由得非常轻蔑，心里想：哼！别看唐玄宗是皇帝，他的兵比我的兵可差远了！

最后，眼看着玄宗年纪一天比一天大，他也开始担心了。安禄山从开元二十四年（736）开始跟唐玄宗打交道，眼看着玄宗从一个精明强干的中年人，慢慢变成不问朝政的七旬老翁。当年安禄山为了巴结玄宗，不拜太子，固然是神来之笔，但是，也把太子给得罪了。俗话说，"人生七十古来稀"，谁知道玄宗还能活几年？一旦太子接班，安禄山还能有好果子吃吗？想到这些，安禄山也觉得很紧张。

因为羡慕皇帝的生活，轻视皇帝的武力，又害怕以后新皇帝对他不好，安禄山就产生造反的想法了，也一直在做着造反的准备。群众的眼睛是雪亮的，事实上，当时，告安禄山谋反的人也并非杨国忠一个。当年，安禄山修雄武城的时候，王忠嗣还告过他谋反呢！这样的意见听多了，玄宗心里也有点不踏实，索性听从杨国忠的意见，召安禄山入朝。

二、禄山入朝

那么，安禄山接到皇帝让他入朝的诏书是什么反应呢？他肺都要气炸了。本来，安禄山已经做了那么多年的准备，之所以一直没有造反，其实不过是顾虑两个人。第一，是顾虑唐玄宗有恩于他，有点于心不忍；第二，他也顾虑李林甫比他强，他不敢。安禄山为什么害怕李林甫呢？

因为李林甫太聪明了，每次和安禄山讲话，都能猜透安禄山的心思，预先就把他想要说的话替他说出来。安禄山本来对自己的智力是很自负的，可是，一看见李林甫比他还聪明，也就只有服气的份了。服气到什么程度？只要是面对李林甫，即使是大冬天，安禄山也会紧张得冷汗淋漓，三层皮袍子都湿透了。这时候，李林甫再"抚以温言，自解披袍以覆之"。恩威并施，搞得安禄山真是又敬又畏，心甘情愿地管李林甫叫"十郎"。我们知道，唐朝仆人管主人才叫郎呢，所以他管李林甫叫十郎，是很恭敬的一个称呼。为了随时探听朝廷的举动，安禄山在长安设立了一个办事处，专门打听消息。每次办事处的人回范阳汇报工作，安禄山一定先问："十郎何言?"如果听说李林甫又表扬他了，安禄山一整天都特别开心；但是，如果听到李林甫说"语安大夫，须好检校"，也就是说让他管好自己的时候，安禄山简直就像一个小孩子一样，往床上一扑，说："噫嘻，我死矣!"在安禄山看来，他自己是道高一尺，李林甫就是魔高一丈。只要有李林甫在，他就不敢轻举妄动。

可是现在李林甫死了，杨国忠当了宰相，安禄山一下子就不服气了。杨国忠算个什么东西?! 当年，安禄山当御史大夫的时候，杨国忠还是御史中丞，每次都巴结安禄山，扶着他上下台阶。就这样的小瘪三也来当宰相? 安禄山对朝廷的敬畏一下子就少了一大半，心里开始蠢蠢欲动。正在这时候，他接到唐玄宗召他入朝的诏书。安禄山在长安眼线众多，当然知道这是杨国忠告的状，他一下子就炸了锅：我还没找你麻烦呢，你倒先来惹事! 你不是说我要造反吗? 等着我造反给你看!

不过，尽管下定了决心造反，也得先处理眼前的难题。玄宗征他入朝，到底去不去呢? 不去? 大将拥兵在外，不听皇帝召唤，那不就真应了杨国忠告他谋反的话吗? 他虽然想造反，但是，毕竟当时还没准备好呢。要是去呢? 君心难测，万一去了就回不来了怎么办? 安禄山真是左右为难。把去与不去的利弊在心里反复掂量了几个来回。最后，他决定索性冒一把险，立刻入朝! 毕竟，他已经给唐玄宗干了这么多年，他觉得，玄宗只是要考验考验他的忠诚度，不会真想杀了他。在这种情况下入朝，一定能争取到唐玄宗的信任!

就这样，安禄山接到命令之后，就昼夜兼程地赶到了长安。当时，唐玄宗正在华清池泡温泉呢，安禄山扑到玄宗脚下，眼泪就像自来水一样下来了。他说："臣本胡人，陛下宠擢至此，为国忠所嫉，臣死无日矣！"那么，安禄山这一招有没有效果呢？效果好极了。唐玄宗是又尴尬，又感动。想想安禄山为他效力也不是一天两天了，现在怎么就因为杨国忠说闲话，他就信以为真，怀疑大臣了呢？多给点好处补偿吧，"上怜之，赏赐巨万"。

照理说，重新赢得了玄宗的信任，安禄山的目的已经达到，也该谢天谢地了吧。而且，虽然这次冒险通关，但是朝廷毕竟已经起了怀疑，以后再做什么，应该更加收敛才是。安禄山是不是像我们这样想呢？他可不是。安禄山不是普通人，他是一代枭雄。从偷羊贼一路走到节度使，两次差点被砍头，他可从来不是胆小怕事之人。既然唐玄宗表现出了愧疚之情，索性就利用他这种感情，再从朝廷捞点好处！

怎么捞好处呢？首先，他给自己又要了一个官。安禄山要求兼领闲厩和陇右群牧使。这闲厩和陇右群牧使是什么官呢？简而言之，就是国家军马场的负责人。当年王毛仲就担任过这个官职。唐玄宗有愧于安禄山啊，一口就答应了。安禄山当上了总管，这国家的军马场也就改姓安了。安禄山第一时间就派亲信去挑了几千匹良种战马，弄到范阳，去加强自己的骑兵。

光给自己要官还不够，安禄山还乘胜追击，给部下也要官。他上奏说："臣所部将士讨奚、契丹、九姓、同罗等，勋效甚多，乞不拘常格，超资加赏，仍好写告身付臣军授之。"也就是说，我的将士好多都有战功，请陛下也让他们当官。但是，因为人数太多，也就不麻烦陛下一个个都写名字了，只要给我些空白委任状，我回去填名字好了。这是什么意思？很明显，安禄山要的是人事权啊，他回去要大肆收买人心了！这样的要求唐玄宗应该皱皱眉头了吧？根本没有，唐玄宗大手笔，一下子给了安禄山500多将军的委任状、2000多中郎将的委任状！这么多委任状，别说是给安禄山的几支军队委任官员，就是给一个国家的军队委任官员也够了！

眼看着好处捞得差不多了，天宝十三载（754）三月，安禄山提出来，前线不可无人，如果皇帝没事，他要回范阳了。唐玄宗当即批准，而且还亲手解下龙袍，给安禄山披到了身上。别看安禄山在皇帝面前装得非常从容，其实心里一直捏着一把汗呢。所以，一得到批准，马上疾驱出关，坐船顺河而下。沿河的纤夫都安排好了，就在岸边等着，每隔十五里一换，昼夜兼程，在任何地方都不停，以每天三四百里的速度直奔范阳。他这是唯恐玄宗突然又想明白了，不让他回去。平安回到老巢，安禄山长舒了一口气，总算是逃出牢笼了！想想此行的冒险经历，再看看身上的龙袍，安禄山觉得，这是天意啊，造反的决心更坚定了。

放走安禄山，可是唐玄宗的一大失误。但是，宰相杨国忠毕竟是安禄山的死对头，眼看着安禄山毫发未伤，他能善罢甘休吗？

三、玄宗误国

眼看着玄宗放走了安禄山，杨国忠气坏了。这不是放虎归山吗？可是，他也没什么好说的，毕竟，他不是说安禄山一定不会入朝吗？现在人家不仅来了，而且一天都没耽搁就来了，你还说什么？说什么皇帝也不信了！要想告倒安禄山，只能是再找机会了。没过多久，机会又来了。

天宝十四载（755）二月，安禄山派副将何千年入奏，请求以番将32人来代替汉将统兵。为什么用胡人代替汉人？当然是因为胡人不受传统的忠君思想的束缚，更有可能跟他同心同德，这不是明摆着要造反吗？奏疏一到朝廷，杨国忠又挑起事儿来了，他和另外一个宰相韦见素马上表示反对。那么，唐玄宗有没有听他们的意见呢？没有，玄宗满脑子都还是上一次安禄山入朝时候的美好记忆呢，谁劝也听不进去，又爽快地批准了。这不是资盗兵、赍寇粮吗？

眼看安禄山势力越来越大，杨国忠和韦见素急了，无论如何也不能坐视不管了！可是，怎么管呢？他在范阳待着，你手再长，也够不到啊。要想控制安禄山，还得让他入朝！问题是，你已经无缘无故把人家调到朝廷一回了，这次总得找个什么理由吧。杨国忠想来想去，觉得钓大鱼得用大饵，干脆让他来中央当宰相！

本来，天宝十三载（754）安禄山入朝时，唐玄宗就曾经想给他一个宰相头衔。当时，杨国忠坚决反对。他说：安禄山虽然有军功，但是目不识丁，让这样的人当宰相，岂不让四夷笑我大唐无人？唐玄宗也就没有再坚持。后来，安禄山走的时候，高力士奉命给他送行，回来还说安禄山不高兴呢。既然他愿意当宰相，何不拿这个哄一哄他呢？等到他来了，再把他扣住，然后马上任命三个将军分别到平卢、范阳和河东担任节度使，这样，安禄山的势力不就被分割了吗？两个人研究了半天，都觉得这个主意不错，就去找唐玄宗了。

他们跟玄宗说，安禄山不是想当宰相吗？如今我们也想通了，如果安禄山肯来朝廷，就让他当宰相！等他来了之后，再派几个人到范阳、平卢和河东担任节度使，这样既不至于对不起他，也不至于整天担心他造反，这不是两全其美吗？唐玄宗一听，心里也有点松动，毕竟这么多人都跟他说安禄山要造反，他也不是完全没有顾虑，这下正好，就打发人去写命相制书了。可是，制书起草好之后，唐玄宗又犹豫了。真要把安禄山架空？值得吗？如果他并没有谋反之心，岂不是很冤枉？再说了，奚和契丹还就得靠他震慑着，一旦把他调走，万一东北再出大问题怎么办？想来想去，唐玄宗决定，这个制书先不着急发，先派一个人去范阳看看情况再说。

派谁去呢？唐玄宗派了一个宦官，名字叫辅璆琳，让他赏赐给安禄山一些珍贵的水果，顺便观察一下他是否忠诚。按说，安禄山那样大肆备战，辅璆琳如果用心的话，也应该能看出一些问题。可是，坏就坏在辅璆琳有一个宦官的通病：爱钱。安禄山是何等聪明的人呀，一看见辅璆琳，马上就明白他的来意了。他大大地贿赂了辅璆琳一把，又把他恭恭敬敬地送了回来。俗话说，"吃人嘴软，拿人手短"，辅璆琳收了人家那么多东西，能不给人家说好话吗？辅璆琳回来之后便盛赞安禄山竭忠奉国、无有二心。听完辅璆琳的汇报，唐玄宗也就把拜相的制书给扔在一边了。他对杨国忠等人说："禄山，朕推心待之，必无异志。东北二虏，藉其镇遏。朕自保之，卿等勿忧也。"这样一来，朝廷控制安禄山的机会又失去了。更要命的是，玄宗为了显示对安禄山的绝对信任，居然声称，以后谁再敢说安禄山谋反，一律给送到范阳去！这样一来，谁还敢说话呀！

　　说到这里我们可能会奇怪，既然那么多人都看出安禄山有谋反的可能，甚至连并不怎么聪明的杨国忠都知道安禄山有问题，唐玄宗作为缔造了开元盛世的一代英主，他怎么一点都没起疑心呢？那么多人向他汇报安禄山谋反，他为什么就不相信呢？

　　第一，他太自负了，被自己的成功史给迷住了，还没醒来呢。唐玄宗这一生概括起来，就是从一个胜利走向另一个胜利。当年，他要皇位，皇位有了；要安定，安定有了；要富裕，富裕有了；要文治，文治有了；要武功，武功有了；甚至，他要美人，美人也有了。这样的日子过了40多年，唐玄宗太自负，也太自恋了。他只知道别人都崇拜他，从没想象过还有人会反对他。

　　第二，也是最关键的原因，是他对边将的威胁存在认识上的盲点。到这个时候，唐朝已经建立100多年了。这100多年动乱不少，但是，成功的都是宫廷政变，从来就没有过边将反叛成功的先例。这就使得唐玄宗对宫廷政变非常敏感，但是对边将并不特别戒备。可能有人要说，不对呀，皇甫惟明和王忠嗣也是边将，玄宗不是对他们非常猜忌吗？不错，玄宗确实猜忌过这些边将，但那是因为他们都和太子有联系。换言之，唐玄宗真正猜忌的不是他们，而是太子。但是，安禄山就不同了。唐玄宗非常清楚，安禄山和太子没有任何联系，这让他觉得安禄山非常可靠。可是，他没有认识到，唐前期之所以没有边将叛乱，是因为在内重外轻的军事格局下，边将的实力不强，而天宝年间的军事格局已经变成了外重内轻，边将对抗中央绰绰有余，因此也就不那么可靠了。

四、国忠逼反

节度使制度本来就存在着缺陷，唐玄宗又一再失误，纵容安禄山发展势力，增加了他的危险性。那宰相杨国忠这时候应该怎么办呢？应该说，在这个问题上，杨国忠的眼光比唐玄宗强多了，他一再提醒皇帝安禄山要反，这还是有见地的。当年张九龄说安禄山有反相，只是凭书生意气，本能地不放心安禄山，其实没多大说服力；但是，杨国忠说安禄山谋反，可是建立在很多事实基础的，非常值得重视。但是，杨国忠也有一点大大地不如张九龄。什么呢？动机。当年张九龄说安禄山谋反，那完全是出于公心，希望唐朝向好的方向发展。而杨国忠之所以状告安禄山谋反，从一开始就是出于争宠的私心。现在皇帝不信任他，他的目的没达到，怎么办呢？杨国忠不去想怎么样尽可能地不让他造反，也不去想怎么样加强防守，尽可能地减少损失，而是采取了一个最不负责任的做法：干脆，我逼他造反给你看，让你不相信我！

怎么逼呢？杨国忠干脆去抄安禄山的家了！唐玄宗不是给安禄山

在长安建了豪宅吗？趁着安禄山不在，杨国忠直接派人去搜查了。搜查什么呢？当然是谋反的证据啦。可是，安禄山那么狡猾的人，怎么可能把明显的证据放在家里呢？所以杨国忠也没翻出什么有价值的东西来。尽管如此，杨国忠还是不肯善罢甘休。既然没有物证，那就把涉案人带走吧。当时，安禄山有几个门客在，杨国忠就把他们都带到御史台了，一通刑讯逼供，几个门客全死在里面了。

杨国忠的这个做法怎么样呢？不是一般的差，这不等于拿草棍去捅老虎鼻子吗？当时，安禄山的儿子安庆宗已经娶了宗室荣义郡主，就住在长安，一看到这情况，马上就偷偷派人汇报给安禄山。这一下，安禄山可真是被激怒了。本来，安禄山一直感念唐玄宗对他的高天厚地之恩，想等玄宗死后再发难，但是现在，既然杨国忠苦苦相逼，那也就等不了了，一咬牙反了吧！

天宝十四载（755）七月，安禄山上表朝廷，请求献马3000匹，每匹配2个马夫，共6000人，由22个番将带领，送到长安去。明眼人一看就明白，这哪里是送马的队伍呀，这不是一支奇袭小分队吗？事情做得这么明显，连唐玄宗都觉得心里没谱了。怎么办呢？他派了一个叫冯神威的宦官到范阳，拿着自己写的亲笔信去找安禄山。信里写了两个内容。第一，马不着急送过来，等冬天再说吧。另外，也不劳你派军队送了，朝廷派人去接就好了。第二，我在华清池新给你弄了一个单人温泉，十月在温泉等你。玄宗这是想要调虎离山。

冯神威拿着这份手诏到了范阳，马上就感觉出气氛不对。以往朝廷派宦官来，安禄山多热情啊，对他们比对他亲爹还亲。可是这一次，眼看着皇帝的亲笔诏书送到，安禄山连磕头都免了。他像一头雄狮一样盘踞在椅子上，只是微微欠了欠身，说：圣人还好？冯神威没办法，战战兢兢地把诏书念了一遍。听他把诏书宣读完，安禄山差点没笑起来，现在让我去长安，想杀我呀？晚了！他对冯神威说："马不献亦可,十月灼然诣京师。"冯神威一听他这么说,不知为什么觉得后背冷飕飕的,这家伙十月到长安,想干什么呀?！还没等冯神威反应过来呢,安禄山已经端茶送客了,他把冯神威软禁在旅馆里,自己也不再露面了。几天之后,安禄山才打发冯神威走人,而且连一个谢恩表都没有。冯神威回到长安,在唐玄宗面前泣不成声。他说:"臣几不得见大家(唐朝内官称皇帝为大家)！"

这时候,傻子也知道,一场暴风雨已经迫在眉睫了！唐玄宗总该擦亮眼睛,想想对策了吧?没有。

天宝十四载(755)十月,唐玄宗照样带着杨贵妃到华清池泡温泉去了！玄宗怎么这么不负责任呢?他难道没有看出就要大难临头了吗?我觉得,他未必看不出来。但是,此时的唐玄宗,在精神上已经不是怠惰,而是沉沦了。正因为看出了灾难的影子,他才越发想要逃避。这就叫鸵鸟政策,把脑袋埋在翅膀下,装看不见。可是,装看不见灾难,灾难就真的不会降临吗?这场改写了整个唐朝历史的危机,会以怎样的形式爆发呢?

第三十六章　范阳起兵

安禄山凭借杰出的军事才能和表演天分，很快得到了唐玄宗的重用。但是，表面上忠顺有加的他并不满足于做朝廷重臣，他也想当皇帝。唐玄宗无原则的信任和纵容养足了他的羽翼，宰相杨国忠不知轻重的挑衅又刺激了他的野心。

公元755年，一场突如其来的风暴打碎了唐玄宗的盛世之梦，也彻底改写了大唐乃至整个中国的历史。这场风暴就是安禄山导演的"安史之乱"。

那么，这场巨大的风暴到底是怎样爆发的呢？唐玄宗君臣又将如何应对呢？

一、君臣轻敌

天宝十四载（755）八月之后，安禄山手下的士兵开始莫名其妙地改善生活了，隔几天就有酒喝、有肉吃。最近又没打什么仗，干吗总犒劳战士呢？士兵一边吃，一边心里犯嘀咕。十一月初，这个谜底终于揭开了。这一天，安禄山把手下的将军召集起来，拿出一封所谓的敕书，说："有密旨，令禄山将兵入朝讨杨国忠，诸君宜即从军。"将军们一听，都面面相觑。皇帝陛下让我们将军去打宰相，这也太神奇了吧！可是，虽然有人怀疑，但谁也不敢说什么。十一月九日，紧锣密鼓地准备了几天后，安禄山率领手下的将士，连同奚、契丹等归附的少数民族士兵一共15万人，号称20万人，打着讨伐杨国忠、清君侧的旗号从范阳起兵，造反了！

造反的消息传到华清宫，唐玄宗是什么反应呢？一开始，唐玄宗根本就不相信。因为这么多年来，已经有不少人跟他汇报过安禄山谋反的事情了，每次都证明是虚惊一场。这一次，玄宗觉得，没准儿还是安禄山的对头在谎报军情，所以不用理睬。马照跑，汤照泡，舞照跳。但是，接下来的几天，安禄山攻城略地的消息逐渐密集起来了，到十一月十五日，唐玄宗终于明白，这一次，安禄山是真反了！这时候，距离安禄山起兵已经有一个星期了。所以，如果要用两个字概括唐玄宗的反应，那就是"迟钝"。

皇帝反应迟钝，宰相杨国忠怎么样呢？说来令人难以置信，杨国忠的第一个反应居然是得意。他不是早就说过安禄山要谋反吗？现在自己的预言变成了现实，他打心眼儿里佩服自己有先见之明，按照《资治通鉴》的说法，就是"洋洋有得色"。国难当头，一个宰相居然幸灾乐祸，这已经够雷人的了吧，更雷人的是他接着发表的高见。他说："今反者独禄山耳，将士皆不欲也。不过旬日，必传首诣行在。"要知道，安禄山准备造反也不是一天两天了，就在天宝十四载（755）的年初，还把一批汉族将领换成了胡人将领，内部早就铁板一块了，杨国忠凭什么说只有安禄山想造反，将士们都不愿意呢？所谓十天半个月就自然会有人把安禄山的头送来，不是痴人说梦吗？

不过，宰相虽然说得轻松，但他毕竟是个文官，没打过仗，唐玄宗还是觉得不踏实。将领们会怎么看这个问题呢？这时候，正好安西节度使封常清入朝，这是个有实战经验的人，唐玄宗马上就召见了他，向他询问讨贼方略。

封常清是怎么回答的呢？他信心十足地说："今太平积久，故人望风惮贼。然事有逆顺，势有奇变，臣请走马诣东京，开府库，募骁勇，挑马棰渡河，计日取逆胡之首献阙下！"什么意思呢？如今天下太平已经很久了，人们害怕打仗，所以望风而逃，开始可能会有失利。但是，事情在道义上有顺有逆，逆不胜顺，所以，我相信形势会发生出其不意的转变。如今，我请求到东都洛阳去，开府库募兵，然后跃马跨过黄河，跟敌人决一雌雄！您就数着日子等我吧，我很快就能把安禄山的首级给您献上！这话说得怎么样？太动人了，千载之下读起来，还是觉得豪气干云。一听封常清这么说，唐玄宗心里踏实了不少。这样一来，整个朝廷都弥漫着一种乐观情绪。

可能大家要奇怪了，安禄山可是兼领三镇的节度使啊，手下兵强马壮，唐玄宗君臣怎么会这么轻敌呢？唐玄宗固然可以说是年老昏聩，杨国忠也可以说是昧于形势，见识浅薄，但封常清毕竟是一个将军啊，对战争形势应该很敏感才是，他怎么也说大话呢？关键是因为他太不了解内地形势了。封常清从小在西域长大，后来又当了河西节度使，看惯了边疆地区那些身手矫健、性格刚强的百姓，所以，他觉得只要朝廷肯出钱，那么重赏之下，必有勇夫，再配上他这么一个杰出的将军，安禄山不足惧也！可是，他不知道，府兵制瓦解之后，中原的老百姓早不知道打仗是怎么回事了，就算重赏，也召不来勇夫了！

二、退守潼关

既然上上下下都很乐观，那就开打吧，唐玄宗从华清宫回到长安，马上进行了战略部署。封常清不是说可以"计日取逆胡之首"吗，唐玄宗便当即任命他为范阳、平卢节度使，到东都洛阳招募士兵，抵抗安禄山。可能有人要说，这范阳、平卢节度使不是安禄山吗，怎么又任命给封常清了？很简单，这是激励封常清呢，现在这两个头衔固然是个虚职，但是，你能打败安禄山，虚职就可以变成实职。封常清接受任命之后，马上就到洛阳去了，准备向东迎战安禄山。这算是唐朝派出的先遣队。

光有先遣部队还不够，还得有主力部队。封常清走后，玄宗又任命儿子荣王李琬为元帅，右金吾大将军高仙芝为副元帅，率军东征。这支军队由皇子挂帅，可以看出玄宗的重视程度。为了组建这支军队，唐玄宗把家底都拿出来了。长安城里的禁军，刚刚从各个藩镇赶来勤王的军队，还有临时招募的市井子弟全都编进了军队之中，一共凑了5万人，这也就是中央当时能拿出来的全部兵力了。这5万人由高仙芝率领，驻扎在陕郡，就是今天河南的三门峡市西边，准备增援封常清。

这个战略部署是否合理呢？应该说还是不错的。特别是两个将军的人选，也算是第一流的了。要知道，高仙芝和封常清可都是西北名将，而且，还是一对黄金搭档。这两个人的经历都非常传奇。

高仙芝是高丽人，长得高大俊秀，跟偶像剧演员似的。他少年时就跟随父亲到安西从军，才二十出头就已经当到了将军，在西北边疆威名赫赫，帕米尔高原、兴都库什山脉都留下了他的足迹，号称山地之王。

封常清的经历就更传奇了。他原本是中原人，从小父母双亡，跟着外祖父生活。可是，外祖父不知犯了什么罪，被流放到安西，也就是今天的新疆库车去充军了，封常清也只好追随外祖父到了安西。不过，外祖父虽然犯了罪，但本身也是读书人，没事就教封常清念书。这样一来，封常清虽然在边陲长大，但是，受的教育倒还不错。可是，没过几年，封常清的外祖父死了，他得自己找饭吃了。到哪儿找呢？

当时，高仙芝已经当到了安西都知兵马使，每次出门，身边光是文字秘书就有30多人，而且个个衣着光鲜。封常清一看，非常羡慕，也想当高仙芝的秘书。他就写了一封自荐信给高仙芝。高仙芝看了自荐信，觉得不错，面试一下吧。结果一看封常清，高仙芝便失望了。封常清从小营养不良，长得非常瘦弱，这也罢了，关键是他还有残疾：一只眼睛斜视，一条腿还短一截，走路一瘸一拐的。这面试哪能通过呀？高仙芝当即就回绝了。可是，封常清不屈不挠，第二天又来了。高仙芝是个懂礼貌的人，也不愿意刺激他，就说：对不起，我这里文书已经满员了。没想到，封常清一听这话，勃然大怒，说：我看你是个人物，才来找你。没想到你居然以貌取人，你就不怕失去一个杰出的人才吗？听完这段慷慨陈词，高仙芝也没什么反应，扭头就走了。他说，我这儿不缺人，你还是另谋高就吧。高仙芝是不缺人才，可封常清缺饭碗啊，怎么办呢？封常清就在高仙芝家门口打上持久战了。从早到晚等在高府门口，只要看见高仙芝，就跟他求职。这样待了几十天，终于有一天，高仙芝实在顶不住了，只好让他当了文字秘书，但是，也只是给他一碗饭吃而已，并不看好他。

可是，后来发生了两件事，一下子就让高仙芝对封常清刮目相看了。

第一件，有一次高仙芝奉命出征，把封常清留在军部。回来之后，发现封常清已经把捷报写好了，而且，捷报里面叙述高仙芝在哪个地方驻扎，哪个地方迎战，采用什么谋略，获得什么战果，都清清楚楚，简直像他亲眼看见的一样。就算高仙芝自己写，也不可能写得比这更好了。这说明封常清颇有谋略，懂得用兵！从此，高仙芝就高看他一眼了。每次出征，都让封常清当留后，相当于代理节度使。就在留后这个岗位上，又发生了第二件事。

封常清不是出身低吗？眼看高仙芝这么抬举他，有一个人不服气了，谁呢？高仙芝乳母的儿子。这家伙仗着和高仙芝关系特殊，根本不把封常清放在眼里。有一次，封常清在前面走，他骑着马从后面一溜烟就过去了，根本不下马。这不是无视长官吗？封常清回到节度使使院，就把他召来了，说：我起自寒微，你当然清楚得很。但是，如今节度使信任我，让我当留后，你这样轻视我，我的工作可就不好开展了！我只好借你的命用一用，来整肃军容！说完把他拿下，痛打了六十大板，打死了。高仙芝的妻子和乳母在外面拍打大门，连哭带喊，封常清根本不理。等高仙芝回来了，封常清再见到他，连提都不提这件事。高仙芝呢，也不再提起，但是心里对封常清更加肃然起敬了，这家伙，不仅有谋略，还有威仪，是个当将军的料啊！于是就不断地提拔他。

再到后来，高仙芝调离，封常清就继任安西节度使。由此可见，这两个人都是难得的军事人才，封常清敢于担当，高仙芝心胸开阔，两个人都是百战余威，可以说是大唐最得力的两个将军了。另外，他俩长期合作，相知甚深，让他们配合作战，应该是效果最好的。所以，唐玄宗对他们也寄予了厚望，高仙芝出发的时候，唐玄宗甚至亲自送行。

那么，他俩是否能像唐玄宗希望的那样，把安禄山消灭掉呢？封常清一到洛阳，就知道不行了。为什么？第一，他的兵太少了。他不是说要开府库、募壮士吗？现在府库倒是开了，可是，招募了半个月，也才只招到6万人。安禄山的兵马有15万。这不是明摆着寡不敌众吗？第二，也是更重要的，他的兵战斗力太差了。招募到的士兵全都是市井子弟，玩乐可以，打仗就不行了。兵少、兵差也罢了，如果时间宽裕些，还可以再招募，再训练。问题是，封常清还面临着第三个困境，就是安禄山推进得太快了。我们讲过，安禄山是河北道采访处置使，整个河北地区的官都是他提拔的。所以，他从范阳一路往南打，基本上没有遇到任何有效抵抗。按照《资治通鉴》的说法就是："所过州县，望风瓦解，守令或开门出迎，或弃城窜匿，或为所擒戮，无敢拒之者。"进入河南之后，倒是出了他的辖区，而且，为了对付安禄山，朝廷刚刚任命了河南节度使，应该有抵抗了吧？有抵抗不假，可是力度太小了。这也难怪，自从府兵制解体之后，中原就没有武备了，好多武器都是现从仓库里拿出来的，早就朽了，战士们只好拿木棒当兵器，这能有多大杀伤力呀？武器不行，人也不行。安禄山打荥阳的时候，荥阳守军倒是抵抗了，可是，他们没见过战争啊，一听见安禄山那边战鼓敲得震天响，胆子都吓破了，从城墙上纷纷往下掉，"自坠如雨"呀！这怎么能抵挡安禄山的铁骑呢！这样一来，不到一个月，安禄山就已经快到洛阳了，封常清哪里还有训练的时间！所以，仗还没有打，封常清已经知道没戏了。

明知仗打不赢，但封常清还是要打，因为他的身后就是洛阳，大唐帝国的东都。那么，这种"知其不可而为之"的精神，是否有助于封常清打好这一仗呢？他能取胜吗？

事已至此，也只能破釜沉舟了。洛阳以东一百多里有一个重要的关口叫作武牢关（原名虎牢关，避讳李唐先祖李虎，改武牢关），封常清就在那儿安营扎寨，打算依托关口，坚守洛阳。封常清刚刚到武牢关，安禄山的军队就过来了。要知道，安禄山的主力可是骑兵啊，经营了这么多年，个个如狼似虎，封常清这支刚刚组建起来的步兵哪是他们的对手？结果连连败退，很快就退到了洛阳城。要知道，封常清这支部队可就是在洛阳本地招募的，虽说都是市井子弟，但为了保卫家乡，也算拼命了，可是，两军的实力实在悬殊，将士们虽然英勇阻击，可是没有一仗打胜的。按照《资治通鉴》的记载，就是"战于葵园，又败；战上东门内，又败。……战于都亭驿，又败；退守宣仁门，又败"。一句话，就是屡战屡败。到十二月十二日，安禄山的军队已经从四面八方杀进洛阳城了，再打下去，封常清好不容易聚起来的几万人也要拼光了。怎么办呢？封常清只能推倒洛阳城西边的围墙，向西撤退。官军撤走了，洛阳也就算失陷了。安禄山纵兵烧杀抢掠，正好那天下大雪，皑皑白雪上到处都是一片一片殷红的血迹。这时候，大诗人李白正在庐山隐居呢，听说洛阳失守，真是五内俱焚。他在《古风》里写道："俯视洛阳川，茫茫走胡兵。流血涂野草，豺狼尽冠缨！"想想当年他写"云想衣裳花想容"的时候，大唐是何等风流富贵呀！如今成了这个样子，谁能不痛心呢！

封常清不是从东都洛阳一路向西撤退吗，撤到哪里去了呢？他撤到陕郡，跟高仙芝会合了。本来想在那儿依托大部队再打，可是一看高仙芝的士兵，封常清更泄气了。所谓的主力部队原来跟自己的差不多，也是拼凑起来的杂牌军，而且只有5万人，这仗还怎么打呀！想来想去，封常清对高仙芝说："常清连日血战，贼锋不可当。且潼关无兵，若贼豕突入关，则长安危矣。陕不可守，不如引兵先据潼关以拒之。"什么意思呢？三层意思。第一，安禄山兵锋太盛，硬拼不是办法。第二，陕郡无险可守，以我们目前的兵力，根本守不住，只能是徒然消耗有生力量。第三，陕郡有兵无险，西面的潼关倒是有险无兵，无人把守。潼关可是首都长安唯一的一道屏障，万一敌人突破我们的防线抢占潼关，长安也就保不住了！因此，我们不如放弃陕郡，利用现有兵力退守潼关！

封常清这个建议，高仙芝怎么看待呢？我们刚才说过，高仙芝和封常清可是老搭档了，他太了解封常清，也太信任封常清了，封常清的判断不会有错！现在朝廷只有这么一点兵力，一定要用在刀刃上。想清楚这点，高仙芝决定不打了，主动撤退到潼关去！两个人赶紧组织士兵撤退到了潼关，在那里整修装备，准备死守。高仙芝和封常清赶到潼关太及时了。事实上，他们刚刚站稳脚跟，安禄山的先头部队就打到潼关了，看高仙芝他们已经在那里防守，只好悻悻地撤回去了，真是好险啊。

到这个时候，战争发展的形势可是和朝廷当初的判断相去甚远了。当初封常清说要"挑马棰渡河，计日取逆胡之首献阙下"。现在呢？不仅没能打到安禄山的老家去，反倒丢城失地，退到离长安不远的地方了。而安禄山那边倒是一路凯歌行进。刚才我们不是说过天宝十四载（755）年底安禄山占领洛阳了吗？就在天宝十五载（756）正月初一，安禄山举行盛大仪式，在洛阳当了皇帝，定国号为大燕。

这个时候，长安和洛阳，可就各有一个皇帝了，一个是统治了40多年的大唐皇帝唐玄宗，一个是新登基称帝的安禄山。唐玄宗这边是兵败如山倒，而安禄山那边则是凯歌高唱，捷报频传。那么，大唐王朝是不是气数将尽了呢？

其实也不尽然。这个时候安禄山固然气势很盛，但是，唐朝也开始出现一些利好的迹象了。什么迹象呢？首先，因为封常清的建议和高仙芝的决策，潼关守住了，这就给长安上了一道保险。其次，随着时间的推移，安禄山的后方出问题了。我们说过，"安史之乱"并不是官逼民反的产物。相反，它发生在唐朝全盛时期，所以，当时的老百姓并不恨唐朝。虽然变乱初期，他们在安禄山的淫威之下被迫屈从，但是，没过多久，抵抗运动就广泛开展起来了。从河北到河南，到处都有人起兵反抗。其中最著名的就是大书法家颜真卿。别看颜真卿是文人出身，但是钢肠铁骨，他第一个拉起了抵抗的旗帜，而且派人四处联络，组织各郡反抗。本来，唐玄宗听说河北各郡都跟着安禄山反了，非常伤心，说："河北二十四郡竟无一义士耶？"后来听说颜真卿还在抵抗，不禁大为感慨。就是在颜真卿的组织领导下，河北24个郡中有17个郡都重新归顺了朝廷，他们推颜真卿为盟主，用各种各样的方式抵抗叛军，安禄山的后方非常不稳。

这个初步利好的局面，可以说是来之不易。既然安禄山前方受阻、后方不稳，那只要封常清和高仙芝能够死守潼关，封常清所说的"事有顺逆，势有奇变"没准儿就可以发生，安禄山精心准备的叛乱，也许就要在潼关受阻，但是这个来之不易的好局面最终却毁在唐玄宗派到前线的一个宦官手里。这是怎么回事呢？

三、临敌杀将

唐朝本来就有宦官监军的传统，高仙芝出发的时候，唐玄宗也奉送了他一个监军叫边令诚。这个边令诚可不是什么好人。眼看前线那么紧张，他居然还向高仙芝提各种各样的私人要求。高仙芝哪有心思管呀，就没怎么搭理他。这下子边令诚可生气了。监军有向皇帝汇报将领表现的权力，边令诚回到长安就告了高仙芝和封常清一状，说"常清以贼摇众，而仙芝弃陕地数百里，又盗减军士粮赐"。这是什么话呀？！要知道，封常清和安禄山血战若干天，非常清楚安禄山叛军的实力，他要是不说安禄山强大，而让大家都去贸然应战，那不是害了唐朝吗？而高仙芝放弃陕郡，是为了确保潼关的安全，保住了潼关就保住了长安，这难道不比那几百里地重要吗？一句话，边令诚这就是赤裸裸的诬陷。

那么，面对边令诚的告状，唐玄宗是什么态度呢？根据《资治通鉴》的记载，唐玄宗勃然大怒，根本也不分辨什么是非曲直，就直接派边令诚拿着敕书去军中斩杀高仙芝和封常清了。

拿了皇帝的敕书，边令诚得意扬扬地来到潼关。当时，高仙芝出去视察部队了，边令诚就先召见封常清，向他宣布皇帝的命令。封常清说：败军之将，甘心接受惩罚，还请使者转交皇帝一份遗表。这个遗表写的是什么呢？他说："臣所将之兵，皆是乌合之徒，素未训习。率周南市人之众，当渔阳突骑之师，尚犹杀敌塞路，血流满野。臣欲挺身刃下，死节军前，恐长逆胡之威，以挫王师之势。是以驰御就日，将命归天。一期陛下斩臣于都市之下，以诫诸将；二期陛下问臣以逆贼之势，将诫诸军；三期陛下知臣非惜死之徒，许臣竭露。臣今将死抗表，陛下或以臣失律之后，诳妄为辞；陛下或以臣欲尽所忠，肝胆见察。臣死之后，望陛下不轻此贼，无忘臣言，则冀社稷复安，逆胡败覆，臣之所愿毕矣。仰天饮鸩，向日封章，即为尸谏之臣，死作圣朝之鬼。"这一封遗表，真是感人肺腑。短短一两百字中，他讲了四层意思。

第一，我之所以战败，不是因为不努力打，而是因为敌我力量对比悬殊。第二，我为什么不在阵前以死殉国呢？是恐怕大将死在阵前，更长了敌人的志气，并不是我怕死。第三，如今我死不足惜，只是希望陛下吸取教训，不要轻视安禄山。只有不轻敌，才有克敌制胜的希望。第四，我生是大唐人，死是大唐鬼，无论生死，永不变节。

把这封遗表交上去之后，封常清引颈受戮，从容赴死。要知道，封常清正是李林甫当年所反对的文人将领，但是，即便在被冤杀之前，封常清考虑的还都是国家的利益。这种文人将领的风骨和见识，又岂是李林甫所能达到的呢？

封常清死后，尸体放在一张草席上。一会儿，高仙芝从外面回来了。一看见高仙芝，边令诚马上就带着100名长刀手跟了上去，对高仙芝说："大夫亦有恩命。"高仙芝听后立刻下厅，来到了封常清陈尸的地方。边令诚宣读敕书说：陛下说你不战而退，还盗用军粮，让我对你就地正法。听到这话，高仙芝真是太悲愤了。他说："我撤退，这是我的罪过，让我死我也没话可说；但是现在头上是天，脚下是地，中间是士兵，你要说我私自截留军粮和皇帝的赏赐，那可就是天大的冤枉了！"当时被招募的新兵都在外面，高仙芝大声对他们说："我在京师招募你们从军的时候，虽然得到了一些东西，但是连置办装备都不够，我是希望能带领大家打败安禄山，然后再得高官重赏。可是，现在陛下说我盗用军粮，如果你们也认为我盗用了，那我也没什么可说的。但是，如果你们认为我没有盗用，就替我喊一句冤枉吧！"士兵一听，都连声大喊，将军冤枉啊！声音震天动地。不管皇帝承认不承认，作为一个将军，能得到将士这样的拥戴，高仙芝觉得死也值了！这时候，高仙芝又看了看死去的封常清，叹息道："封二，你从寒微到显赫，我是见证人啊，当初是我提拔你当了我的判官，后来你又代替我当了节度使，没想到今天我会看到你死，更没想到我俩会死在一起！"两位将军，就这样同日毙命。

任何人都知道，临阵杀将是兵家大忌。唐玄宗为什么一定要这么做呢？一般人可能都觉得他是受了宦官的蒙蔽。在一定程度上是的。但是，唐玄宗也并不是没有机会知道事情的真相。

在东都洛阳失守后，封常清曾经派出三拨人赶赴朝廷，向玄宗汇报敌情，汇报形势。可是，唐玄宗连面都不见。退守潼关后，封常清又亲自到朝廷汇报，结果，唐玄宗还是不见他。这样一来，就等于玄宗自己放弃了了解情况的机会，只能任由宦官左右。

为什么唐玄宗会这样心浮气躁呢？首先是因为他太急于求成了。唐玄宗已经当了40多年的太平天子，他万万想不到晚年会出这样的问题。正因为如此，他也就特别急于平定祸乱，维护自己的声威。因此，当封常清说"计日取逆胡之首献阙下"的时候，他会一厢情愿地相信。同样，当这个承诺不能实现的时候，他也会不计后果地勃然大怒，甚至根本不想听任何理由。

另外，唐玄宗此时的心态也变了，从一个极端走向另一个极端了。安禄山叛乱之前，唐玄宗是一味信任边将。但是，一旦叛乱爆发，他又来了一个180度的大转弯，从无原则地信任边将转为无原则地猜忌边将了。在边将和宦官发生矛盾的时候，他宁可袒护宦官。正因为如此，他才会只听边令诚一面之词，就轻率地做出杀人的决定。这样看来，不是宦官杀了两位将军，而是唐玄宗的急躁、轻信和专横杀了两位将军！

可是，杀人难道能解决问题吗？

恰恰相反，杀高仙芝和封常清是"安史之乱"开始以来唐玄宗犯的第一个大错误。为什么这么说呢？

首先，唐朝损失实力了。高仙芝和封常清不仅军事经验丰富，而且跟安禄山交战这么长时间，是唐朝最了解敌情的将军了。有道是"知己知彼，百战不殆"，一下子杀死两个了解敌情的将领，当然是唐朝的一大损失。

其次，唐朝也损失人心了。高仙芝和封常清尽管战败了，但是，他们一直从国家角度考虑问题，从来没有考虑个人私利。当初主动请缨是如此，后来退守潼关还是如此。但是，朝廷只看结果，不问缘由就杀死这样两个将军，这难免会让将士们心寒。

更重要的是，这时候，潼关防守急需人才，这两个将军死后，会由谁来接替他们呢？

第三十七章　潼关失守

天宝十五载（756）六月，一个白发苍苍的老将军对着一纸诏书痛哭失声，然后无奈地带着士兵冲出了潼关天险，向东出发了。

这个老将军名叫哥舒翰，唐玄宗杀死高仙芝和封常清后，任命他接替了原来高仙芝的职位，担任兵马副元帅，同时还任命他为左仆射、同平章事，以宰相身份兼任最高军事首脑，驻守潼关。

上一章说过，潼关可是唐朝都城长安东边唯一的一道屏障，军事地理价值和明清时代的山海关一样。

哥舒翰是何许人？这么重要的关隘，唐玄宗为什么委派他驻守，而他又为什么如此不情愿出征呢？

一、起用哥舒翰

哥舒翰是当时一个著名的军事将领，早年做过大将王忠嗣的部下，曾经担任过河西、陇右节度使，在西北威望很高。

哥舒翰的威望是怎么来的呢？打出来的。他不仅军纪严明，而且身先士卒，作战勇敢。根据《旧唐书》的记载，哥舒翰打仗，以擅长用枪知名。他每次追到敌人，都把枪搭到敌人的肩膀上，然后大喝一声，敌人一回头，哥舒翰就用枪直刺他的喉咙，一枪把敌人从马上挑起来，挑到五尺高，然后再摔下来，杀死。

因为哥舒翰在西北地区战功赫赫，好多诗人，像我们熟知的李白、杜甫、高适都写诗歌颂过他，但是，最著名的还是当地老百姓给他编的一首民歌，叫《哥舒歌》："北斗七星高，哥舒夜带刀。至今窥牧马，不敢过临洮。"这首歌把哥舒翰的英雄形象描绘得栩栩如生，和《敕勒歌》一样，号称天籁。

天宝年间，哥舒翰每次入朝，都骑在一匹充满西域风情的白骆驼上，可以设想，须发皆白的老将军，骑在白骆驼上驰入长安，那是何等的浪漫啊，真是满城轰动。

那么，玄宗为什么派他驻守潼关呢？除了看中他的军事才能和威望之外，还因为哥舒翰是安禄山的死对头。哥舒翰为什么跟安禄山合不来呢？因为他们两个太像，实力也太相当了。

从出身上来说，哥舒翰和安禄山一样，都是所谓杂胡。安禄山父亲是胡人，母亲是突厥人；哥舒翰和他刚好相反，他父亲是突厥哥舒部落的首领，母亲是于阗国的公主。

再从实力上来说，安禄山是东北王，哥舒翰则是西北王，算是玄宗手下降妖镇魔的黑风双煞。朝廷给安禄山封爵东平郡王，给哥舒翰则封爵西平郡王，正反映出他俩的实力相当。但是正因为如此，两个人就像周瑜和诸葛亮一样，彼此很不服气。唐玄宗看在眼里，很想找个机会帮他们调解一下，正好天宝十一载（752），两个人同时入朝，唐玄宗就让高力士做东，请两个人吃饭，想让他们约为兄弟。皇帝一番好意，将军也得领情啊。席间，安禄山主动示好，对哥舒翰说："我父胡、母突厥，公父突厥、母胡，族类颇同，何得不相亲？"哥舒翰怎么回应他的呢？他说："古人云：'狐向窟嗥不祥，为其忘本故也。'兄苟见亲，翰敢不尽心！"这句话像是顺着安禄山说的，但其实话里也带着刺呢。安禄山一下子就敏感了，他想，你凭什么就把我比成狐狸呀，难道你突厥人就比我胡人强？他马上勃然大怒，骂道："突厥敢尔！"哥舒翰也不示弱啊，马上要起身回骂，眼看一场兄弟宴要演成全武行了，高力士赶紧给哥舒翰使眼色，高力士威望高，又代表皇帝，看他的面子，哥舒翰只好强压怒火，假装喝醉，走了。但是从此之后，两个人的矛盾反而更深了。现在安禄山反了，让哥舒翰去对付他，难道不是最合理的人选吗？

如果是，唐玄宗早就派哥舒翰去了，为什么这时候才想起哥舒翰来呢？是因为哥舒翰虽然政治合格、军事过硬，但是此刻已经中风了。

天宝十四载（755），哥舒翰入朝，在路上洗澡的时候得了风疾，一直在长安养病。现在封常清和高仙芝都死了，唐玄宗手里实在没人，只好重新起用哥舒翰。哥舒翰接到命令，苦苦推辞，可是，唐玄宗没别人可用，就是不同意，没办法，上任吧。但是，一个中风的将军指挥战争当然有诸多不便，怎么办呢？只好委政于手下的两个大将，一个是主管马军的王思礼，另一个是主管步兵的李承光，可这两个人又互相不服气，这下可就糟了。要知道，打仗讲究的就是令行禁止，步调一致，现在主帅哥舒翰不管事，手下的将军又不和睦，所以，要从指挥力度来说，还不如高仙芝和封常清两人呢，让他们守潼关行不行呢？

其实还是可以的。为什么呢？

首先，潼关地势太险峻了，易守难攻。那里南靠秦岭，北临黄河，只有一条小道可让人通过，真可谓一夫当关，万夫莫开。抗日战争时期，日本两次兵临潼关，但是都没有攻破，其难攻的程度可见一斑。

其次，这次朝廷调拨给哥舒翰的兵也不错。哥舒翰从长安出发的时候，带了8万人，这8万人里颇有一些是河西和陇右地区的少数民族部落兵，战斗力很强。

最后，潼关本来还有高仙芝和封常清留下的人马，所以，号称守军20万，比高仙芝时代阔气多了。8万大军从长安出发的时候，旌旗飘扬，绵延200里，场面非常壮观。以潼关之险，再加上将士之众，守住潼关应该不成问题。

事实上，哥舒翰守关也确实不错。他是在天宝十四载（755）的年底到的潼关，一直到天宝十五载（756）六月，半年的时间里，唐军牢牢驻扎在潼关，先后打退了安禄山叛军的三次进攻，一点儿都没出差错。

起用一个中风的老将军，可见唐玄宗手头真的是无人可用。不过哥舒翰也不负众望，半年时间里，安禄山的军队始终徘徊在潼关以外，无法靠近长安。官军死守险关，以静制动，前景颇为乐观。那么，在这种情况下，安禄山那边的情况又怎么样呢？

唐军死守潼关，安禄山那边的日子可就不好过了，可以说是四面受敌。安禄山当时不是在洛阳吗？西面是潼关，有哥舒翰把守，无法推进；东面是山东，再往东就是大海，且不要说过不去，就是过去也没用；南面，在河南的南部，地方官带领老百姓和叛军展开生死搏斗，把叛军牢牢地拖在了河南，不能向江淮地区前进一步；北面本来是安禄山的占领区，应该没有问题，但是，当时河北地区在颜真卿的领导下，到处都组织了民团奋起反抗，让安禄山陷入人民战争的汪洋大海之中。更重要的是，一代名将，新任命的朔方军节度使郭子仪和河东节度使李光弼这个时候也从西面攻入河北，收复了常山、赵郡等重要城市。要知道，常山就在今天河北的正定，那可是安禄山叛军从老巢范阳到东都洛阳的必经之路。大唐军队收复常山，等于把叛军和老巢之间的联系切断了，这样一来，叛军可就人心惶惶了。到了这一步，连安禄山都后悔了，原来造反没这么容易啊！当年，高尚等一班谋士不是整天撺掇他造反吗？他把这些人叫来，对着他们就是一通大骂，说：多年来，你们一直教我反叛，说是万无一失。现在大军进逼潼关，几个月过去了，不能前进一步。北归的路已经断绝，唐军四面包围，我所有的只是汴州、郑州等数州而已，你们所说的万无一失又在哪里呢？万般无奈之下，安禄山连退路都想好了，实在不行，就干脆打回范阳去算了！

这样看来，潼关就成了交战双方的命门。对于安禄山来讲，只有攻下潼关，才有出路；而对唐军来讲，只要守住潼关，就能掌握主动，甚者可以静观其变。换言之，唐军利守，叛军利攻。那么，就当时的情况而言，是攻难还是守难呢？当然是攻难。所以说，唐朝的前途还是相当光明的。

一边是安禄山进退两难，一边是大唐官军据险死守。守易攻难，唐军的前途颇为乐观。但战争从来都不是单纯的军事问题，而是一连串相当复杂的政治问题。从军事角度来说，哥舒翰固然不难守住潼关，但是，他即将面临的却不是军事问题，而是政治难题。那么政治上出什么问题了呢？

二、玄宗逼战

有人不让他守潼关了。谁呢？唐玄宗。唐玄宗为什么不让哥舒翰守潼关了？因为天宝十五载（756）六月，他得到一个情报，说就在潼关的东边——陕郡，当年高仙芝驻军的地方，安禄山的前锋崔乾祐驻扎在那里，他的兵非常少，才4000人，而且没什么防备。如果派兵攻打，可以一举收复陕郡。要想知道唐玄宗对这则情报是什么反应，那我们就得先分析一下唐玄宗当时的心境了。

唐玄宗当时已经当了40多年太平天子，一贯骄傲自负。临到晚年，忽然闹出一个"安史之乱"，连东都洛阳都丢了，这对他可是一个巨大的打击。正因为如此，他特别急于结束战争，找回自己的威望和尊严。他杀高仙芝和封常清，不就是这种情绪支配下的结果吗？这时候，唐玄宗的急躁病又犯了，他又沉不住气了，马上给哥舒翰下命令，说：我让你当兵马副元帅，可不是让你守关的，是让你消灭敌人的！根据可靠情报，现在敌人兵少无备，正是我们的取胜之机，所以，别再死守潼关了，赶快出兵，收复失地！然后一鼓作气，打到东都去！

唐玄宗的命令到了潼关，主帅哥舒翰真是郁闷啊。心想，皇帝也太没有经验了吧，这不明摆着是安禄山的诱敌之计吗，怎么能上这个当呢？哥舒翰赶紧上奏玄宗，说："禄山久习用兵，今始为逆，岂肯无备？是必羸师以诱我。若往，正堕其计中。且贼远来，利在速战；官军据险以扼之，利在坚守。况贼残虐失众，兵势日蹙，将有内变，因而乘之，可不战擒也。要在成功，何必务速。今诸道征兵尚多未集，请且待之。"意思是说，安禄山也是个老兵骨了，经验丰富。再说，他如今刚刚开始反叛，正是最慎重的时候，怎么可能全无防备呢？这一定是他的诱敌之计呀。如果我们真的出兵，不就中了他的圈套了吗？况且敌兵远来，利在速战速决；而我们官军据险，则利在坚守。而且敌人残暴，早已失去民心，兵力也在衰落之中，可能马上就有内讧了。到那时候，我们就可以不战而胜了，何必争这一朝一夕呢？总之一句话，不同意出兵。不光哥舒翰不同意出兵，这时候，远在河北前线的郭子仪和李光弼听说玄宗想让哥舒翰出关，也赶紧上表劝阻。他们说：哥舒翰已经年老昏聩，让他驻守潼关还可以，让他出征，可绝对不行。只要他能守住潼关，我们很快就能直捣范阳，胜利指日可待，陛下千万不要着急！

皇帝想攻，将军想守，现在关键就看第三方的意见了。这关键的第三方是谁呢？宰相杨国忠。一看前方将士和自己意见相左，唐玄宗马上来征求杨国忠的意见。杨国忠此刻倒是相当清醒。他知道，潼关利守不利攻。他也知道，唐军只要一出关，就凶多吉少。但是，正因为如此，他决定，一定鼓动唐玄宗，让哥舒翰出关作战！因为他想借机除掉哥舒翰。

杨国忠为什么要除掉哥舒翰呢？本来，因为哥舒翰和安禄山不和，根据敌人的敌人就是自己的朋友这一原则，在很长一段时间里，杨国忠都相当看好哥舒翰。但是，自从哥舒翰率领大军驻守潼关，杨国忠就开始怕他了。为什么呀？

这还得从一个叫安思顺的人说起。安思顺是安禄山继父的侄子，因此也算安禄山名义上的堂兄。虽然有这么点关系，但是，安思顺并不是安禄山的同党，安禄山起兵之前，安思顺就曾经上书朝廷，提醒玄宗要防备安禄山。正因为他提醒在先，所以安禄山叛乱后，玄宗并没有治安思顺的罪，还让他在长安当了一个官。可是，虽然唐玄宗饶了安思顺，但哥舒翰可不想饶他。因为哥舒翰和安思顺早有矛盾，现在大权在握，他就伪造了一封安禄山给安思顺的信，假装在潼关抓住了信使，然后上书朝廷，说安思顺通敌，要求处死。唐玄宗当时正倚重哥舒翰，虽然觉得事情不靠谱，但还是把安思顺给杀了。安思顺被杀，杨国忠可害怕了。原来哥舒翰现在能量这么大，想杀谁就杀谁呀。万一他哪天看我不顺眼，也上书朝廷把我杀了怎么办呀？这么一想，他心里就开始顾忌哥舒翰了。

那哥舒翰到底想不想杀杨国忠呢？他也确实想杀。我们说过，自从杨国忠当政之后，就没办过什么好事，天下人早就对他恨之入骨了。特别是他一次次地激怒安禄山，逼安禄山造反，更是让世人痛恨。正因为如此，安禄山打出杀杨国忠、清君侧的旗号，好多人都挺认可的。就在哥舒翰的部队里，这样的情绪也相当普遍。当时，哥舒翰手下的马军指挥王思礼就曾经秘密游说哥舒翰，劝他上表朝廷，逼迫玄宗杀掉杨国忠，但是哥舒翰没有答应。后来，王思礼又请求哥舒翰派三十个骑兵把杨国忠劫持到潼关杀掉，哥舒翰又拒绝了。他说：我真要是劫持、杀害宰相，那造反的就是我哥舒翰，而不是安禄山了。虽然哥舒翰屡屡拒绝将士们的请求，但是，消息传到杨国忠耳朵里，可把他吓坏了。要知道，哥舒翰手握重兵，万一哪天真想杀他，岂不是像捏死蚂蚁一样容易？怎么办呢？杨国忠就开始想办法了。他对玄宗说："潼关大军虽盛，而后无继，万一失利，京师可忧。请选监牧小儿三千于苑中训练。"玄宗一听有道理，就同意了。可是，这由养马的人组成的三千人的武装还是不够啊，怎么办呢？杨国忠又构筑了第二道防线，他招募了一万人，让自己的一个亲信杜乾运率领，屯驻在灞上，名义上是在构筑御敌防线，其实还是防范哥舒翰。

　　杨国忠在那儿招兵买马，哥舒翰是什么反应呢？哥舒翰气呀！他是个军人，最看不得背后玩这些阴损的把戏了。心想别人都想杀你，我还拦着，没想到你倒来防范我！我在前方辛辛苦苦地守关，你倒玩这个心眼儿！哥舒翰也不是好惹的，他马上上表朝廷，说为了统一指挥起见，请求把灞上的一万士兵也划归他的统率之下。唐玄宗不明就里，当然没有意见。等到朝廷的批复一下来，哥舒翰马上就以召开军事会议为名，把杜乾运给叫到潼关去了。杜乾运一到潼关，哥舒翰就给他安了一个治军不力的罪名，把他杀了，把他那一万人的军队也给吞并了。这样一来，杨国忠可就更慌了，整天担心哥舒翰杀他。怎么办呢？政治斗争就是你死我活，要想不被哥舒翰杀掉，就得先杀哥舒翰。可是，老将军没犯错误，朝廷正倚仗他呢，怎么杀呢？正在杨国忠着急的时候，玄宗居然向他征求意见，问要不要让哥舒翰出兵，这不是机会吗？杨国忠心里真是乐开了花，一定要撺掇皇帝，让哥舒翰出兵！他知道，只要出兵，就必败无疑，这样，哥舒翰不是战死疆场，就是被玄宗砍头，反正不管怎样，不都把他除掉了吗？这就叫借刀杀人啊。至于说哥舒翰兵败，国家会面临什么样的问题，那就不在杨国忠的考虑范围之内了。

这样一来，杨国忠就对玄宗说了，现在敌人没有防备，正是反攻的大好时机，而哥舒翰手握重兵，逗留不进，别是有其他的想法吧，朝廷得严加敦促，一定让他出征！唐玄宗一看，二比一，少数服从多数吧。于是派了一批又一批的宦官去催哥舒翰出兵，频率高到什么程度呢？按照《资治通鉴》的说法就是"项背相望"。君命难违啊！哥舒翰痛哭失声，终于在天宝十五（756）载六月七日这天，率领大军离开了潼关，向东进发！

从老将军的表现可以看出，这场即将到来的战斗凶多吉少。尽管如此，哥舒翰毕竟是身经百战的老将军，他能不能用军事经验来弥补决策方面的失误呢？冲出潼关的哥舒翰大军，又会面临什么样的结局呢？

三、潼关失守

第二天，哥舒翰的大军到了灵宝的西原，这个地方在潼关以东100多里，南边靠山，北边是黄河，是个70里长的狭长地带。安禄山的前锋崔乾祐早就在那儿等他了。两军相遇，那就打吧。

哥舒翰怎么布阵呢？他让王思礼率领5万精兵打前锋，后面跟着10万主力接应。因为道路太窄，阵前指挥不便，所以哥舒翰自己率领3万人马渡河，到河对岸擂鼓助威18万大军，也算是严阵以待。

崔乾祐那边呢？远远看去，都是些散兵游勇，而且稀稀疏疏，有的前进，有的后退，不成阵势。官军远望着叛军的阵容，都笑起来了，安禄山的叛军原来就这样子啊。看到这阵势，连哥舒翰都开始轻敌了，心想安禄山呀安禄山，你这么多年跟我较劲，原来不过如此！今天我让你看看咱俩到底谁厉害！于是哥舒翰就催着部队前进。

哥舒翰的军队奔着敌人就杀下去了，崔乾祐这边呢？根本就不抵抗，只顾往前跑。敌人一跑，官军的警惕性就更放松了，一路撒开了往前追。越往前追，路可就越窄了，这时候，那些散兵游勇不知怎么回事不见了，一队精兵忽然出现在他们面前。唐军还没明白过来怎么回事呢，紧接着，大木头、大石头就从南边的山上滚滚而下。唐军士兵多呀，都挤在狭窄的小道上，躲都没处躲，砸死砸伤的、掉到河里的，不计其数。这一下，在河对岸的哥舒翰可着急了。他知道，这时候唯一的出路就是往前冲了，必须冲过这片狭长地带，否则必死无疑！可是，崔乾祐已经派精兵挡在前头了，怎么冲呢？哥舒翰想了一个办法。他把运辎重的马车调到前头，车里放上毡子，让士兵赶着马车往前冲。为什么用马拉毡车呀？因为毡车的体积大，重量轻，既跑得起来，又能够挡枪挡箭，和今天的坦克是一个道理，冲击力量强。可是俗话说，"道高一尺，魔高一丈"，崔乾祐那边连这一步也算好了。他把几十辆草车堵在唐军的毡车之前，放起火来了。六月刮东风，而且这时候已经过了中午，东风越刮越猛，火借风势越烧越大，马上，唐军的毡车也就跟着着火了，紧接着人身上也着火了，浓烟滚滚，唐军一下子就什么都看不见了。这一下唐军可真是乱了套，有刀的就拿刀乱砍，有弓箭的就朝着前面乱放箭，都觉得自己在跟敌人搏斗。搏斗了一个下午，等到烟都散了，才发现，敌军早就撤走了，刚才无论杀死的还是射死的，其实都是自己人。

唐军在这儿自相残杀，崔乾祐干什么去了？他命令手下的同罗精兵绕过南山，绕到唐军后面去了，首尾夹击，唐军更加乱了阵脚，有的丢盔弃甲藏到山谷里了，有的互相推搡掉进黄河淹死了，有的被敌人杀死了，哭喊声震天动地。俗话说，"兵败如山倒"，眼看着前面的

5万精兵一败涂地，后面的10万大军也不战自溃，没命地往回跑。甚至河对岸哥舒翰手下的3万士兵也跟着往回跑，眼看就要跑到潼关了。要知道，当年，哥舒翰为了守住潼关，也是下了大功夫的。他在潼关外面挖了三条壕沟，每条都有两丈宽、一丈深，这三条壕沟本来是防守安禄山的铜墙铁壁，到这时可都成为自己的夺命陷阱了。前面的人马纷纷坠落其中，一会儿就把壕沟填满了，后来的人就踩着这些前人的尸体越过了壕沟。经过这么一番折腾，20万大军出征，最后进入潼关的士兵只有8000多人。他们进了潼关，后面崔乾祐的追兵也到了。这时候，唐军是惊弓之鸟，人家是越战越勇，再想守潼关已经守不住了。

天宝十五载（756）六月九日，崔乾祐攻破潼关了！

这时候哥舒翰到哪里去了呢？他也带着手下一百多骑兵，渡过黄河回来了。既然潼关已经失守，他就来到潼关西边的一个驿站里，贴出告示，召集逃散的士兵。哥舒翰召集将士想干什么呢？他是想重新夺回潼关。可是，还没等他召集到多少人呢，他手下的一个番将火拔归仁率领100多名骑兵包围了驿站。火拔归仁走进来对哥舒翰说："敌人马上要追上来了，请老将军上马。"哥舒翰一听，赶紧走出驿站，骑上马去，想往西走。这时候，火拔归仁率领众人跪在马前，他磕了一个头，对哥舒翰说：将军率20万大兵出关，结果一败涂地，全军覆没，还有什么脸面再见皇上啊！您难道没看见高仙芝、封常清的下场吗？他们拼命血战，一旦兵败，不是也被杀了吗？您回去也是一样的呀！与其回去等死，还不如往东走，投降安禄山吧。

哥舒翰平时最喜欢读《汉书》，也是一个忠义的将军，又和安禄山是老对头了，怎么可能同意呢？他想要下马，火拔归仁上去就把他的脚系在马肚子上了；一看不行，哥舒翰又拿起枪来往自己的喉咙上刺，可是，他毕竟是中风之人，哪还有什么力气，马上，枪也被人夺走了。就这样，不仅潼关失守，就连唐朝的兵马副元帅也被手下的将领们挟持着，投降了！

那我们分析一下，潼关失守的原因到底在哪里呢？除了敌军将领崔乾祐用兵如神之外，唐朝方面至少有三个非常关键的失误。

第一，唐玄宗决策错误。当时的有识之士都知道，潼关宜守不宜攻，但是，唐玄宗根本不听前方将领的意见，一意孤行，逼迫哥舒翰出关，这是一个完全错误的决策。可以说，唐玄宗决策上的失误，正是潼关失守的关键原因。唐玄宗为什么会犯这么严重的错误呢？除了我们分析过的急躁糊涂之外，在很大程度上也是杨国忠挑唆的结果。要知道，同样是主张出关迎敌，杨国忠和唐玄宗的心境可是截然不同的。唐玄宗是没想清楚出关可能面临的风险；而杨国忠却是明明知道出关必败，但为了个人的私利，还是置国家前途命运于不顾，挑唆唐玄宗做出了错误的决定。如果说唐玄宗的问题还可以叫作无心之过的话，那么杨国忠可就是恶意犯罪了。国家危难之际，玄宗身边的宰相竟然是这样一个极端自私的政客，能不败吗？

第二，哥舒翰的指挥存在重大失误。就算是唐玄宗逼迫他出击，但是，如果他能够预留一部分士兵守关，即使前方失利，局面也不至于不可挽回吧？另外，哥舒翰身经百战，看见崔乾祐以老弱病残诱敌，总应该有所警觉吧？但是，哥舒翰在该留一手的时候没有留一手，在该谨慎的时候没有谨慎，以近20万之众，竟然不敌崔乾祐1万多人的军队，这是潼关失守的另一个重要原因。

哥舒翰为什么会犯这个错误呢？只能说，他的智力和精力已经被中风严重损坏了，换言之，唐玄宗让他当副元帅，本来就是勉为其难。哥舒翰一生为唐朝驻守边关，屡战屡胜，晚年却一败涂地，被迫投降安禄山，这既是大唐的悲剧，也是他个人的悲剧。

第三，潼关失守，也是唐玄宗冤杀高仙芝和封常清所引起的负面效果之一。本来，即使潼关失守，但叛军毕竟人数不多，而且也还立足未稳，如果哥舒翰手下的官兵能够奋力拼杀，也并非没有夺回的可能。但是，因为唐玄宗冤杀高仙芝和封常清两位将军，使得很多将领都认为，只要战败就没有好结果，既然朝廷不给出路，倒还不如投降安禄山。火拔归仁挟持哥舒翰投降，不正是这种情绪所结出的恶果吗？

不管责任在谁，潼关失守，也就意味着唐朝的整个战略布局完全被打破了。曾经的优势荡然无存，都城长安此时已经彻底暴露在敌人面前。那么，唐朝会向何处去呢？唐玄宗又将面临怎样的变故呢？

第三十八章 马嵬之变

在中国历史上，有一个驿站特别知名，那就是马嵬驿，它出名倒不是因为驿站本身有什么特别之处，而是因为它和一场著名的悲剧联系在一起。

公元756年，唐玄宗在逃难的过程中，被迫在这里杀死了杨贵妃，史称"马嵬之变"。那么，马嵬之变究竟是怎么回事呢？为什么杨贵妃会成为牺牲品呢？

一、狼狈出逃

天宝十五载（756）六月九日，潼关失守了。这个消息唐玄宗是怎么知道的呢？他是根据平安火知道的。

平安火其实就是烽火，在古代是传递军事情报用的。自从"安史之乱"爆发，从潼关到长安就设立了烽火台，每天晚上，潼关点一把火，长安这边就知道，今天平安无事了。可是，六月九日这天傍晚，潼关已经失守，没人点平安火了。唐玄宗翘首东望，再也看不到那熟悉的烟雾，这下子他可真着急了。难道潼关丢了？怎么办呢？赶紧跟大臣商量对策吧。宰相杨国忠对着群臣痛哭流涕，说：这十年来，不断有人报告安禄山要谋反，可是陛下就是不信，结果落到今天这个地步，这可不是宰相的过错。他一上来就把责任推给了玄宗，至于他自己先逼迫安禄山造反，再撺掇皇帝催促哥舒翰出兵的事，只字不提。唐玄宗晚年竟信任这样的宰相，能不误国吗？真是让人叹息。

可是，光推卸责任没有用，接下来朝廷该怎么做呢？这杨国忠倒是早就想好了。他说：陛下，事情到了这一步，还是暂时放弃长安，避一避风头吧。往哪儿跑呢？往蜀地跑！为什么到蜀地呢？

第一，蜀地是杨国忠的势力范围。杨国忠一直担任剑南节度使，蜀地算是他的老根据地了，便于控制。

第二，蜀地安全。四川盆地四面环山，是一个独立的地理单元，易守难攻；另外，剑南节度使有3万多士兵，保一方平安不成问题。

第三，蜀地自古号称"天府之国"，比较富裕，能够养活一个流亡政府，而且，自从安禄山起兵打出清君侧的旗号，杨国忠就派人在剑南增修城池、储备物资，打算实在不行的话就跑到那儿避难。没想到现在不仅自己需要逃命，连皇帝也需要逃命了，自己提前做好准备真是太有先见之明了！

杨国忠这个逃跑方案一提出来，群臣是什么反应呢？根据史书的记载，大部分官员都唯唯诺诺，什么也说不出来。可是，就在这时候，有个低级官员说话了。他说："请即日招募城中敢死之士及朝官各率家僮子弟出军防遏。"说话的是谁呢？监察御史，同时是著名的边塞诗人高适。大敌当前，高适作为一介书生，慨然提出全体动员，誓死守城，真是给天下读书人增色！

逃跑还是守城，两种方案摆在唐玄宗面前了，唐玄宗会选择哪一种呢？要知道，守城可是需要巨大的勇气的，换到三四十年前还年轻的时候，也许唐玄宗还有这个劲头，但是这时已经是天宝十五载（756）了，唐玄宗的精神也早已经颓唐下来，不复是当年那个拼命三郎了。所以，基本没有做什么思想斗争，唐玄宗就打定主意了，跑！

怎么跑呢？为了保证安全，唐玄宗先释放了一个烟幕弹，声称要御驾亲征，把宫廷的钥匙也都交给宦官边令诚保管，好像皇帝真的要出征迎敌一样。但是，就在作完这场秀之后，当天下午，唐玄宗就悄悄地从日常生活的兴庆宫转移到了长安城北边的禁苑里。到了禁苑，可就到了禁军驻扎的地盘了。晚上，唐玄宗命令龙武大将军陈玄礼重赏禁军，挑选了九百匹战马待命。第二天，也就是天宝十五载（756）六月十三日凌晨，蒙蒙细雨之中，唐玄宗带着杨贵妃姐妹，住在宫里的皇子、公主、妃嫔和皇孙，还有宰相杨国忠、韦见素，御史大夫魏方进和他们的家属，以及高力士等几个亲信宦官，在几千禁军的护卫之下，脚底抹油，从禁苑的西门溜了！

这次逃跑可是太不地道了。除了我们刚才提到的那些人，剩下的人，他们谁都没告诉，甚至连住在宫外的皇子、公主和妃嫔也都抛弃了，更不要说一般大臣了。所以，就在六月十三日当天早晨，文武百官还像往常一样来上朝呢，一直走到宫门前，也没看出任何不对的地方，仪仗队整整齐齐地列队站岗，甚至宫里面铜壶滴漏的声音都能听见。等到宫门打开，百官才发现，里面全乱套了，只见宫女们大呼小叫，四下乱跑，都说皇帝找不着了！这一下子，局势可就乱了。王公大臣知道皇帝丢下他们跑了，也赶紧往外跑。城里的达官贵人争着往外跑，城外的小老百姓可是争着往城里跑，趁乱抢金银财宝。把王公贵族的宅第打劫一番还不算，有的人竟骑着驴子登上皇帝的大殿，一点王法都没有了。我们不是说唐玄宗把宫廷的钥匙都交给宦官边令诚了吗？现在皇帝跑了，边令诚怎么处理这些钥匙呢？他把钥匙封好，直接派人给安禄山送去了。这个边令诚，也算是唐玄宗最信任的宦官之一了。半年之前，就是他进谗言，挑唆唐玄宗杀死了高仙芝和封常清两员大将。现在，边令诚居然不等安禄山来接收长安，自己先急急忙忙把钥匙奉上了，这真是莫大的讽刺。唐玄宗用人不明，在这里就可见一斑了！

潼关失守，长安暴露在叛军面前，无奈的唐玄宗只好选择出逃来躲避灾难。俗话说，"在家千日好，出门一时难"，盛世天子唐玄宗的逃难之行是否顺利呢？他还能保持皇帝的威严吗？

长安乱成一团，唐玄宗的逃难之行也不顺利。虽然唐玄宗预先作了安排，但是，实际遇到的困难还是比他想象的多多了。首先就是没饭吃。唐玄宗一行凌晨出发，到了上午九点，来到了咸阳望贤宫，该吃早饭了。本来，唐玄宗在出逃之前，是派了一个宦官王洛卿去打前站的，让他告谕州县官员，沿途安排食宿。可是到了望贤宫一看，一个接驾的人也没有。原来，咸阳县令一听王洛卿说皇帝都逃跑了，干脆两人搭伙，也跑了！直到中午，这顿早饭也没吃上。没办法，杨国忠只好跑到市场上，买了几个胡饼，先给皇帝垫补垫补。可是，其他人还是没有吃的。这时候，周围的老百姓听说皇帝来了，慢慢围了过来，玄宗放下架子，问他们：卿家有饭否？不择精粗，只要有只管拿来，给孩子们充饥。百姓一看皇帝可怜成这个样子，争着献上自家的饭。普通百姓能有什么好东西呀，饭里头还掺着好多麦粒和豆子。我们不是讲过，唐玄宗的女儿们给他献食，一顿饭就要耗费中等人家十家的产业吗？如果在往常，这些王子皇孙哪里吃得下这样的东西！可是俗话说，"饿了吃糠甜如蜜"，唐玄宗的小王子、小公主们饿透了，也顾不得挑剔，争着用手抓着吃，一会儿便吃得精光，还没有吃饱。看皇上落到这个份儿上，百姓们都忍不住哭了，玄宗也掩面而泣。

这时候，有个叫郭从谨的老人家走到玄宗身边，进言道："禄山包藏祸心，固非一日；亦有诣阙告其谋者，陛下往往诛之，使得逞其奸逆，致陛下播越。是以先王务延访忠良以广聪明，盖为此也。臣犹记宋璟为相，数进直言，天下赖以安平。自顷以来，在廷之臣以言为讳，惟阿谀取容，是以阙门之外，陛下皆不得而知。草野之臣，必知有今日久矣，但九重严邃，区区之心，无路上达。事不至此，臣何由得睹陛下之面而诉之乎！"唐玄宗听了，赶紧说："此朕之不明，悔无所及！"如果不是落难至此，唐玄宗恐怕一辈子也看不到这样的百姓，听不到这样的肺腑之言了！

离开咸阳继续往西走，十三日半夜，唐玄宗一行走到金城县了。金城本来叫始平，当年唐中宗送金城公主入吐蕃和亲，在这里送行，才改名叫金城的。金城县的情况还不如咸阳县呢。咸阳仅仅是县令逃走了，金城不光是县令逃走，连老百姓也差不多逃光了。玄宗一行人来到驿站，驿卒也逃走了，驿中连一盏灯都没有。这时候，玄宗他们已经走了整整一天，人困马乏，黑灯瞎火，谁还管什么尊卑贵贱啊，横七竖八躺了一地。皇帝的尊严、宰相的权威、贵妃的娇贵，在这样的情况下荡然无存。

二、马嵬之变

玄宗逃跑的第一天就这么过去了。第二天接着走，到中午的时候，就走到兴平县的马嵬驿了。也就是在这时候，军队里出现问题了。什么问题呢？禁军将士们开始抱怨起来，而且声音越来越大，情绪也越来越激动。怎么会出现这种情况呢？其实也很好理解，经过一天半的折腾，禁军这时候都已经又累又饿，疲惫不堪了。而且，这些禁军都是长安人，他们的父母妻子都留在长安，现在越走越远，前途渺茫，归期更渺茫，身体的困顿再加上精神的绝望，士兵的不满情绪也就越来越严重。眼看场面就要失控了，怎么办呢？

我们说过，禁军的首领是龙武大将军陈玄礼。这可是个老臣了。差不多半个世纪之前，唐玄宗诛杀韦皇后，陈玄礼就是前敌指挥官。现在，陈玄礼听着战士们的抱怨，心里产生了一种似曾相识的感觉——政变！凭着多年的经验，他知道，这种愤怒情绪如果找不到出口的话，很可能引起军人哗变，局面不堪设想！可是，怎样才能疏导将士们的愤怒情绪呢？陈玄礼想到了杨国忠。当时，杨国忠招乱基本已经是人们的共识了，天下人说起杨国忠都是咬牙切齿，陈玄礼也恨不得杀了他。既然如此，何不让将士们杀了他泄愤！这样一来，既能疏导将士的不满情绪，又能为国除害，不是两全其美吗？

可是，陈玄礼也知道，一个将军，如果背后没有高层支持，想要杀宰相，那不就等于谋反吗？陈玄礼可不想谋反。寻求谁的支持呢？唐玄宗？那是不可能的，杨国忠是他的宠儿，他不会同意。这时候，陈玄礼想到了太子。太子是朝廷里的二号人物，而且，陈玄礼也知道，太子和杨国忠素有矛盾，何不寻求太子的支持呢？于是，陈玄礼就找到太子的亲信宦官李辅国，托他把杀杨国忠的想法告诉太子。太子李亨对此是什么反应呢？要知道，李亨对杨国忠早就恨之入骨了。当年李林甫制造大案，打击太子，杨国忠就是马前卒。当了宰相之后，杨国忠还是处处打压李亨。最让李亨痛恨的是，"安史之乱"开始后，唐玄宗曾经想要让太子监国，这可是太子盼望已久的好事啊，但是，杨国忠害怕李亨上台对他不利，便让贵妃衔土请命，以死相胁，迫使玄宗又取消了这个计划。现在，跟着杨国忠到他的地盘上去，李亨更加绝望了，真要是到了蜀地，他这个太子的位子可就更加难保了！所以，李亨巴不得陈玄礼杀了杨国忠。可是，怎么表态呢？李亨是个谨慎的人，他的表态也非常有水平，按照《资治通鉴》的记载，"太子未决"。未决的真实含义不是决定不下来，而是不反对，不反对就是赞成了。有了太子这个态度，陈玄礼就踏实了。他把禁军的将领召集起来，说："今天下崩离，万乘震荡，岂不由杨国忠割剥氓庶，朝野怨咨，以至此耶？若不诛之以谢天下，何以塞四海之怨愤！"这是战斗动员啊，将领们怎么表态呢？他们的满腔怒火果然被老将军激发起来了，异口同声地说："念之久已，事行，身死固所愿也！"这样一来，诛杀杨国忠的事情就算定下来了。火药桶已经准备好，现在，就缺少一个引子了。

身体的困顿和精神的绝望，让禁军的愤怒情绪累积到了极点。人在面临困境时，往往不是想如何摆脱困境，而是要找出原因。是谁制造了这一困境呢？在陈玄礼的点拨下，禁军一下子把矛头指向了杨国忠。那么，杨国忠会面临怎样的下场呢？

正好，这时候，杨国忠从驿站外面巡视回来了。他一回来，马上就被二十多个吐蕃人围住了，这些人是吐蕃派到唐朝的使者，到长安时正好赶上皇帝出逃，就跟着一起逃出来了。一路上，他们也是吃了上顿没下顿，看见杨国忠，就拦住他要吃的。杨国忠还没来得及回答呢，忽然有一个禁军大喊了一声："国忠与胡虏谋反！"紧接着，一支箭就朝着杨国忠射过来，一下子就扎在了马鞍子上。杨国忠一看势头不好，赶紧翻身下马，跑进了驿站的西门，想要寻求皇帝的保护。禁军哪能饶了他呀，追过来，手起刀落，一下子就把杨国忠的首级砍下来了。这还不算解气，他们还把杨国忠大卸八块，连他的肉都撕下来吃了，再把他的脑袋用枪挑着，悬挂在驿站的门外。旁边的士兵大声欢呼。听见外面人声嘈杂，御史大夫魏方进赶紧出来看怎么回事，一看是杨国忠的首级，魏方进吓了一跳，说："汝曹何敢害宰相！"这时候士兵已经杀红了眼，看见魏方进，二话不说，上来就是一刀，把魏方进也杀了。另一个宰相韦见素也跑出来看情况，乱兵上去就是一棍，打得韦见素血流满面。眼看着就要出第三条人命了，幸好有几个士兵认识他，喊了一句"勿伤韦相公"，他这才幸免于难。到这个时候，士兵的情绪已经失控了，他们把驿站团团围住，一时间杀声四起。

当时，唐玄宗正在驿亭里休息，也被惊动了，派左右去看到底发生了什么事。左右出去看了回来报告说：杨国忠谋反，被禁军给杀了！唐玄宗一听吃了一惊，说："国忠遂反耶？"唐玄宗为什么吃了一惊呢？因为他知道，这是不可能的事。这时候谁都可能谋反，唯独杨国忠不可能。唐玄宗也知道，杨国忠的人缘真是不怎么样，当时不光是叛军声称要杀杨国忠，就是朝廷方面，自己人也都恨杨国忠。所以，杨国忠要想保命，只能紧紧依靠皇帝，他怎么可能谋反呢？说杨国忠有别的问题可以，但是，要说谋反，可绝对是冤枉啊！可是，既然禁军都把杨国忠给杀了，唐玄宗哪敢再分辩什么呀，只好拄着拐杖，走出驿站大门，慰劳包围驿站的将士。玄宗说：我早就想杀他了，只是还没找到机会，现在你们杀了他，正好，谢谢你们。现在杨国忠已经死了，你们各自归队吧。

可是，话说完了，士兵们一动不动，虎视眈眈地盯着唐玄宗。这一下，唐玄宗可慌了，莫非他们还想杀我？派高力士问问吧。高力士走过去一问，士兵们说话了："贼本尚在。"什么叫"贼本尚在"呀？陈玄礼解释得很明白："国忠谋反，贵妃不宜供奉，愿陛下割恩正法。"一听这句话，唐玄宗顿时觉得像挨了当头一棒。他愣了一下，说了一句"朕当自处之"，转身就回到驿站门里。进入驿站，唐玄宗顿时觉得天旋地转，站都站不住了。他倚靠在拐杖上，垂着头，呆在那里不动了。这一两天来，发生的事情太多了，他简直无法想象。事情怎么会变成这个样子呢？他不是盛世天子吗，怎么忽然连首都长安都保不住，来到这个地方了呢？他和贵妃不是神仙眷属吗，怎么忽然要让他处死贵妃？普通老百姓夫妇尚且能够互相扶持，白头偕老，自己堂堂一个皇帝，怎么居然连爱妃都保护不了了呢？看着皇帝久久不说话，韦见素的儿子韦谔急了，他上前说道："今众怒难犯，安危在晷刻，愿陛下速决！"说罢，连着给玄宗磕了几个头，血流满面。玄宗看了看他，呆呆地说："贵妃常居深宫，安知国忠反谋？"这时候，高力士在旁边说话了。他说："贵妃诚无罪，然将士已杀国忠，而贵妃在陛下左右，岂敢自安？愿陛下审思之，将士安，则陛下安矣。"这话说得太透彻了，如果不杀贵妃，将士们恐怕就要连你一起杀掉了！

这一句话，把唐玄宗点醒了。要知道，唐玄宗终究是个政治家，不是情圣。他是爱杨贵妃，是可以做到"三千宠爱在一身"，但是，他做不到不爱江山爱美人，更做不到"生命诚可贵，爱情价更高"。把自己的生命和政治前途与杨贵妃放在天平上一起称量，唐玄宗觉得，还是自己更重要些吧。怎么办呢？万般无奈之下，唐玄宗让高力士把杨贵妃领到佛堂里了，他要和贵妃诀别。杨贵妃说："愿大家好住。妾诚负国恩，死无所恨。"唐玄宗也含着眼泪说："愿妃子善地受生。"礼佛之后，高力士就把杨贵妃勒死在佛堂之中。这就是白居易《长恨歌》所说的："六军不发无奈何，宛转蛾眉马前死。花钿委地无人收，翠翘金雀玉搔头。君王掩面救不得，回看血泪相和流。"这一年，杨贵妃38岁。她22岁来到唐玄宗身边，陪伴唐玄宗度过了16年最快乐的日子，最后，又用自己的生命换来了唐玄宗的平安。绝代佳人，就这样死于非命。对于这场悲剧，清人袁枚慨然写道："到底君王负前盟，江山情重美人轻。玉环领略夫妻味，从此人间不再生。"

杨贵妃死后，唐玄宗命人将她的尸体抬到驿站的庭院之中，请陈玄礼等几个主要将军进来验尸。陈玄礼他们看过之后，这才脱去了甲胄，向玄宗叩头谢罪。陈玄礼说："杨国忠祸国殃民，以致生灵涂炭，陛下迁播。臣等为了社稷，矫诏杀死他，真是罪该万死！"很显然，陈玄礼知道玄宗是明白人，也就不再提杨国忠谋反的事，直接把杀他的理由提出来了。那么，唐玄宗是怎么回答他的呢？玄宗说：是我没有识人之明，用人失当，近来我自己也慢慢觉悟了。本来准备到四川之后再杀他，现在你们提前了却了我的夙愿，我还准备赏你们呢，怎么能说有罪呢？陈玄礼听玄宗这样说，赶紧率领将士们高呼万岁，这下，士兵才终于散去，整顿队伍，重新出发。马嵬之变至此也就算基本结束了。

今天，只要一提起马嵬之变，人们的第一反应往往就是杀杨贵妃。但是，马嵬之变开始的时候，真的是以杀杨贵妃为主要目标的吗？如果不是，那么，为什么在人们的记忆之中，杨贵妃会逐渐变成事变的主角呢？

三、评价马嵬之变

我们究竟应该怎样评价这场政变呢？我想，有三个问题值得思考。

第一，马嵬之变的性质是什么？《辞海》中提到马嵬坡，是这样解释的："唐安史之乱，玄宗从长安西奔成都，缢死杨贵妃于此。"民间提到马嵬之变，第一反应肯定也是杀杨贵妃。但事实上，马嵬之变从本意来讲，绝不是要杀杨贵妃，而是要杀宰相杨国忠。杨国忠当政以后，基本上没有做过一件好事，早就到了官怒民怨的程度。

另外，对于"安史之乱"的爆发和潼关失守、玄宗出逃，杨国忠都难逃干系。在这种情况下，杨国忠已经成了众矢之的，不仅是禁军将士想要杀他，上至太子，下至普通老百姓，没有一个不恨他，没有一个不希望杀了他。正是在这种不杀不足以平民愤的普遍情绪下，陈玄礼才发动禁军将士，制造了马嵬之变。所以说，杀杨国忠才是这场政变的主要目标，至于杨贵妃之死，在很大程度上是受杨国忠牵连的结果，只能说是这个事情的副产品。

第二，既然政变的目标不是杨贵妃，那为什么后来杨贵妃会成为人们记忆中的主角呢？我想，这就是人们的心理问题了。首先就是对弱者的同情。一个弱女子，在乱军之中死于非命，这在任何时空背景中都会引起人们的同情，更何况是杨贵妃这样一个绝代佳人呢。有道是，"悲剧就是把美的东西打碎给人看"，在所有悲剧之中，还有比佳人惨死更动人心弦的吗？也正因为如此，人们才会把目光集中在她身上，甚至编出好多贵妃不死的故事。其中最有影响的就是杨贵妃被侍女替死、本人后来流落日本的说法。

20世纪80年代，日本影星山口百惠还曾经声称自己是杨贵妃的后裔。那么，杨贵妃是否有可能逃过一死，东渡日本呢？其实是不可能的。要知道，唐朝和日本虽然有商贸往来，但是，受航海能力的限制，路途还是充满了艰辛。以鉴真和尚为例，他在太平年代东渡日本，前后历经11年，经历了5次失败才最终成功。杨贵妃一个弱女子，在兵荒马乱之中，又怎么可能通过漫长的敌占区，渡海成功呢？这些传说只是人们的一种美好愿望罢了。

其次就是对盛世的缅怀。"安史之乱"后，大唐的盛世也就一去不复返了，生活在唐后期的人们对那段安定、繁荣的历史产生了深深的缅怀之情。这时候，集丰满艳丽、能歌善舞和荣华富贵于一身的杨贵妃逐渐成为人们心目中盛世的象征。她的惨死，也就成为盛世终结的标志。在这种情况下，马嵬之变的政治色彩就被逐渐淡化了，而它的悲剧意味则逐渐强化。也就是在这个转化过程中，政变的主人公最终从杨国忠变成了杨贵妃。

第三，我们到底应该怎样评价杨贵妃呢？传统史家提起杨贵妃，主流评价当然是红颜祸水，认为唐玄宗正是在她的诱惑下才由明变昏，甚至把"安史之乱"的罪责加在她身上。而现代则有很多人给杨贵妃鸣不平，说杨贵妃基本不干政，杨国忠发迹也和她关系不大，"安史之乱"更是跟她无关，她是无辜的受害者、替罪羊。那么，我们究竟应该怎样看待她呢？

　　首先要知道，杨贵妃是不是玄宗政局由盛转衰的罪魁祸首呢？当然不是。因为无论如何，她毕竟不是当时的政治主角，没有权力做出任何决策。众所周知，责任是和权力联系在一起的，她既然没有权力，我们又怎么能追究她的责任呢？

　　其次也要知道，杨贵妃虽然不是红颜祸水，但也绝不是一个贤妃。中国古代的后妃并不是一般的妻子，而是一种政治身份。人们对后妃的要求并不是不参政，而是以合理的方式参政。什么叫"以合理的方式参政"呢？按照我们现在的说法就是当好贤内助，经常劝导皇帝干好事，别干坏事。怎样劝导皇帝呢？汉朝的班婕妤就做得非常到位。当时汉成帝宠幸她，想要带她一起乘车，班婕妤坚决拒绝了。她说：据我所知，凡是有为的皇帝，身边一定总跟着贤臣，只有桀纣那样的昏君才整天带着女人出入。如果我和陛下一起乘车，不是有损陛下的令名吗？这才是贤后、贤妃的榜样。而杨贵妃呢？她虽然很少干政，但是就现有史料来看，她也从来没有劝导过皇帝要勤政，这难道不是她的失职吗？事实上，杨家一门能够飞扬跋扈，在很大程度上也是和她的纵容有关。这样看来，传统史学一提到女人就是红颜祸水固然不对，但是，现在一味强调杨贵妃的无辜恐怕也失之偏颇。当然，即使杨贵妃并不是一个贤妃，我们还得承认，杨贵妃是一个悲剧人物。杨贵妃本来无心政治，她并不像长孙皇后那样有政治城府，更不像武则天那样有政治欲望，她只是一个爱好唱歌跳舞、爱好享乐的单纯女子，如果能够始终和寿王生活在一起，她本来可以过一种平凡而幸福的生活。但现实却是，她始终难以把握自己的命运。无论是成为玄宗的贵妃，还是最后横死马嵬驿，都不是她自己的选择。她本来不是一个政治人物，最后却被裹挟在政治的旋涡中，被暗流吞没，成为政治的牺牲品。所谓"红颜薄命"，恐怕更多还是一种时代的悲剧、一种文化的悲剧吧。

　　马嵬之变激发了我们无限的同情，但是，它真正的意义并不在此。事实上，马嵬之变最大的意义在于，一种新的政治局面成为可能。那么，这是一种什么样的政治局面呢？唐玄宗在其中又扮演着什么角色呢？

第三十九章　玄宗退位

"安史之乱"的爆发使得唐玄宗丢掉了祖宗基业，仓皇逃出都城长安。到了马嵬驿，不想部下又发动了马嵬之变，让他失去了心爱的妃子杨贵妃。牺牲了杨贵妃，虽然换得了暂时的平安，但是，玄宗逃亡的道路依然危机四伏。在这之后的出逃岁月里，唐玄宗最终把皇位也丢了。那么，这究竟是怎么回事呢？是玄宗面对国破家亡的局势引咎辞职，还是另有隐情呢？

一、父老遮留

潼关失守后，唐玄宗逃往四川。就在西逃的路上，马嵬之变爆发了。

马嵬之变有很多影响，但是其中最直接的影响就是玄宗一行马上失去了前进的方向。本来，到四川避难是杨国忠的主意，现在杨国忠都死了，是不是还要到那儿去呢？马上就有人提出反对意见了，说："杨国忠谋反，其将吏皆在蜀，不可往。"可是，不到四川，又到哪里呢？这时候意见可就多了。有人建议去河西、陇右，有人建议去灵武，有人建议去太原，还有人建议干脆回长安算了！唐玄宗想到哪里去呢？其实他还是想去四川。因为四川安全可靠、物产丰富，这些优点都是客观事实，不会随杨国忠的死而改变。可是，当时刚刚发生过政变，玄宗还是比较怕这些禁军的，所以虽然想去四川，但是他不敢明说。他不敢明说，别人又在那儿瞎说，这就不好办了，大家就停在那儿犹豫着不走了。可是，总这样犹豫下去也不是办法啊，追兵可就在后头呢！

这时候，韦谔出面打圆场了，他说："还京，当有御贼之备。今兵少，未易东向，不如且至扶风，徐图去就。"他说如果现在我们还京的话，应该有御敌的准备，可是现在我们手头就这点兵，回去恐怕是不行的，那既然决定不了往哪儿走，我建议先到扶风去，再慢慢地考虑。扶风就是今天陕西的凤翔，在马嵬驿的西边。这个地方四通八达，往北可以到达朔方、河东这些地方；往南则是入蜀的必经之地。玄宗对这个方案很满意，其他人也说不出什么来，就算决定了。

按照玄宗的打算，还是希望到了扶风之后，再劝大家接受入蜀的方案。那么，唐玄宗选择入蜀对不对呢？从躲避敌人这个角度来讲当然没有问题，可以说是最安全的方案，但是，如果从扭转战局、恢复统治这个角度来说可就不行了。因为蜀道难是众所周知的事情，外面的人打进去固然不容易，可是，里面的人再想打出来也同样困难。如果玄宗一行人真的入蜀，差不多就等于放弃中原大好河山了，这可不是什么好事。那么，事情会不会就这样发展下去呢？没有。就在大家都已经上路的情况下，忽然出现了转机。

什么转机呢？一群父老乡亲挡在了路上，不让皇帝走。他们说："宫阙，陛下家居；陵寝，陛下坟墓。今舍此，欲何之？"说长安城里的宫殿那是陛下的家啊，都城周边的陵寝那是陛下的祖坟，陛下不要家也不要祖坟，您要往哪儿去呀？他们这是希望皇帝留下来。可是，玄宗本来就没有抵抗的信心，这时候杨贵妃刚死，更是心灰意懒，意志消沉，听到父老这番话，他按着辔头，停了好长一段时间，但最后还是拨转马头，往西走了。

眼看着皇帝执意要走，拦也拦不住，百姓又把太子李亨围住了，他们喊道："至尊既不肯留，某等愿率子弟从殿下东破贼，取长安。若殿下与至尊皆入蜀，使中原百姓谁为之主？"而且，人数越聚越多，不到一会儿工夫，竟然达到了好几千人。

在这种情况下，李亨是留还是走呢？要知道，中国古代是讲究孝道的，父皇就要踏上漫漫征途，做儿子的哪能不在身边服侍呢。面对父老的挽留，李亨说："至尊远冒险阻，吾岂忍朝夕离左右。且吾尚未面辞，当还白至尊，更禀进止。"一边说，一边眼泪跟着流下来了，而且掉转马头，做出一副要追赶玄宗的样子。那么，这些人会不会让李亨走呢？当然不会。

没等李亨走出一步，他的两个儿子——广平王李俶和建宁王李倓，还有心腹宦官李辅国一把抓住了马笼头，说："逆胡犯阙，四海分崩，不因人情，何以兴复？今殿下从至尊入蜀，若贼兵烧绝栈道，则中原之地拱手授贼矣。人情既离，不可复合，虽欲复至此，其可得乎？不如收西北守边之兵，召郭、李于河北，与之并力东讨逆贼，克复二京，削平四海，使社稷危而复安，宗庙毁而更存，扫除宫禁以迎至尊，岂非孝之大者乎？何必区区温情，为儿女之恋乎？"什么意思呢？他们是说，如今逆胡猖狂，国家已经分崩离析。如果这时候不顺应民心，赶紧组织平叛，哪还有什么兴复的希望？现在如果太子殿下您和至尊一起入蜀的话，万一贼军烧绝栈道，朝廷就只能蜗居四川，中原的大好河山，不就等于拱手让人了吗？到那个时候，人心也离散殆尽，难以收拾，就算再想时光倒流，重新回到今天这个局面，也是不可能的了！所以，与其到时后悔，还不如从现在做起，赶紧调集西北边军，再把郭子仪和李光弼从河北战场召回，和他们一起，齐心协力，讨伐逆贼，收复两京，削平四海。到那个时候，再打扫宫阙，把陛下迎回，这才是最大的孝顺啊！殿下是个有政治责任的人，怎么能学普通人家的小儿女，整天依傍在父母身边呢？这时候，旁边那些父老乡亲也赶紧说：是啊，太子留下吧。听父老这么一说，李亨叹息了一声，说：既然大家都不让我走，那我也就顺应天意民心，不走了！

太子这边决定不走了，唐玄宗可还在不远的前方等着太子呢。可是左等不来，右等不来，只好派一个人去看看情况。一会儿，看情况的人回来了，说：太子被百姓留下了，不跟着您走了！玄宗一听，仰天长叹："天也！"从长安出来才三天，杨国忠被杀了，贵妃死了，现在太子也要单飞了，真是众叛亲离啊！可是，叹气也没有用啊，父子两个人就此分道扬镳了。

唐玄宗父子分途是唐史上的一件大事，它最终决定了唐朝未来的发展方向。然而根据史书记载，这个决定唐朝未来的大事件，却缘于一个看起来非常偶然的机缘——父老的挽留。那么，父子分途的原因真的如此简单吗？背后究竟有着怎样的玄机呢？

要知道，唐玄宗父子分途可是李唐历史发展的一个大关节，那我们应该怎么看待父老挽留这件事呢？我觉得，这个事情太子是有准备的，甚至有可能是太子策划的。为什么这么说呢？

第一，太子李亨有和玄宗分开的主观愿望。李亨是愿意跟着玄宗到四川呢，还是愿意跟玄宗分开？他当然是愿意跟玄宗分开。李亨当时已经45岁了，太子也当了快20年，这些年来，他没少受到玄宗的猜忌，本打算苦熬到玄宗死去再当皇帝，可是没想到又爆发了"安史之乱"。现在兵荒马乱，两京失守，他这个太子的变数更大了。因为谁都知道，在这种情况下，只有平定叛乱，把长安和洛阳夺回来的那个人才能当皇帝。可是，如果跟着玄宗逃到四川去，那还怎么平定叛乱呢？江山是否易主都不好说！所以，无论是为自己考虑，还是为整个李唐王朝考虑，他都不应该跟着玄宗走。

第二，父老挽留的时间比较蹊跷。要知道，唐玄宗毕竟是皇帝，如果没有特殊的变故，就算太子不想跟玄宗走，恐怕也做不到。可是，当时的情况是，马嵬之变发生了，宰相杨国忠被杀，玄宗的权威也降低了不少，这是一个好机会呀。而且，马嵬之变前，陈玄礼曾经征求过李亨的意见，我想，在那个时候李亨就已经做好和玄宗分开的准备了。而父老挽留这个事情发生的时间不早不晚，恰恰是在马嵬之变后，这难道是一个巧合吗？

第三，太子有策划父老挽留的道德需要。马嵬之变后，唐玄宗权威下降，固然给太子提供了单飞的好机会，可是要想把这件事做圆满，还要解决一个孝道的难题。怎么才能既离开父亲，又不落下不孝的口实呢？在这种情况下，父老挽留就成了必要手段。因为父老挽留代表天意民心，这可是个足以抗衡孝道的大帽子。所以我们看到，这些父老固然也挽留唐玄宗，但是，并不特别强烈，人数也不多。可是到了挽留太子的时候，忽然呼啦啦出现了几千人，这难道还不说明问题吗？因为有上述理由，所以我觉得，这个事情是李亨安排好的一出戏，父老是早就动员好的群众演员。可能有人要怀疑，李亨怎么有能力动员那么多父老当群众演员呢？我想，李亨这出戏之所以能够成功，关键还是因为当时老百姓也确实希望李唐皇室能有一个代表人物留下来，领导他们抗战，从这点上来说，李亨的做法也确实是顺应民心了。

不管是基于父老的挽留，还是太子李亨自己策划的父子分途，太子都以实际行动承担起了挽救大唐王朝的重任。而此时的唐玄宗已是七十老翁，既无精力也无勇气驰骋疆场。摆在他面前的唯一道路，似乎就是诗人反复吟诵的漫漫蜀道了。那么，这条路他走得顺利吗？

二、玄宗入蜀

太子留下了，玄宗还是按原订计划往扶风走。这条路他走得顺不顺呢？还是非常不顺。为什么呀？人心散了。本来经过马嵬之变后，玄宗的权威就下降了很多，再加上太子又和他分道扬镳，士兵们的思想就更混乱了。一时间士兵之中流言四起，都抱怨玄宗让他们吃苦头，而且话说得越来越难听，连陈玄礼都有点控制不住了。要知道，政变也是有习惯性的，马嵬之变让士兵们尝到了甜头，难保他们不再搞出第二次政变！更要命的是，马嵬之变还有杨贵妃当替罪羊，这时候如果再发生政变的话，可是连替罪羊都没有了！看到这种情况，玄宗的心都凉了。怎么办呢？

我们看旧小说不是经常有"天无绝人之路"或者"吉人自有天相"这一类的说法吗，用到唐玄宗身上真是再合适不过了。眼看着局面就要失控，救命的来了。什么呀？春彩，一种丝绸。四川每年都要向长安进贡春彩，现在虽然"安史之乱"爆发了，但是唐朝并没有亡，所以，四川还是照样进贡春彩，这时候，10万多匹春彩正好运到扶风。看着这批春彩，玄宗有主意了。他命人把春彩都陈列在院子里，把将士们召集起来，对他们说："朕比来衰耄，托任失人，致逆胡乱常，须远避其锋。知卿等皆苍猝从朕，不得别父母妻子，茇涉至此，劳苦至矣，朕甚愧之。蜀路阻长，郡县褊小，人马众多，或不能供，今听卿等各还家，朕独与子、孙、中官前行入蜀，亦足自达。今日与卿等诀别，可共分此彩，以备资粮。若归，见父母及长安父老，为朕致意，各好自爱也！"话没说完，眼泪纷纷落下，把衣襟都打湿了。玄宗这是在做什么？这就是阿瞒本色了，既是真情流露，也是煽情表演啊。人都是讲感情的，所谓恻隐之心，人皆有之。众人一看皇帝陛下都可怜成这个样子了，也就不好再说什么了，纷纷表态说："臣等死生从陛下，不敢有贰。"玄宗的苦肉计成功，军心总算稳定了下来。闯过了这道人心关，接下来就比较顺利了。到七月中旬，玄宗一行终于穿过天险剑门关，来到普安郡，也就是今天四川省的剑阁。

到了这里，叛军基本上就不可能追过来了，保命已经不成问题，唐玄宗的心也逐渐轻松起来，可以考虑一下全国的局势了。那么，玄宗当时到底是怎么考虑的呢？七月十六日，就在普安郡，唐玄宗发布了一道非常重要的制书，这道制书的内容，反映了当时他考虑的主要问题。

这道制书写了两个内容。第一，承认自己要对当时天下大乱的局面负责。他说："伊朕薄德，不能守厥位，贻祸海内，负兹苍生，是用罪己责躬。"一句话，以前的事都是我的错，我愿意负责。第二，做整体战略部署。他是怎么部属的呢？玄宗宣布："以太子亨充天下兵马元帅，领朔方、河东、河北、平卢节度都使，南取长安、洛阳……永王磷充山南东道、岭南、黔中、江南西道节度都使……盛王琦充广陵大都督，领江南东路及淮南、河南等路节度都使……丰王珙充武威都督，仍领河西、陇右、安西、北庭等路节度都使，应须士马、甲仗、粮赐等，并于当路自供。"

这个战略部署到底是什么意思呢？其实这是把所有能干一点的儿子都动员起来，让他们各自领兵，从各个方向对安禄山形成合围之势。反正以后不管谁打败安禄山，江山都是李家的。看看这个安排，我们不得不承认，太子李亨跟玄宗分手是有道理的，否则，他跟着玄宗到了四川，而兄弟们都在外面领兵打仗，万一其中的哪一个打败了安禄山，这接班人恐怕就轮不上他了！

那么，让儿子们各自为战，玄宗本人干什么呢？从制书可以看出来，唐玄宗给自己安排的工作其实就是居中制节。他是大脑，儿子们是四肢；他是老板，儿子们是打工仔。一言以蔽之，他这个皇帝的中心地位可是不容动摇的。很显然，到这时，唐玄宗已经恢复了元气，踌躇满志地重新履行起皇帝职责了。那么，历史还会给他这个机会吗？非常遗憾，不会了。

从唐玄宗所下达的制书可以看出，唐玄宗终于摆脱了两京失守和痛失爱妃的阴影，恢复了元气。他打算认认真真地履行起皇帝的职责，遥控儿子们平定"安史之乱"，恢复大唐王朝的尊严。可是历史跟他开了一个玩笑，就在唐玄宗普安下制之前的三天，太子李亨已经在灵武登基称帝了。那么，这究竟是怎么回事呢？

三、玄宗退位

我们刚才不是说太子被父老留下，准备抵抗了吗？可是，那毕竟只是一场戏，安禄山的军队就要追过来了，他手里没多少兵，哪能真的留在长安附近呢？他还得走。可是，走到哪儿去呢？经过一番商量，李亨决定，到朔方去。

为什么到朔方呢？第一，李亨原来曾经遥领朔方军节度使，算是跟朔方有点渊源；第二，朔方军是玄宗时代九大节度使军队之一，兵强马壮，可以依靠；第三，朔方军治所设在灵武，也就是今天宁夏的灵武西南，离长安比较近，从战略地位上来讲，非常适合领导平叛斗争。太子想要到朔方落脚，问题是，朔方军是不是欢迎他呢？要知道，当时的朔方军节度使是郭子仪，他领兵在河北打仗，还没回来呢。所以，朔方军真正主事的人是节度留后杜鸿渐。杜鸿渐是何许人呀？他就是开元贤相杜暹的侄子。这可是个非常聪明的人。他听说太子到了朔方军的辖区，真是太高兴了。奇货可居呀！我立功的时候到了！他马上派人热情迎接，而且把朔方军的兵马、钱谷等基本情况写成一张单子，献给李亨了。很明显，杜鸿渐这是在表态呢，从此，朔方就是太子您的地盘了！

杜鸿渐这个态度让李亨太激动了，七月十日，他就带领人马来到了灵武。那么，李亨到灵武办的第一件事是什么呢？称帝。

天宝十五载（756）七月十三日，也就是李亨到灵武的第三天，他就急不可耐地登基当皇帝了！李亨为什么这么急呢？首先当然是他本人早就当够了太子，急于正位当皇帝，这样也好有一个强有力的名分来号令天下；另外，还有一个很重要的原因，那就是他手下聚集了一批急于要名分的人。谁呢？就是以杜鸿渐为代表的这些朔方接驾将士和以李辅国为首的所谓从龙人马。要知道，李辅国他们之所以愿意冒风险追随太子，杜鸿渐他们之所以愿意迎接太子到朔方，本来也是图个拥立之功，自己好跟着飞黄腾达。所以，李亨刚一到灵武，杜鸿渐他们马上就开始劝进了，说："主上厌勤大位，南幸蜀川。宗社神器，须有所归，天意人事，不可固违。"这是一定要让李亨当皇帝。李亨答应没有呢？当然不能立刻答应，他得推辞，说父皇还在呢，我哪能当皇帝呀。这时候，杜鸿渐就说了："将士皆关中人，日夜思归，所以崎岖从殿下远涉沙塞者，冀尺寸之功。若一朝离散，不可复集。愿殿下勉徇众心，为社稷计！"意思是说，追随您的将士都是关中人，没有一天不想回家和父母妻儿团聚。之所以抛家舍业、远冒风霜追随您到朔方，无非是想要一点拥立之功。您要是不答应当皇帝，他们失去希望，也就不会跟着您了，到那时候众叛亲离，这江山社稷也就保不住了！所以，您就算为江山社稷考虑，也得答应啊！有江山社稷这顶大帽子压着，区区孝道不就算不了什么了吗？就这样，来回反复五次劝进之后，李亨终于半推半就答应了。

天宝十五载（756）七月十三日，李亨即位于灵武城南楼，这就是史书上所说的唐肃宗。即位当天，肃宗大赦天下，改元至德。这样一来，天宝十五载（756）也就变成至德元载，大唐历史上玄宗这一页也就轻松地翻过去了。

李亨当皇帝了，他所在的灵武也随即成为领导抵抗运动的中心，那么，远在四川的唐玄宗怎么办呢？这个肃宗早有经验了，学习老爸当年对爷爷的做法，遥尊玄宗为上皇天帝，也就是让他当太上皇了！

俗话说，"一报还一报"，当年玄宗顺天应人地将父亲"捧"为太上皇，如今他也在江河日下的情况下被儿子"尊"为太上皇，两个"太上皇"，前后囊括了唐玄宗的君主生涯。那么，当听到自己被儿子尊为太上皇的时候，唐玄宗究竟会有怎样的反应呢？

历史可真是开了一个大玩笑。这边唐玄宗还让李亨当天下兵马元帅呢，那边李亨已经让玄宗当太上皇了！大唐同时出现了两个发号施令的皇帝，到底听谁的呀？幸好，这个状态没有持续多久。八月一日，唐玄宗到达了此行的目的地成都；八月十二日，唐肃宗派来通报情况的使者也赶到了，唐玄宗终于知道了肃宗即位的消息。听说自己已经摇身一变成了太上皇，唐玄宗是什么反应呢？可以想象，唐玄宗的心情不可能好。谁都知道，皇权是唯我独尊的，谁也不想主动放弃权力。这么多年来，唐玄宗拼命防范太子抢班夺权，没想到最后儿子还是抢班夺权了！当年，唐玄宗自己搞政变起家，把爸爸唐睿宗弄成了太上皇，现在天道好轮回，自己也被儿子给弄到太上皇这个位置上了！对于玄宗这么一个权力欲旺盛的人来说，这不是莫大的悲哀吗？

从感情上来讲，玄宗不愿意当太上皇，那么，实际上，他会怎么表态呢？《资治通鉴》记载："上皇喜曰：'吾儿应天顺人，吾复何忧！'"他迅速承认了儿子的合法性。不仅如此，在接下来的几天里，唐玄宗还连办了几件大事，为儿子铺平道路。

第一件事，颁布《命皇太子即皇帝位诏》，文中说："自今改制敕为诰，表疏称太上皇。四海军国事，皆先取皇帝进止，仍奏朕知；俟

463

克复上京，朕不复预事。"什么意思呢？从今以后，我就是太上皇了，一切军国大事都先禀报皇帝，接受他的调度，然后再到我这里来备案。我只要一个知情权就可以了。而且，我这个知情权也是临时的。一旦收复长安，我就连这个权力也一并放弃。换句话说，玄宗真的退休了，而且不是拖泥带水地退，而是裸退。

第二件事，唐玄宗原有一个宰相韦见素，在进入四川的路途中，又任命了三个宰相。现在，当了太上皇，唐玄宗便把这几个宰相都打发到灵武去了，表示自己不再保留政治班底，不再另立中央。

第三件事，唐玄宗把传国玉玺等象征皇帝权威的法物统统奉送给李亨了。要知道，逃离长安的时候，唐玄宗连好多儿女都没来得及带上，任凭他们受安禄山宰割，可是，传国宝却念念不忘，带在身边。因为这是他权力的象征，简直和生命同等重要。可是现在，这一切都是儿子的了。

第四件事，唐玄宗不是安排了永王李璘等王子分兵抵抗安禄山吗？现在，既然新皇帝已经登基，他重新颁布命令，取消对他们原来的任命，让他们都到新皇帝那里报到去了。当然，李璘没有听他的命令，而是想乘乱割据江南，最后兵败被杀，还连累了大诗人李白。但是，这已经是李璘个人的选择，与玄宗无关了。一句话，玄宗没有表示异议，就非常痛快地承认了儿子的合法地位，也接受了儿子对自己的安排，退位当太上皇了。

说到这里，可能有人就不明白了。玄宗不是不愿意退位吗？为什么还要这样做呢？我想，除了父子两个人在地理位置上天悬地隔，玄宗想遥控也很难做到这个原因之外，还有一个很重要的原因，就是唐玄宗无论如何还是一个政治家，而不是政客。政治家和政客最重要的区别在哪里呢？所谓"政治家"，就是能把国家利益放在第一位，而把个人利益放在第二位的人；而政客则恰恰相反。玄宗固然热爱权力，但是他知道，此刻国难当头，国家需要一个统一的领导，如果他在这个时候和儿子争权的话，吃亏的只能是国家。在国家利益与个人权力发生矛盾的情况下，唐玄宗慨然把国家利益放在第一位，把自己的权力得失放在第二位，这就是他了不起的地方，也是我们把他定位为唐代杰出政治家的重要原因。

要知道，一个皇帝能做这样的决定并不容易。看看他爸爸唐睿宗就知道了。当初，唐睿宗虽然也退位当了太上皇，但是，还保留了三品以上官员的任免权。这就造成了两个权力中心的存在，唐玄宗才被迫发动第二次政变。但是这次，玄宗可是彻底交权了。他的这种明智决定使得唐朝避免了统治集团不必要的内部纷争，能够集中精力平叛，这是此后平定"安史之乱"的关键因素之一，也是玄宗为唐朝做的最后一个贡献。

当了太上皇，真正的政务已经离他远去了。剩下大把大把的时间干吗呀？就用来反省自己一生的功过得失吧。唐玄宗反省的结果是什么呢？史书中记载了两件事，可以让我们知道一点蛛丝马迹。

第一件事，至德元载（756）十月，唐玄宗有一次与给事中裴士淹议论战局，玄宗说："若姚崇在，贼不足灭也！"毫无疑问，姚崇是唐玄宗最敬重的一位宰相，他既有远见卓识，又有实干能力。当年，正是姚崇的建言十事基本上奠定了开元盛世的政治纲领，也正是他的实干精神使得唐玄宗的统治能够迅速摆脱乱象，走上正轨。古语说得好，"国乱思良将，家贫思贤妻"，面对满目疮痍的河山，唐玄宗不由得怀念起贤相姚崇，要是他还在，该多好啊！

既然谈起宰相，那就不免要说到李林甫了，玄宗又是怎么评价李林甫的呢？他说："妒贤嫉能，亦无敌也。"我们也说过，李林甫是玄宗一朝任职时间最长的宰相。他为了专权固宠，拼命打击那些比他有见识、有水平的人，正因为如此，唐玄宗周围能够贡献真知灼见的人越来越少，像军事布局外重内轻这样严重的制度缺失也长期得不到纠正，最后才酿成"安史之乱"这样的大祸。现在，跌了这么大一个跟头，唐玄宗终于看清楚这个宰相的问题了。听玄宗这么说，裴士淹不免追问了一句："既知，陛下何用之久耶？"玄宗默然不应。因为这句话说到他的痛处了。古人说得好，"何世无奇才，遗之在草泽"。有本事的人在哪个时代都有，关键就看你用不用了。所以，只要看看宰相的素质，就能知道一个皇帝的素质。当年，唐玄宗励精图治的时候，就能够起用姚崇，而到了玄宗昏聩的时候，就只能任用李林甫、杨国忠这样的人了。责任本来就在玄宗自己，他还有什么好说的呢？

第二件事，至德二载（757）三月，玄宗专门派使者到韶州，祭祀开元年间最后一位贤相张九龄。张九龄一贯反对唐玄宗宠幸边将，当年，安禄山因为违犯军令，被押送到东都洛阳，张九龄就认为应该按军法处死。后来玄宗见他骁勇，主张法外开恩，留他一命，张九龄还曾经以安禄山有反相为理由据理力争。那时候，玄宗对张九龄的意见不以为然，现在回想起来，真是把肠子都悔青了。如果当时能听听张九龄的意见，对边将可能引发的问题多加思考、多加小心的话，哪会有今天的颠沛流离、皇位不保呢？"疾风知劲草，板荡识诚臣"，落难至此，唐玄宗终于醒悟了，但是，这时候醒悟已经晚了！

善始善终地当一个好皇帝当然是一件很难的事，现在当太上皇了，是不是生活会更容易一些呢？

《旧唐书·贾至传》记载了这样一件事，玄宗的传位册文是中书舍人贾至起草的，凑巧的是，当年睿宗传位给玄宗的册文正是贾至的爸爸贾曾起草的。贾家父子两代见证了李唐皇族祖孙三代的禅让，真是令人啧啧称奇。贾至写好之后，玄宗亲自览读，就提到了这件事。他说："昔先帝逊位于朕，册文则卿之先父所为，今朕以神器大宝付储君，卿又当演诰。累朝盛典，出卿父子之手，可谓难矣。"这段话看似轻松，其实相当凄凉。也正因如此，贾至受到表扬之后，不仅没有兴高采烈，反而呜咽流涕，悲不自胜。看来，对于怎么扮演好太上皇这个角色，玄宗心里并不轻松。那么，他又将面临怎样的结局？

第四十章　玄宗之死

马嵬兵变后，太子李亨在灵武登基称帝，是为唐肃宗。逃到四川的唐玄宗则被尊为太上皇。

第二年，唐朝军队在肃宗的领导下收复长安，唐玄宗也结束了一年多的流亡生活，以太上皇的身份回到长安。那么，唐玄宗的太上皇生涯又是怎么度过的呢？叱咤风云的风流天子唐玄宗，又面临着怎样的结局呢？

北宋传奇作家乐史写的《杨太真外传》里记载了这样一个故事：一天傍晚，唐玄宗吹起了紫玉笛，笛声悠扬，引得一对仙鹤翩翩飞来。这时候，玄宗忽然对身边的侍女说：上帝让我当元始孔异真人，我就要再见到贵妃了！说完，索取香汤沐浴。沐浴完毕，他对侍女说：我睡之后，就不要打扰我了。半夜，侍女觉得玄宗床上好像有声音，不放心，跑去查看，结果发现玄宗已经溘然长逝。

这个故事听起来非常美好：无疾而终，修成神仙，和心爱的妃子在天堂相会，每一个细节都充满了浪漫色彩。

那么，玄宗的结局到底是怎样的呢？当真有如此浪漫吗？他当太上皇的生涯又是怎么度过的呢？

一、重返长安

马嵬兵变后，太子李亨在灵武登基称帝，是为唐肃宗，逃到四川的唐玄宗则被尊为太上皇。

一年多以后，至德二载（757）十月，唐玄宗接到了儿子唐肃宗的上表。上面写着：托赖天威祖灵，我已经收复了长安，现在请您还京！您回来之后也别当太上皇了，仍然当皇帝，我重新回东宫当太子。收复长安当然是唐玄宗做梦都盼望的事，而回去再接着当皇帝恐怕是连做梦都不敢想的好事，唐玄宗是不是要欣喜若狂了？完全没有。唐玄宗看了表文之后紧张得不行，思前想后，他写了一封回信，说：请你把剑南道划拨给我吧，我就在这儿养老，再不回去了！大家可能不明白了，这么好的事，玄宗怎么会不愿意呢？因为唐肃宗这封信写得太不真诚了。当年刚跑到灵武三天，气还没喘匀就忙着当皇帝，现在连长安都收复了，倒说出自己重新当太子这样的鬼话，谁信呀？那么，肃宗为什么这样表态呢？说明他对子夺父位、擅自称帝感到不安了。玄宗一个卸了任的太上皇，让现任皇帝感到不安，他心里能踏实吗？再说了，肃宗说让玄宗回去当皇帝，他自己当太子，玄宗如果真的回去，那不等于认可了这个方案，公然回去和儿子抢皇位吗？这就更要不得了！所以玄宗当然不能答应。可是，就算不答应，玄宗心里也还是紧张，他赖在四川不走，儿子会不会认为他想另立中央，搞割据呢？怎么做都不对，所以，自从接到这个表文之后，他就吃不下饭睡不着觉。

幸好，没过几天，从长安又来了一个贺表，这次不是以肃宗的名义写的了，而是以群臣的名义写的。上面讲："自马嵬请留，灵武劝进，及今成功，圣上思恋晨昏，请速还京以就孝养。"一看这封贺表，唐玄宗的眉头终于舒展开了，马上下达命令，收拾行李，准备上路！

469

这封贺表怎么有那么大的作用呢？因为它写得太好了。一共27个字，写出了三方面的内容。

第一，"自马嵬请留，灵武劝进"是说当年太子在马嵬驿不走，那是因为群臣挽留，后来在灵武称帝，也是因为群臣劝进，总之，太子都是不得已而为之，并不是不尊重唐玄宗。这话虽然也是鬼话，但是好歹给玄宗一个面子，也算是在一定程度上弥合了他们父子间的感情裂痕。

第二，"及今成功"，是说如今肃宗率领将士血战取胜，夺回两京，所以，当皇帝也是应该的。这是宣扬肃宗当皇帝的合法性，也是给玄宗吃一颗定心丸。因为越有底气的人心胸越宽大，只有皇帝觉得自己的帝位来得光明正大，才会不去猜忌太上皇，玄宗才会觉得安全。

第三，"圣上思恋晨昏，请速还京以就孝养"，是说肃宗朝夕思念玄宗，请玄宗还京颐养天年，这就是拿父子亲情和孝道说事了。太上皇和皇帝是父子关系，儿子孝养爸爸是天经地义的事，你做爸爸的怎么可以待在外边不回来呢？难道是对儿子有意见不成？这个理由无法拒绝，所以，玄宗只能收拾行李，准备上路。

大家可能会说，这两封信水准相差很大呀！没错，因为不是一个人写的。前一封信是肃宗自己写的，后一封信是他的高参李泌写的。这个李泌，可是唐朝历史上一个著名的才智之士。李泌从小就号称神童，7岁那年，唐玄宗召他进宫。李泌来的时候，恰逢玄宗和宰相张说一起看下棋。见到小神童，玄宗就让张说考考他。张说说：你既然号称能文，就用"方、圆、动、静"这几个字来说几句话吧。李泌说：您能给我举个例子吗？张说不是在看棋吗，就随口说："'方若棋局，圆若棋子。动若棋生，静若棋死。'你就按照这个套路来。"小李泌听完，应声答道："方若行义，圆若用智。动若骋材，静若得意。"这几句话说得太好了，他已经不是在讲棋，而是在讲人生的哲理了。一个7岁的小童，能有这样高远的境界，真是奇才呀！就是当年的这个神童，如今已经长大成人，当了唐肃宗的高参。他可是把玄宗父子的心思都揣摩透了，他知道，肃宗这个皇帝毕竟是战乱之中自封的，在合法性上有欠缺，需要请玄宗还都，双方举行个正式的交接仪式，他心里才能踏实；而玄宗作为政变下台的太上皇，对自己的前途命运充满担忧，也需要还都，明确了身份才是个了局。二人既然没有什么原则性冲突，关键不就在遣词造句了吗？李泌这才开动脑筋，写了那个两边都能接受的贺表。这个贺表固然让父子俩都没话说了，可是，玄宗还没有回长安，父子两个人就都藏了这么多心机，恐怕连我们都要替玄宗捏一把汗了。他的未来会好吗？既被儿子需要，又被儿子猜忌的太上皇唐玄宗，会以什么样的形式回到长安呢？

果然，刚到扶风，肃宗就给了玄宗一个下马威。怎么回事呢？玄宗从成都出发时，本来是带着六百多禁军护驾的。可是，刚到扶风，离长安还有好几百里呢，唐肃宗就派兵来接驾了。他派了多少人呢？三千精兵。这三千精兵一看见玄宗带的那六百人，马上就把他们的武器给缴了。没了武器，那禁军不就成废物了吗？这时候，三千精兵发话了，弟兄们一路辛苦了，接下来的事交给我们好了，你们该干吗干吗，自便吧，把这六百人就地解散了。这哪里是接驾呀，简直就是武装押送嘛！可想而知，玄宗心里得多郁闷啊，可是，虎落平阳，能有什么办法呢？他只好自我解嘲说：本来到了这儿，也不用护驾了！玄宗的武装解除了，这下肃宗才终于放心，亲自到咸阳的望贤宫接驾。

上一章讲过，咸阳的望贤宫可是唐玄宗出逃长安时候的第一站，当时炎天暑热，仓皇逃命，是何等狼狈呀，这次重返故地，场面可不一样了。肃宗先安排玄宗登上了望贤宫的南楼，他自己则把象征皇帝身份的黄袍子脱掉，改穿一身象征臣子的紫袍子，从马上下来，小步跑到楼下，对着楼上的玄宗手舞足蹈。这叫拜舞。唐玄宗一看这场面，赶紧从楼上下来，搂着儿子就哭，肃宗也跪下来，捧着玄宗的脚，呜咽流涕。

为什么肃宗要捧着玄宗的脚啊？这就是胡人的习俗了，表示特别尊敬。父子俩都哭得差不多了，玄宗跟左右要来黄袍，亲自给肃宗穿上。肃宗呢？趴在地上不起来，拼命推辞。这时候，唐玄宗说："天数、人心皆归于汝，使朕得保养余齿，汝之孝也！"天数、人心都在你那边，连我能够回来颐养天年也是拜你所赐，你还有什么可推辞的呢？这句话说完，唐肃宗才终于不再推辞，把黄袍子穿上了。左右士庶千余人更是山呼万岁。经过这么一番仪式，皇帝和太上皇的名分基本上就算过了明路，肃宗也很高兴，表演得就更来劲了。一年半以前，玄宗一行还像叫花子一样吃百家饭，这一次，肃宗亲自扶着玄宗登上正殿，然后由尚食官献上御膳。而且，肃宗还先尝一口，才献给玄宗。

第二天早晨要离开咸阳，赶往长安了，肃宗又亲自给玄宗牵马。玄宗哪敢摆这个架子啊，赶紧让肃宗也上马。肃宗倒是听话上马了，但是，他不走主干道，他溜着边走，在斜前方给玄宗引路，把孝子的角色都给演绝了。看到这番场景，玄宗对左右说："吾为天子五十年，未为贵；今为天子父，乃贵耳！"大家听完这段话有什么感想呢？给《资治通鉴》做注释的史学家胡三省曾经评论说："玄宗失国得返，宜痛自刻责以谢天下，乃以为天子父之贵夸左右，是全无心肠矣。"他认为唐玄宗经过这么一场大磨难，应该痛加悔过，好好反省自己，怎么能对天子之父的身份表现得沾沾自喜呢？那么，玄宗是不是真的像胡三省批评的那样全无心肠呢？不是的，他太有心肠了。他知道，此后要在儿子手下讨生活了，所以，除了时时刻刻注意讨好儿子，表现出一副极度满足、再无野心的样子之外，他没有其他的选择了。要知道，玄宗当了近50年太平天子，一贯骄傲自负，现在被迫说这种违心的话，心里的痛苦恐怕不是外人所能体会的！

初返京城的唐玄宗心情自然是十分复杂，但是不管怎么说，颠沛流离的生活总算是结束了。接下来的日子虽然百无聊赖，但毕竟波澜不惊了。

那么，回到熟悉的兴庆宫里，唐玄宗生活得好不好呢？

二、兴庆宫岁月

至德二载（757）十二月五日，经过一个多月的跋涉，唐玄宗终于回到长安，住进了熟悉的兴庆宫。这次回宫是什么感受呢？我想应该是悲喜交加吧。一年半以前，他离开兴庆宫的时候，是匆匆逃命，前途未卜；如今"安史之乱"虽然还没平定，但是，两京毕竟已经收复，也算得胜还朝了，这是喜事。可是反过来说，一年半以前，他离开兴庆宫的时候，还是大权独揽的皇帝；如今再回来，已经是寄人篱下的太上皇了。物是人非，又不免令人悲从中来。

太上皇好不好当呢？从物质方面来看固然可以，肃宗为了表现孝心，甚至专门给他送来了炼丹的金灶，可是，修炼需要精神上的轻松愉快，恰恰就是在精神方面，玄宗觉得难熬了。白居易《长恨歌》里说得很清楚："归来池苑皆依旧，太液芙蓉未央柳。芙蓉如面柳如眉，对此如何不泪垂。"失去权力已经很让玄宗消沉了，失去爱妃，更是让他伤感。兴庆宫里处处都有贵妃生活的痕迹，唐玄宗一下子就陷入对杨贵妃无休止的思念和自责之中了。

本来，经过安禄山军队的洗劫，兴庆宫里很多旧物都不在了，但是，偏偏有一架玉磬留了下来。当年，杨贵妃不仅能歌善舞，还擅长击磬，声音清澈悦耳，连梨园里专门击磬的艺人都赶不上她。俗话说，"好马配好鞍"，玄宗就特地用蓝田玉给她做了这架玉磬，上面装饰着金钿珠翠，异常豪华。现在人亡物在，徒增伤感，玄宗"顾之凄然，不忍置于前"，遂派人送到太常寺仓库里去了。可是，跟贵妃有关系的东西太多了，哪能都藏起来呢？

有一天，有一个叫贺怀智的乐工给唐玄宗敬献了一方头巾。这方头巾有什么特别之处？贺怀智说：当年，他曾经在玄宗面前弹琵琶，贵妃也立在旁边。一阵风吹来，把贵妃的领巾吹落在他的头巾上，过了好一会儿才掉下来。贺怀智回家之后觉得头巾异香扑鼻，香气经久不散，就把这方头巾收藏了起来。如今贵妃不在了，这方头巾就献给皇帝做个纪念吧。玄宗接过头巾，潜然泪下，说：这是瑞龙脑的香气，是天宝末年交趾进贡的，一共就10颗，都赐给贵妃了，图的就是温香软玉抱满怀。如今玉碎香冷，真是让人情何以堪！

兴庆宫既然到处都是杨贵妃的影子，索性出去散散心吧。到哪里去呢？我们说过，唐玄宗喜欢华清宫，每年冬天都要到那里去洗温泉。乾元元年（758）十月，他又去了。天宝末年，玄宗每次到华清宫，总爱召一个叫谢阿蛮的民间女艺人跳舞。这个女艺人最擅长跳《凌波曲》，跳得飘飘欲仙，连能歌善舞的贵妃都要击节赞叹。这一次，玄宗又把她请来了。谢阿蛮献舞之后，走到唐玄宗面前，拿出一个金粟臂环，说：当年我拜贵妃为师，贵妃怜我贫寒，不仅没收拜师礼，反倒送给我这个臂环。如今臂环完好，贵妃却已不在了！玄宗一听，又是老泪纵横！入蜀的路上，唐玄宗思念杨贵妃，曾经创作了哀怨动人的《雨霖铃》。现在，这首曲子又飘荡在寂寞的华清宫里，一曲未终，所有人都已经泪流满面了！

当年在马嵬之变那样的情况下，贵妃只能被草草掩埋，现在一切都结束了，唐玄宗就向儿子提出来，想要重新安葬一下，以慰贵妃在天之灵。行不行呢？唐肃宗没说什么，可是，礼部侍郎李揆却出面反对了。这个李揆贪图权势，已经跟大宦官李辅国联了宗，自然对马嵬之变特别敏感。他说："龙武将士诛国忠，以其负国兆乱，今改葬故妃，恐将士疑惧，葬礼未可行。"一句话点醒了唐玄宗。要知道，肃宗正是马嵬之变的后台，现在要改葬杨贵妃，难道是想给马嵬之变翻案吗？人在屋檐下，哪敢不低头。既然官方不能出面，没办法，玄宗只好悄悄地派一个宦官去了，当年贵妃死后，就用一条紫褥子包裹了一下就埋葬了，现在，好歹给她一口棺材吧。过了两天，宦官回来了，带回一个香囊，说，经过两年多的风吹雨打，贵妃的尸体早已经腐烂，只剩下这个香囊了！唐玄宗一听，真是痛彻肺腑。

唐玄宗触景伤情，真是整日伤心整日闲。但是他万万没有想到，两年多之后，他连兴庆宫也住不下去了。这是怎么回事呢？

三、幽禁太极宫

根据史书记载，他得罪了一个叫李辅国的小人。我们讲过，李辅国是肃宗的心腹宦官，但是要论起出身，他可是玄宗这边出去的。

李辅国本来是高力士手下养马的飞龙小儿，长得奇丑无比，大概玄宗看不上，这才拨给儿子李亨使唤。可是人不可貌相，马嵬之变中，李辅国有功，从此地位扶摇直上。俗话说，"一朝天子一朝臣"，肃宗当了皇帝，李辅国也就取代高力士当年的位置，成为大唐首席宦官了。当了首席宦官当然要抖抖威风。可是，李辅国发现，他这个威风在哪里抖都好使，唯独在唐玄宗和高力士面前抖不出去，因为他们太了解他的底细了，就算嘴上不说，举手投足之间，总不免带出几分轻蔑来。李辅国是个心机深沉、睚眦必报的人，他不由得恨透了唐玄宗和高力士，总想找机会收拾他们一下。有道是，人非圣贤，孰能无过。要是有人整天拿放大镜挑你的错，任何人其实都是不禁挑的，何况是唐玄宗这么一个身份敏感、本身活着就是错的太上皇！

唐玄宗犯了什么错呢？他犯了结交外人的错。我们讲过，唐玄宗是个活泼好动之人，一向身体健康，精力旺盛，即便是晚年接连受到打击，他的活力也没有完全泯灭。哀悼贵妃固然是他暮年生活的主要内容，但是，贵妃毕竟已经死去，玄宗也不能整天给她当"未亡人"啊。他还得跟活人打交道。除了一直陪伴在身边的宦官高力士、龙武大将军陈玄礼等人之外，有三类人经常出现在玄宗的生活里。

第一类人就是长安城的老百姓。玄宗住的兴庆宫本来就建在市井之中，最南面的长庆楼下面就是大道。风和日丽的时候，玄宗经常站在楼上俯瞰街景，而老百姓经过楼下的时候，看到玄宗，也会高呼万岁。听到有人喊万岁，玄宗心里当然高兴了，也会挥手致意。碰到他心情特别愉快的时候，他还会让人在楼下摆上酒菜，赏赐过路的父老。

第二类人是剑南道的奏事官。玄宗在剑南道避难一年多，所以剑南道的官员进京奏事，都会来看望一下玄宗，而玄宗对这些患难之交也颇感亲切，每次都让身边的人请他们吃饭。

第三类人就比较特殊了，他是当时的禁军首领，羽林军大将军郭英乂。郭英乂原来在西北从军，玄宗一直比较赏识他，现在他调任禁军首领，回到长安，两人的来往当然就多了。

玄宗为什么和这些人来往呢？其实不过是为了排遣寂寞。但是到了李辅国眼里，这些可就是大问题了。太上皇为什么要接待长安父老啊？说明他想利用旧日威望，收买人心。他为什么要款待剑南道奏事官呢？那可以解释成勾结地方啊。至于结交禁军将领就更不用说了，唐朝哪一次宫廷政变没有禁军参与呢?

抓住了这些把柄,李辅国就对唐肃宗进言了。他说:太上皇住在兴庆宫,每天都和外人来往。陈玄礼、高力士更是日夜搞阴谋,对陛下很是不利。俗话说,"无事生非",不可不防啊!什么意思呢?暗示唐肃宗,玄宗这边想搞复辟呢!李辅国这么说,唐肃宗怎么表态呢?根据《资治通鉴》的记载,唐肃宗听了之后呜咽流涕,他说:太上皇那么慈仁,怎么会害我呢?李辅国说:太上皇固然没有其他想法,但是,他身边那群小人就难保了吧。陛下您是一国之主,应该为江山社稷考虑,防患于未然。可不能因小失大,拘泥于一般老百姓那样的孝心啊!

那么,怎样为江山社稷考虑呢?李辅国的建议是,兴庆宫就建在市井之中,矮房浅屋,防守实在太不严密,不适合太上皇居住。不如把太上皇接到太极宫去算了,那边深宫大院,又安全,又能防范小人蛊惑,岂不是两全其美?

可能有人不明白,这太极宫和兴庆宫有什么区别呀?这里头区别可大了。兴庆宫是由原来玄宗当藩王时的旧宅改建的,因此就在居民区之中,防卫不太严密,但是里面的人比较自由。太极宫就不一样了,它当初建的时候就是皇宫,安全被放在了第一位,北面是禁苑,南面是中央各部门的办公区,东面是太子住的东宫,西面是宫女住的掖庭宫,四面包围,与世隔绝。所谓接太上皇去太极宫住,那就不是一般意义上的居住了,说白了,那叫软禁!那么,对于李辅国的这个主意,唐肃宗怎么表态呢?按照《资治通鉴》的记载是"上不听"。讲了这么多宫廷的事情,想来大家都明白,所谓不听就是不反对。我们都明白,李辅国当然更明白了。没过几天,他就采取行动了。唐玄宗不是从年轻时起就喜欢骑马打猎吗?晚年虽然不常出门,但是,兴庆宫还保留了300匹马。要知道,马可是骑兵的基本装备,这样的战略物资哪能放在玄宗手里呀？李辅国假托肃宗敕令，一下子就要走了290匹，只给唐玄宗留下了10匹。看着空空荡荡的马厩，唐玄宗对高力士说了一句话："吾儿为辅国所惑，不得终孝矣。"那么，唐玄宗的判断对不对呢？

唐玄宗做了太上皇以后，虽然身份敏感，但他毕竟是当朝天子唐肃宗的亲生父亲，况且当时都已年过七旬，已经是一个风烛残年的老人，宦官李辅国的挑拨离间，难道真的会让唐肃宗不再孝顺自己的亲生父亲吗？

上元元年（760）七月，李辅国派人到兴庆宫传话，说肃宗皇帝请玄宗到太极宫游玩。既然在儿子手下混饭吃，儿子邀请，玄宗能不去吗？他带上高力士等几个侍卫就去了。没想到刚刚走到睿武门，忽然间，500个专门陪皇帝打猎的骑兵冲了过来，每个人手里都挥舞着长刀，拦住了玄宗的去路。李辅国就在这500人的最前面，他傲慢地说："皇帝以兴庆宫湫隘，迎上皇迁居大内！"自从经过马嵬之变，玄宗都被政变吓怕了，一看这阵势，大吃一惊，差点掉下马来。这时候，高力士赶紧上前扶住玄宗，厉声说："五十年太平天子在上，李辅国何得无礼！"李辅国看了高力士一眼，说：高公公，真没想到，事到如今，你还这么不懂事！高力士真是英雄，才不怕他的威胁呢，直接对500个骑兵喊道：诸位将士，太上皇有诰命，说大家辛苦了！你们在太上皇面前拔刀拦路，难道不怕犯法吗？玄宗毕竟当了那么多年皇帝，虎老余威在，这些士兵一听，赶紧把刀插进刀鞘，纷纷跪倒在地，局势总算暂时稳定下来了。但是，高力士也知道，在这种情况下，再想回兴庆宫已经是不可能了。怎么办呢？只能是尽力保护玄宗的安全了！他直盯着李辅国，说：李辅国，你来和我一起给太上皇牵马！李辅国看了看高力士，虽然不情愿，但还是把马缰绳给拉了起来。就这样，高力士一路把玄宗护送到太极宫。关上宫门，李辅国这才率兵退出。这时候再看唐玄宗，早已是泪流满面。他对高力士说："微将军，阿瞒已为兵死鬼矣！"50年太平天子，如今却被欺凌至此，玄宗怎能不伤心呢？

可能有人会说，这李辅国太有本事了，连太上皇都敢欺负。是不是呢？李辅国固然是小人得志，气焰嚣张，但是，背后要是没有人撑腰，借给他十个胆子也不敢欺凌太上皇啊。谁支持他呢？当然是唐肃宗。

唐肃宗为什么要这么对待风烛残年的老父亲呢？一句话，为了权力。要知道，唐玄宗毕竟是50年太平天子，虽然经历了"安史之乱"，可是，余威尚在。如果肃宗统治状况好，自然没有问题。关键是，当时肃宗正面临着一个巨大的困难——"安史之乱"的战局发生了变化，洛阳城得而复失，又被"安史之乱"的另一个重要人物史思明占领了。这种军事困境让肃宗一下子紧张起来了。当年玄宗不就是在两京失守、权威下降的情况下，才被自己钻了空子，沦落为太上皇的吗？现在自己又把东京丢了，玄宗不会趁机复辟吧？如果真到了那一天，自己岂不是死无葬身之地？干脆，防患于未然，把玄宗关起来算了！这样看来，唐玄宗到底是被谁给软禁起来的呢？不是李辅国，恰恰是自己的亲生儿子唐肃宗！权力戕害一切，甚至包括最基本的父子天性，这真是天大的悲剧呀！

被软禁到太极宫后，唐玄宗可真的是安全了。不仅和外界失去了联系，连原本一直在身边的人也都被赶走了。其中，陈玄礼被勒令退休，而最忠实的老奴高力士，则被流放到巫州，也就是今天湖南省的洪江市。临行之前，高力士曾经请求唐肃宗说："臣当死已久，天子哀怜至今，愿一见陛下颜色，死不恨。"可是，就这样简单的请求，也没能被满足。

当初，唐玄宗刚到四川避难的时候，有一天登高远望，对身边的女艺人说：给我唱首歌吧。女艺人就唱了一首李峤的《汾阴行》："山川满目泪沾衣，富贵荣华能几时？不见只今汾水上，唯有年年秋雁飞。"歌唱完了，唐玄宗早已流下眼泪。荣华富贵的丧失确实让唐玄宗伤感，但是，他恐怕没有想到，自己将要失去的，远不止荣华富贵。现在，到了终日无人、满目凄凉的太极宫，唐玄宗终于知道，他已经把能失去的一切都失去了。他失去了皇位，失去了爱情，失去了尊严，甚至连自由也失去了。此刻，他剩下的只有风烛残年的生命。可是，既然没有了精神支撑，生命还有什么意义呢？

唐玄宗一直喜欢道教，总想长生不老，但是到了太极宫，他不再炼丹，而是开始学习辟谷了。什么叫"辟谷"呢？所谓"辟谷"，就是不食五谷，本来也是道家修炼的方法之一。但是，玄宗所进行的辟谷，可不是真的修行，其实是绝食。就在被软禁于太极宫一年零十个月之后，宝应元年（762）四月初五，唐玄宗崩于神龙殿，享年78岁。曾经创造过无比灿烂繁华的开元盛世的大唐玄宗皇帝就这样走完了他的人生。

他曾经有一个强大的帝国，但是此时，山河破碎，"安史之乱"尚未平定；他曾经有一枝心爱的解语花，但是现在却凋零在马嵬坡冰冷的泥土中。事业与爱情代表着他生命的全部意义，他为此奋斗一生，但终究都是虎头蛇尾。这才真是"天长地久有时尽，此恨绵绵无绝期"。

据《旧唐书》记载，当年，唐玄宗去拜谒埋葬他父亲唐睿宗的桥陵时，看到金粟山的峰峦有龙盘凤翔之势，就对左右说：我死后就葬在这里好了。玄宗死后13天，他的儿子唐肃宗也一病不起。父子之间的恩怨，就这样同归黄土。他的孙子唐代宗即位后，根据祖父当年的嘱托，在金粟山给玄宗修建了陵墓，称为泰陵。玄宗身边曾经谋臣如云，猛将如雨，但是，最终陪葬泰陵的只有一个人，那就是玄宗的老奴高力士。高力士原姓冯，少年入宫，当玄宗还是一个普通的藩王时，就"倾心附结"，从此一生侍奉玄宗。

玄宗被软禁到太极宫后，高力士不是被流放到巫州了吗？就在玄宗病故的这一年，高力士遇赦，从巫州返回长安，原指望能见到玄宗一面，没想到刚刚到达郎州（今湖南常德），就听到了玄宗去世的噩耗。高力士面朝北方号啕大哭，呕血而死。"从龙文武几人在，丹心事主唯高公"，有如此忠诚的高力士在旁边陪伴，唐玄宗死后应该不寂寞了吧。

金粟山高耸巍峨，但是，泰陵却因为在战争环境下草草修成，显得粗糙卑小。有人说，这两者有点不协调。但是我想，泰陵的不完美与不协调，恐怕正象征着华丽无比而又收束潦草的唐玄宗时代吧。那么，这个时代到底留给我们哪些启示呢？

第四十一章　盛世长歌

公元 762 年四月，唐玄宗崩于神龙殿，享年 78 岁。他和他开创的开元天宝时代，就这样画上了句号。

从来没有哪一个人和哪一个时代，能像他这样给中国历史留下流传千古的骄傲，也留下传诵千载的悲剧。那么，唐玄宗和他所开创的时代，能给今天的我们带来什么样的思考呢？

开元天宝时代无疑是中国古代大大小小的盛世中最辉煌灿烂的一个。它是中国历史的骄傲，更是玄宗个人的骄傲。可遗憾的是，唐玄宗不仅亲手缔造了典章焕然、文采风流的开元盛世，也亲手把这个盛世葬送在"安史之乱"的战火之中。

白居易的一曲《长恨歌》，写尽了当年的风流，也写尽了当年的无奈。盛衰更迭，悲喜交加，曾让多少人唏嘘流涕，扼腕叹息！

在本书即将画上句号的时候，我想和大家一起思考三个问题：第一，唐玄宗到底是一个怎样的皇帝？第二，大唐玄宗时代到底是一个怎样的时代？第三，大唐盛世由盛转衰的原因又在哪里呢？

一、唐玄宗到底是一个怎样的皇帝

我想讲三个方面的内容。

第一，他是一个有为的皇帝。中国古代号称有三大盛世：汉武盛世、开元盛世和康乾盛世。在这三大盛世之中，开元盛世无疑是最为辉煌灿烂的一个。

在经济上，开元盛世创造了粮食储备一万万石的奇迹，男耕女织，各得其所；

在政治上，开元盛世拥有姚崇、宋璟等一代贤相，他们的能力和业绩在中国历史上赫赫有名，远无愧于西汉的萧规曹随，近不亚于唐初的房谋杜断；

在军事上，王忠嗣、高仙芝等一批良将，在安西、北庭、河西、陇右、朔方、河东、范阳、平卢、剑南等沿边藩镇纵横驰骋，捍卫着大唐西到葱岭、东到大海的广阔边疆；

在文化上，开元盛世更是群星璀璨，不仅拥有李白、杜甫那样的天才诗人，高僧一行那样的科学奇才，还拥有司马承祯、吴筠那样的道教学者和张果那样的道教仙家以及由天竺僧人善无畏、金刚智和不空构成的密教三杰——当时号称"开元三大士"。

开元天宝年间有如此众多的人才，有如此辉煌的功业，原因在哪里呢？

首先就要归功于唐玄宗的领导能力。他既能审时度势，又能知人善任，这是盛世出现的重要保证。怎样叫审时度势、知人善任呢？玄宗永远知道自己要什么，也永远知道谁能帮他达到目的。当临淄王时期，他要皇位，他知道刘幽求、王琚这样的纵横家是最好的选择。开元初年，他要拨乱反正，让国家尽快走上正轨，这时候，他知道多谋善断的姚崇是最好的选择。政治规模基本确立了，他要守制度、立法度，这时候，他知道为人耿直、讲原则的宋璟是最好的选择。再后来，国家已经安定繁荣的时候，他要文治，他知道一代文宗张说就是最好的选择。文治过度，朝廷腐败，全社会奢靡成风，这时候，他知道清廉简朴、刻苦自励的李元纮、杜暹就是最好的选择。国家长期快速发展，容易让人产生自满情绪，需要牛虻刺激一下的时候，他知道韩休、张九龄这样的直肠子就是最好的选择。能够随时把握时代脉搏，再根据时代需要任命合格人才，这就是唐玄宗作为领袖有能耐的地方。

光有能力还不够。开元盛世的到来，还要归功于玄宗的政治道德。《旧唐书·玄宗本纪》说得很清楚："我开元之有天下也，纠之以典刑，明之以礼乐，爱之以慈俭，律之以轨仪。黜前朝徼幸之臣，杜其奸也；焚后庭珠翠之玩，戒其奢也；禁女乐而出宫嫔，明其教也……庙堂之上，无非经济之才；表著之中，皆得论思之士。而又旁求宏硕，讲道艺文。昌言嘉谟，日闻于献纳；长辔远驭，志在于升平。"什么意思呢？这段话列举的其实是唐玄宗诸如黜落奸佞、焚烧珠翠、考核官吏等一系列政治举措。《旧唐书》认为，这正是开元盛世到来的原因。

问题是，这些政治举措的内在精神是什么呢？一句话，克己复礼。唐玄宗难道不爱奢侈品吗？他爱，唐玄宗是贵族公子哥出身，最懂得享乐了。可是开元初年，正是唐玄宗把宫里的奢侈品都搜出来，集中到院子里烧了！唐玄宗难道不爱美女吗？他也爱，唐玄宗号称风流天子，怎么可能不爱美人呢？可是开元年间，正是他把入宫多年的宫女们放回家了！唐玄宗难道不想听好话吗？想啊，是人都有这个弱点，唐玄宗那样自视甚高的人更不例外。可是开元年间，正是唐玄宗把只会说好话的佞臣都贬官了！

他破了这些陋习，那么，他又立了什么风气呢？有一个故事很说明问题。根据笔记小说《次柳氏旧闻》记载：唐玄宗开元初年，任用姚崇、宋璟等一批老臣的时候，每次在便殿召见他们，玄宗都从御座上站起来迎接；他们走的时候，玄宗也要走到门口送客。这是纡尊降贵、尊重大臣。另外，开元十二年（724），唐玄宗还颁布敕令："自今以后，谏官所献封事，不限旦晚，任封状进来。所由门司，不得有停滞。……如有除拜不称于职，诏令不便于时，法禁乖宜，刑赏未当，征求无节，冤抑在人，并宜极论得失，无所回避，以称朕意。"这是不怕忠言逆耳、虚心纳谏。正是因为有了唐玄宗一心求治的胸怀和励精图治的诚意，才最终成就了河清海晏、国泰民安的开元盛世。能够做到这一点，还不是有为的皇帝吗？

　　第二，他是一个有才的皇帝。中国古代从秦到清，几百个皇帝，其中当然不乏有为之士。但是，就像毛主席在《沁园春·雪》里讲的那样："惜秦皇汉武，略输文采；唐宗宋祖，稍逊风骚。一代天骄，成吉思汗，只识弯弓射大雕。"大多数有为的皇帝都只具备政治才华。当然，皇帝之中也不乏才子，像南唐后主李煜，所填之词就独步千古，号称"粗服乱头，不掩国色"。还有宋徽宗赵佶，瘦金体的创始人，宫廷画家的知己，号称书画双绝。可是，他们治国的本领又都太差了。谁能像唐玄宗那样又能治国，又多才多艺呢？他不仅能创造开元盛世，还能写诗，能作曲，能弹琵琶，能打羯鼓，骑马打猎、挥杆打球也不在话下。他设立梨园，亲自"教太常乐工子弟三百人为丝竹之戏"，最终成为戏曲界尊奉的梨园鼻祖。过去艺人们演出之前，都要给"老郎神"上香，所谓的老郎神其实就是唐玄宗。帝王活着的时候作威作福，大家司空见惯，但是，能够在千载之下还享受民间自发祭祀的，除了唐玄宗，恐怕再没有别人了！

　　但是，不要以为唐玄宗只有艺术才华，在思想领域，唐玄宗也不乏创造。他曾亲自为《孝经》《老子》《金刚经》作注。《孝经》是儒家经典，《老子》是道家经典，《金刚经》是佛教经典，儒、释、道三家也正是当时中国最主流的思想体系。

玄宗为什么要给这三部经典作注释呢？这就叫作三教并重，三教合流。这不正是中国后来思想领域发展的主旋律吗？能认清思想发展的脉络，本身就算是有思想了。正是在唐玄宗的引导和提倡之下，开元盛世才显得格外文采斐然。文化的保存和传播都要靠图书，据《新唐书·艺文志》记载："藏书之盛，莫盛于开元，其著录者，五万三千九百一十五卷，而唐之学者自为之书，又二万八千四百六十九卷。"藏书是为了保存以往的学问，但更重要的还是要开创未来，培养未来的学者。怎么培养呢？办学校。开元二十六年（738），唐玄宗下令天下州县，每乡都要设置一所学校，以教授学生。正因为这样重视文教，当时的社会温文尔雅，蔚然成风。按照《旧唐书·玄宗本纪》的说法，就是"垂髫之倪，皆知礼让"。有这样风雅的皇帝，有这样风雅的社会风气，唐代人才辈出也就不足为奇了！

第三，他是一个有情的皇帝。说到唐玄宗的情，恐怕大家最先想到的就是他和杨贵妃的爱情了。这段爱情经过《长恨歌》的描摹，早已经家喻户晓。李杨爱情固然感人肺腑，但是，如果只是钟情妃子，那陈朝的陈后主陈叔宝、南唐的李后主李煜也能做到。唐玄宗的用情可比这广泛多了。他还爱谁呢？爱兄弟。因为皇权的独尊性，所以皇家少真情，即使是兄弟之间，也常常发生你死我活的斗争。玄武门之变，李世民手刃兄弟不是最好的证明吗？可是，类似的事情在唐玄宗身上从来没有发生过。唐玄宗兄弟一共五个，他排行老三，经历了少年时期的同甘共苦后，唐玄宗对兄弟一直表现得眷眷深情。特别是大哥李宪（李成器），虽然位居嫡长子之尊，但是，在李隆基当皇帝这个问题上谦退恬淡，全力相助，更让玄宗感激。开元二十九年（741），李宪病逝，唐玄宗亲自写了祭文，放在大哥灵前。祭文写道："隆基白：一代兄弟，一朝存殁，家人之礼，是用申情，兴言感思，悲涕交集。大哥孝友，近古莫俦，尝号五王，同开邸第。远自童幼，洎乎长成。出则同游，学则同业，事均形影，无不相随。顷以国步艰危，义资克定，先帝御极，日月照临。大哥嫡长，合当储贰，以功见让，爰在薄躬。既嗣守紫宸，万机事总，听朝之暇，得展于怀。十数年间，棣华凋落，谓之手足，唯有大哥。令复沦亡，眇然无对，以兹感慕，何恨如之。然以厥初生人，孰不殂谢？所贵光昭德行，以示崇高，立德立名，斯为不朽。大哥事迹，身殁让存，故册曰让皇帝，神之昭格，当兹宠荣。"在这篇祭文中，把大哥封为皇帝，虽然奇特，却并不能真正让人感动。但是，一个皇帝，能够记得自己还是大哥的弟弟，却真正显示出了人性的光辉！

但是，讲到唐玄宗的情，更有光辉的还不是爱兄弟，而是爱百姓。我们讲过潼关失守，唐玄宗从长安出逃四川，经过储存钱帛的左藏库时，杨国忠说："无为贼守。"想要把它烧毁。唐玄宗愀然不乐，说："贼来不得，必更敛于百姓；不如与之，无重困吾赤子。"经过便桥之后，杨国忠为了截住追兵，就让人放火烧桥。唐玄宗回头看见火光，明白怎么回事后，马上让高力士带人把火扑灭了。他说："士庶各避贼求生，奈何绝其路？"唐玄宗固然对"安史之乱"的爆发要负责任，但是，一个皇帝，在后有追兵、前途未卜的逃难路上还能想到百姓的利益，也算难能可贵了。

唐玄宗是一个集有才、有为、有情于一身的风流天子。那么，唐玄宗所开创的开元天宝时代，又是一个什么样的时代呢？

二、大唐玄宗时代是个怎样的时代

第一，这是一个富裕的时代。我们都知道，中国古代以农业立国，国家的富裕程度，在很大程度上取决于人地关系的平衡程度。唐朝可能是中国历史上把人口与土地的平衡关系解决得最好的时代了。

按照《通典》的记载，唐玄宗天宝十三载（754），全国共有户籍人口5288万人。而根据今天学者们的测算，当时唐朝全国实际人口应该超过7000万。这么多的人口，对应的可耕地有多少呢？根据现有史料推算，当时全国实际耕地面积约850万顷，差不多相当于现在的6.6亿亩。这意味着，当时人平均占有的可耕地面积超过9亩。这是一个在当时生产力水平下相当协调的比例。对比一下今天的情况就知道了。现在中国的可耕地面积大约18亿亩，可是，人口也多达14亿，平均每人占有的耕地不到1.3亩，已经远远比不上唐玄宗时代了！正是因为人地关系和谐，大多数人都能做到耕者有其田，所以才会有杜甫所谓的"稻米流脂粟米白，公私仓廪俱丰实"。

第二，这是一个个性张扬的时代。举一个例子，唐朝有一个大诗人叫王翰，传世作品不多，但是，其中一首《凉州词》就足以传唱千古了。诗是这样写的："葡萄美酒夜光杯，欲饮琵琶马上催。醉卧沙场君莫笑，古来征战几人回？"慷慨悲凉而又意气昂扬，确实有盛唐风骨。那么，写诗的王翰是个什么样的人呢？一言以蔽之，他是一个极张扬的人。

王翰很早就考中了进士，但是，按照唐朝规定，考中进士之后并不立刻授官，还要由吏部铨选方能授职。可是，王翰平时生活太招摇了，不仅"枥多名马，家有妓乐"，而且"发言立意，自比王侯"。这样的人难免招人忌恨，所以，吏部对他不感兴趣，进士及第四年还没给他安排工作。怎么办呢？王翰不是深刻反省自己，从此夹着尾巴做人，反而来到京师，公然在吏部衙署的东边张贴了一张榜。这个榜其实就是一个海内文士排行榜，把天下所有的文士划分为九等，其中，他自己赫然位列第一等，和张说、李邕等大文豪比肩。榜一贴出来，长安城观者万计，朝野哗然，这还不够个性张扬吗？不过，更有个性的还不是王翰，而是他的粉丝——崔老太太。

今天的粉丝看到自己喜欢的明星，都有什么举动呢？有的献花，有的尖叫，有的追车，有的接机。那么，崔老太太怎么表达对王翰的感情呢？搬家，跟他做邻居。怎么回事呢？崔老太太的儿子叫杜华，也是个文人，想买一套房子，征求母亲的意见。崔老太太就对儿子说：当年孟母三迁，不过是为了找个好邻居。今日我家择居，你若能与王翰为邻，我便心满意足了。结果，杜华果然就谨遵母命，把房子买到了王翰家旁边。买房不挑绿化率，不挑交通，不挑户型，专挑一个会写诗的邻居，谁敢说这崔老太太不浪漫、没个性呢？

第三，这是一个奋发向上的时代。所谓"开元盛世"不仅是一个物质指标，更是一个精神指标。唐玄宗时代，人们的精神气象怎么样呢？笔记小说《集异记》曾经讲过这样一个故事。

开元年间，有三个大诗人：王昌龄、高适、王之涣。他们写诗的名声不相上下，平时也私交甚笃，经常在一块儿玩。有一天下雪，他们三个一块儿逛到一个酒楼，打算喝点小酒，挡挡寒。这时候，忽然有十多个皇家梨园弟子也到酒楼聚会，而且还招了四个歌女跟他们一起唱卡拉OK助兴。唱什么呢？当时的诗都是可以唱的，所以，这些人就唱当时的流行诗。三个诗人一看，突发奇想，就说：我们在诗坛上都很有名，可从没有分个高下，现在不如打个赌，她们唱咱们三个谁的诗多，就说明谁最高明。一会儿，有一个歌女唱道："寒雨连江夜入吴，平明送客楚山孤。洛阳亲友如相问，一片冰心在玉壶。"这是王昌龄的《芙蓉楼送辛渐》，他一听马上说：我有一首了！说完，还在墙上画了一条横线做记号。接着，又一个梨园弟子唱道："开箧泪沾臆，见君前日书。夜台何寂寞，犹是子云居。"这是高适的诗，他也画了一条横线。再接着，一个歌女又唱了一首王昌龄的《长信秋词》，"奉帚平明金殿开，且将团扇共徘徊。玉颜不及寒鸦色，犹带昭阳日影来"。一看这阵势，王之涣可着急了，他说：唱歌的这几个人都不怎么样，欣赏水平太低。我写的诗比较阳春白雪，她们根本就不懂！说着，他指了指几个歌女中最漂亮的那个，说：咱们就赌这个小姑娘。如果她也不唱我的诗，我甘愿服输，一辈子也不和你们再争高低！但是，如果她唱我的诗，你们可要跪在地下，拜我为师。其他两个人都同意了。过了一会儿，这个漂亮姑娘开始唱了。"黄河远上白云间，一片孤城万仞山。羌笛何须怨杨柳，春风不度玉门关。"这是王之涣的《凉州词》，王之涣这下可来精神了，对其他两个人说：这下知道我的厉害了吧？三个人一起哈哈大笑。那些梨园弟子和歌伎不知道怎么回事，就走过来问他们：有什么事让你们觉得这么可笑？王昌龄他们说：你们刚才唱的都是我们写的诗，我们正拿你们打赌呢！我们说过，唐朝是诗的国度，诗人到处受到追捧。听见王昌龄这么说，这些艺人争相下拜，说：我们肉眼凡胎，都没看出几位神仙来，赶紧给我们个面子，和我们一起喝两杯吧！结果，三个诗人都是一醉方休。这就是特别著名的"旗亭画壁"的故事。

我讲这个故事是想说明什么问题呢？我想说明，那个时代，文人们的精神真是开朗向上，社会也真是和谐风雅。诗人赛诗，歌女唱诗，梨园弟子弹琴助兴，这是何等令人神往的事啊！再看看清朝范进中举的愚昧和疯狂，我们能不感慨吗？

为什么开元盛世，文人的精神这么活泼开朗呢？这是因为，那个时代给人提供了比较合理的发展空间。汉武帝时代，文人的出路多不多呢？不多。当时国家选拔官吏，除了从军立功之外，就两个主要渠道，一个是任子，就是接爸爸的班；还有一个是资选，就是花钱买官。一个文人，如果没钱，再没有一个好老子的话，就很难有出头之日。那么，清朝的康乾盛世，文人出路多不多呢？其实也不多。当时虽然有科举制，但是早就走上了八股文取士的死胡同，严重压抑了人的创造力。但是玄宗时代就不一样了，经过唐前期的发展和唐玄宗的大力提倡，科举制已经初步成熟，但是并不腐朽，考科举也就成为文人们最主流的上升之路了。那么，当时科举考试考什么呢？就考写诗。要知道，诗的本质就是自由和激情，在这个时代成长起来的文人，能不自信、能不向上、能不风流吗？

第四，这是一个国际化的时代。举一个数字大家就知道了。根据《唐六典》记载，开元时期到唐朝朝贡的藩国有70多个。形形色色的异邦人到唐朝来，有政治使节，有留学生，有学问僧，但是最多的还是商人。在唐朝，只看一个地方，就知道当时的国际化程度了。哪儿呢？长安城的西市。

长安城一共有两个市场，一个东市，一个西市。唐朝的对外贸易主要通过丝绸之路进行。中国商人从长安往西走，反过来，中亚、西亚乃至欧洲的商人则沿着丝绸之路从西边往长安来。这样一来，西市自然占尽了地利之便。在这儿，既云集着来自世界各地的商人，又云集着来自世界各地的宝贝。因为西市太繁华了，简直就像一座吸金窟一样，所以，在当时又号称金市。西市周围，有景教（也就是基督教）的教堂、中亚胡人的聚居区，到处都是胡人生活的痕迹。在这之中，最引人注目的是胡姬。就是胡人的少女，抑或少妇。她们随着父亲、哥哥或者是丈夫经过漫漫旅途来到长安，来到西市，干得最多也最好的职业就是小酒馆的服务生。这些皮肤白皙、能歌善舞的女郎，不知迷倒了多少多情的唐朝小伙子。李白不是有一首诗吗："五陵年少金市东，银鞍白马度春风。落花踏尽游何处，笑入胡姬酒肆中。"事实上，不光是迷人的胡姬走进了唐人的生活，同样迷人的胡马、胡香、胡药乃至普通人家饭桌上的胡饼，都悄悄地吸引着唐朝人，也影响着唐朝人，甚至变成了唐朝文化的一部分，这就叫作张开双臂，拥抱世界！

但是，我们也知道，一个国家如果只能接受外来文化，而不能输出自身文化，那就不能称为大国。大唐玄宗时代，不光是热情拥抱世界的时代，更是热情回馈世界的时代，怎么回馈世界呢？两个途径。第一，接纳东亚各国的留学生、学问僧来学习大唐文化。第二，自己走出国门，传播文化。在传播文化的使者中，最有名的就是鉴真和尚了。他从玄宗天宝元年（742）开始，立志到日本传播佛教，经历了5次渡海失败之后，仍然百折不挠，终于在第六次的时候成功了。这一年，已经是天宝十三载（754），而且这时候，鉴真和尚已经双目失明。这是多么了不起的精神啊！鉴真和尚在日本生活了10年，不仅成为日本律宗的开山大师，而且给日本带去了建筑、艺术、医学等方面的知识，最后在日本圆寂。

事实上，当时唐朝向东亚国家输出的可不只是佛教，更重要的还是本土产生的儒家思想。就是在唐朝，一个以儒家文化为底蕴的所谓东亚文化圈形成了。这样的国际影响力，不正是盛世最重要的表征吗？

听完这些让人热血沸腾的故事，可能有人要有疑问了，唐玄宗所开创的开元天宝时代，既然如此的富裕开放、如此的风雅和谐，为什么还会爆发“安史之乱”，让大唐从太平盛世转眼就跌入了天下大乱的深渊呢？唐玄宗时代由盛转衰的真正原因是什么呢？

三、唐玄宗时代由盛转衰的原因是什么

我想重点谈两个原因。

第一个原因，社会发展造成的制度不完善。要知道，唐玄宗时期是社会高度发展、变革特别激烈的时代，很多旧制度都失效了，替代它们的新制度正在形成。但是，任何一种新制度都需要长期磨合才能成熟。而在成熟之前，它必然存在缺陷，可能诱发危机。就拿给唐朝酿成大祸的节度使制度来说吧。它本来是为了解决府兵制既扰民、战斗力又差，还缺乏边防常备军的窘境而产生的，它的出现本来是好事，也解决了当时唐朝军事上的大难题，但是，这种制度也存在着缺陷。什么缺陷呢？它把兵权都集中到边将手里，形成了所谓内轻外重的不稳定结构。一旦节度使的忠诚出现问题，危机就会产生。换言之，这本来就是一种还不成熟的制度，需要用人的智慧来驾驭、来补足。但非常遗憾的是，唐玄宗时代由盛转衰的第二个原因，恰恰就是人的层面也出问题了。

唐玄宗逐渐陶醉于开元盛世所取得的巨大成就中，再也不肯克己复礼，而是变为骄奢淫逸。开元年间，唐玄宗不是把宫里的奢侈品都搜出来烧了吗？但是，天宝年间，专为贵妃刺绣的女工就有700人。开元年间，唐玄宗不是把宫女都放回家了吗？但是到了天宝时代，他又开始到处访求美女了！而且，为了选美，唐玄宗还特地设置了一个使职，叫花鸟使，由宦官担任，专门到民间挑选漂亮的大姑娘、小媳妇。

元稹有一首诗叫《和李校书新题乐府十二首·上阳白发人》："天宝年中花鸟使，撩花狎鸟含春思。满怀墨诏求嫔御，走上高楼半酣醉。醉酣直入卿士家，闺闱不得偷回避。良人顾妾心死别，小女呼爷血垂泪。十中有一得更衣，永配深宫作宫婢。"一个皇帝，为了满足自

己的贪欲，活生生地拆散别人的家庭，这难道不是奢侈腐化，不是堕落吗？既然在精神上已经不再励精图治，政治上的问题也就随之出现了。

唐玄宗后期，在政治上有两大失误，第一是任相失误，第二就是拒绝纳谏。我们讲过，开元年间，唐玄宗一直是根据需要随时调整宰相人选。这些宰相都能把国家利益放在第一位，也都能随时指正唐玄宗的失误，正是他们和玄宗一起缔造了辉煌灿烂的开元盛世。但是，从开元后期开始，唐玄宗越来越懈怠朝政，也越来越喜欢柔顺能办事的李林甫了。

李林甫不是一个有远见、能够把握政治方向的人。更要命的是，他也不是一个正人君子，平生最擅长嫉贤妒能，打击异己。自从他当了宰相，玄宗就再也听不到高瞻远瞩的真知灼见，社会问题也长期得不到解决，国家能不走下坡路吗？本来，如果宰相不行，还可以用纳谏制度来调整、来弥补。但是，到了天宝年间，不仅是李林甫、杨国忠他们不让唐玄宗听到不同意见，就是唐玄宗本人，也不愿意再听逆耳忠言了。"安史之乱"爆发前，有人向玄宗汇报安禄山要谋反的事，他听也不听，就直接把人家送到安禄山那里。这样拒绝批评、拒绝建议，能不导致天下大乱吗？唐玄宗为什么会犯这样大的错误呢？有一句诗说得好："历览前贤国与家，成由勤俭败由奢。"唐玄宗最大的敌人不是别人，其实就是他自己，就是他的骄奢之心。

唐玄宗前前后后一共当了44年皇帝。在这44年中，他前期明智，后期昏聩，这基本已经成为历史的共识。为什么会出现这样的问题呢？除了唐玄宗个人不能加强修养、善始善终之外，是不是也有皇帝制度的责任呢？我们讲过，皇帝本质上讲是没有退休制度的，只要不死，就能一直做下去。可是，人的精力其实恰恰和年龄成反比，当政时间越长，皇帝昏聩的可能性就越大。号称千古一帝的唐太宗仅仅当政23年，就出现了统治后期不如前期的问题，而唐玄宗的任期则整整是太宗的两倍。

试想，如果唐玄宗也像太宗那样只当政23年的话，谁能说他不是最伟大也最完美的皇帝呢？但事实是，无论他有多年迈、多懒惰、多昏聩，他这个皇帝还要一直当下去，从年轻时候的意气风发，当到中年的志得意满，再当到老年的消沉荒唐，这不也是一种悲哀吗？皇帝的悲哀最终造成了大唐的悲剧。"安史之乱"爆发后，唐玄宗的统治黯然结束，大唐盛世也一去不复返了。

公元762年，唐玄宗走完了自己毁誉交织的一生，谥号"至道大圣大明孝皇帝"，简称唐明皇。

有一个叫郑丹的诗人在《明皇帝挽歌》里写道："律历千年会，车书万里同。固期常戴日，岂意厌观风。地惨新疆理，城摧旧战功。山河万古壮，今夕尽归空。"这首诗写得豪迈，但也写得悲凉。事实上，无论是伟大还是渺小，人的肉体终将寂灭，但是让我们觉得安慰的是，山河不老，盛世的精神永存。

大事纪年表

垂拱元年（685）八月五日，李隆基生于洛阳，乃睿宗李旦第三子。

垂拱三年（687）闰七月，李隆基被封为楚王。

天授元年（690），武则天称帝，改唐为周。

长寿二年（693）正月，李隆基母被害，腊月降封为临淄王。

神龙元年（705），武则天病重，被迫退位，中宗显继位，复国号为唐。十一月，武则天病逝。

神龙三年（707），太子重俊政变失败，被杀。

唐隆元年（710），韦后临朝称制，玄宗发动唐隆政变，拥立睿宗李旦继位。

太极元年（712）八月，李旦传位于太子李隆基，李旦称太上皇。

开元元年（713）七月，玄宗诛太平公主，十二月任姚崇为相。

开元二年（714），建兴庆宫。

开元四年（716），太上皇李旦驾崩，姚崇、源乾曜罢相，宋璟、苏颋任相。

开元八年（720），宋璟、苏颋罢相。

开元二十年（732），张说等上新修《大唐开元礼》。

开元二十一年（733），分天下为十五道，各置采访使。

开元二十二年（734），张九龄、李林甫任相。

开元二十四年（736），张九龄罢相。

开元二十五年（737），再次颁布均田令。

开元二十六年（738），册封南诏蒙归义（皮逻阁）为云南王。

天宝元年（742），以安禄山为平卢节度使。

天宝三载（744），安禄山兼范阳节度使。

天宝四载（745）八月初六，正式册封杨玉环为贵妃。

天宝十载（751），高仙芝率唐军与大食战，败于怛逻斯。安禄山兼河东节度使。

天宝十一载（752），李林甫罢相，死。

天宝十三载（754），鉴真和尚东渡日本成功。

天宝十四载（755）十一月，安禄山起兵范阳，十二月攻下洛阳。

天宝十五载（756）六月，安禄山破长安，称帝，国号大燕。玄宗逃往四川，至马嵬坡，将士杀杨国忠，玄宗被迫赐死杨贵妃。七月，太子李亨于灵武即位，是为肃宗。

至德二载（757），安禄山死，子安庆绪继位。

宝应元年（762），玄宗、肃宗死。

广德元年（763）正月，代宗继位，史朝义自杀，"安史之乱"结束。